개정판

실무중심
경찰수사론

김균태
이은영

박영사

개정판 머리말

현행 형사소송법은 검사가 기소권과 영장청구권을 독점적으로 행사하되 수사의 개시와 실행 및 종결 등에 관한 권한은 검사와 사법경찰관이 각 독립적으로 수행토록 함으로써, 수사 실행에 있어 상호 협조관계로 개정되었다. 현행 형사소송법은 2020년 1월 13일 검경 수사권 조정안 등 내용을 포함한 일부 개정안이 국회를 통과한 데 이어 2021년 1월 1일부터 해당 개정안이 시행되었고, 2022년 5월 9일 일부가 다시 개정되어 지금에 이른 것이다.

이와 관련하여 검찰청법을 비롯한 여타 하위 법령과 경찰청훈령 등이 개정됨에 따라 불가피하게 「실무중심 경찰수사론」의 개정판을 내게 되었다.

이번 개정판은 수사기관이 현장에서 실행하는 수사실무적 기법과 구체적으로 적용되는 법률적 근거를 제시함으로써 전체적으로 수사진행과정의 합법성과 수사절차적한계를 이해할 수 있도록 기술하였다.

아울러, 최근 사회적으로 문제가 되고 있는 보이스피싱 범죄, 새로운 과학수사기법, 주요범죄 수사기법 등을 구체적으로 기술하였다. 특히 현장 경찰관들에게 필요한 법률문제에 도움을 주고 있는 「현장법률 365 사례집」 중에서 주요 내용 20제를 발췌하여 부록으로 첨부하였다.

이번 개정판이 경찰관채용시험을 준비하는 수험생이나 경찰수사론을 학습하는 경찰행정학과 학생들에게 미력하나마 도움이 되기를 바란다.

2024년 2월

김균태

머리말

　경찰관 채용시험을 대비하거나 수사론을 학습하는 학생들이 수사 실무와 법률적 근거, 실무와 관련한 판례 등에서 도움이 될 교재를 고민하던 중에 미흡하나마 이 책을 발간하게 되었다. 이 책은 실무적 경험을 바탕으로 형사소송법에서 중요한 '수사'와 '증거편'에 중점을 두었다.

　이번에 개정된 형사소송법(검경수사권 조정)에 대해서도 아직 개정되지 않은 일부 하위 법률을 제외하고 충실하게 기술하였다. 다만, 검경수사권 조정 조항은 시행일이 '미지정'되어 향후 지정될 때까지 현행 소송법 조항을 적용하여야 하지만 개정된 조항을 기술하였다.

　'COVID-19' '경기침체' 등으로 사회적으로 어려움이 많은 가운데 경찰관 채용시험 준비생, 전국의 경찰행정학과 학생들에게 이 책이 조금이나마 도움이 되기를 기원한다.

2020년 5월
저자 일동

부록

수사 총론

제1장
범죄수사 개관

제1절 | 수사 개관

1. 수사의 의의

수사라 함은 형사사건에 관하여 범죄혐의가 있는 경우 공소제기 여부를 결정하기 위하여 또는 공소를 제기하고 이를 유지·수행하기 위한 준비로서 범죄사실을 조사하고, 범인을 검거하고, 증거를 발견·수집·보전하는 수사기관의 활동을 말한다(백형구, 1996).

수사는 공소제기 전까지의 과정을 의미하는 협의의 수사와 공소제기 후의 수사를 포함하는 광의의 수사로 나눌 수 있다.

① 광의의 수사개념: 수사개시의 단서 → 수사활동 → 공소제기 → 공판 절차 → 판결

② 협의의 수사개념: 수사개시의 단서 → 수사활동 → 공소제기

1) 수사는 수사기관의 활동이다

수사는 형사소송법이 정한 수사에 관한 권한이 있는 자의 활동을 말한다. 즉, 검사나 사법경찰관리가 행하는 범죄를 탐지하고 범인을 검거하기 위한 활동을 말한다. 따라서 행정기관의 조사행위나 사인의 현행범 체포행위, 사설탐정의 조사행위와 검사가 소송당사자로서 행하는 피고인신문이나 증인신문은 이에 해당하지 않는다.

2) 수사는 범죄혐의가 있다고 인정될 때 개시된다

수사는 수사기관의 판단에 의하여 개시된다. 이때 수사기관의 판단 기준은 범죄혐의의 유무이다. 범죄혐의는 주관적 판단이면 족하다. 범죄혐의의 유무는 범죄사실 존재의 개연성이다. 따라서 범죄의 주관적 혐의는 수사개시의 조건이다. 반면에 내사는 엄격한 의미에서 수사(개시)가 아니다.

3) 수사는 공소 제기 전에 행하여진다

원칙적으로 수사는 공소제기 전에 행하여짐이 원칙이지만 공소제기 이후에 보강수사를 통해 여죄가 발견되거나 기소사실과 관련한 새로운 증거가 발견된 경우에 수사가 계속될 수 있다. 즉, 공소유지를 위한 공소제기 이후의 수사가 진행될 수 있다.

4) 수사는 범죄와 관련한 증거를 수집·보전하고 범인을 검거하여 공소를 제기함을 목적으로 하는 활동이다

수사는 범인을 검거하여 공소제기 여부를 결정하기 위한 활동이다. 따라서 범죄수사 결과 범죄혐의를 발견치 못한 경우 공소제기의 필요성(실질적 공소제기의 요건)이 없어 수사를 종결해야 하며, 범죄혐의가 인정될 경우 기소함으로써 원칙적으로 수사는 종결된다고 보아야 한다. 또한 고소·고발사건을 접수하여 범죄혐의를 밝히기 위한 수사기관의 활동 등도 수사의 개념에 포함된다. 그러나 불기소처분은 확정력이 없으므로 이미 불기소처분에 의하여 종결된 사건에 대하여 새로운 증거가 발견된 경우 수사를 재개할 수 있다.

▌수사 개념의 구분

구 분	수사에 해당 여부	
	○	×
주택가 등 관내 순찰, 민사적 분쟁사건		○
수사개시 이전의 활동인 내사와 수사의 단서인 불심검문, 변사체 검시	넓은 의미의 수사활동(범죄의 형의가 있다고 인정할 때에 수사개시)	좁은 의미의 수사 개념에서는 수사에 포함되지 않는다.
• 피의사건에 대하여 공소제기 여부를 결정함을 목적 • 공소제기 전, 공소제기 후 공소유지를 위한 준비로서 행하여지는 수사기관의 활동, 즉 피고인조사, 참고인조사, 임의제출물의 압수 • 발생사건에서 범인을 검거하기 위한 증거수집을 위한 수사 • 고소 · 고발사건에 관하여 범죄혐의 유무를 밝히기 위한 수사기관의 활동 • 양형조건 또는 소송조건의 존부에 관한 조사	협의의 수사활동 (1차적 수사활동)	
• 검사가 소송당사자로서 하는 피고인 신문 · 증인신문 • 사인(私人)의 현행범인 체포 • 피고인 구속, 증인에 대한 구인 • 민간 조사원의 조사행위		○
• 형사의 범죄유류품 수거 • 특별사법경찰관의 참고인 및 피의자조사	○	

2. 수사의 목적

1) 피의사건의 진상파악

수사기관이 범죄사건에 관한 주관적 혐의를 가지고 수사를 진행함에 있어 범인과 범죄사실에 관련한 진위를 명확히 하여 객관적 혐의를 확인하여 가는 과정을 의미한다.

2) 기소, 불기소의 결정

수사를 통하여 파악된 사건의 실체적 진상을 기반으로 범죄의 사실적 내용(구성요건해당성, 위법성, 책임성 등)뿐만 아니라 법률에 규정된 절차적인 면(소송조건, 공소시효 등)을 고려하여 기소 여부를 결정한다.

3) 공소제기 및 유지(범죄수사의 1차적 목적)

수사의 1차적 목적은 공소의 제기와 공소유지에 있다고 볼 수 있다. 따라서 기소하기로 결정한 사건에 대하여 수집된 증거를 토대로 공소를 제기하고 필요시에는 보강수사를 행함이 원칙이다.

4) 유죄의 판결(범죄수사의 궁극적 목적)

범죄수사의 최종 목적은 피의자였던 피고인에 대한 유죄의 판결을 받아 범죄에 상응한 처벌을 받게 함에 있다.

5) 형사소송법의 목적 실현

형사소송 절차상의 목적은 공공복리의 유지와 기본적 인권의 보장이며, 실체상의 목적은 실체적 진실을 발견하는 것이다.

3. 수사의 기본이념

1) 실체적 진실발견주의

실체적 진실발견주의는 수사의 지도원리 중 하나로 소송의 대상이 된 사건에 대하여 객관적 진실을 발견하여 그에 대한 실질적인 진실을 밝히고자 하는 것이다. 이를 실현하기 위해 우리 형사소송법은 피고인과 증인의 신문(형사소송법 제161조의2, 제287조), 직권증거조사(동법 제295조), 전문법칙(동법 제310조의2), 심급, 재심(제420조 내지 제440조) 등의 제도를 두고 있다. 실체적 진실발견주의는 적극적 실체적 진실발견주의와 소극적 진실발견주의로 나뉜다.

(1) 적극적 실체적 진실발견주의

범죄사실을 밝혀 "죄 있는 자를 빠짐없이 벌해야 한다"(범인필벌)는 주의로서 대륙법계의 직권주의 소송구조에서 강조되었다.

(2) 소극적 실체적 진실발견주의

주로 영미법계의 당사자주의적 소송 구조에서 강조된 것으로 "죄 없는 자를 유죄로 하여서는 안 된다"는 주의이다. "열 사람의 범인을 놓치는 한이 있더라도 한 사람의 죄 없는 자를 벌해서는 안 된다"는 격언이 대표적이다.

(3) 실체적 진실발견주의의 한계

① 인간의 능력과 제도에 의한 한계: 인간의 능력, 시간, 비용 등에 따른 한계
② 인권보장을 위한 한계: 피고인의 진술거부권, 압수·수색·검증의 시간적 제한
③ 적정절차의 요구에 의한 한계: 위법수집증거능력의 제한
④ 재판의 신속에 의한 한계: 공소시효, 구속기간의 제한
⑤ 소송법적 이익과의 충돌로 인한 한계: 군사상·업무상 비밀에 속한 사항에 대한 압수·수색의 제한

2) 인권보장

실체적 진실 발견과 함께 수사절차의 또 다른 기본이념인 기본적 인권의 보장은 "열 명의 죄인을 놓쳐도 한 사람의 죄 없는 사람을 벌하지 말라"는 사상을 담고 있으며, 이는 수사단계에서부터 수사기관의 수사 활동의 규제를 규정함으로써 불법적 증거수집(증거능력 배제)과 수사상 발생할 수 있는 신체의 자유 침해 등의 인권침해를 초래할 여지를 사전에 견제하여 인권을 보장하기 위한 노력의 일환으로 지속되고 있다.

▸ 직권주의

직권주의란 형사소송절차에서 검사나 피고인에 대하여 법원의 적극적인 역할을 인정하는 소송 구조를 말한다. 직권주의는 당사자주의에 대립되는 개념이다. 실체적 진실을 발견하기 위해서는 사건의 심리과정에서 법원이 적극적으로 관여하여 피고인을 신문하고 증거를 조사하는 등 법원의 주도적 역할을 인정하는 직권주의가 타당하다. 그러나 직권주의는 사건의 심리가 법원의 자의나 독단으로 흐를 위험성이 있고, 피고인의 방어권 보장이 경시될 우려가 있으며, 법원의 공정성을 담보하기 어려운 단점이 있다.

▸ 당사자주의

당사자주의라 함은 검사가 피의자였던 피고인을 기소하여 형사처벌을 위한 재판을 진행하는 과정에서 객관적인 증거에 의하여 피고인의 범죄사실이 증명되었는가를 법원이 판단함에 있어 소송당사자인 검사와 피고인에게 주도적 지위를 인정하고 법원은 제3자적 입장에서 당사자 간의 주장과 입증을 판단하는 주의를 말한다. 우리 형사소송법은 당사자주의를 원칙으로 하고 직권주의를 보충적으로 규정하고 있다. 당사자주의는 당사자처분주의로 흐를 때 국가의 형벌권의 행사가 당사자 간의 타협을 위한 거래에 의해서 좌우될 우려가 있다.

4. 형식적 의의의 수사와 실질적 의의의 수사

1) 형식적 의의의 수사

형식적 의의의 수사라 함은 형사소송법, 기타 형사절차법에 규정된 범죄수사로서 수사를 하는 과정에서 '어떠한 수단과 방법을 선택할 것인가'라는 절차적 측면에서의 수사를 의미한다. 긴급체포 여부, 영장주의, 진술거부권의 고지여부 등의 문제로 주로 형사소송법에 규정되어 있다(합법성, 인권보장과 공공의 복리, 미란다판결).

2) 실질적 의의의 수사

'범인은 누구인가', '범행의 동기는 무엇인가', '범행의 수단과 방법은 무엇인가', '수사과정에서 명확히 밝혀야 할 것은 무엇인가' 하는 범행의 목적, 내용 등 실체적 측면에서 실행하는 수사를 의미한다(합리성, 실체적 진실 발견).

5. 수사의 지도원리와 수사의 성질

1) 수사의 지도원리

실체적 진실주의	① 실체적 진실주의는 공판절차에서뿐만 아니라 수사절차에서도 지도원리로 작용하고 있다. ② 공소권 행사의 적정 내지 형사재판의 공정을 위해서는 피의사건의 진상 파악이 요청된다.
무죄추정의 법리	① 피의자는 유죄판결이 확정될 때까지는 무죄로 추정된다. ② 현행법상 임의수사의 원칙, 체포ㆍ구속적부심사제도, 접견교통권의 보장, 고문의 절대적 금지, 위압적ㆍ모욕적 신문의 금지 등은 무죄추정의 법리를 그 이념적 기초로 하고 있다.
필요최소한도의 법리	강제수사의 경우는 물론 임의수사의 경우도 필요한 최소한도의 범위 내에서만 허용되어야 한다.
적정절차의 법리	① "누구든지 법률에 의하지 않고는 체포, 구속, 압수, 수색 등을 받지 않는다."는 원리이다. ② 적정절차의 법리는 헌법정신을 구현한 공정한 법정절차에 의해 형벌권이 실현되어야 한다는 원리로서, 인권보장의 기본원리이기 때문에 수사절차에서 더욱 강조되고 있다.

2) 수사의 성질

범죄수사는 공소의 제기ㆍ유지를 위한 준비활동인 동시에 국가의 형벌권 행사를 뒷받침하는 형사절차의 일부분이다. 즉, 수사관이 범죄사실의 진상을 탐지하는 과정, 심증을 통한 진실을 증명해 가는 과정, 법관과 검사의 심증형성을 지향하는 과정이다.

(1) 수사는 형사소송절차의 일환이다

범죄수사는 직접적으로 공소의 제기·수행을 위한 준비활동인 동시에 국가가 행하는 형벌권 행사를 뒷받침하는 형사사법절차의 한 과정이다. 따라서 범죄수사는 주로 공소제기(기소) 전에 이루어지는 것이 원칙이나, 공소제기 후에도 공소유지에 필요한 자료수집활동 등을 위하여 행하여질 수 있다.

(2) 수사는 범죄사실의 진상을 탐지하는 활동이다

범죄수사는 범죄사실의 진상을 탐지하고 그 사실에 적용할 형벌 법령을 규명하는 활동으로 범죄행위의 존재뿐만 아니라, 그 부존재를 밝히는 것도 수사의 본질적인 임무이다.

(3) 수사는 수사관이 심증을 형성하는 과정이다(하강과정)

범죄수사는 수사에 의해 사실의 진상을 파악하고 수사관 자신이 사실의 진실성에 대하여 확신 있는 판단을 얻지 않으면 안 된다. 수사관은 수사 자료를 기초로 하여 자유자재로 합리적인 추리를 할 수 있고, 이를 통해 얻은 종국적 판단이 법관의 심증을 획득할 수 있어야 하므로 범죄수사는 사안의 진상에 대하여 수사관 자신의 심증형성을 지향하는 활동이라고 한다.

(4) 수사는 형성된 심증을 증명하여 유죄의 판결을 목적으로 하는 활동이다(상승과정)

범죄사건에 대한 종국적 판단은 결국 법관의 심증에 의하여 결정되기 때문에 수사관 자신은 물론 공소권자인 검사나 재판권자인 판사에 이르기까지 범죄사실의 진실성에 대하여 확신 있는 판단을 할 수 있어야 한다. 따라서 심증을 증거에 의해 증명하지 않으면 안 되고, 수사관의 그러한 심증이 증명될 때에 검사의 심증을 굳혀 공소제기가 행해지고, 다시 법관의 심증에 영향을 미쳐 유죄판결이 내려지는 것으로 상승과정에서의 범죄사실을 증명할 수 있는 증거를 요하는 과정이다.

(5) 반복된 하강, 상승과정을 통해 궁국적으로 실체적 진실을 발견하는 과정이다

형사사건은 개개 사건의 성격에 따라 진실의 발견이 비교적 용이한 경우가 있는가 하면 어떤 사건은 수사에 활용할 수 있는 인적·물적 자료들이 전혀 확보되지 않아 그 실마리조차 파악할 수 없는 경우도 있다. 따라서 이러한 경우에는 수사관들의 예리한 현장관찰, 성실한 탐문, 감별수사 등 다양한 수사기법을 활용한 창조적인 수사 활동을 통해서 없었던 자료를 발견하고 검증과정을 반복해서 실체적 진실에 접근해야 한다.

▍상승과정과 하강과정

구분	과정의 의미	
하강과정	수사관이 파악한 범죄사실의 진상판단에 대하여 자기 스스로 확신을 갖기 위한 심증형성 과정이다.	① 수사관 자신이 범죄사실의 진상을 파악·확인하고 심증을 형성하는 과정이다. ② 엄격한 의미에서의 증거는 필요없으므로 수사관은 자유자재로 수사를 추진할 수 있다. ③ 전개적(연역적) 추리를 하며, 용의자조사 등이 있다.
상승과정	수사관이 획득한 판단을 형사절차의 발전단계에 따라 검사 및 법관에게 제시하여 범죄사실에 관한 확신이 있다는 심증을 가지도록 증명하기 위하여 증거를 수집하는 과정이다.	① 수사관이 획득한 판단을 형사절차의 발전단계에 따라 검사 및 법관에게 피고인이 유죄임이 틀림없다는 심증을 갖도록 증명하기 위해 증거를 수집하는 과정이다. ② 귀납적 추리를 한다.
하강, 상승과정의 진행	통상적인 범죄수사는 대체로 하강과정을 거쳐 상승과정으로 발전하는 것이 일반적이다.	〈고소·고발 사건의 경우〉 피고소인이 특정되어 있는 등 사실관계가 보다 확실하므로 수사의 중점은 상승과정이다. 〈발생사건 또는 현행범인의 경우〉 범죄사실의 진상이 처음부터 명백하므로 수사관 자신의 진상파악을 위한 별도의 활동을 필요로 함이 없이 상승과정의 활동만이 전개된다.

6. 수사의 대상

수사의 대상이라 함은 수사하여야 할 범죄사실, 즉 범죄의 실체적 측면을 의미한다. 수사의 대상은 수사의 사실적 내용(사실적 실체)과 수사의 법률적 내용(법률적 실체)으로 나눌 수 있다.

1) 수사의 사실적 내용(사실적 실체)

수사의 사실적 내용(사실적 실체)이란 범죄의 사실적 내용을 입증하기 위한 수사의 요소를 말한다. 통상 수사의 요소는 6하원칙이 적용되나 4하, 8하원칙 등의 충족을 원하는 경우도 있다.

(1) 수사의 요소

4하의 원칙	누가(주체), 언제(일시), 어디서(장소), 무엇을 했나(행위 · 결과)
6하의 원칙	4하 원칙 + 왜(동기) + 어떻게(수단, 방법)
8하의 원칙	6하 원칙 + 누구와(공범) + 누구에게(객체, 피해자와의 관계)

(2) 수사활동의 필연성

범행이 현실적으로 밝혀지고, 그렇게 되지 않으면 안 되는 필연적인 조건을 필요로 한다. 즉, 수사요소는 현실성을 가져야 하며 이를 위해 그 범행이 일어나지 않으면 안 되었던 조건인 행위의 필연성(왜 그러한 시간과 장소에서 그러한 범죄행위를 하였는지)이 파악되어야 한다.

(3) 사건의 형태성

사건의 형태성이란 수사자료를 질서 있게 전체적으로 구성하여 범죄사실의 전체적인 형태를 밝혀(파악)내는 것을 말한다. 예컨대, 강도살인사건이 발생한 경우 수사를 진행하는 담당 형사들이 수집해온 관련 증거들을 통하여 사건의 전체적인 윤곽 또는 형태를 파악하는 것을 의미한다.

2) 수사의 법률적 내용(법률적 실체)

수사의 법률적 내용이란 수사과정을 통해 밝혀진 결과가 형벌법규에 비추어 볼 때 범죄의 성립요건을 충족하고 있는지 여부를 말한다. 즉, 범죄수사의 결과에 대한 법률적 평가를 의미한다.

(1) 구성요건 해당성

구성요건(構成要件)은 형법에서 범죄로 규정한 행위를 말하며 '구성요건에 해당한다'는 말은 어떠한 행위가 형법이 규정하고 있는 범죄에 해당한다는 의미이다. 따라서 '구성요건 해당성'은 어떠한 행위가 범죄를 구성하기 위해서는 형법에서 규정한 범죄에 해당하여야 한다는 요건을 말한다.

(2) 위법성

어떤 행위가 범죄 또는 불법행위로 인정되기 위한 객관적 요건을 위법성이라 한다. 그러나 어떠한 행위가 구성요건에 해당하더라도 객관적으로 위법성이 존재하지 않으면 수사의 대상에서 제외되고 이것을 위법성 조각 사유라한다. 즉 구성요건에는 해당하나 적법하다는 것을 뜻한다. 현행 형법이 규정하고 있는 위법성 조각 사유로는 정당행위(제20조), 정당방위(제21조), 긴급피난(제22조), 자구행위(제23조), 피해자의 승낙에 의한 행위(제24조) 등이 있다.

(3) 책임성

책임성이란 구성요건에 해당하고 위법한 행위를 한 사람에 대한 인격적인 비난으로서 객관적으로 구성요건에 해당하는 위법한 행위를 한 자에 대하여 가하여지는 인격적 비난 내지 비난 가능성을 말한다(전대양, 2009).

(4) 가벌성

범죄성립요건의 만족으로 범죄가 성립하였다 하여도 범죄발생에 있어 처벌조건에 관한 추가적인 검토가 있어야 한다. 즉 인적 처벌 조각 사유(친족상도례에서 직계혈족·배우자 등의 신분)와 객관적 처벌조건(사전수뢰죄에서 사후에 공무원이 되는 경우 또는 파산죄에서 파산의 선고가 확정된 때)의 충족 여부도 검토하여야 한다.

7. 수사의 조건

수사란 수사기관이 범죄의 혐의가 있다고 판단되면 범죄 혐의 유무를 밝히기 위한 활동을 실행하고 이를 기반으로 범인을 검거하는 작용을 말한다. 광의로는 검거한 범인을 재판에 회부하기 위한 공소제기 여부의 결정과 공소유지를 위한 조사작용까지를 포함한다고 할 수 있다.

수사는 검사와 사법경찰관이 구체적 사실에 근거를 둔 범죄 혐의가 있다고 인식할 때 개시된다. 즉, 단순한 추측만으로 수사를 개시해서는 안된다. 이는 필연적으로 수사는 인권침해를 수반할 개연성을 내포하기 때문이다. 따라서 반드시 법률의 근거를 필요로 한다.

수사기관이 수사를 개시하기 위한 조건은 제한이 없다. 현행범의 발견, 변사자 검시, 불심검문, 범죄첩보 및 수사의뢰, 신고, 자수, 진정, 청원, 언론보도 등을 통하여 수사가 필요한 단서가 있는 경우는 수사를 개시할 수 있다. 다만, 통상 구체적으로 발생한 사건(살인, 강도, 절도 등)이나 고소, 고발 등을 접수하여 수사를 개시하는 경우 외, 첩보나 풍문 또는 언론보도 등에 의한 수사의 개시는 보통의 경우 내사의 절차를 거친다. 내사 후 범죄혐의가 발견되면 이를 인지하여 수사를 개시하는데, 이를 인지수사라고 한다.

> ※ 112신고 사건을 접수하고 현장에 출동, 신고자 또는 피해자의 신고내용을 조사하여 범죄혐의가 있다고 판단되면 "범죄인지서"를 작성하여, 수사개시의 근거를 마련한 후 수사를 진행한다.

수사의 방법은 상대방의 동의와 승낙을 전제로 하는 임의수사와 상대방의 동의에 불구하고 강제적 수단이 행사되는 강제수사로 구분된다. 임의수사는 피의자 신문, 참고인 조사, 사실조회 등이 있다. 강제수사는 체포, 구속, 압수, 수색 등이 있고, 반드시 판사가 발부한 영장에 의하며, 법률로 엄격하게 제한하고 있다. 우리 형사소송법은 임의수사를 원칙으로 하고 강제수사를 보충적, 예외적으로 인정하고 있다. 즉, 임의수사의 수단으로는 실체적진실발견에 충분하지 않다고 판단되는 경우, 보충적으로 인신을 구속하거나 체포하거나 압수수색하거나 하는 등의 강제수사를 하도록 정하고 있다. 그러나 수사현장의 실정은 강제수사를 우선으로 하여야 하는 어려움이 있다.

1) 수사의 필요성

(1) 의의

수사는 수사상 필요성이 인정되는 경우 개시되어야 한다. 필요성이란 어떠한 사실에 대해 수사기관이 주관적 범죄혐의를 갖게 되고, 주관적 혐의를 객관적 혐의로 전환시킬 필요가 있을 때, '수사상의 필요성이 있다'라고 할 수 있겠다. 즉, 주관적 범죄혐의가 인정되어야 그 범죄혐의를 객관화시키기 위한 증거를 수집하고 체포, 구속, 압수, 수색 등 강제수사를 진행함으로써 범죄혐의를 밝히고 범인을 검거할 수 있는 바, 이러한 전반적인 수사 진행을 위한 실질적 실익이 있는 경우를 수사상의 '필요성'이 인정된다고 할 수 있다.

임의수사는 피의자 신문, 참고인 조사, 감정 및 통·번역의 위촉 등 필요성이 있어야 하며, 강제수사는 「형사소송법」 제200조의2, 제200조의3, 제201조, 제215조 등에 규정된 필요성이 인정되는 경우이어야 한다.

(2) 공소제기의 가능성

수사의 필요성에는 공소제기의 가능성이 반드시 사전에 판단, 고려되어야 한다. 수사대상범죄 또는 수사사항이 공소제기 불가한 경우 더 이상 수사로서의 의미가 없기 때문이다. 다만, 공소제기를 목적으로 수사가 실행되어서는 안 된다.[1] 예컨대, 피의자가 사망하였거나, 이미 형이 확정되어 불처벌 대상이거나, 친고죄나 전속고발사건에 있어서 고소 또는 고발 등 필요적 조건이 충족되지 않은 경우 등이다. 다만, 친고죄나 전속고발사건에서 고소·고발이 없는 경우에도 수사를 진행할 수 있느냐의 문제이다. 법원은 고소·고발의 가능성만 있다면 그 수사는 위법하지 않다는 입장이다.

---

1 소위 "frame 수사"(범죄사실을 미리 확정하고 그에 짜 맞추어 수사를 진행하는 불법적인 수사관행)

친고죄나 세무공무원의 고발이 있어야 논할 수 있는 범죄에서 고소 또는 고발은 단지 소추조건에 불과하고 당해범죄의 성립요건이나 수사의 조건은 아니므로 위와 같은 범죄에 관하여 고소나 고발이 있기 전에 수사를 하였다 하더라도, 그 수사가 장래 고소나 고발이 있을 가능성이 없는 상태에서 행하여 졌다는 특단의 사정이 없는 한, 고소나 고발이 있기 전에 수사를 하였다는 이유만으로 그 수사가 위법하다고 볼 수는 없다(대판 1995. 2. 24, 선고 94도 252 판결).

┃ 형사소송법 관련 규정

제199조(수사와 필요한 조사)

① 수사에 관하여는 그 목적을 달성하기 위하여 필요한 조사를 할 수 있다. 다만, 강제처분은 이 법률에 특별한 규정이 있는 경우에 한하며, 필요한 최소한도의 범위 안에서만 하여야 한다.

② 수사에 관하여는 공무소 기타 공사단체에 조회하여 필요한 사항의 보고를 요구할 수 있다.

제200조(피의자의 출석요구)

검사 또는 사법경찰관은 수사에 필요한 때에는 피의자의 출석을 요구하여 진술을 들을 수 있다.

제200조의2(영장에 의한 체포)

① 피의자가 죄를 범하였다고 의심할 만한 상당한 이유가 있고, 정당한 이유 없이 제200조의 규정에 의한 출석요구에 응하지 아니하거나 응하지 아니할 우려가 있는 때에는 검사는 관할 지방법원판사에게 청구하여 체포영장을 발부받아 피의자를 체포할 수 있고, 사법경찰관은 검사에게 신청하여 검사의 청구로 관할 지방법원판사의 체포영장을 발부받아 피의자를 체포할 수 있다. 다만, 다액 50만 원 이하의 벌금, 구류 또는 과료에 해당하는 사건에 관하여는 피의자가 일정한 주거가 없는 경우 또는 정당한 이유 없이 제200조의 규정에 의한 출석요구에 응하지 아니한 경우에 한한다.

② 제1항의 청구를 받은 지방법원판사는 상당하다고 인정할 때에는 체포영장을 발부한다. 다만, 명백히 체포의 필요가 인정되지 아니하는 경우에는 그러하지 아니하다.

③ 제1항의 청구를 받은 지방법원판사가 체포영장을 발부하지 아니할 때에는 청구서에 그 취지 및 이유를 기재하고 서명날인하여 청구한 검사에게 교부한다.

④ 검사가 제1항의 청구를 함에 있어서 동일한 범죄사실에 관하여 그 피의자에 대하여 전에 체포영장을 청구하였거나 발부받은 사실이 있는 때에는 다시 체포영장을 청구하는 취지 및 이유를 기재하여야 한다.

⑤ 체포한 피의자를 구속하고자 할 때에는 체포한 때부터 48시간 이내에 제201조의 규정에 의하여 구속영장을 청구하여야 하고, 그 기간 내에 구속영장을 청구하지 아니하

는 때에는 피의자를 즉시 석방하여야 한다.

제200조의3(긴급체포)

① 검사 또는 사법경찰관은 피의자가 사형·무기 또는 장기 3년 이상의 징역이나 금고에 해당하는 죄를 범하였다고 의심할 만한 상당한 이유가 있고, 다음 각 호의 어느 하나에 해당하는 사유가 있는 경우에 긴급을 요하여 지방법원판사의 체포영장을 받을 수 없는 때에는 그 사유를 알리고 영장 없이 피의자를 체포할 수 있다. 이 경우 긴급을 요한다 함은 피의자를 우연히 발견한 경우 등과 같이 체포영장을 받을 시간적 여유가 없는 때를 말한다.
  1. 피의자가 증거를 인멸할 염려가 있는 때
  2. 피의자가 도망하거나 도망할 우려가 있는 때
② 사법경찰관이 제1항의 규정에 의하여 피의자를 체포한 경우에는 즉시 검사의 승인을 얻어야 한다.
③ 검사 또는 사법경찰관은 제1항의 규정에 의하여 피의자를 체포한 경우에는 즉시 긴급체포서를 작성하여야 한다.
④ 제3항의 규정에 의한 긴급체포서에는 범죄사실의 요지, 긴급체포의 사유 등을 기재하여야 한다.

제200조의4(긴급체포와 영장청구기간)

① 검사 또는 사법경찰관이 제200조의3의 규정에 의하여 피의자를 체포한 경우 피의자를 구속하고자 할 때에는 지체 없이 검사는 관할지방법원판사에게 구속영장을 청구하여야 하고, 사법경찰관은 검사에게 신청하여 검사의 청구로 관할지방법원판사에게 구속영장을 청구하여야 한다. 이 경우 구속영장은 피의자를 체포한 때부터 48시간 이내에 청구하여야 하며, 제200조의3제3항에 따른 긴급체포서를 첨부하여야 한다.
② 제1항의 규정에 의하여 구속영장을 청구하지 아니하거나 발부받지 못한 때에 는 피의자를 즉시 석방하여야 한다.
③ 제2항의 규정에 의하여 석방된 자는 영장없이는 동일한 범죄사실에 관하여 체포하지 못한다.
④ 검사는 제1항에 따른 구속영장을 청구하지 아니하고 피의자를 석방한 경우에는 석방한 날부터 30일 이내에 서면으로 다음 각 호의 사항을 법원에 통지하여야 한다. 이 경우 긴급체포서의 사본을 첨부하여야 한다.
  1. 긴급체포 후 석방된 자의 인적사항
  2. 긴급체포의 일시·장소와 긴급체포하게 된 구체적 이유
  3. 석방의 일시·장소 및 사유
  4. 긴급체포 및 석방한 검사 또는 사법경찰관의 성명
⑤ 긴급체포 후 석방된 자 또는 그 변호인·법정대리인·배우자·직계친족·형제자매는 통지서 및 관련 서류를 열람하거나 등사할 수 있다.

⑥ 사법경찰관은 긴급체포한 피의자에 대하여 구속영장을 신청하지 아니하고 석방한 경우에는 즉시 검사에게 보고하여야 한다.

제200조의5(체포와 피의사실 등의 고지)
검사 또는 사법경찰관은 피의자를 체포하는 경우에는 피의사실의 요지, 체포의 이유와 변호인을 선임할 수 있음을 말하고 변명할 기회를 주어야 한다.

제201조(구속)
① 피의자가 죄를 범하였다고 의심할 만한 상당한 이유가 있고 제70조제1항 각 호의 1에 해당하는 사유가 있을 때에는 검사는 관할 지방법원판사에게 청구하여 구속영장을 받아 피의자를 구속할 수 있고 사법경찰관은 검사에게 신청하여 검사의 청구로 관할 지방법원판사의 구속영장을 받아 피의자를 구속할 수 있다. 다만, 다액 50만 원 이하의 벌금, 구류 또는 과료에 해당하는 범죄에 관하여는 피의자가 일정한 주거가 없는 경우에 한한다.
② 구속영장의 청구에는 구속의 필요를 인정할 수 있는 자료를 제출하여야 한다.
③ 제1항의 청구를 받은 지방법원판사는 신속히 구속영장의 발부 여부를 결정하여야 한다.
④ 제1항의 청구를 받은 지방법원판사는 상당하다고 인정할 때에는 구속영장을 발부한다. 이를 발부하지 아니할 때에는 청구서에 그 취지 및 이유를 기재하고 서명날인하여 청구한 검사에게 교부한다.
⑤ 검사가 제1항의 청구를 함에 있어서 동일한 범죄사실에 관하여 그 피의자에 대하여 전에 구속영장을 청구하거나 발부받은 사실이 있을 때에는 다시 구속영장을 청구하는 취지 및 이유를 기재하여야 한다.

제215조(압수, 수색, 검증)
① 검사는 범죄수사에 필요한 때에는 피의자가 죄를 범하였다고 의심할 만한 정황이 있고 해당 사건과 관계가 있다고 인정할 수 있는 것에 한정하여 지방법원판사에게 청구하여 발부받은 영장에 의하여 압수, 수색 또는 검증을 할 수 있다.
② 사법경찰관이 범죄수사에 필요한 때에는 피의자가 죄를 범하였다고 의심할 만한 정황이 있고 해당 사건과 관계가 있다고 인정할 수 있는 것에 한정하여 검사에게 신청하여 검사의 청구로 지방법원판사가 발부한 영장에 의하여 압수, 수색 또는 검증을 할 수 있다.

2) 수사의 상당성

(1) 상당성의 의의

상당성이라 함은 경험칙과 사회상규상 그리하는 것이 '상당하다' 또는 '적절하다', 는 의미이다. 이는 수사의 방법이나 목적이 경험칙과 사회상규에 비추어 볼 때 적정하고 상당하다는 수사상의 비례의 원칙을 의미하기도 한다.

구체적으로 수사기관의 수사상의 처분이 그 필요성이 인정되는 경우에도 수사의 목적을 달성하는 데 "상당하다고 인정되는 방법"으로 할 것을 요한다. 상당한 방법은 첫째, 수사처분은 그 목적을 달성하기 위한 필요 최소한의 범위에서 작용해야 한다는 수사비례의 원칙과 둘째, 그러한 수사작용은 국민의 신뢰를 저버리지 않도록 작동되어야 한다는 '수사상의 신의칙'(사술의 금지)을 의미한다.

이러한 수사상 준수해야 할 상당성을 위배한 경우, 수집된 증거의 증거능력은 인정되지 않으며(위법수집증거 배제법칙), 소송절차상 구속적부심사, 구속취소 등 대상이 될 수 있으며, 손해배상청구 또는 국가배상청구가 가능하다. '수사상의 신의칙'과 관련하여 소위 '함정수사'가 문제가 된다.

┃ 함정수사

함정수사라 함은 수사기관이 범죄를 교사한 후, 그 실행을 기다려 범인을 검거하는 수사기법으로 수사의 신의칙과 관련하여 수사실행의 정당성이 문제가 된다. 함정수사는 크게 수사기관이 신분을 노출시키지 않고 범죄를 교사 또는 유발한 후에 범죄의 실행을 기다려 실행과 동시에 범인을 검거하는 수사방법(범의 유발형 함정수사)과, 이미 범죄의 의사(범의)를 갖고 있는 자에게 그 범죄의 의사를 실행할 수 있는 기회를 제공하는 함정수사(기회제공형 함정수사)가 있다.

함정수사는 마약사범이나 인신매매범죄 수사에 주로 사용되어 왔으나 최근에는 온라인범죄(인터넷사기범죄 등)에도 주요한 수사기법으로 활용되고 있다. 우리나라에서는 함정수사에 대해 학설의 대립이 있으나, 법원은 기회제공형 함정수사의 경우 위법성을 부정하고 있는 입장이다.

본래 범의를 가지지 아니한 자에 대하여 수사기관이 사술이나 계략 등을 써서 범의를 유발케 하여 범죄인을 검거하는 함정수사는 위법함을 면할 수 없고, 이러한 함정수사에 기한 공소제기는 그 절차가 법률의 규정에 위반하여 무효인 때에 해당한다 할 것이지만, 범의를 가진 자에 대하여 단순히 범행의 기회를 제공하는 것에 불과한 경우에는 위법한 함정수사라고 단정할 수 없다(대법원 2007. 5. 31. 선고 2007도1903).

"구체적 사건에 있어서 위법한 함정수사에 해당하는지 여부"에 대해서 "해당범죄의 종류와 성질, 유인자의 지위와 역할, 유인의 경위와 방법, 유인에 대한 피유인자의 반응, 피유인자의 처벌전력 및 유인행위 자체의 위법성 등을 종합하여 판단하여야 한다"고 판시하고 있다(대법원 2007. 7. 12. 선고 2006도 2339 판결).

(2) 수사의 비례성

'비례의 원칙'이라 함은 '과잉 금지의 원칙'을 의미한다. 즉, 목적을 실현하기 위하여 침해되는 법익이 과잉되어서는 안 되고 적정하게 비례의 관례를 유지해야 한다는 것이다. 헌법 제37조제2항은 "국민의 모든 자유와 권리는 국가안전보장·질서유지·공공복리를 위해 필요한 경우에 한해 법률로 제한할 수 있으며, 그 경우에도 자유와 권리의 본질적인 내용은 침해할 수 없다"고 규정하고 있다. 특히, 수사절차에서는 수사목적을 달성하기 위해 침해되는 법익은 최소화하여야 하며 강제수사의 경우 비례의 원칙이 엄격히 적용되고 있다(형사소송법 199조 제1항 단서). 수사의 비례성이 인정되기 위해서는 수사목적의 정당성, 수사방법의 적정성, 법익침해의 최소성, 수사목적과 법익침해의 균형성 등이 요구된다.

3) 수사개시의 조건

수사기관의 주관적 혐의가 있는 경우 범죄수사는 개시할 수 있으며 반드시 객관적 혐의를 요하지는 않는다. 그러나 주관적 혐의는 구체적 사실에 근거를 두어야 하며, 합리적인 판단에 의한 것이어야 한다(객관적 요건: 피의자의 체포, 구속의 요건 등).

4) 공소제기의 가능성과 친고죄의 수사개시 조건

반드시 공소제기의 가능성이 있어야만 수사개시가 가능한가의 문제이다. 공소제기가 불가능한 경우(범죄혐의가 없음이 명백하거나, 공소시효가 완료되었거나 친고죄에서 고소가 없는 경우)에는 당연히 수사개시는 의미가 없고 허용되어서도 안 된다고 할 것이다. 다만, 친고죄의 경우에는 고소가 없는 경우에도 수사의 개시는 가능하지만 당해 사건이 고소의 가능성마저 없다면 수사가 허용되지 않아야 하거나 제한적이어야 한다는 견해가 법원의 입장이다(다수설, 판례).

제2절 | 범죄수사의 원리와 수사구조

1. 범죄수사의 가능성

1) 범죄의 흔적(범적/犯跡)

범죄의 흔적은 범죄의 결과물로서 범죄수사는 결국 범죄흔적(범적)을 통하여 범죄사건의 전부 또는 일부를 추리하고 그 추리에 대한 사실 확인의 과정으로 추진된다. 이와 같이 범죄와 범죄흔적 사이에는 인과법칙이 존재하기 때문에 정상인의 추리를 통하여 범인의 행동과정을 파악할 수 있는 것이다. 모든 범죄가 그렇지는 않지만 대부분의 범죄는 흔적을 남긴다고 볼 수 있다. 만약 범죄와 범적 사이의 관계가 무법칙한 꿈속의 일처럼 행하여졌다면, 보통사람의 추리작용으로서는 수사를 진전시키더라도 절대로 성공할 수 없다고 보아야 한다(임준태, 2007).

2) 범죄와 범죄의 흔적과의 관계

범적과 범죄 사이에는 인과법칙이 존재하므로 범죄수사는 범적을 통하여 범죄사건의 전부 또는 일부를 추리하고 추리한 내용에 대한 사실확인의 과정으로 추진된다. 이와 같이 범죄의 결과물인 범적을 통해 범죄를 추리한다는 것은 결과를 확인하여 원인인 범죄를 탐색하는 것이다.

3) 범죄수사 가능성의 3대 근간

범죄수사가 가능한 것은 범죄가 어떤 형태로든지 흔적을 남기는 데 있다. **모든 범죄가 왜 흔적을 남기게 되는가?** 그것은 인간의 세 가지 행위법칙 때문이며, 이를 범죄수사가능성의 3대 근간이라고 한다.

범죄는 인간의 행동이다	인간의 생물학적·심리학적 징표에 관한 흔적을 남기게 된다. → 혈액, 정액, 동기, 수법, 언어 등
범죄는 사회적 행동이다	인간의 사회적 법칙에 따른 흔적을 남기게 된다. → 도구 입수, 목격자, 소문 등
범죄는 자연현상을 수반하는 행동이다	범죄는 자연현상 속에서 이루어지며, 필연적으로 자연과학적 법칙에 따른 흔적을 남기게 된다. → 물건이동, 족적, 지문, 현장의 변화 등

2. 범죄의 징표

1) 범죄징표의 개념

범죄에 수반하여 나타나는 내적·외적 현상을 범죄징표라 말한다. 이 중 수사수단에 의해서 수집되는 범죄의 징표는 주로 외적으로 표현되는 징표로서 이 외적 징표를 범죄의 흔적(범적)이라고 한다.

2) 범죄징표의 기능

범죄징표는 수사자료로서의 기능(범죄사실의 발견), 수사요소 확정(범인, 범죄일시, 범행장소 등 수사의 요소를 확정), 수사방식의 형태를 결정(범죄징표의 형태에 따라 수사방식의 형태가 결정되며, 구체적인 방침을 수립)하는 기능을 한다.

3) 범죄징표의 형태

범죄징표의 형태는 범인의 생물학적 특징에 의한 징표, 범인의 심리학적 특징에 의한 징표, 범인의 사회적 제반법칙에 의한 징표, 자연현상에 의한 징표, 문서에 의한 징표로 구분된다. 범죄징표는 구별표준에 따라 유형적 징표와 무형적 징표 또는 직접적 징표와 간접적 징표로 구분하기도 한다(경찰공제회, 2014).

생물학적 특징에 의한 징표①	인상, 지문, 혈액형, DNA, 기타의 신체특징	
심리학적 특징에 의한 징표②	보통심리	① 범행동기: 원한, 치정, 미신, 이욕 등 ② 범행결의: 불안, 초조, 친지와의 상담 등 심리적 갈등, 흉기·용구의 준비, 현장의 사전답사, 알리바이 공작 등 ③ 범행 중: 목적달성에 용이한 방법, 숙지·숙달된 기술선호 ④ 범행 후: 특수한 꿈·잠꼬대, 피해자에 대한 위로, 친지 등에의 고백, 자살, 도주, 증거인멸, 변명준비 등
	이상심리	심리과정에 합리적인 일관성이 결여
사회적 제반법칙에 의한 징표③	성명, 가족, 주거, 경력, 직업, 목격자, 풍설, 소문 등	
자연현상에 의한 징표④	물건의 이동(移動), 일시, 지문, 족적, 물건의 특정	
문서에 의한 징표⑤	문자의 감정, 사용잉크의 감정, 종이질의 감정	

3. 수사선

1) 수사선의 개념

수사선(추리하는 선)이라 함은 수집된 범죄흔적을 바탕으로 수사의 대상과 범죄사실을 추리하여 수사의 방향을 정하는 수사방법을 말한다. 즉 수사선은 범죄현장과 현장에 유류되거나 수집된 증거, 피해자의 행적 등을 종합하여 대상범죄사건을 '어떠한 원인에 의한 범죄이며, 피해자와 범인과의 특정의 인과관계가 있을 것이다'라고 추정하는, 예컨대, '치정에 원인을 둔 범죄이다', '원한 관계에 의한 범죄이다', '우발적 범죄이다' 등과 같이 추리하여 그러한 방향으로 수사를 진행하는 수사의 한 과정이라고 할 수 있다. 다시 말하면, 수사는 단서로써 알게 된 기초사실에 의하여 수집된 자료를 기초로 무수히 많은 추리를 하게 되며 그 추리의 선을 좇아 진전되는 것이다.

2) 수사선의 성질

(1) 수사선은 미확정사실을 추론해 나아가는 과정이다

수사선은 확정된 사실을 기초로 미확정된 사실을 추론해 나아가는 과정을 말한다. 예컨대, 옥내에서 발생한 사건의 범행현장에서 침입한 흔적이 전혀 발견되지 않았다면(확정된 사실을 기초), 용의자는 열려진 현관문을 이용했거나 면식범일 가능성이 높다(미확정된 사실을 추론). 따라서 이 경우 수사선은 피해자의 주변인물 중심으로 형성된다.

(2) 수사선은 추리와 자료수집의 선이다

수사선은 수집된 기존의 자료(범죄흔적)에서 추리의 선을 발견하고 추리의 선을 따라 범죄재현에 필요한 수사자료를 수집하는 과정을 거치는 것이다. 범죄사실의 규명에 필요한 수사자료는 8하의 법칙으로 설명된다. 따라서 수사선의 설정은 범죄수사에서 반드시 거쳐야 할 필연적인 과정이다. 예컨대, 범죄현장에서 용의자의 지문이 발견되었다면, 수사선은 용의자가 범죄현장에 있었다는 것을 증명하기 위한 현장주변 목격자 탐문수사를 중심으로 설정된다.

3) 수사선의 종류

"범죄행위가 인간의 개인행동이며, 사회적 행동인 동시에 자연현상을 수반한다."라는 경험법칙에 따라 다음과 같이 수사선을 분류할 수 있다.

▮ 수사선의 종류

종 류	내 용
개인특징에 관한 수사선 (인간의 행동)	① 신체적 특징에 의한 개인식별선: 인상, 지문, 혈액형, 연령, 성별 ② 성격 또는 습성에 의한 사람의 특징: 습벽, 동기, 수법, 범행 후의 행동, 언어, 회화, 성격, 가정환경
사회관계에 관한 수사선 (사회적 행동)	① 사람의 사회적 환경에 의한 특징: 성명, 주거·배회처, 직업, 비행경력, 혼인관계, 교우관계 ② 사람의 사회적 행동유형에 의한 특징: 행적, 수법, 집단성, 행동방식, 사용물건, 문서·장부, 상거래절차 ③ 범죄의 사회적 파문에 의한 특징: 동기, 사회적 배경, 풍설, 인심의 동향
자연과학에 관한 수사선 (과학적 추론)	① 물건의 특징(제조자, 판매자, 소유자, 특징 등) ② 물건의 이동(전·현 소유자의 확정, 물건의 소재장소, 물건의 이동경 로 등) ③ 현장관찰(현장형상, 범행의 흔적, 피해의 상황, 유류물건, 사회관계 등) ④ 문서(문서의 특징, 문서내용, 인영 등) ⑤ 자연현상(일시의 결정, 기상, 조류, 지형, 폭발연료, 약품관계, 법의학 적 현상)

4) 범죄의 징표와 수사선과의 상호관계

(1) 범죄징표와 수사선의 특징

범죄징표이론은 합리적 지식에 기초한 이론인 데 반하여, 수사선은 특정사건의 수사에 범죄징표를 응용하는 심리적 작용이다. 즉, **범죄의 징표이론**은 수사수단(수사상 자료의 입수방법)을 통하여 수집된 여러 가지 범적(범죄흔적)이 범인 및 범죄사실의 어떤 것을 징표하는가를 수사지식을 기초로 하여 이론적으로 정리한 것이다. 반면, **수사선**은 구체적으로 수집된 범적을 기초로 **범죄징표이론을 응용하여 범인 및 범죄사실을 추리하는 선을 말한다.**

(2) 범죄의 징표와 수사선의 비교

범죄징표이론은 합리적인 지식에 기초한 이론적인 것으로 '어떠한 범행이 그러한 범죄흔적을 남기는가?'라는 결과를 캐는 '범행에서 징표'로의 이론적 지식체계이다. 한편 수사선은 범죄의 흔적을 보고 '어떠한 범죄에서 비롯된 것인가?'라는 원인을 캐는 '범죄징표에서 범죄로'의 추리적 체계화를 말한다. 범죄징표와 수사선의 관계를 도표화하면 다음과 같다.

❚ 범죄징표와 수사선의 비교

구분	범죄징표	수사선
특징	합리적 지식에 기초한 이론면이다.	① 범죄징표이론을 특정사건 수사에 응용하는 것이다. ② 수사는 확정된 사실이 수집되고 다시 기정사실을 기초로 하여 미확정의 사실을 향해 많은 수사선을 방사함으로써 진전되는 것이다. ③ 수사선은 추리와 자료수집의 선이다.
비고	"어떠한 방법이 그러한 범적을 낳게 하는가"라는 결과를 캐는 '범행에서 징표로'의 이론적 지식체계이다.	"범적을 보고 어떠한 범죄에서 비롯된 것이다"라는 원인을 캐는 '범죄징표에서 범죄로의 추리'의 체계화이다.
관계	상호연관성을 갖는다.	

4. 수사의 수단

1) 수사수단의 의의

수사수단이란 범죄의 흔적으로서 남겨진 범죄징표를 수사기관이 구체적인 사건의 해결을 위하여 필요한 수사자료로서 입수하는 방법을 말한다. 이런 맥락에서 봤을 때 수사선이 추리의 연장선으로서 이론적인 분류라고 정의한다면, 수사수단은 자료를 어떻게 입수할 것인가 하는 실체적 문제인 동시에 경험적이고 기능적이며 임기응변식의 실무기술이라고 할 수 있다.

2) 수사수단의 종류

수사수단은 관점에 따라 여러 가지 유형으로 분류할 수 있다. 즉, 자료수집과정에서 응용되는 기술적 측면에 초점을 두어 듣는 수사, 보는 수사, 추리수사 등으로 분류할 수 있다.

(1) 듣는 수사

듣는 수사라 함은 범죄를 직접 경험했거나 또는 타인의 경험을 전해 들은 자의 기억에 의존하는 수사수단으로 청각적 수사라고도 한다.

(2) 보는 수사

보는 수사란 시각을 동원하여 현장 또는 물건의 형상과 이동에 따라 남겨진 수사자료를 입수하는 수사수단이다.

(3) 추리 수사

추리 수사는 듣는 수사와 보는 수사의 보충적인 수사로서, 일련의 추리의 선에 따라 수사자료를 입수하는 수사수단이다.

3) 수사수단의 방향

수사수단은 횡적 수사와 종적 수사의 두 갈래로 구분할 수 있다. 횡적 수사는 새로운 자료의 수집을 위한 수사이며, 종적 수사는 이미 수집된 자료에 의한 수사라고 할 수 있다. 따라서 수사는 횡적 수사 후 종적 수사로 옮겨 가는 것이 일반적인 경향이다.

(1) 횡적 수사

새로운 자료수집을 위한 수사로서, 범행에 관계 있는 모든 자료의 발견과 수집을 목적으로 하는 수사활동이다. 즉, 횡적수사란 범죄수사 개시 전 범죄관련 자료를 수집하고, 발생 범죄의 특이점이나 타 범죄와 다른 독특한 연관성 등을 파악하는 과정을 말한다. 현장관찰(감식 등), 탐문수사, 행적 등 탐문수사 등이 있다.

▌기초수사

횡적수사와 유사한 개념으로 사용되는 "기초수사"는 수사를 개시하기 전 발생한 사건의 정황, 유류된 또는 채집된 증거관계, 당해 사건에 있어서 피해자의 특성, 피해자 주변인들과의 관계, 피해품의 유형 등을 수집·정리하고, 이를 기반으로 수사의 방침 등을 수립하는 활동을 말하는데, 횡적수사의 개념보다는 좀더 넓은 개념으로 볼 수 있겠다. 기초수사는 당해 사건의 성패를 가르는 매우 중요한 과정이다.

(2) 종적 수사

이미 수집된 수사자료를 기반으로 범인의 발견을 위한 수집된 특정 자료의 성질, 특징 등을 면밀히 관찰하여 깊이 파고드는 수사활동이다. 유류품을 기초로한 추적수사, 장물수사, 수법·수배 수사 등이 있다.

▌횡적수사와 종적수사의 비교

분류 \ 내용	종적 수사	횡적 수사
장점	특정의 자료를 통한 집중적 수사활동으로 신속한 범인검거를 기할 수 있다.	광범한 자료수집으로 사건의 신중한 판단 및 수사의 확실성을 기할 수 있다.
단점	한정된 자료로 판단을 그르쳐 헛수고에 그치고 원점 재수사의 경우를 내포한다.	노력과 시간의 점에서 비경제적이다.
수사방법	① 유류품수사　② 장물수사 ③ 수법수사　④ 인상특징수사 ⑤ 수배수사	① 현장관찰　② 탐문수사 ③ 행적수사　④ 은신·파수 ⑤ 미행　⑥ 수색 ⑦ 감별수사

5. 범죄수사의 원칙

1) 수사의 기본원칙

경찰, 검찰 등 수사기관의 수사는 필연적으로 인권을 침해 또는 제한하는 작용을 수반한다. 따라서 수가기관의 수사는 엄격히 법률로써 제한하여야 하고 또한 이에 따라야 한다. 경찰, 검찰 등 수사기관은 「형사소송법」과 「범죄수사규칙」, 「경찰수사규칙」, 「검사와 사법경찰관의 상호협력과 일반적 수사준칙에 관한 규정」에 따른다.

▍(경찰청) 범죄수사규칙 [경찰청훈령 제1103호, 2023. 11. 1.,일부개정]

제1편 총칙

제1조(목적)
이 규칙은 경찰공무원이 범죄를 수사할 때에 지켜야 할 방법과 절차 그 밖에 수사에 관하여 필요한 사항을 정함으로써 수사사무의 적정한 운영을 기함을 목적으로 한다.

제2조(적용범위)
경찰관의 수사에 관하여 다른 규칙에 특별한 규정이 있는 경우를 제외하고는 이 규칙이 정하는 바에 따른다.

제3조(특별사법경찰관리 직무범위 사건을 직접 수사하는 경우)
경찰관은 특별사법경찰관리의 직무범위에 속하는 범죄를 먼저 알게 되어 직접 수사하고자 할 때에는 경찰관이 소속된 경찰관서의 장(이하 "소속 경찰관서장"이라 한다)의 지휘를 받아 수사하여야 한다. 이 경우 해당 특별사법경찰관리와 긴밀히 협조하여야 한다.

제1절 수사의 기본원칙

제7조(사건의 관할)
① 사건의 수사는 범죄지, 피의자의 주소·거소 또는 현재지를 관할하는 경찰관서가 담당한다.
② 사건관할을 달리하는 수개의 사건이 관련된 때에는 1개의 사건에 관하여 관할이 있는 경찰관서는 다른 사건까지 병합하여 수사를 할 수 있다.
③ 그밖에 관할에 대한 세부 사항은 「사건의 관할 및 관할사건수사에 관한 규칙」에 따른다.

제8조(제척)
경찰관은 다음 각 호의 어느 하나에 해당하는 경우 수사직무(조사 등 직접적인 수사 및 수사지휘를 포함한다)의 집행에서 제척된다.
  1. 경찰관 본인이 피해자인 때
  2. 경찰관 본인이 피의자 또는 피해자의 친족이거나 친족이었던 사람인 때
  3. 경찰관 본인이 피의자 또는 피해자의 법정대리인이거나 후견감독인인 때

제2장 수사의 개시

제44조(수사의 개시)

경찰관은 수사를 개시할 때에는 범죄의 경중과 정상, 범인의 성격, 사건의 파급성과 모방성, 수사의 완급 등 제반 사정을 고려하여 수사의 시기 또는 방법을 신중하게 결정하여야 한다.

제45조(경찰 훈방)

① 경찰관은 죄질이 매우 경미하고, 피해 회복 및 피해자의 처벌의사 등을 종합적으로 고려하여 훈방할 수 있다.

② 제1항의 훈방을 위해 필요한 경우 경찰청장이 정하는 위원회의 조정·심의·의결을 거칠 수 있다.

③ 경찰관은 훈방할 때에는 공정하고 투명하게 하여야 하고 반드시 그 이유와 근거를 기록에 남겨야 한다.

제47조(피해신고의 접수 및 처리)

① 경찰관은 범죄로 인한 피해신고가 있는 경우에는 관할 여부를 불문하고 이를 접수하여야 한다.

② 경찰관은 제1항의 피해신고 중 범죄에 의한 것이 아님이 명백한 경우 피해자 구호 등 필요한 조치를 행한 후 범죄인지는 하지 않는다.

③ 경찰관은 제1항의 신고가 구술에 의한 것일 때에는 신고자에게 별지 제14호서식의 피해신고서 또는 진술서를 작성하게 할 수 있다. 이 경우 신고자가 피해신고서 또는 진술서에 그 내용을 충분히 기재하지 않았거나 기재할 수 없을 때에는 진술조서를 작성하여야 한다.

제49조(고소·고발의 수리)

경찰관은 고소·고발은 관할 여부를 불문하고 접수하여야 한다. 다만, 제7조에 규정된 관할권이 없어 계속 수사가 어려운 경우에는 「경찰수사규칙」 제96조에 따라 책임수사가 가능한 관서로 이송하여야 한다.

제50조의2(고소·고발의 각하결정)

경찰관은 제50조에 따라 수사 진행의 필요성을 검토하는 과정에서 고소·고발이 「경찰수사규칙」 제108조제1항 제4호 사유에 해당하여 더 이상 수사를 진행할 필요가 없음이 명백한 경우 각하 결정하여 신속히 사건을 종결한다.

제52조(고소 취소에 따른 조치)

경찰관은 친고죄에 해당하는 사건을 송치한 후 고소인으로부터 그 고소의 취소를 수리하였을 때에는 즉시 필요한 서류를 작성하여 검사에게 송부하여야 한다.

제54조(친고죄의 긴급수사착수)

경찰관은 친고죄에 해당하는 범죄가 있음을 인지한 경우에 즉시 수사를 하지 않으면 향후 증거수집 등이 현저히 곤란하게 될 우려가 있다고 인정될 때에는 고소권자의 고소가 제출되기 전에도 수사할 수 있다. 다만, 고소권자의 명시한 의사에 반하여 수사할 수 없다.

제3장 임의수사
제1절 출석요구와 조사 등
제61조(출석요구)

경찰관은 「형사소송법」 제200조 및 같은 법 제221조의 출석요구에 따라 출석한 피의자 또는 사건관계인에 대하여 지체 없이 진술을 들어야 하며 피의자 또는 사건관계인이 장시간 기다리게 하는 일이 없도록 하여야 한다.

제63조(임의성의 확보)

① 경찰관은 조사를 할 때에는 고문, 폭행, 협박, 신체구속의 부당한 장기화 그 밖에 진술의 임의성에 관하여 의심받을 만한 방법을 취하여서는 아니 된다.

② 경찰관은 조사를 할 때에는 희망하는 진술을 상대자에게 시사하는 등의 방법으로 진술을 유도하거나 진술의 대가로 이익을 제공할 것을 약속하거나 그 밖에 진술의 진실성을 잃게 할 염려가 있는 방법을 취하여서는 아니 된다.

제64조(조사 시 진술거부권 등의 고지)

「형사소송법」 제244조의3에 따른 진술거부권의 고지는 조사를 상당 시간 중단하거나 회차를 달리하거나 담당 경찰관이 교체된 경우에도 다시 하여야 한다.

제65조(피의자 조사 참여)

경찰관이 피의자를 신문함에는 「형사소송법」 제243조에 따라 사법경찰관리를 참여하게 해야 하고, 조사를 시작 하기 전에 피의자에게 조사에 참여하는 경찰관의 계급과 성명을 고지해야 한다.

제66조(대질조사 시 유의사항)

경찰관은 대질신문을 하는 경우에는 사건의 특성 및 그 시기와 방법에 주의하여 한쪽이 다른 한쪽으로부터 위압을 받는 등 다른 피해가 발생하지 않도록 하여야 한다.

제67조(공범자의 조사)

경찰관은 공범자에 대한 조사를 할 때에는 분리조사를 통해 범행은폐 등 통모를 방지하여야 하며, 필요시에는 대질신문 등을 할 수 있다.

제68조(증거의 제시)

경찰관은 조사과정에서 피의자에게 증거를 제시할 필요가 있는 때에는 적절한 시기와 방법을 고려하여야 하며, 그 당시의 피의자의 진술이나 정황 등을 조서에 적어야 한다.

제69조(직접진술의 확보)

① 경찰관은 사실을 명백히 하기 위하여 피의자 이외의 관계자를 조사할 필요가 있을 때에는 되도록 그 사실을 직접 경험한 사람의 진술을 들어야 한다.

② 경찰관은 사건 수사에 있어 중요한 사항에 속한 것으로서 타인의 진술을 내용으로 하는 진술을 들었을 때에는 그 사실을 직접 경험한 사람의 진술을 듣도록 노력하여야 한다.

제72조(피의자 아닌 사람에 대한 조사사항)

경찰관은 피의자 아닌 사람을 조사하는 경우에는 특별한 사정이 없는 한 다음 각 호의 사항에 유의하여 「경찰수사규칙」 제39조제2항의 진술조서를 작성하여야 한다.

   1. 피해자의 피해상황
   2. 범죄로 인하여 피해자 및 사회에 미치는 영향
   3. 피해회복의 여부
   4. 처벌희망의 여부
   5. 피의자와의 관계
   6. 그 밖의 수사상 필요한 사항

제75조(수사과정의 기록)

경찰관은 조사과정에서 수갑·포승 등을 사용한 경우, 그 사유와 사용 시간을 기록하여야 한다.

제4장 강제수사
제1절 체포·구속
제114조(영장에 의한 체포)

① 경찰관은 「형사소송법」 제200조의2제1항 및 「경찰수사규칙」 제50조에 따라 체포영장을 신청할 때에는 별지 제43호서식의 체포영장신청부에 필요한 사항을 적어야 한다.

② 경찰관은 체포영장에 따라 피의자를 체포한 경우에는 별지 제44호서식의 체포·구속영장 집행원부에 그 내용을 적어야 한다.

제115조(긴급체포)

① 「형사소송법」 제200조의3제1항의 "긴급을 요"한다고 함은 피의자를 우연히 발견한 경우 등과 같이 체포영장을 받을 시간적 여유가 없는 때를 말하며 피의자의 연령, 경력, 범죄성향이나 범죄의 경중, 태양, 그 밖에 제반사항을 고려하여 인권침해가 없도록 하여야 한다.

② 「형사소송법」 제200조의3제1항에 따라 긴급체포를 하였을 때에는 같은 법 제200조의3

제3항에 따라 즉시 긴급체포서를 작성하고, 별지 제45호서식의 긴급체포원부에 적어야 한다.

③ 긴급체포한 피의자를 석방한 때에는 긴급체포원부에 석방일시 및 석방사유를 적어야 한다.

제116조(현행범인의체포)

① 경찰관은 「경찰수사규칙」 제52조제2항에 따라 현행범인인수서를 작성할 때에는 체포자로부터 성명, 주민등록번호(외국인인 경우에는 외국인등록번호, 해당 번호들이 없거나 이를 알 수 없는 경우에는 생년월일 및 성별, 이하 "주민등록번호등"이라 한다), 주거, 직업, 체포일시·장소 및 체포의 사유를 청취하여 적어야 한다.

② 경찰관은 현행범인을 체포하거나 인도받은 경우에는 별지 제46호서식의 현행범인체포원부에 필요한 사항을 적어야 한다.

③ 경찰관은 다른 경찰관서의 관할구역 내에서 현행범인을 체포하였을 때에는 체포지를 관할하는 경찰관서에 인도하는 것을 원칙으로 한다.

▌경찰수사규칙 [시행 2022. 1. 4.][행정안전부령 제305호, 2022. 1. 4., 일부개정]

제1편 총칙

제1조(목적)

이 규칙은 경찰공무원(해양경찰청 소속 경찰공무원은 제외한다)인 사법경찰관리가 「형사소송법」 및 「검사와 사법경찰관의 상호협력과 일반적 수사준칙에 관한 규정」 등 수사 관계 법령에 따라 수사를 하는 데 필요한 사항을 규정함을 목적으로 한다.

제2조(인권 보호 및 적법절차의 준수)

① 사법경찰관리는 수사를 할 때에는 합리적 이유 없이 피의자와 그 밖의 피해자·참고인 등(이하 "사건관계인"이라 한다)의 성별, 종교, 나이, 장애, 사회적 신분, 출신지역, 인종, 국적, 외모 등 신체조건, 병력(病歷), 혼인 여부, 정치적 의견 및 성적(性的) 지향 등을 이유로 차별해서는 안 된다.

② 사법경찰관리는 「형사소송법」(이하 "법"이라 한다) 및 「검사와 사법경찰관의 상호협력과 일반적 수사준칙에 관한 규정」(이하 "수사준칙"이라 한다) 등 관계 법령을 준수하고 적법한 절차와 방식에 따라 수사해야 한다.

제7조(검사와의 협의 등)

① 사법경찰관리는 수사준칙 제8조제1항에 따라 검사와의 협의를 요청하려는 경우에는 별지 제6호서식의 협의요청서에 요청 사항과 그 사유를 적어 검사에게 통보해야 한다.

② 사법경찰관리는 수사준칙 제8조제1항제1호, 제2호, 제4호 또는 제6호의 경우 제1항에 따른 해당 검사와의 협의에도 불구하고 이견이 해소되지 않으면 이를 즉시 소속된 경찰관서의 장(이하 "소속경찰관서장"이라 한다)에게 보고해야 한다.

③ 제2항의 보고를 받은 소속경찰관서장은 수사준칙 제8조제2항에 따른 협의가 필요하다고 판단하면 별지 제7호서식의 협의요청서에 요청 사항과 그 사유를 적어 제2항에 따른 해당 검사가 소속된 검찰청의 장에게 통보해야 한다.
④ 사법경찰관리 또는 소속경찰관서장은 제1항 또는 제3항에 따라 검사 또는 검찰청의 장과 협의한 사항이 있으면 그 협의사항을 성실하게 이행하도록 노력해야 한다.

제8조(사법경찰관리의 상호협력)

① 사법경찰관리는 수사에 필요한 경우에는 다른 사법경찰관리에게 피의자의 체포·출석요구·조사·호송, 압수·수색·검증, 참고인의 출석요구·조사 등 그 밖에 필요한 조치에 대한 협력을 요청할 수 있다. 이 경우 요청을 받은 사법경찰관리는 정당한 이유가 없으면 이에 적극 협조해야 한다.
② 사법경찰관리는 수사에 필요한 경우에는 법 제245조의10에 따른 특별사법경찰관리와 긴밀히 협력해야 한다. 이 경우 협력의 구체적인 내용·범위 및 방법 등은 상호 협의하여 정한다.

제3편 수사

제1장 통칙
제2장 수사의 개시
제18조(수사의 개시)

① 사법경찰관은 법 제197조제1항에 따라 구체적인 사실에 근거를 둔 범죄의 혐의를 인식한 때에는 수사를 개시한다.
② 사법경찰관은 제1항에 따라 수사를 개시할 때에는 지체 없이 별지 제11호서식의 범죄인지서를 작성하여 사건기록에 편철해야 한다.

제19조(입건 전 조사)

① 사법경찰관은 수사준칙 제16조제3항에 따른 입건 전에 범죄를 의심할 만한 정황이 있어 수사 개시 여부를 결정하기 위한 사실관계의 확인 등 필요한 조사(이하 "입건전조사"라 한다)에 착수하기 위해서는 해당 사법경찰관이 소속된 경찰관서의 수사 부서의 장(이하 "소속수사부서장"이라 한다)의 지휘를 받아야 한다.
② 사법경찰관은 입건전조사한 사건을 다음 각 호의 구분에 따라 처리해야 한다.
    1. 입건: 범죄의 혐의가 있어 수사를 개시하는 경우
    2. 입건전조사 종결(혐의없음, 죄가안됨 또는 공소권없음): 제108조제1항제1호부터 제3호까지의 규정에 따른 사유가 있는 경우
    3. 입건전조사 중지: 피혐의자 또는 참고인 등의 소재불명으로 입건전조사를 계속할 수 없는 경우
    4. 이송: 관할이 없거나 범죄특성 및 병합처리 등을 고려하여 다른 경찰관서 또는 기관(해당 기관과 협의된 경우로 한정한다)에서 입건전조사할 필요가 있는 경우

5. 공람 후 종결: 진정·탄원·투서 등 서면으로 접수된 신고가 다음 각 목의 어느 하나에 해당하는 경우
   가. 같은 내용으로 3회 이상 반복하여 접수되고 2회 이상 그 처리 결과를 통지한 신고와 같은 내용인 경우
   나. 무기명 또는 가명으로 접수된 경우
   다. 단순한 풍문이나 인신공격적인 내용인 경우
   라. 완결된 사건 또는 재판에 불복하는 내용인 경우
   마. 민사소송 또는 행정소송에 관한 사항인 경우

제21조(고소·고발의 수리)
① 사법경찰관리는 진정인·탄원인 등 민원인이 제출하는 서류가 고소·고발의 요건을 갖추었다고 판단하는 경우 이를 고소·고발로 수리한다.
② 사법경찰관리는 고소장 또는 고발장의 명칭으로 제출된 서류가 다음 각 호의 어느 하나에 해당하는 경우에는 이를 진정(陳情)으로 처리할 수 있다.
   1. 고소인 또는 고발인의 진술이나 고소장 또는 고발장에 따른 내용이 불분명하거나 구체적 사실이 적시되어 있지 않은 경우
   2. 피고소인 또는 피고발인에 대한 처벌을 희망하는 의사표시가 없거나 처벌을 희망하는 의사표시가 취소된 경우

제3장 임의수사
제1절 출석요구와 조사 등
제34조(출석요구)
수사준칙 제19조제3항 본문 또는 같은 조 제6항에 따라 피의자 또는 피의자 외의 사람에게 출석요구를 하려는 경우에는 별지 제21호서식 또는 별지 제22호서식의 출석요구서에 따른다.

제35조(수사상 임의동행)
사법경찰관리는 수사준칙 제20조에 따른 임의동행 고지를 하고 임의동행한 경우에는 별지 제23호서식의 임의동행 동의서를 작성하여 사건기록에 편철하거나 별도로 보관해야 한다.

제36조(심야조사 제한)
① 사법경찰관은 수사준칙 제21조제2항제4호에 따라 심야조사를 하려는 경우에는 심야조사의 내용 및 심야조사가 필요한 사유를 소속 경찰관서에서 인권보호 업무를 담당하는 부서의 장에게 보고하고 허가를 받아야 한다.
② 사법경찰관은 제1항에 따라 허가를 받은 경우 수사보고서를 작성하여 사건기록에 편철해야 한다.

제37조(장시간 조사 제한)

사법경찰관리는 피의자나 사건관계인으로부터 수사준칙 제22조제1항제1호에 따라 조서 열람을 위한 조사 연장을 요청받은 경우에는 별지 제24호서식의 조사연장 요청서를 제출받아야 한다.

제39조(조서와 진술서)

① 사법경찰관리가 법 제244조제1항에 따라 피의자의 진술을 조서에 적는 경우에는 별지 제27호서식 또는 별지 제28호서식의 피의자신문조서에 따른다.

② 사법경찰관리가 피의자가 아닌 사람의 진술을 조서에 적는 경우에는 별지 제29호서식 또는 별지 제30호서식의 진술조서에 따른다.

③ 사법경찰관리는 피의자 또는 피의자가 아닌 사람의 진술을 듣는 경우 진술 사항이 복잡하거나 진술인이 서면진술을 원하면 진술서를 작성하여 제출하게 할 수 있다.

④ 피의자신문조서와 진술조서에는 진술자로 하여금 간인(間印)한 후 기명날인 또는 서명하게 한다.

제7장 피해자 보호

제79조(피해자 보호의 원칙)

① 사법경찰관리는 피해자[타인의 범죄행위로 피해를 당한 사람과 그 배우자(사실상의 혼인관계를 포함한다), 직계친족 및 형제자매를 말한다. 이하 이 장에서 같다]의 심정을 이해하고 그 인격을 존중하며 피해자가 범죄피해 상황에서 조속히 회복하여 인간의 존엄성을 보장받을 수 있도록 노력해야 한다.

② 사법경찰관리는 피해자의 명예와 사생활의 평온을 보호하고 해당 사건과 관련하여 각종 법적 절차에 참여할 권리를 보장해야 한다.

제80조(신변보호)

① 수사준칙 제15조제2항에 따른 신변보호에 필요한 조치의 유형은 다음 각 호와 같다.
　　1. 피해자 보호시설 등 특정시설에서의 보호
　　2. 신변경호 및 수사기관 또는 법원 출석·귀가 시 동행
　　3. 임시숙소 제공
　　4. 주거지 순찰 강화, 폐쇄회로텔레비전의 설치 등 주거에 대한 보호
　　5. 그 밖에 비상연락망 구축 등 신변안전에 필요하다고 인정되는 조치

② 범죄신고자 등 참고인으로서 범죄수사와 관련하여 보복을 당할 우려가 있는 경우에 관하여는 제1항을 준용한다.

제81조(피해자에 대한 정보 제공)

사법경찰관리는 피해자를 조사하는 경우 다음 각 호의 정보를 피해자에게 제공해야 한다. 다만, 피해자에 대한 조사를 하지 않는 경우에는 수사준칙 제51조제1항에 따른 결정(이송

결정은 제외한다)을 하기 전까지 정보를 제공해야 한다.
1. 신변보호 신청권, 신뢰관계인 동석권 등 형사절차상 피해자의 권리
2. 범죄피해자구조금, 심리상담 · 치료 지원 등 피해자 지원제도 및 지원단체에 관한 정보
3. 그 밖에 피해자의 권리보호 및 복지증진을 위하여 필요하다고 인정되는 정보

제82조(회복적 대화)
① 사법경찰관리는 피해자가 입은 피해의 실질적인 회복 등을 위하여 필요하다고 인정하면 피해자 또는 가해자의 신청과 그 상대방의 동의에 따라 서로 대화할 수 있는 기회를 제공할 수 있다.
② 제1항에 따라 대화 기회를 제공하는 경우 사법경찰관리는 피해자와 가해자 간 대화가 원활하게 진행될 수 있도록 전문가에게 회복적 대화 진행을 의뢰할 수 있다.

제83조(범죄피해의 평가)
사법경찰관리는 피해자의 피해정도를 파악하고 보호 · 지원의 필요성을 판단하기 위해 범죄피해평가를 실시할 수 있으며, 일정한 자격을 갖춘 단체 또는 개인에게 이를 의뢰할 수 있다.

2) 수사의 3대원칙

신속착수의 원칙 (Speedy Initiation)	범죄수사는 가급적 죄증이 인멸되기 전에 신속히 착수하여 수사를 수행 · 종결해야 한다.
현장보존의 원칙 (Scene Preservation)	① 범죄현장은 변화를 수반하므로 수사관이 범죄현장을 보존하지 않으면 수사가 미궁에 빠질 염려가 있다는 것이다. 범죄의 현장을 '증거의 보고'라고 하는 이유가 여기에 있다. ② 입장수사를 요하는 살인 · 방화 · 강도 등 강력범죄의 수사에 있어서 이 원칙의 준수 여부는 수사 성패의 관건이 된다.
공중협력의 원칙 (Support by the Public)	① 범죄의 흔적은 목격자나 전문자의 기억에 오래 남는 것이므로 목격자나 전문자(傳聞者)가 살고 있는 사회는 '증거의 바다'라고 할 수 있다. ② 공중의 기억에 남은 범죄흔적이 '사회의 파문'이 되어 사람의 입과 귀를 통하여 많은 사람에게 전파되기 때문에 사회를 '증거의 바다'라고 부른다. ③ 범죄신고자 포상금제도는 이 원칙의 표현이다.

3) 범죄수사의 준수원칙

선증후포의 원칙 (선증거수집, 후체포의 원칙)	사건에 관하여 먼저 조사하여 증거를 확보한 후에 범인을 체포하여야 한다.
법령준수의 원칙	범죄수사에 있어서는 관련 법령을 숙지하고 이를 철저히 준수하여야 한다.
민사관계 불간섭의 원칙	범죄수사는 형사사건에 한하여 행하여야 하며, 민사사건은 수사의 대상에 해당하지 않는다.
종합수사의 원칙	모든 정보자료와 수사자료를 종합하여 상황을 파악하고, 모든 기술과 지식·조직을 동원하여 체계적이고 조직적인 종합수사를 행하여야 한다.

4) 범죄수사 실행의 5원칙

(1) 의의

범죄는 시간과 장소에 따라 다양한 형태를 띠게 되며 수사도 범죄에 맞춰 다양하게 진행되게 된다. 따라서 합리적이고 보편타당성 있는 기본적 방법의 설정이 필요하게 되는바, 수사를 행함에 있어서 다음과 같은 기본적 방법(5원칙)을 적용하여 효과적으로 추진함이 요청된다는 데 의의가 있다.

(2) 종류와 내용

수사자료 완전수집의 원칙	수사의 기본방법의 제1조건은 그 사건에 주어진 모든 수사자료를 빠짐없이 완전히 수집하여야 한다는 원칙이다(수사개시 이전 또는 수사개시와 동시에 진행하여야 하는 수사자료의 수집활동이다).
수사자료 감식·검토의 원칙	수집된 수사자료는 면밀히 감식하고 분석·검토하여야 한다. 검토의 방법은 자료의 성격에 따라 차이는 있을 것이나, 단순한 수사관의 상식적인 검토나 판단에만 그칠 것이 아니라 감식과학이나 과학적 지식 또는 그 시설·장비를 효과적으로 활용해야 한다.
적절한 추리의 원칙	수사자료의 감식·검토로 문제점이 명확히 추출되었으면, 적정한 추리로써 문제의 해결방법을 찾아야 한다는 원칙이다. 여기서 주의하여야 할 것은 추측은 어디까지나 가상적인 판단으로서 그것만으로는 진위불명이므로 후술할 검증적 수사에 의하여 그 진실성이 확립될 때까지 그것을 진실이라고 주장한다든가 또는 확신하여서는 안 되고 합리적인 판단(추측)을 하여야 한다는 것이다.

검증적 수사의 원칙	여러 가지 추측하에서 과연 어느 추측이 정당한 것인가를 모든 각도에서 검토해야 하는데 다음과 같은 순서로 하여야 한다.
검증적 수사원칙 진행순서	수사사항의 의결 → 수사방침 수립 → 수사실행
사실판단 증명의 원칙	수사는 형사절차의 일환이므로 수사에 의해 얻어진 판단, 즉 심증은 수사가 종결되어 송치되고 공판에 회부되어 심리받게 되는 것이므로 다음과 같은 객관성이 있어야 한다. ① 판단은 일정한 형식으로 표현할 것 ② 판단이 「진실」이라는 이유와 근거를 입증할 것

6. 범죄수사의 추리

1) 범죄수사 추리의 의의

범죄수사는 범죄의 결과로 나타난 범죄흔적, 범죄정보 등 각종 수사자료를 수집·종합하여 그것을 관찰·분석·판단함으로써 범인과 범죄사실을 추정하는 방법으로 진행된다.

2) 범죄수사 추리의 요소

추리의 요소는 수사요소와 같고, 추리의 대상은 범죄의 사실적 내용을 이루는 범인과 범죄사실이다. 따라서 수사의 대상이 범죄사건인 것처럼 추리의 대상도 범죄사건이다. 그 파악방법에 따라 4하, 6하, 8하의 요소가 있는바, 그 내용은 범인의 주체(범인)·일시·장소·동기·행동 또는 방법·결과 그리고 공범과 객체이다.

	4하의 원칙	6하의 원칙	8하의 원칙
의 의		사건의 판단·추리 등에 중요하며, 특히 수사서류 작성 시 반드시 검토해야 할 요소이며 보통 수사에서 이 원칙이 쓰인다.	이 원칙이 가장 효과적이다.
내 용	① 주체(누가) ② 일시(언제) ③ 장소(어디서) ④ 행동·결과(무엇을 했나)	① 주체(누가) ② 일시(언제) ③ 장소(어디서) ④ 행동·결과(무엇을 했나) ⑤ 동기(왜) ⑥ 수단·방법(무엇으로 어떻게 해서)	① 주체(누가) ② 일시(언제) ③ 장소(어디서) ④ 행동·결과(무엇을 했나) ⑤ 동기(왜) ⑥ 수단·방법(무엇으로 어떻게 해서) ⑦ 공범(누구와) ⑧ 객체(누구를)

3) 추리의 종류

(1) 직접추리와 간접추리

① 직접추리

오직 하나의 전제가 되는 판단에서부터 직접적으로 결론인 새로운 판단을 이끌어 내는 추리를 말한다. '교통이 매우 혼잡하다'(전제), '따라서 오늘 약속 시간에 늦을 것이다'(결론)와 같이 하나의 원인된 전제와 이에 따른 직접적인 결과를 의미한다.

② 간접추리

두 개 또는 그 이상의 이미 알고 있는 판단을 전제로 하여 새로운 판단을 결론으로 이끌어 내는 추리방식을 말한다. 간접추리는 연역적 추리와 귀납적 추리가 있다.

(2) 연역적 추리와 귀납적 추리

① 연역적 추리(전개적 추리)

    ㉠ 하나의 사실로써 다수의 가능한 사실을 추론하는 것.

    ㉡ 하강과정에 있어서 하나의 자료로써 다수의 추리의 선을 전개하여 진상규명이라는 목적에 도달하는 추리방법.

    ㉢ 수사과정은 하강과정, 즉 제1단계이다.

② 귀납적 추리(집중적 추리)

    ㉠ 다수의 사실로써 하나의 결론을 추론하는 것.

    ㉡ 상승과정에서 입증하려고 하는 사실을 초점으로 하여 그 사실을 증명할 증거가 갖추어졌는가의 여부를 검토하는 것.

    ㉢ 수사과정은 상승과정, 즉 제2단계이다.

    ㉣ 다수의 용의자 중에서 합리성 있는 추론을 하여 한 사람의 진범에 도달하는 방법으로써, 상승과정에서 주로 이용된다.

4) 추리의 방법

원칙	추리의 방법에는 어떤 정형이 있는 것은 아니며, 구체적인 경우에 따라 과학적 지식과 건전한 상식에 의하여 객관적인 증거의 수집을 통하여 그 추리의 과정을 시정해 갈 수밖에 없다.
유의사항	① 다각적인 추리 ② 과거 사건의 예를 참작

5) 추리의 추정된 사실

사실상의 추정은 어떠한 사실이 합리적인 의심을 넘어설 만큼 신빙성이 있는 경우에 형사소송법상 증명을 요하지 아니하는 사실로 되는 경우를 말한다.

인간의 정상성 추정	사람은 특별한 사정이 없으면 정상인으로 추정한다.
중간상태의 추정	오후 9시와 11시에 술에 취한 사람은 그 사이 10시에는 술에 취해 있었다고 추정한다.
절도의 추정	피해와 소지가 시간적으로 근접되어 있고, 그 소지가 타인의 개입을 허용치 않는 정도이며, 도품 수입경로에 대해서 합리적인 설명을 못 할 경우 그 소지자는 절도범으로 추정된다(영·미 판례).
상태 계속의 추정	사적(私的)관계의 계속, 상거래(商去來) 계속, 만성질병의 계속, 교우관계의 계속
기타의 추정	정규의 우편물은 반송이나 특별한 배달 불능(천재지변)의 사유가 없었다면 배달된 것으로 추정된다. 이웃사람은 보통 이웃집의 사정을 잘 알 것으로 추정한다.

7. 수사구조

1) 수사구조의 의의

'수사구조'란 수사절차에 있어 적법절차의 원칙을 어떻게 하면 최대한 구현할 수 있는가 하는 방법으로서 수사절차에 등장하는 검사·사법경찰관리·피의자·법관 등의 상호관계를 어떻게 정립시킬 것인가에 대한 이론을 말한다.

2) 수사구조

(1) 규문적 수사관

규문적 수사관이란 수사절차가 검사를 주재로 하는 수사기관과 그 상대방인 피의자의 불평등 수직관계로 구성되어 있다고 보는 견해로서, 수사절차는 법관의 사법적 개입이 없이 수사기관의 독자적인 판단하에 범인, 범죄사실과 증거를 조사하는 합목적적 절차로 수사에 필요한 강제처분권은 수사의 주재자인 검사의 고유권한이라고 본다. 따라서 영장은 허가장의 성격을 지니며 피의자 신문을 위한 구인이 허용된다.

(2) 탄핵적 수사관

탄핵적 수사관은 수사절차에 수사기관과 피의자 이외에 제3의 기관인 법관의 개입을 인정한다. 즉 수사절차란 법원에 공소를 제기하기 위한 준비단계이며, 수사에 필요한 강제처분권은 법원의 고유권한에 속한다고 본다. 따라서 영장은 명령장의 성질을 가지고 피의자신문을 위한 구인이 허용되지 않게 된다.

(3) 소송적 수사관

소송적 수사관은 기소와 불기소를 결정하는 독자적 목적의 절차로서 공판절차와는 별개의 절차로 파악하여 수사절차의 소송구조화를 도모하여 수사절차의 독립성을 강조하는 이론으로 피의자의 지위는 단순한 수사의 객체가 아니라 사법경찰관과 대등한 수사주체가 되어야 한다고 한다. 피의자의 방어활동이 강조되며 강제수사는 공소제기 전에만 허용된다.

▎규문주의와 탄핵주의

규문주의
규문주의란 법원이 재판을 개시하는 방법에 있어서 법원 스스로가 심리를 개시하고 재판절차를 진행하는 주의를 말한다. 즉, 심리의 개시와 재판 진행의 권한이 법관에게 집중되어 있는 소송절차를 말한다. 규문주의는 절대주의국가에 있어서 전형적으로 형성되었지만 프랑스혁명 후는 국가소추에 의한 탄핵주의로 전환되었다.
규문주의는 법원이 소추권·증거수집권·심판권을 갖기 때문에 소송이 신속하게 진행되는 장점이 있으나 심리개시와 재판 권한이 법관에게 집중됨으로써 공평한 재판을 저해할 우려가 있는 단점이 있다.

탄핵주의
탄핵주의란 형사소송에서 재판기관 이외의 자의 소추가 있어야 소송이 개시되는 형사소송상의 개념을 말한다. 탄핵주의에는 피해자소추주의와 공중소추주의 등 사인 탄핵주의와 국가소추주의가 있으며, 프랑스혁명 후 규문주의에서 전환되기 시작했다. 현재는 대부분의 나라가 국가소추주의를 택하고 있으며 검사 또는 경찰서장(영국의 경우)이 이를 행하고 있다. 탄핵주의는 소추기관·피고인·재판기관의 3면적 소송구조를 취하고 있으며, 재판의 공개와 구두주의·불고불리의 원칙이 적용된다.

1. 수사기관

1) 수사기관의 의의

수사기관이란 법률상 범죄수사를 할 수 있는 권한이 부여되어 있는 국가 기관을 말한다. 현행법상으로는 검사와 사법경찰관리가 있다. 과거 규문주의 하에서는 수사기관과 재판기관이 분리되지 않았고 재판기관이 직접 수사를 하 였으며, 수사와 심리개시 및 재판의 권한이 법관에 집중되어 법관에게 지나친 부담을 주었다. 이에 반하여 탄핵주의하에서는 재판기관과 소추기관을 분리하 여 소추기관의 공소제기에 의하여 법원이 절차를 개시하고 공소제기 된 사건 에 대해서만 심판할 수 있다는 불고불리의 원칙이 적용되고 피고인도 소송의 주체로서 재판에 관여하게 된다.[2]

탄핵주의는 다시 소추기관이 어느 쪽인가에 따라 국가소추주의(검사 공소 제기), 피해자소추주의(피해자 공소제기), 공중소추주의(일반공중 공소제기)로 나 뉜다. 현행 형사소송법은 '공소는 검사가 제기하여 수행한다'라고 규정하여 국 가소추주의에 의한 탄핵주의 소송구조를 채택하고 있다.

2) 사법경찰관리

사법경찰관리라 함은 수사의 주재자인 검사를 보조하여 수사의 직무를 행하 는 경찰관리를 말하며, 일반사법경찰관리와 특별사법경찰관리로 나눌 수 있다.

(1) 일반사법경찰관리

일반사법경찰관리는 원칙적으로 사항적 또는 지역적인 제한을 받지 않고 수사의 직무를 행할 수 있다.
① 사법경찰관: 수사관, 경무관, 총경, 경정, 경감, 경위
② 사법경찰리: 경사, 경장, 순경

---

2 전대양, 범죄수사H, 다해, 2015, p. 62.

(2) 특별사법경찰관리

특별사법경찰관리란 일반사법경찰관리 외「사법경찰관리의 직무를 수행할 자와 그 직무범위에 관한 법률」에 규정된 직무와 그 그직무를 수행하는 자를 말한다.

즉, 특별사법경찰관리는 일반사법경찰관리에 준하여 특별히 범죄수사를 행할 자와 그 직무범위를 법률[3]로 정한 것으로 산림, 해사, 세무, 철도, 군수사 기관, 국가정보원, 자치경찰 및 기타 특별사항에 관하여 사법경찰관리의 직무를 행할 자를 말한다.

이러한 특별사법경찰관리도 사법경찰관리인 점에서 형사소송법상 일반사법경찰관리와는 원칙적으로 그 권한에 차이가 없으나 다만 그 권한의 범위가 사항적으로 또는 지역적으로 제한되어 있는 점이 다르다.

▎**사법경찰관리의 직무를 수행할 자와 그 직무범위에 관한 법률**

제1조 이 법은「형사소송법」제197조에 따라 사법경찰관리의 직무를 수행할 자와 그 직무범위를 정함을 목적으로 한다.
제3조 교도소장, 구치소장, 소년원장, 보호감호소장 등
제4조 산림보호에 종사하는 공무원
제5조 검사장의 지명에 의한 사법경찰관, 정부부처 공무원들 중
　　　 7급 이상, 소방위 이상 = 사법경찰관
　　　 8급 이하, 소방장 이하 = 사법경찰리

〈특별사법경찰관리의 업무분야〉
보건복지부, 환경부, 지식경제부, 국토해양부, 문화체육관광부, 여성가족부, 농림수산식품부, 방송통신위원회, 식품의약품안전청, 문화재청, 철도청, 관세청, 지방국토관리청, 산림청, 농촌진흥청, 특허청 등

3) 검사

(1) 검사

검사는 공판절차에서 원고로서 피고를 소추하고 구형하는 피고인의 반대당사자이다. 한국은 대륙법계, 특히 프랑스 검사제도가 일본을 통해 계수되었

3　사법경찰관리의 직무를 수행할 자와 그 직무범위에 관한 법률

다. 현행제도에서 검사는 법무부에 속하는 단독제의 행정관청이며, 자기 이름으로 검찰사무를 행할 권한을 갖지만 검사동일체의 원칙에 따라 상명하복 관계에 있다. 검찰권은 행정권의 한 작용이지만, 사법권과 밀접한 관계를 가지고 있어서 넓은 의미에서 검사는 준사법관의 지위를 가지는 면이 있어서 일반 행정기관과는 다른 특수성이 있다. 우리 형사소송법과는 달리 영미법계인 미국이나 일본의 입법례를 살펴보면, 범죄수사는 원칙적으로 사법경찰에 일임하고 공소제기만을 검사의 주된 직무로 하고 있다.

① 검사의 직무상의 권한

형사소송에서 공익의 대표자로서 범죄를 수사하고 증거를 수집하며, 공소를 제기하고 그 유지에 필요한 행위를 하는 권한과 범죄수사에서 사법경찰관리를 지휘·감독하는 권한, 법원에 대하여 법령의 정당한 적용을 청구하는 권한, 재판집행의 지휘·감독권 등이 있다.

▌ 형사소송법 제195조 〈2020.2.4.〉

검사는 범죄의 혐의 있다고 사료하는 때에는 범인, 범죄사실과 증거를 수사하여야 한다.

(2) 검사와 사법경찰관리와의 관계

우리나라의 경우는 대륙법계의 영향을 받아 검사에게 사법경찰관리에 대한 수사지휘권이 부여되어 있다. 2011년 개정 형사소송법(2012년 1월 1일 시행, 법률 10,864호)은 경찰에게 독자적인 수사 개시·진행권한을 부여하였으나 검사에게 '모든' 범위에 있어 수사지휘를 인정하고 수사지휘의 범위를 '대통령령'에 위임하였다.

검사의 수사지휘감독권은 ① 검사장의 수사중지명령 또는 체임요구(검찰청법 제54조) ② 관할구역 외에서의 수사에 대한 검사장이나 지청장에 대한 보고의무(형사소송법 제210조) ③ 검사의 체포·구속장소감찰(형사소송법 제198조의2) ④ 검사에 대한 사법경찰관의 영장신청(형사소송법 제201조, 제215조) ⑤ 긴급체포에 대한 검사의 사후승인(형사소송법 제200조의3 제2항) ⑥ 압수물처분에 대한 검사의 지휘(형사소송법 제219조 단서) 등을 통해 보장되고 있다.

그러나 2020년 1월 13일 소위, 검·경 수사권조정과 관련한 형사소송법 개정안이 국회를 통화함에 따라 첫째, 검찰의 수사지휘권이 폐지되었고(검찰과 경찰의 관계를 '협력관계'로 개정, 제195조), 둘째, 경찰에 1차 수사종결권이 부여되었다(① 경찰은 수사결과 범죄혐의가 있는 경우에는 관련 사건을 검찰에 송치, ② 경찰의 수사결과 범죄의 혐의가 없다고 인정될 경우 사건을 스스로 종결할 수 있으며 관련사건을 검찰에 송치할 필요 없다). 다만, 검찰은 ① 송치사건의 공소제기 여부 결정 또는 공소의 유지에 관하여 필요한 경우 및 ② 사법경찰관이 신청한 영장의 청구 여부 결정에 필요한 경우에 경찰에 보완 수사를 요구할 수 있으며, 경찰이 정당한 이유 없이 이를 따르지 아니할 경우 담당 경찰관의 직무배제 또는 징계를 요구할 수 있다(제197조의2). 또한 고소인 등이 경찰의 사건 불송치에 대하여 이의를 신청한 경우, 경찰은 검찰에 사건을 송치하여야 한다(제245조의7). 그리고 검찰은 경찰이 사건을 불송치한 것이 위법하거나 부당한 때에는 재수사 요청이 가능하다(제245조의8).

피의자신문조서의 증거능력에 관하여도 검사작성 피의자신문조서도 사법경찰관 작성 피의자신문조서와 동일하게 '내용부인' 시 그 증거능력을 배척할 수 있게 함으로써 공판중심중의를 실현하게 되었다(실질적 진정성립 요건이나 이를 증명하는 방법으로서 영상녹화물 규정을 삭제하였다).

2. 수사기관의 관할

1) 검사의 직무관할

검찰청법 제5조(검사의 직무관할)

검사는 법령에 특별한 규정이 있는 경우를 제외하고는 소속 검찰청의 관할구역에서 직무를 수행한다. 다만, 수사에 필요할 때에는 관할구역이 아닌 곳에서 직무를 수행할 수 있다.

2) 사법경찰관리의 직무관할

검사의 사법경찰관리에 대한 수사지휘 및 사법경찰관리의 수사준칙에 관한 규정 제11조(관할) 사법경찰관리는 소속 관서의 관할구역 내에서 직무를 수행한다. 다만, 관할구역 내의 사건과 관련성이 있는 사실을 발견하기 위하여 필요할 때에는 관할구역 외에서도 그 직무를 수행할 수 있다.

> **형사소송법 제210조(사법경찰관리의 관할구역 외의 수사)**
> 사법경찰관리가 관할구역 외에서 수사하거나 관할구역 외의 사법경찰관리의 촉탁을 받아 수사할 때에는 관할지방검찰청 검사장 또는 지청장에게 보고하여야 한다. 다만, 제200조의3(긴급체포), 제212조(현행범체포), 제214조(경미사건과 현행범인의 체포), 제216조(영장에 의하지 아니한 강제처분)와 제217조(영장에 의하지 아니한 강제처분)의 규정에 의한 수사를 하는 경우에 긴급을 요할 때에는 사후에 보고할 수 있다.

3) 특별사법경찰관리

「사법경찰관리의 직무를 수행할 자와 그 직무범위에 관한 법률」에 별도 규정된 구역과 직무범위 내에서만 수사를 행할 수 있다.

3. 수사기관 상호 간의 관계

1) 검사 상호 간의 관계

(1) 검찰사무에 관한 지휘·감독

> **검찰청법 제7조(검찰사무에 관한 지휘·감독)**
> ① 검사는 검찰사무에 관하여 소속 상급자의 지휘·감독에 따른다.
> ② 검사는 구체적 사건과 관련된 제1항의 지휘·감독의 적법성 또는 정당성에 대하여 이견이 있을 때에는 이의를 제기할 수 있다.

(2) 직무의 위임·이전 및 승계

> **검찰청법 제7조의2(검사 직무의 위임·이전 및 승계)**
> ① 검찰총장, 각급 검찰청의 검사장(檢事長) 및 지청장은 소속 검사로 하여금 그 권한에 속하는 직무의 일부를 처리하게 할 수 있다.
> ② 검찰총장, 각급 검찰청의 검사장 및 지청장은 소속 검사의 직무를 자신이 처리하거나 다른 검사로 하여금 처리하게 할 수 있다.

(3) 직무집행의 상호원조

검찰청법 제9조(직무 집행의 상호원조)
검찰청의 공무원은 검찰청의 직무 집행과 관련하여 서로 도와야 한다.

2) 검사와 사법경찰관리와의 관계

(1) 상호협력관계(특별사법경찰관리)

형사소송법 제195조(검사와 사법경찰관의 관계 등)
① 검사와 사법경찰관은 수사, 공소제기 및 공소유지에 관하여 서로 협력하여야 한다.
② 제1항에 따른 수사를 위하여 준수하여야 하는 일반적 수사준칙에 관한 사항은 대통령
   령(「검사와 사법경찰관의 상호협력과 일반적 수사준칙」)을 정한다.

검찰청법 제4조(검사의 직무) 〈전문개정 2009.11.2.〉
① 검사는 공익의 대표자로서 다음 각 호의 직무와 권한이 있다.
   1. 범죄수사, 공소의 제기 및 그 유지에 필요한 사항. 다만, 검사가 수사를 개시할 수
      있는 범죄의 범위는 다음 각 목과 같다.
      가. 부패범죄, 경제범죄 등 대통령령으로 정하는 중요 범죄
      나. 경찰공무원(다른 법률에 따라 사법경찰관리의 직무를 행하는 자를 포함한다)
         및 고위공직자범죄수사처 소속 공무원(「고위공직자범죄수사처 설치 및 운영에
         관한 법률」에 따른 파견공무원을 포함한다)이 범한 범죄
      다. 가목 · 나목의 범죄 및 사법경찰관이 송치한 범죄와 관련하여 인지한 각 해당
         범죄와 직접 관련성이 있는 범죄
   2. 범죄수사에 관한 특별사법경찰관리 지휘 · 감독
   3. 법원에 대한 법령의 정당한 적용 청구
   4. 재판 집행 지휘 · 감독
   5. 국가를 당사자 또는 참가인으로 하는 소송과 행정소송 수행 또는 그 수행에 관한
      지휘 · 감독
   6. 다른 법령에 따라 그 권한에 속하는 사항
② 검사는 자신이 수사개시한 범죄에 대하여는 공소를 제기할 수 없다. 다만, 사법경찰관
   이 송치한 범죄에 대하여는 그러하지 아니하다.
③ 검사는 그 직무를 수행할 때 국민 전체에 대한 봉사자로서 헌법과 법률에 따라 국민의
   인권을 보호하고 적법절차를 준수하며, 정치적 중립을 지켜야 하고 주어진 권한을 남
   용하여서는 아니 된다.

❙ 검사와 사법경찰관의 상호협력과 일반적 수사준칙에 관한 규정
[시행 2023. 11. 1.] [대통령령 제33808호, 2023. 10. 17., 일부개정]

제2조(적용범위)
검사와 사법경찰관의 협력관계, 일반적인 수사의 절차와 방법에 관하여 다른 법령에 특별한 규정이 있는 경우를 제외하고는 이 영이 정하는 바에 따른다.

(2) 교체임용 요구권, 행정적 책임요구권 및 인권옹호직무 방해죄

검찰청법 제54조(교체임용의 요구)
① 서장이 아닌 경정 이하의 사법경찰관리가 직무 집행과 관련하여 부당한 행위를 하는 경우 지방검찰청 검사장은 해당 사건의 수사 중지를 명하고, 임용권자에게 그 사법경찰관리의 교체임용을 요구할 수 있다.
② 제1항의 요구를 받은 임용권자는 정당한 사유가 없으면 교체임용을 하여야 한다.

형법 제139조(인권옹호직무방해)
경찰의 직무를 행하는 자 또는 이를 보조하는 자가 인권옹호에 관한 검사의 직무집행을 방해하거나 그 명령을 준수하지 아니한 때에는 5년 이하의 징역 또는 10년 이하의 자격정지에 처한다.

(3) 검사와 사법경찰관과의 수사실행상 관계

① 수사개시 단계에서의 관계

형사소송법 제195조(검사와 사법경찰관의 관계 등)
① 검사와 사법경찰관은 수사, 공소제기 및 공소유지에 관하여 서로 협력하여야 한다.
② 제1항에 따른 수사를 위하여 준수하여야 하는 일반적 수사준칙에 관한 사항은 대통령령으로 정한다.

검찰청법 제4조(검사의 직무)
① 검사는 공익의 대표자로서 다음 각 호의 직무와 권한이 있다.
  1. 범죄수사, 공소의 제기 및 그 유지에 필요한 사항. 다만, 검사가 수사를 개시할 수 있는 범죄의 범위는 다음 각 목과 같다.
     가. 부패범죄, 경제범죄 등 대통령령으로 정하는 중요 범죄
     나. 경찰공무원(다른 법률에 따라 사법경찰관리의 직무를 행하는 자를 포함한다) 및 고위공직자범죄수사처 소속 공무원(「고위공직자범죄수사처 설치 및 운영에 관한 법률」에 따른 파견공무원을 포함한다)이 범한 범죄

다. 가목·나목의 범죄 및 사법경찰관이 송치한 범죄와 관련하여 인지한 각 해당 범죄와 직접 관련성이 있는 범죄

2. 범죄수사에 관한 특별사법경찰관리 지휘·감독

3. 법원에 대한 법령의 정당한 적용 청구

4. 재판 집행 지휘·감독

5. 국가를 당사자 또는 참가인으로 하는 소송과 행정소송 수행 또는 그 수행에 관한 지휘·감독

6. 다른 법령에 따라 그 권한에 속하는 사항

② 검사는 자신이 수사개시한 범죄에 대하여는 공소를 제기할 수 없다. 다만, 사법경찰관이 송치한 범죄에 대하여는 그러하지 아니하다.

③ 검사는 그 직무를 수행할 때 국민 전체에 대한 봉사자로서 헌법과 법률에 따라 국민의 인권을 보호하고 적법절차를 준수하며, 정치적 중립을 지켜야 하고 주어진 권한을 남용하여서는 아니 된다.

② 영장청구 단계에서의 검사의 수사지휘: 검사의 영장청구권의 독점

대한민국 헌법 제12조

③ 체포·구속·압수 또는 수색을 할 때에는 적법한 절차에 따라 검사의 신청에 의하여 법관이 발부한 영장을 제시하여야 한다. 다만, 현행범인인 경우와 장기 3년 이상의 형에 해당하는 죄를 범하고 도피 또는 증거인멸의 염려가 있을 때에는 사후에 영장을 청구할 수 있다.

형사소송법 제200조의2(영장에 의한 체포)

① 피의자가 죄를 범하였다고 의심할 만한 상당한 이유가 있고, 정당한 이유 없이 제200조(피의자의 출석요구)의 규정에 의한 출석요구에 응하지 아니하거나 응하지 아니할 우려가 있는 때에는 검사는 관할 지방법원판사에게 청구하여 체포영장을 발부받아 피의자를 체포할 수 있고, 사법경찰관은 검사에게 신청하여 검사의 청구로 관할 지방법원판사의 체포영장을 발부받아 피의자를 체포할 수 있다. 다만, 다액 50만 원 이하의 벌금, 구류 또는 과료에 해당하는 사건에 관하여는 피의자가 일정한 주거가 없는 경우 또는 정당한 이유 없이 제200조의 규정에 의한 출석요구에 응하지 아니한 경우에 한한다.

형사소송법 제200조의3(긴급체포)

① 검사 또는 사법경찰관은 피의자가 사형·무기 또는 장기 3년 이상의 징역이나 금고에 해당하는 죄를 범하였다고 의심할 만한 상당한 이유가 있고, 다음 각 호의 어느 하나에 해당하는 사유가 있는 경우에 긴급을 요하여 지방법원판사의 체포영장을 받을 수 없는 때에는 그 사유를 알리고 영장 없이 피의자를 체포할 수 있다. 이 경우 긴급을

요한다 함은 피의자를 우연히 발견한 경우등과 같이 체포영장을 받을 시간적 여유가 없는 때를 말한다.
1. 피의자가 증거를 인멸할 염려가 있는 때
2. 피의자가 도망하거나 도망할 우려가 있는 때

형사소송법 제201조(구속)

① 피의자가 죄를 범하였다고 의심할 만한 상당한 이유가 있고 제70조제1항(구속의 사유) 각 호의 1에 해당하는 사유가 있을 때에는 검사는 관할 지방법원판사에게 청구하여 구속영장을 받아 피의자를 구속할 수 있고 사법경찰관은 검사에게 신청하여 검사의 청구로 관할 지방법원판사의 구속영장을 받아 피의자를 구속할 수 있다. 다만, 다액 50만 원 이하의 벌금, 구류 또는 과료에 해당하는 범죄에 관하여는 피의자가 일정한 주거가 없는 경우에 한한다.

형사소송법 제70조(구속의 사유)

① 법원은 피고인이 죄를 범하였다고 의심할 만한 상당한 이유가 있고 다음 각 호의 1에 해당하는 사유가 있는 경우에는 피고인을 구속할 수 있다.
1. 피고인이 일정한 주거가 없는 때
2. 피고인이 증거를 인멸할 염려가 있는 때
3. 피고인이 도망할 염려가 있는 때

형사소송법 제215조(압수, 수색, 검증)

① 검사는 범죄수사에 필요한 때에는 피의자가 죄를 범하였다고 의심할 만한 정황이 있고 해당 사건과 관계가 있다고 인정할 수 있는 것에 한정하여 지방법원판사에게 청구하여 발부받은 영장에 의하여 압수, 수색 또는 검증을 할 수 있다.
② 사법경찰관이 범죄수사에 필요한 때에는 피의자가 죄를 범하였다고 의심할 만한 정황이 있고 해당 사건과 관계가 있다고 인정할 수 있는 것에 한정하여 검사에게 신청하여 검사의 청구로 지방법원판사가 발부한 영장에 의하여 압수, 수색 또는 검증을 할 수 있다.

③ 수사진행 단계에서의 검사의 수사지휘

형사소송법 제81조(구속영장의 집행)

① 구속영장은 검사의 지휘에 의하여 사법경찰관리가 집행한다. 단, 급속을 요하는 경우에는 재판장, 수명법관 또는 수탁판사가 그 집행을 지휘할 수 있다.
② 제1항 단서의 경우에는 법원사무관 등에게 그 집행을 명할 수 있다. 이 경우에 법원사무관 등은 그 집행에 관하여 필요한 때에는 사법경찰관리·교도관 또는 법원경위에게 보조를 요구할 수 있으며 관할구역 외에서도 집행할 수 있다.
③ 교도소 또는 구치소에 있는 피고인에 대하여 발부된 구속영장은 검사의 지휘에 의하여 교도관이 집행한다.

형사소송법 제210조(사법경찰관리의 관할구역 외의 수사)(미개정)
사법경찰관리가 관할구역 외에서 수사하거나 관할구역 외의 사법경찰관리의 촉탁을 받아 수사할 때에는 관할 지방검찰청 검사장 또는 지청장에게 보고하여야 한다. 다만, 제200조의3(긴급체포), 제212조(현행범체포), 제214조(경미사건과 현행범인체포), 제216조(영장에 의하지 아니한 강제처분: 체포현장과 주거 등에 대한압수, 수색, 검증)와 제217조(영장에 의하지 아니한 강제처분: 체포현장에서의 물건 등에 대한 압수)의 규정에 의한 수사를 하는 경우에 긴급을 요할 때에는 사후에 보고할 수 있다.

▌기타

- 압수물 처분에 관한 검사의 지휘(형사소송법 제219조)
- 긴급체포 시 검사의 사후 승인권(형사소송법 제200조의3)
- 압수물의 환부 및 가환부 시 검사의 지휘권(형사소송법 제218조의2, 검사의 사법경찰관리에 대한 수사지휘 및 사법경찰관리의 수사준칙에 관한 규정 제48조)
- 사법경찰관리에 대한 행정적 책임요구권(폭력행위 등 처벌에 관한 법률 제10조)

④ 수사종결 단계에서의 사법경찰관의 결정과 검사의 결정

▌검사와 사법경찰관의 상호협력과 일반적 수사준칙에 관한 규정
[시행 2023. 11. 1.] [대통령령 제33808호, 2023. 10. 17., 일부개정]

제51조(사법경찰관의 결정)
① 사법경찰관은 사건을 수사한 경우에는 다음 각 호의 구분에 따라 결정해야 한다.
　　1. 법원송치
　　2. 검찰송치
　　3. 불송치
　　　　가. 혐의없음 [1) 범죄인정안됨　　2) 증거불충분]
　　　　나. 죄가안됨
　　　　다. 공소권없음
　　　　라. 각하
　　4. 수사중지
　　　　가. 피의자중지
　　　　나. 참고인중지
　　5. 이송
② 사법경찰관은 하나의 사건 중 피의자가 여러 사람이거나 피의사실이 여러 개인 경우로서 분리하여 결정할 필요가 있는 경우 그중 일부에 대해 제1항 각 호의 결정을 할 수 있다.

③ 사법경찰관은 제1항제3호나목 또는 다목에 해당하는 사건이 다음 각 호의 어느 하나에 해당하는 경우에는 해당 사건을 검사에게 이송한다. 〈개정 2023. 10. 17.〉

1. 「형법」 제10조제1항에 따라 벌할 수 없는 경우
2. 기소되어 사실심 계속 중인 사건과 포괄일죄를 구성하는 관계에 있거나 「형법」 제40조에 따른 상상적 경합 관계에 있는 경우

④ 사법경찰관은 제1항제4호에 따른 수사중지 결정을 한 경우 7일 이내에 사건기록을 검사에게 송부해야 한다. 이 경우 검사는 사건기록을 송부받은 날부터 30일 이내에 반환해야 하며, 그 기간 내에 법 제197조의3에 따라 시정조치요구를 할 수 있다.

⑤ 사법경찰관은 제4항 전단에 따라 검사에게 사건기록을 송부한 후 피의자 등의 소재를 발견한 경우에는 소재 발견 및 수사 재개 사실을 검사에게 통보해야 한다. 이 경우 통보를 받은 검사는 지체 없이 사법경찰관에게 사건기록을 반환해야 한다.

제52조(검사의 결정)

① 검사는 사법경찰관으로부터 사건을 송치받거나 직접 수사한 경우에는 다음 각 호의 구분에 따라 결정해야 한다.

1. 공소제기
2. 불기소
   가. 기소유예
   나. 혐의없음 [1) 범죄인정안됨   2) 증거불충분]
   다. 죄가안됨
   라. 공소권없음
   마. 각하
3. 기소중지
4. 참고인중지
5. 보완수사요구
6. 공소보류
7. 이송
8. 소년보호사건 송치
9. 가정보호사건 송치
10. 성매매보호사건 송치
11. 아동보호사건 송치

② 검사는 하나의 사건 중 피의자가 여러 사람이거나 피의사실이 여러 개인 경우로서 분리하여 결정할 필요가 있는 경우 그중 일부에 대해 제1항 각 호의 결정을 할 수 있다.

⑤ 제한적 검사의 수사지휘와 검사 또는 사법경찰관 작성 조서의 증거능력

형사소송법 제222조(변사자의 검시)
① 변사자 또는 변사의 의심 있는 사체가 있는 때에는 그 소재지를 관할하는 지방검찰청 검사가 검시하여야 한다.
② 전항의 검시로 범죄의 혐의를 인정하고 긴급을 요할 때에는 영장 없이 검증할 수 있다.
③ 검사는 사법경찰관에게 전 2항의 처분을 명할 수 있다.

형사소송법 제198조의2(검사의 체포 · 구속장소감찰)
① 지방검찰청 검사장 또는 지청장은 불법체포 · 구속의 유무를 조사하기 위하여 검사로 하여금 매월 1회 이상 관하수사관서의 피의자의 체포 · 구속장소를 감찰하게 하여야 한다. 감찰하는 검사는 체포 또는 구속된 자를 심문하고 관련서류를 조사하여야 한다.
② 검사는 적법한 절차에 의하지 아니하고 체포 또는 구속된 것이라고 의심할 만한 상당한 이유가 있는 경우에는 즉시 체포 또는 구속된 자를 석방하거나 사건을 검찰에 송치할 것을 명하여야 한다.

형사소송법 제312조(검사 또는 사법경찰관의 조서 등)
① 검사가 작성한 피의자신문조서는 적법한 절차와 방식에 따라 작성된 것으로서 공판준비, 공판기일에 그 피의자였던 피고인 또는 변호인이 그 내용을 인정할 때에 한정하여 증거로 할 수 있다.
② 삭제〈2020.2.4.〉
③ 검사 이외의 수사기관이 작성한 피의자신문조서는 적법한 절차와 방식에 따라 작성된 것으로서 공판준비 또는 공판기일에 그 피의자였던 피고인 또는 변호인이 그 내용을 인정할 때에 한하여 증거로 할 수 있다.
④ 검사 또는 사법경찰관이 피고인이 아닌 자의 진술을 기재한 조서는 적법한 절차와 방식에 따라 작성된 것으로서 그 조서가 검사 또는 사법경찰관 앞에서 진술한 내용과 동일하게 기재되어 있음이 원진술자의 공판준비 또는 공판기일에서의 진술이나 영상녹화물 또는 그 밖의 객관적인 방법에 의하여 증명되고, 피고인 또는 변호인이 공판준비 또는 공판기일에 그 기재 내용에 관하여 원진술자를 신문할 수 있었던 때에는 증거로 할 수 있다. 다만, 그 조서에 기재된 진술이 특히 신빙할 수 있는 상태하에서 행하여졌음이 증명된 때에 한한다.
⑤ 제1항부터 제4항까지의 규정은 피고인 또는 피고인이 아닌 자가 수사과정에서 작성한 진술서에 관하여 준용한다.
⑥ 검사 또는 사법경찰관이 검증의 결과를 기재한 조서는 적법한 절차와 방식에 따라 작성된 것으로서 공판준비 또는 공판기일에서의 작성자의 진술에 따라 그 성립의 진정함이 증명된 때에는 증거로 할 수 있다.

3) 사법경찰관리 상호 간의 관계

(1) 일반사법경찰관리와 특별사법경찰관리와의 관계

① 특사경업무에 대한 직접수사의 필요성이 있는 경우

(경찰청) 범죄수사규칙 제3조(특별사법경찰관리 직무범위 사건을 직접 수사하는 경우)
경찰관은 특별사법경찰관리의 직무범위에 속하는 범죄를 먼저 알게 되어 직접 수사하고자 할 때에는 경찰관이 소속된 경찰관서의 장(이하 "소속 경찰관서장"이라 한다)의 지휘를 받아 수사하여야 한다. 이 경우 해당 특별사법경찰관리와 긴밀히 협조하여야 한다.

② 경찰수사사건에 대한 특사경 이송을 요하는 경우

(경찰청) 범죄수사규칙 제4조(이송하는 경우)
경찰관은 특별사법경찰관리에게 사건을 인계하고자 할 때에는 필요한 조치를 한 후 관련 수사자료와 함께 신속하게 이송하여야 한다.

③ 특사경의 업무를 경찰이 이송(인계) 받았을 경우

(경찰청) 범죄수사규칙 제5조(사건을 이송 받았을 경우)
① 경찰관은 특별사법경찰관리의 직무범위에 해당하는 범죄를 이송받아 수사할 수 있으며, 수사를 종결한 때에는 그 결과를 특별사법경찰관리에게 통보하여야 한다.
② 제1항의 경우에 있어서 필요한 때에는 해당 특별사법경찰관리에게 증거물의 인도 그 밖의 수사를 위한 협력을 요구하여야 한다.

4) 검·경 수사기관 상호 간의 수사실태

우리 헌법은 "체포·구속·압수 또는 수색을 할 때에는 적법한 절차에 따라 검사의 신청에 의하여 법관이 발부한 영장을 제시하여야 한다."라고 명시하고 있다(제12조제3항). 이것은 강제수사 시 영장발부의 절차를 명시하여 인권을 보호하고자 하는 규정임과 동시에 절차적으로는 영장청구의 주체를 검사로 한정하여 '영장청구권의 검사독점'을 규정한 것으로 납득하기 어려운 내용이다. 검찰은 헌법 제12조 제3항을 근거로 검사만이 수사의 주체가 될 수 있는 근거로 삼고 있다. 따라서 형사소송법 개정 전까지 검사가 모든 수사의 주재자이며, 사법경찰관은 검사의 수사지휘를 받아야만 하였다(개정 전 형사소송법 제195조).

그러나 2020년 1월 13일 검경 수사권 조정안 관련 형사소송법과 검찰청법 개정안이 국회를 통과한 데 이어 2021년 1월 1일부터 해당 개정안이 시행되었고, 2022년 5월 9일 일부개정되면서 현재는 검찰이 기소와 영장청구권은 독점적으로 행사하되 수사의 권한은 검찰과 경찰이 각 스스로의 독립적 수사권한을 갖도록 함으로써, 상호 협조관계로 수사 권한을 나누는 방향으로 조정되었다.

개정 형사소송법은 '검사는 범죄의 혐의가 있다고 사료하는 때에는 범인, 범죄사실과 증거를 수사한다'라고 규정하면서, 검사는 사법경찰관이 송치한 사건(제197조의3제6항), 검사의 체포·구속장감찰(제198조의2제2항) 및 고소인 등의 이의신청(제245조의7제2항)에 따라 사법경찰관으로부터 송치받은 사건에 관하여는 해당 사건과 동일성을 해치지 아니하는 범위 내에서 수사할 수 있다고 규정하고 있다. 개정 검찰청법(제4조)은 검사가 수사를 개시할 수 있는 범죄의 범위를 부패범죄, 경제범죄 등 **대통령령으로 정하는 중요 범죄**'와 경찰공무원(다른 법률에 따라 사법경찰관리의 직무를 행하는 자를 포함한다) 및 고위공직자범죄수사처 소속 공무원(「고위공직자범죄수사처 설치 및 운영에 관한 법률」에 따른 파견공무원을 포함한다)이 범한 범죄, 사법경찰관이 송치한 범죄와 관련하여 인지한 각 해당 범죄와 직접 관련성이 있는 범죄 등으로 제한하고 있다.

그러나 검찰청법 제4조의 '**부패범죄, 경제범죄 등 대통령령으로 정하는 중요 범죄**'라고 규정된 자구를 확장 해석하여, 「검사의 수사개시 범죄 범위에 관한 규정」 제2조에 검사의 수사개시 범죄의 범위를 넓게 정함으로써 사실상 거의 모든 범죄를 검사가 수사할 수 있도록 하고 있다.

예를 들어 부패방지권익위법에서 부패행위는 공직자의 직권남용으로 정의하고, "직권남용은 본질적으로 공직자 부패범죄"이며, 부패재산몰수법의 경우 부패범죄에 사기 등 재산범죄와 공직선거법 위반 등 선거범죄 등도 포함된다고 정의하고 검사의 수사개시의 범위에 포함하고 있다. 또한 마약범죄를 "불법적 이익을 목적으로 하는 대표적·전형적 경제범죄"라고 규정하며 수사범위를 확대하여 직접수사하고 있으며, 대표적 형사범죄인 조직폭력범죄나 보이스피싱범죄를 "서민 갈취 등 경제범죄를 목적으로 하는 조직범죄"라고 규정하여 직접 수사하고 있다.

제2장
수사의 전개

제1절 수사의 전개과정

1. 수사의 과정

수사의 과정은 일반적으로 수사개시 이전의 단계와 수사개시의 단계로 나눌 수 있다. 수사개시 이전의 단계인 내사는 신문기사 또는 풍문, 진정이나 탄원 등에 대해 범죄혐의 유무를 확인하는 과정을 말하며, 내사단계에서 범죄사실에 대한 혐의가 인정되어 수사의 필요성이 인정될 경우 해당 사건을 입건하여 조사를 진행한다. 이 경우를 입건하여 수사를 진행하는 것을 수사의 개시라고 한다. 입건이라 함은 수사실무상 사건을 접수하여 범죄사건부에 등재하는 것을 말한다. 이때 내사단계의 용의자는 피의자로 신분이 전환된다.

2. 단계별 수사의 전개 과정

1) 수사개시의 단서

변사자의 검시, 현행범인의 체포, 고소·고발, 자수 등이 수사개시의 단서가 된다(형사소송법). 더불어, 불심검문, 밀고, 신고, 투서, 풍문, 언론보도 등도 수사의 단서가 된다.

2) 내사(입건 전 조사)

범죄첩보 및 진정·탄원과 범죄에 관한 언론·출판물·인터텟 등의 정보, 익명의 신고 또는 풍문 중에서 출처·사회적 영향 등을 고려하여 그 진상을 확인할 가치가 있는 사안을 그 대상으로 입건하지 아니하고 조사하는 단계.

3) 인지

인지란 수사기관이 고소·고발·자수 이외의 원인에 의하여 직접 범죄혐의를 인정하고 수사에 착수하는 것을 말한다. 사법경찰관이 범죄혐의를 인정한 경우에는 범죄인지(보고)서를 작성한다.

4) 입건(수사의 개시)

입건이란 수사기관이 사건을 수리하여(접수하여) 수사를 개시하는 것을 말한다. 실무상 사건을 접수하여 범죄사건부에 기록하는 단계를 의미한다. 입건과 동시에 용의자는 피의자로 신분이 전환된다.

5) 현장관찰

범행과 직·간접적으로 관련되어 있는 유형·무형의 모든 자료를 수집하기 위하여 범행현장에 있는 물체의 존재 및 상태를 관찰하는 것이다.

6) 기초수사

기초수사는 수사방침을 수립하기 위하여 자료를 수집하는 활동을 말한다. 현장중심 수사, 피해자중심 수사, 피해품중심 수사 등이 그것이다.

▌기초수사

횡적수사와 유사한 개념으로 사용되는 "기초수사"는 수사를 개시하기 전 발생한 사건의 정황, 유류 된 또는 채집된 증거관계, 당해 사건에 있어서 피해자의 특성, 피해자 주변인들과의 관계, 피해 또는 피해품의 유형 등 사실들을 수집·정리하고, 이를 기반으로 수사의 방침 등을 수립하는 활동을 말하는데, 횡적수사의 개념보다는 좀 더 넓은 개념으로 볼 수 있겠다. 기초수사는 당해 사건의 성패를 가르는 매우 중요한 과정이다.

7) 수사계획 등 수사방향의 설정

현장에서 수집한 여러 자료를 검토하여 어떠한 방향으로 수사를 전개할 것인가 결정한다.

8) 수사의 실행

수사의 대상은 범인, 범죄사실, 증거이다(형소법 제195조).

(1) 피의자의 구속기간

① 경찰: 체포·구속한 날로부터 10일, 기간 내 검찰 인치 또는 석방
② 검사: 검사가 구속하거나 경찰로부터 인치 받은 날부터 10일 이내에 공소를 제기하지 않으면 석방(1회에 한하여 10일 이내 연장 가능)

> ※ 국가보안법 위반사건의 경우, 사법경찰은 1차, 검사는 2차에 한하여 10일의 범위 내에서 구속기간 연장가능(최대 50일까지 구속가능), 단, 찬양고무, 불고지죄는 제외

(2) 수사의 실행방법

① 행적수사: 범인의 행적추적
② 유류품 검사: 범죄현장에 남긴 범인의 흉기나 착의 등
③ 감별수사: 현장이 범인과 친숙한가(주거 등), 피해자의 생활상태, 피해자와 범인과의 면식 여부
④ 수법수사: 범인의 침입·도주로, 범행의 방법, 사용도구, 특징 등
⑤ 감식수사: 지문조회, 혈액감정 등

9) 사건의 송치

경찰은 사건에 대하여 수사한 결과 범인을 검거하고 범인의 범죄를 입증할 증거 등을 수집하고, 관련자들의 증언이나 진술 등을 확보한 경우 적용할 법령과 처리의견을 제시하여 사건을 검찰에 송치한다. 반면, 수사결과 범죄혐의를 입증할 뚜렷한 증거가 없거나 범죄가 성립하지 않는 경우 경찰 독자적 판단 하에 '불송치 결정'하여 수사를 종결할 수 있다.

10) 사건송치 후의 수사

경찰은 사건을 검찰에 송치 후에도 피의자가 여죄의 의심이 있는 경우 수사하여 기록을 추송한다.

11) 수사의 종결

(1) 수사의 종결권자: 검사, 사법경찰관
(2) 단, 20만 원 이하의 벌금 또는 구류, 과료에 처할 범죄사건으로서 즉결심 판에 의하여 처리될 경미 범죄는 경찰서장이 수사종결의 주체가 된다.

3. 수사개시 전의 수사기관의 활동

1) 내사(입건 전 조사)

(1) 내사의 의의

범죄첩보 및 진정, 탄원과 범죄에 관한 언론·출판물·인터넷 등의 정보, 익명의 신고 또는 풍문 중에서 출처·사회적 영향 등을 고려하여 그 진상을 확인할 가치가 있는 사안을 그 대상으로 범죄의 혐의 유무 또는 수사개시의 가치 유무 등을 확인하는 수사활동으로 입건 전의 단계를 말한다. 내사의 사 유에는 제한이 없다. 이때는 인적 강제처분은 허용되지 않으며 대물적 강제처 분이나 사실조회, 참고인조사, 출입국금지조치 등은 허용된다(이하 「입건 전 조 사 사건 처리에 관한 규칙」).

(2) 내사의 목적과 준수사항

| 입건 전 조사 사건 처리에 관한 규칙
[시행 2021.8.30.] [경찰청훈령 제1030호, 2021.8.30., 전부개정]

제1장 총칙
제1조(목적)
이 규칙은 「검사와 사법경찰관의 상호협력과 일반적 수사준칙에 관한 규정」 제16조제3항,

「경찰수사규칙」 제19조에 따른 입건 전 조사와 관련한 세부 절차를 규정함으로써 입건 전 조사 사무의 적정한 운영을 도모하는 것을 목적으로 한다.

제2조(입건 전 조사의 기본)

① 경찰관은 피조사자와 그 밖의 피해자 · 참고인 등(이하 "관계인"이라 한다)에 대한 입건 전 조사(이하 "조사"라 한다)를 실시하는 경우 관계인의 인권보호에 유의하여야 한다.

② 경찰관은 신속 · 공정하게 조사를 진행하여야 하며, 관련 혐의 및 관계인의 정보가 정당한 사유 없이 외부로 유출되거나 공개되는 일이 없도록 하여야 한다.

③ 조사는 임의적인 방법으로 하는 것을 원칙으로 하고, 대물적 강제 조치를 실시하는 경우에는 법률에서 정한 바에 따라 필요 최소한의 범위에서 남용되지 않도록 유의하여야 한다.

(3) 내사의 대상(분류)과 착수

제3조(조사의 분류)

조사사건은 다음 각 호와 같이 분류한다.

1. 진정사건: 범죄와 관련하여 진정 · 탄원 또는 투서 등 서면으로 접수된 사건
2. 신고사건: 범죄와 관련하여 112신고 · 방문신고 등 서면이 아닌 방법으로 접수된 사건
3. 첩보사건
    가. 경찰관이 대상자, 범죄혐의 및 증거 자료 등 조사 단서에 관한 사항을 작성 · 제출한 범죄첩보 사건
    나. 범죄에 관한 정보, 풍문 등 진상을 확인할 필요가 있는 사건
4. 기타조사사건: 제1호부터 제3호까지를 제외한 범죄를 의심할 만한 정황이 있는 사건

제4조(조사사건의 수리)

① 조사사건에 대해 수사의 단서로서 조사할 가치가 있다고 인정되는 경우에는 이를 수리하고, 소속 수사부서장에게 보고하여야 한다.

② 제1항에 따라 사건을 수리하는 경우 형사사법정보시스템에 관련 사항을 입력하여야 하며 별지 제1호서식의 입건 전 조사사건부에 기재하여 관리하여야 한다.

제5조(첩보사건의 착수)

① 경찰관은 첩보사건의 조사를 착수하고자 할 때에는 별지 제2호서식의 입건 전 조사착수보고서를 작성하고, 소속 수사부서의 장에게 보고하고 지휘를 받아야 한다.

② 수사부서의 장은 수사 단서로서 조사할 가치가 있다고 판단하는 사건 · 첩보 등에 대하여 소속 경찰관에게 별지 제3호서식의 입건 전 조사착수지휘서에 의하여 조사의 착수를 지휘할 수 있다.

③ 경찰관은 소속 수사부서의 장으로부터 조사착수지휘를 받은 경우 형사사법정보시스템에 피조사자, 피해자, 혐의내용 등 관련 사항을 입력하여야 한다.

제6조(조사 사건의 이송·통보)

경찰관은 관할이 없거나 범죄 특성 등을 고려하여 소속 관서에서 조사하는 것이 적당하지 않은 사건을 다른 경찰관서 또는 기관에 이송 또는 통보할 수 있다.

(4) 내사사건의 진행

제7조(조사의 보고·지휘·방식 등)

① 조사의 보고·지휘, 출석요구, 진정·신고사건의 진행상황의 통지, 각종 조서작성, 압수·수색·검증을 포함한 강제처분 등 구체적인 조사 방법 및 세부 절차에 대해서는 그 성질이 반하지 않는 한 「경찰수사규칙」, 「범죄수사규칙」을 준용한다. 이 경우 '수사'를 '조사'로 본다.

② 신고·진정·탄원에 대해 입건 전 조사를 개시한 경우, 경찰관은 다음 각 호의 어느 하나에 해당하는 날부터 7일 이내에 진정인·탄원인·피해자 또는 그 법정대리인(피해자가 사망한 경우에는 그 배우자·직계친족·형제자매를 포함한다. 이하 "진정인등"이라한다)에게 조사 진행상황을 통지해야 한다. 다만, 진정인등의 연락처를 모르거나 소재가 확인되지 않으면 연락처나 소재를 알게된 날로부터 7일 이내에 조사 진행상황을 통지해야 한다.

   1. 신고·진정·탄원에 따라 조사에 착수한 날

   2. 제1호에 따라 조사에 착수한 날부터 매 1개월이 지난 날

③ 경찰관은 조사 기간이 3개월을 초과하는 경우 별지 제4호서식의 입건 전 조사진행상황보고서를 작성하여 소속 수사부서의 장에게 보고하여야 한다

(5) 내사사건의 종결 등

제8조(수사절차로의 전환)

경찰관은 조사 과정에서 범죄혐의가 있다고 판단될 때에는 지체없이 범죄인지서를 작성하여 소속 수사부서장의 지휘를 받아 수사를 개시하여야 한다.

제9조(불입건 결정 지휘)

수사부서의 장은 조사에 착수한 후 6개월 이내에 수사절차로 전환하지 않은 사건에 대하여 「경찰수사규칙」 제19조제2항제2호부터 제5호까지의 사유에 따라 불입건 결정 지휘를

하여야 한다. 다만, 다수의 관계인 조사, 관련자료 추가확보·분석, 외부 전문기관 감정 등 계속 조사가 필요한 사유가 소명된 경우에는 6개월의 범위내에서 조사기간을 연장 할 수 있다.

제10조(기록의 관리)

① 제8조에 따라 수사를 개시한 조사 사건의 기록은 해당 수사기록에 합쳐 편철한다. 다만, 조사 사건 중 일부에 대해서만 수사를 개시한 경우에는 그 일부 기록만을 수사기록에 합쳐 편철하고 나머지 기록은 제2항의 방법으로 조사 기록으로 분리하여 보존할 수 있으며 필요한 경우 사본으로 보존할 수 있다.

② 「경찰수사규칙」 제19조에 따른 입건 전 조사종결, 입건전 조사중지, 공람종결 결정은 별지 제5호서식의 불입건 편철서, 별지 제6호서식의 기록목록, 별지 제7호서식의 불입건 결정서의 서식에 따른다. 제6조에 따라 이송하는 경우에는 사건이송서를 작성하여야 한다.

별지 제1호서식 입건 전 조사사건부

입 건 전 조 사 사 건 부

구분	접수번호 접수일시 (지휘일시)	피해자 (진정인등) 성 명 주민번호	조사대상자 성 명 주민번호	주 소	조사할 사항	착수일시 처리일시	처리결과	담당자 지휘자	비 고
진정사건									
신고사건		-	-						
첩보사건									
기타 조사사건		-	-						
		-	-						
		-	-						

○○○○ 경 찰 서

제   호   년   월   일

수 신   팀(계) 경

제 목   입건 전 조사 착수 지휘

　　　　다음과 같이 조사를 지휘합니다.

1. 조사대상자

　　성   명   주민등록번호

　　주   소

2. 조사할 사항

　(별지 사용 가능)

3. 조사가 필요한 이유(범죄첩보 등 관련자료 첨부)

4. 조사방식

5. 기타 주의사항 등

　　　　　　　　　(수사부서의) 장   경   ㉑

○○○ 경찰서

제   호   . . .

제 목 : 불입건 편철

조사대상자	성 명		성별	혐 의 죄 명

혐 의 죄 명	
결 과	

대 상 사 건	접 수 일	접수번호	단 서	피 해 자

책임수사팀장	
정 수 사 관	
부 수 사 관	
비 고	

○○○경찰서

사법경찰관(리)   경○

2) 수사첩보(「수사첩보 수집 및 처리 규칙」)

(1) 수사첩보의 의의

▎수사첩보 수집 및 처리 규칙
   [시행 2021. 9. 16.] [경찰청예규 제594호, 2021. 9. 16., 일부개정]

제2조(정의)
이 규칙에서 사용하는 용어의 정의는 다음과 같다.
1. 「**수사첩보**」라 함은 수사와 관련된 각종 보고자료로서 범죄첩보와 정책첩보를 말한다.
2. 「**범죄첩보**」라 함은 대상자, 혐의 내용, 증거자료 등이 특정된 입건 전 조사(이하 "조사"라 한다) 단서 자료와 범죄 관련 동향을 말하며, 전자를 범죄사건첩보, 후자를 범죄동향첩보라고 한다.
3. 「**기획첩보**」라 함은 일정기간 집중적으로 수집이 필요한 범죄첩보를 말한다.
4. 「**정책첩보**」라 함은 수사제도 및 형사정책 개선, 범죄예방 및 검거대책에 관한 자료를 말한다.
5. 「**수사첩보분석시스템**」이란 수사첩보의 수집, 작성, 평가, 배당 등 전 과정을 전산화한 다음 각 목의 시스템으로서 경찰청 범죄정보과(사이버수사기획과)에서 운영하는 것을 말한다.
   가. 수사국 범죄첩보분석시스템(Criminal Intelligence Analysis System)」
   나. 사이버수사국 사이버첩보관리시스템(Cyber Intelligence Management System)

(2) 수사첩보 수집 및 처리 적용범위와 수집의무

제3조(적용범위)
이 규칙은 모든 경찰공무원에게 적용된다.

제4조(수집의무)
경찰공무원은 항상 적극적인 자세로 범죄와 관련된 첩보를 발굴 수집하여야 한다.

(3) 제출 방법

제6조(제출방법)
① 경찰공무원은 수집한 수사첩보를 보고할 경우 수사첩보분석시스템을 통하여 작성 및 제출하여야 한다.
② 경찰공무원은 허위의 사실을 수사첩보로 제출해서는 아니 된다.

(4) 수사첩보 평가 및 기록관리 책임자

제7조(평가 및 기록관리 책임자)
① 평가 및 기록관리 책임자(이하 "평가 책임자"라 한다)는 다음과 같다.
  1. 경찰청은 범죄정보(사이버수사기획)과장
  2. 시·도경찰청 및 경찰서는 수사(사이버수사)과장, 형사과가 분리된 경우 형사과장
② 평가 책임자는 제출된 수사첩보를 신속히 검토 후 적시성, 정확성, 활용성 등을 종합 판단하여 공정하게 평가하고 필요한 조치에 대하여 구체적으로 지시하여야 한다.
③ 평가 책임자는 제출된 수사첩보의 정확한 평가를 위하여 제출자에게 사실 확인을 요구할 수 있다.
④ 평가 책임자는 제출된 수사첩보의 내용이 부실하여 보충할 필요성이 있는 경우 제출자에게 보완을 요구할 수 있다.
⑤ 평가 책임자는 제출된 수사첩보를 비공개하여야 한다. 다만 범죄예방 및 검거 등 수사 목적상 수사첩보 내용을 공유할 필요가 있다고 인정할 경우 수사첩보분석시스템상에서 공유하게 할 수 있다.
⑥ 평가 책임자는 제출된 수사첩보에 대하여 적절한 수사가 이루어지도록 수사부서 책임자에게 필요한 조치를 요구할 수 있다.

(5) 수사첩보 및 기획첩보의 처리 및 이송

제8조(수사첩보 처리)
① 경찰공무원이 입수한 모든 수사첩보는 수사첩보분석시스템을 통하여 처리되어야 한다.
② 각급 경찰관서장(경찰청의 경우 국가수사본부장을 말한다)은 입수된 수사첩보를 신속하게 처리하도록 한다.
③ 입수된 수사첩보와 관련하여 당해 관서에서 처리하기가 적합하지 않다고 인정될만한 사유가 있는 경우에 한하여 상급관서에서 처리할 수 있도록 지체없이 보고한다.

④ 모든 수사첩보는 수사 착수 전에 누설되는 일이 없도록 철저히 보안을 유지하여야 한다.

⑤ 수사부서 책임자는 평가책임자로부터 필요한 조치를 요구받은 경우 신속히 처리하여야 한다

제9조(이송)

① 수집된 수사첩보는 수집관서에서 처리하는 것을 원칙으로 한다. 다만, 평가 책임자는 수사첩보에 대해 범죄지, 피조사자의 주소·거소 또는 현재지 중 어느 1개의 관할권도 없는 경우 이송할 수 있다.

② 전항과 같이 이송을 하는 수사첩보의 평가 및 처리는 이송 받은 관서의 평가 책임자가 담당한다.

제10조(기획첩보의 수집)

각 경찰관서의 장 및 수사부서의 장은 수사 목적상 필요한 경우 소속 관서의 경찰공무원에게 기획첩보를 수집하도록 요구할 수 있다

(6) 첩보의 평가 및 포상

제11조(평가)

① 범죄첩보의 평가결과 및 그 기준은 다음 각 호와 같다.
  1. 특보
     가. 전국단위 기획수사에 활용될 수 있는 첩보
     나. 2개 이상의 시·도경찰청과 연관된 중요 사건 첩보 등 경찰청에서 처리해야 할 첩보
  2. 중보2개 이상 경찰서와 연관된 중요 사건 첩보 등 시·도경찰청 단위에서 처리해야 할 첩보
  3. 통보경찰서 단위에서 조사할 가치가 있는 첩보
  4. 기록조사할 정도는 아니나 추후 활용할 가치가 있는 첩보
  5. 참고단순히 수사업무에 참고가 될 분 사용가치가 적은 첩보
② 정책첩보의 평가결과 및 그 기준은 다음 각 호와 같다.
  1. 특보전국적으로 활용·시행할 가치가 있는 첩보
  2. 중보시·도경찰청 단위에서 활용·시행할 가치가 있는 첩보
  3. 통보경찰서 단위에서 활용·시행할 가치가 있는 첩보
  4. 기록추후 활용·시행할 가치가 있는 첩보
  5. 참고단순히 수사업무에 참고가 될 분, 활용·시행할 가치가 적은 첩보
③ 수사첩보 수집 내역, 평가 및 처리결과는 수사첩보분석시스템을 이용하여 전산관리한다.

제12조(포상)

① 수사첩보에 의해 사건해결 또는 중요범인을 검거하였을 경우 수사첩보 제출자를 사건을 해결한 자 또는 검거자와 동등하게 특별승진 또는 포상할 수 있다.

② 일정기간 동안 개인별로 수사첩보 성적을 평가하여 포상 및 특별승진 등 기준으로 사용할 수 있다.

③ 제출한 수사첩보에 의해 수사시책 개선발전에 기여한 자는 별도 포상한다.

④ 범죄정보과에서는 범죄첩보 마일리지 제도를 통해 별도 포상을 실시할 수 있다.

(7) 수사첩보의 보존 및 폐기

제11조의2(수사첩보의 보존 및 폐기)

① 수사첩보 및 수사첩보 전산관리대장의 보존기간은 다음 각 호와 같다. 이 경우 보존기간의 기산일은 다음 해 1월 1일로 한다.

1. 수사첩보: 2년
2. 수사첩보 전산관리대장: 10년

② 보존기간이 경과한 수사첩보 및 수사첩보 전산관리대장은 매년 초 일괄 폐기하고, 로 그기록을 보존하여야 한다.

4. 수사의 개시

1) 수사개시의 의의

수사의 개시라 함은 수사기관이 최초로 사건을 수리하여 수사를 시작하는 것을 말하며 입건이라 부르기도 한다. 수사의 개시는 실무상 사건을 접수하여 범죄사건부에 기록하는 단계를 의미한다. 입건과 동시에 용의자는 피의자로 신분이 전환된다. 입건의 원인은 내사를 통한 범죄의 인지, 고소·고발·자수의 수리 시이다.

2) 검사, 사법경찰관의 수사개시 의무 및 검사의 보완수사요구 등

(1) 검사, 사법경찰관의 수사개시

▎형사소송법

제195조(검사와 사법경찰관의 관계 등)
① 검사와 사법경찰관은 수사, 공소제기 및 공소유지에 관하여 서로 협력하여야 한다.
② 제1항에 따른 수사를 위하여 준수하여야 하는 일반적 수사준칙에 관한 사항은 **대통령령**으로 정한다.

제196조(검사의 수사)
검사는 범죄의 혐의가 있다고 사료하는 때에는 범인, 범죄사실과 증거를 수사한다.

제197조(사법경찰관리)
① 경무관, 총경, 경정, 경감, 경위는 사법경찰관으로서 범죄의 혐의가 있다고 사료하는 때에는 범인, 범죄사실과 증거를 수사한다.
② 경사, 경장, 순경은 사법경찰리로서 수사의 보조를 하여야 한다.

▎검사의 사법경찰의 상호협력과 일반적 수사준칙에 관한 규정
[시행 2023. 11. 1.] [대통령령 제33808호, 2023. 10. 17., 일부개정]

제16조(수사의 개시)
① 검사 또는 사법경찰관이 다음 각 호의 어느 하나에 해당하는 행위에 착수한 때에는 수사를 개시한 것으로 본다. 이 경우 검사 또는 사법경찰관은 해당 사건을 즉시 입건해야 한다.
　　1. 피혐의자의 수사기관 출석조사
　　2. 피의자신문조서의 작성
　　3. 긴급체포
　　4. 체포·구속영장의 청구 또는 신청
　　5. 사람의 신체, 주거, 관리하는 건조물, 자동차, 선박, 항공기 또는 점유하는 방실에 대한 압수·수색 또는 검증영장(부검을 위한 검증영장은 제외한다)의 청구 또는 신청

② 검사 또는 사법경찰관은 수사 중인 사건의 범죄 혐의를 밝히기 위한 목적으로 관련 없는 사건의 수사를 개시하거나 수사기간을 부당하게 연장해서는 안 된다.

③ 검사 또는 사법경찰관은 입건 전에 범죄를 의심할 만한 정황이 있어 수사 개시 여부를 결정하기 위한 사실관계의 확인 등 필요한 조사를 할 때에는 적법절차를 준수하고 사건관계인의 인권을 존중하며, 조사가 부당하게 장기화되지 않도록 신속하게 진행해야 한다.

④ 검사 또는 사법경찰관은 제3항에 따른 조사 결과 입건하지 않는 결정을 한 때에는 피해자에 대한 보복범죄나 2차 피해가 우려되는 경우 등을 제외하고는 피혐의자 및 사건관계인에게 통지해야 한다.

⑤ 제4항에 따른 통지의 구체적인 방법 및 절차 등은 법무부장관, 경찰청장 또는 해양경찰청장이 정한다.

⑥ 제3항에 따른 조사와 관련한 서류 등의 열람 및 복사에 관하여는 제69조제1항, 제3항, 제5항(같은 조 제1항 및 제3항을 준용하는 부분으로 한정한다. 이하 이 항에서 같다) 및 제6항(같은 조 제1항, 제3항 및 제5항에 따른 신청을 받은 경우로 한정한다)을 준용한다.

(2) 검사의 보완수사요구 등

■ 형사소송법

제197조의2(보완수사요구)
① 검사는 다음 각 호의 어느 하나에 해당하는 경우에 사법경찰관에게 보완수사를 요구할 수 있다.
　1. 송치사건의 공소제기 여부 결정 또는 공소의 유지에 관하여 필요한 경우
　2. 사법경찰관이 신청한 영장의 청구 여부 결정에 관하여 필요한 경우
② 사법경찰관은 제1항의 요구가 있는 때에는 정당한 이유가 없는 한 지체 없이 이를 이행하고, 그 결과를 검사에게 통보하여야 한다.
③ 검찰총장 또는 각급 검찰청 검사장은 사법경찰관이 정당한 이유 없이 제1항의 요구에 따르지 아니하는 때에는 권한 있는 사람에게 해당 사법경찰관의 직무배제 또는 징계를 요구할 수 있고, 그 징계 절차는 「공무원 징계령」 또는 「경찰공무원 징계령」에 따른다.

제197조의3(시정조치요구 등) 〈본조신설 2020.2.4.〉
① 검사는 사법경찰관리의 수사과정에서 법령위반, 인권침해 또는 현저한 수사권 남용이 의심되는 사실의 신고가 있거나 그러한 사실을 인식하게 된 경우에는 사법경찰관에게 사건기록 등본의 송부를 요구할 수 있다.

② 제1항의 송부 요구를 받은 사법경찰관은 지체 없이 검사에게 사건기록 등본을 송부하여야 한다.

③ 제2항의 송부를 받은 검사는 필요하다고 인정되는 경우에는 사법경찰관에게 시정조치를 요구할 수 있다.

④ 사법경찰관은 제3항의 시정조치 요구가 있는 때에는 정당한 이유가 없으면 지체 없이 이를 이행하고, 그 결과를 검사에게 통보하여야 한다.

⑤ 제4항의 통보를 받은 검사는 제3항에 따른 시정조치 요구가 정당한 이유 없이 이행되지 않았다고 인정되는 경우에는 사법경찰관에게 사건을 송치할 것을 요구할 수 있다.

⑥ 제5항의 송치 요구를 받은 사법경찰관은 검사에게 사건을 송치하여야 한다.

⑦ 검찰총장 또는 각급 검찰청 검사장은 사법경찰관리의 수사과정에서 법령위반, 인권침해 또는 현저한 수사권 남용이 있었던 때에는 권한 있는 사람에게 해당 사법경찰관리의 징계를 요구할 수 있고, 그 징계 절차는 「공무원 징계령」 또는 「경찰공무원 징계령」에 따른다.

⑧ 사법경찰관은 피의자를 신문하기 전에 수사과정에서 법령위반, 인권침해 또는 현저한 수사권 남용이 있는 경우 검사에게 구제를 신청할 수 있음을 피의자에게 알려주어야 한다.

제197조의4(수사의 경합) 〈본조신설 2020.2.4.〉

① 검사는 사법경찰관과 동일한 범죄사실을 수사하게 된 때에는 사법경찰관에게 사건을 송치할 것을 요구할 수 있다.

② 제1항의 요구를 받은 사법경찰관은 지체 없이 검사에게 사건을 송치하여야 한다. 다만, 검사가 영장을 청구하기 전에 동일한 범죄사실에 관하여 사법경찰관이 영장을 신청한 경우에는 해당 영장에 기재된 범죄사실을 계속 수사할 수 있다.

3) 수사개시의 단서(원인)

(1) 수사기관의 체험에 의한 단서

범죄첩보, 현행범인 체포, 변사자 검시, 불심검문, 언론·출판물·풍문 등에 의한 내용의 인지 등

① 범죄첩보

일반적으로 범죄첩보라 함은 범죄 혐의자에 대한 범죄혐의 내용, 증거자료 등이 특정된 내사 단서 자료 등을 말하며, 「수사첩보」, 「범죄첩보」, 「기획첩보」, 「정책첩보」 등 있다(「수사첩보 수집 및 처리 규칙」).

② 현행범인의 체포

형사소송법 제212조(현행범인의 체포)

현행범인은 누구든지 영장없이 체포할 수 있다.

판례/대법원 2011. 5. 26, 선고, 2011도3682

현행범인은 누구든지 영장 없이 체포할 수 있다. 현행범인으로 체포하기 위하여
는 행위의 가벌성, 범죄의 현행성·시간적 접착성, 범인·범죄의 명백성 이외에 체
포의 필요성, 즉 도망 또는 증거인멸의 염려가 있어야 하고, 이러한 요건을 갖추
지 못한 현행범인 체포는 법적 근거에 의하지 아니한 영장 없는 체포로서 위법한
체포에 해당한다. 여기서 현행범인 체포의 요건을 갖추었는지는 체포 당시 상황
을 기초로 판단하여야 하고, 이에 관한 검사나 사법경찰관 등 수사주체의 판단에
는 상당한 재량 여지가 있으나, 체포 당시 상황으로 보아도 요건 충족 여부에 관
한 검사나 사법경찰관 등의 판단이 경험칙에 비추어 현저히 합리성을 잃은 경우
에는 그 체포는 위법하다고 보아야 한다.

③ 불심검문
㉮ 불심검문의 의의와 내용
㉠ 불심검문의 의의
불심검문이란 경찰관이 수상한 거동 기타 주위의 사정을 합리
적으로 판단하여 "죄를 범하였거나 또는 범하려 하고 있다고 의
심할 만한 상당한 이유가 있는 자" 또는 "이미 행하여졌거나 행
하여지려고 하는 범죄에 대하여 그 사실을 안다고 인정되는 자"
를 정지시켜 질문하는 경찰의 범죄예방활동을 말한다(경찰관직
무집행법 제3조제1항).
㉡ 불심검문의 내용
• 정지
정지는 질문을 위한 수단으로서 거동이 수상한 자를 불러
세우는 것을 말한다.

- 질문

  질문은 행동이 수상한 자에게 행선지나 용건 또는 성명·주소·연령 등을 묻고 필요한 경우 소지품의 내용에 대해 질문하는 것을 말한다.

④ 임의동행

　㉠ 의의

　　불심검문 실행 중에 경찰관이 피검문자인 대상자에게 인근경찰관서에 동행을 요구할 수 있는 경우는 불심검문이 본인에게 불리하거나 교통의 방해가 된다고 인정되는 때에 한하여 임의동행을 요구할 수 있으며, 반드시 당사자의 동의를 기반으로 하여야 한다. 즉, 피검문자는 경찰관의 동행요구에 거절할 수 있으며, 만약 피검문자의 의사에 반하여 강제로 동행하거나 답변을 강요한다면 위법하다(경찰관직무집행법 제3조제2항).

　㉡ 임의동행에 있어서 임의성의 판단기준

　　임의동행에 있어서 임의성의 판단기준은 동행의 시간과 장소, 동행의 방법과 동행거부의사의 유무, 동행 이후의 조사방법과 퇴거의사 유무 등 여러 사정을 종합하여 객관적인 상황을 기준으로 하여야 한다(대판 1993. 11. 23, 93다35155).

　㉢ 임의동행의 사유

　　검문대상자에게 불리한 경우, 즉 물리적·심리적·경제적으로 불리함이 명백하다고 인정되는 경우이어야 한다(수치심, 명예, 혹한이나 혹서 등).

⑮ 불심검문 중 소지품(흉기 등) 조사의 한계

　㉠ 소지품 검사의 한계의 의의

　　피검문자에 대한 소지품 검사는 피검문자의 승낙이 있는 경우 당연히 가능하다. 그러나 피검문자가 거부하는 경우 이에 반하여 그의 의복이나 휴대하고 있는 물품의 조사할 수 있는가가 검토할

문제, 즉 피검문자가 거부함에도 최소한 신체의 외부를 손으로 만져서 확인할 수 있는지, 더 나아가 상대방이 흉기나 기타 위험한 물건을 소지하였다고 의심할 만한 상당한 이유가 있는 경우에 그 조사를 위해 소지품, 예컨대 손가방이나 트렁크 등의 안을 개방하여 보여줄 것을 요구하거나 열도록 강제할 수 있는지가 문제이다. 생각건대, 경찰관직무집행법 제3조 제3항에 불심검문 중 흉기소지 여부 조사규정을 두고 있는 것은 흉기소지 여부의 조사를 위험방지를 위한 예방적인 처분으로 이해하고 아울러 그 침해 정도가 경미하다고 보아 영장주의 예외로서 인정하고 있는 것으로 판단된다. 즉, 불심검문 시의 소지품 검사는 어느 정도 강제력이 수반되는 권력적 행정조사로 보는 것이 타당하다. 그러나 만약 피검문자가 적극적으로 소지품 검사를 거부함에도 강제로 응할 것을 강요한다면 그때부터는 사실상 강제수사로 위법하여 허용되지 않는다.

   ⓛ 소지품(흉기소지 여부 등) 조사의 허용범위
      – 허용되는 행위
         • 외부에서 관찰하는 행위
         • 소지품(흉기 등)에 대하여 질문하는 행위
         • 소지품(흉기 등)의 임의제시 요구나, 임의 개방 요구
      – 불허행위
         • 소지자의 승낙 없이 휴대품을 빼앗는 행위
         • 강제로 동의 없이 피검문자의 옷 주머니에 손을 넣어 확인하는 행위
         • 강제로 동의 없이 가방을 열어 소지품을 끄집어 내는 행위

④ 변사자 검시
  ㉮ 변사자의 의의
    변사자라 함은 일반적으로 사인이 불명한 경우를 말하며, 사인이 확인되었더라도 통상적으로 실무상 자살자 또는 범죄로 인한 사망이 의심스러운 경에는 변사자라고 한다.

㉯ 변사자의 검시

변사자에 대한 검시란 사람의 사망이 범죄로 인한 것인가를 판단하기 위하여 수사기관이 변사자의 상황을 오관(五官)의 작용에 의해 조사하는 것을 말한다. 검시를 받지 아니한 변사자의 사체에 변경을 가하게 되면 '변사체검시방해죄'가 성립한다. 원칙적으로 검시는 검사가 한다. 다만, 사법경찰관이 할 수 있도록 처분할 수 있다. 이때 사법경찰관은 의사를 참여하게 하는 외에 검시에 특별한 지장이 없다고 인정할 때에는 변사자의 가족, 친족, 이웃사람, 관련 공무원 등 필요한 자를 참여하게 하여야 한다. 이 경우 사법경찰관은 검시조서를 작성하여야 한다.

▌ 형사소송법 제222조(변사자의 검시)

① 변사자 또는 변사의 의심 있는 사체가 있는 때에는 그 소재지를 관할하는 지방검찰청 검사가 검시하여야 한다.
② 전 항의 검시로 범죄의 혐의를 인정하고 긴급을 요할 때에는 영장 없이 검증할 수 있다.
③ 검사는 사법경찰관에게 전 2항의 처분을 명할 수 있다

▌ 형법 제163조(변사체검시방해)

변사자의 사체 또는 변사의 의심 있는 사체를 은닉 또는 변경하거나 기타 방법으로 검시를 방해한 자는 700만 원 이하의 벌금에 처한다.

㉰ 행정검시

행정검시제도란 수재·낙뢰·파선 등 자연재해로 인한 사망자 또는 행려병자로서 사망이 범죄로 인한 것이 명백한 경우, 그 처리 절차를 간소화하여 변사사건의 신속한 처리와 사체를 유족에게 신속히 인도하여 국민의 편의를 도모하기 위한 제를 말한다(경찰서장이 주체).

변사사건 처리규정 [경찰청훈령 제1052호, 2022. 2. 21., 일부개정.]

제1조(목적) 이 규칙은 변사 사건의 관할 결정, 현장 조사, 신원 확인, 범죄 관련성 규명 등을 처리하는 방법과 판단기준 등을 규정하여 변사 사건 처리 절차의 적정성과 효율성 보장을 목적으로 한다.

제2조(정의)
이 규칙에서 사용하는 용어의 정의는 다음과 같다.
1. "변사"란 자연사 이외의 다음 각 목의 어느 하나에 해당하는 사망으로 그 원인이 분명하지 않은 죽음을 말한다.
   가. 범죄와 관련되었거나 범죄가 의심되는 사망
   나. 자연재해, 교통사고, 안전사고, 산업재해, 화재, 익사 등 사고성 사망
   다. 자살 또는 자살 의심이 드는 사망
   라. 연행, 구금, 심문 등 법 집행 과정에서 발생한 사망
   마. 보건, 복지, 요양 관련 집단 수용 시설에서 발생한 사망
   바. 마약, 농약, 알코올, 가스, 약물 등에 의한 급성 중독이 의심되는 사망
   사. 그 밖에 사인이 밝혀지지 않은 사망
2. "변사 사건"이란 변사자 또는 변사로 의심되는 사체가 발견된 사건을 말한다.
3. "범죄 관련성"이란 변사 사건이 범죄로 발생하였는지를 말한다.
4. "검시"란 변사 사건의 사망 원인과 범죄 관련성을 확인하기 위하여 경찰관이 사체와 주변 환경을 조사하는 것을 말한다.
6. "변사 사건 담당자"란 변사 사건 처리를 담당하는 사법경찰관리를 말한다.
7. "과학수사 업무 담당자"란 변사 사건의 감식, 감정 등 과학수사 업무를 담당하는 사법경찰관리를 말한다.
8. "지역경찰관"이란 지구대 또는 파출소 소속으로 변사 사건 현장에 출동하여 초동조치를 한 사법경찰관리를 말한다.
9. "변사 사건 담당 팀장"이란 변사 사건 담당자의 소속 팀장으로서 사건 처리를 지휘·감독하는 사법경찰관을 말한다.
11. "검시 전문 인력"이란 법의학 전문가, 검시 조사관 등 생물학·해부학·병리학 등 의학적 전문지식에 따라 검시하는 사람을 말한다.
12. "변사 사건 발생지"란 변사자 또는 변사한 것으로 의심되는 사체의 발견지, 안치된 장소 등 소재지를 말하며, 사망 원인이 명백한 경우에는 그 원인의 발생 장소를 포함한다.

제21조(범죄 관련성 확인)
① 변사 사건 책임자는 변사 사건의 범죄 관련성에 대한 합리적 의심이 배제될 때까지 사인 및 사망 경위를 수사하여야 한다.
② 범죄 관련성은 검시·검안·부검·감정 결과, 탐문·관련자 조사 내용, 전문가 의견 등 모든 수사 사항을 종합적으로 고려하여 판단하여야 한다.

③ 변사 사건 담당 팀장은 특별한 사정이 없는 한 부검에 참관하여 부검의에게 부검 결과와 소견을 듣고 수사 단서 확보에 노력하여야 한다.

제22조(부검)

① 변사 사건 책임자는 다음 각 호의 어느 하나에 해당하는 경우(이하 "중점 관리 사건"이라 한다)에는 특별한 사정이 없는 한 부검을 위한 검증영장을 신청하여야 한다.
  1. 타살이 의심되는 변사 사건
  2. 소지품 확인 등에도 불구하고 현장에서 즉시 신원이 확인되지 않는 변사 사건
  4. 고도로 부패되어 사체의 손상 여부를 확인할 수 없고 사인이 명확하지 않은 변사 사건
  5. 그 밖에 사인을 명확히 확인할 필요가 있는 변사 사건
② 변사 사건 책임자는 다음 각 호의 어느 하나에 해당하는 경우(이하 "부검 고려 사건"이라 한다)에는 범죄 관련성을 판단하기 위하여 우선적으로 부검을 위한 영장 신청을 고려하여야 한다.
  1. 영아나 아동의 돌연사
  2. 구금, 조사 등 법 집행 과정에서 발생한 사망
  3. 마약, 농약, 알코올, 가스, 약물 등에 의한 중독이 의심되는 사망
  4. 익사, 추락으로 추정되는 사망으로 목격자나 시시티브이(CCTV)가 없는 경우
  5. 탄화, 절단, 백골화된 변사체
  6. 유가족이 사망 원인에 의혹을 제기하는 사망
  7. 다른 범죄와 관련성이 있는지 의심되는 교통 사망 사고
  8. 재산 규모에 비해 과도한 금액의 보험이 가입된 사람의 사망
  9. 검안 의사, 검시 조사관, 변사 사건 책임자 중 1명 이상이 사인에 대한 의견을 달리하는 경우
  10. 그 밖에 정확한 사인 파악 등에 필요한 경우
③ 변사 사건 담당 팀장은 사체를 부검할 필요가 있는 때에는 유족(이하 「장사 등에 관한 법률」 제2조제16호의 연고자 중 가목부터 바목까지의 규정에 한한다)의 건강·심리 상태 등을 고려하여 미리 부검의 필요성을 설명하여야 한다. 다만, 제20조에 따른 조치와 탐문 등에도 변사자의 유족이 확인되지 않았거나 연락되지 않는 등 사전에 설명하기 어려운 경우에는 예외로 한다.
④ 제3항의 경우에 부검 여부 등에 대한 유족의 의사가 있으면 이를 경청하고 존중하여야 한다. 다만, 사인 규명 등 수사상 필요한 경우에는 유족에게 사유를 충분히 설명하고 부검을 고려한다.

4) 타인의 체험에 의한 수사의 단서

(1) 고소

① 관련법률: 형사소송법

제223조(고소권자)
범죄로 인한 피해자는 고소할 수 있다.

제224조(고소의 제한)
자기 또는 배우자의 직계존속을 고소하지 못한다.

제225조(비피해자인 고소권자)
① 피해자의 법정대리인은 독립하여 고소할 수 있다.
② 피해자가 사망한 때에는 그 배우자, 직계친족 또는 형제자매는 고소할 수 있다.
　 단, 피해자의 명시한 의사에 반하지 못한다.

제226조(동전)
피해자의 법정대리인이 피의자이거나 법정대리인의 친족이 피의자인 때에는 피해자의 친족은 독립하여 고소할 수 있다.

제227조(동전)
사자의 명예를 훼손한 범죄에 대하여는 그 친족 또는 자손은 고소할 수 있다.

제230조(고소기간)
① 친고죄에 대하여는 범인을 알게 된 날로부터 6월을 경과하면 고소하지 못한다. 단, 고소할 수 없는 불가항력의 사유가 있는 때에는 그 사유가 없어진 날로부터 기산한다.

제231조(수인의 고소권자)
고소할 수 있는 자가 수인인 경우에는 1인의 기간의 해태는 타인의 고소에 영향이 없다.

제232조(고소의 취소)
① 고소는 제1심 판결선고 전까지 취소할 수 있다.
② 고소를 취소한 자는 다시 고소하지 못한다.
③ 피해자의 명시한 의사에 반하여 죄를 논할 수 없는 사건에 있어서 처벌을 희망하는 의사표시의 철회에 관하여도 전 2항의 규정을 준용한다.

제233조(고소의 불가분)
친고죄의 공범 중 그 1인 또는 수인에 대한 고소 또는 그 취소는 다른 공범자에 대하여도 효력이 있다.

② 고소의 의의

고소라 함은 범죄의 피해자 또는 고소권자(고소권자와 일정한 관계에 있는 자)가 수사기관에 대해 범죄사실을 신고하여 처벌을 원하는 의사표시를 말한다. 고소는 소추·처벌을 요구하는 적극적 의사표시이어야 하며, 단순히 범죄의 사실을 알리거나 그 과정을 설명하는 것은 고소가 아니다. 이 점에서 고발과 구별된다. 또한 자기의 범죄사실을 신고하는 자수와 구별된다. 고소자는 고소의 의미를 이해할 수 있는 소송행위능력(고소능력)이 있어야 한다. 일반적으로 고소는 수사의 단서가 되는 데 불과하나, 친고죄에서는 소송조건이 되는 동시에 공소제기의 조건이 된다.

③ 고소권자

고소권자는 원칙적으로 범죄의 피해자이다. 그러나 예외적으로 피해자의 친족·배우자·자손 등이 고소권을 가지는 경우가 있다. 범죄로 인한 피해자는 누구나 고소를 할 수 있는 것이 원칙이나, 다만 자기 또는 배우자의 직계존속은 고소하지 못한다(형사소송법 제224조). 고소권자인 범죄의 피해자는 범죄의 직접피해자만을 의미하고 간접적 피해자는 포함하지 않는다. 피해자가 사망한 경우에는 피해자의 배우자·직계친족 또는 형제자매가 고소할 수 있다. 다만, 피해자의 명시(明示)한 의사에 반하지 못한다(제225조제2항). 사자의 명예를 훼손한 범죄에 대하여는 그 친족 또는 자손이 고소할 수 있다(제227조).

▌고소의 제한에 대한 예외

성폭력 범죄의 처벌 등에 관한 특례법 제18조는 성폭력범죄에 대하여는 「형사소송법」 제224조(고소의 제한) 및 「군사법원법」 제266조에도 불구하고 자기 또는 배우자의 직계존속을 고소할 수 있다.

④ 친고죄

친고죄란 고소권자의 고소가 소송조건인 경우를 말한다. 즉, 고소권자의 고소 없이 검사가 공소를 제기하지 못하며, 이에 반한 공소의 제기는 공소 기각 판결이 내려진다(형사소송법 제327조제2호). 친고죄에는 절대적 친고죄와 상대적 친고죄를 나눌 수 있다.

　㉠ 절대적 친고죄

　　절대적 친고죄란, 범죄자와 피해자 간의 신분관계와는 관계없이 일정한 범죄사실에 대해 형사소추를 하기 위해서는 반드시 피해자 기타 고소권자의 고소를 요하는 범죄유형을 말한다. 통상 친고죄라 함은 절대적 친고죄를 말한다.

　㉡ 상대적 친고죄

　　상대적 친고죄란, 범죄자와 피해자 사이에 일정한 신분관계를 필요로 하는 범죄유형이다. 예를 들면 친족상도례의 경우와 같이 본래는 비친고죄이나 피해자와 범죄행위자 간의 친족관계로 인하여 피해자의 고소에 의하여 논하게 되는 범죄를 말한다. 따라서 상대적 친고죄는 피해자와 범죄행위자 간의 친족관계로 인하여 피해자의 고소(의사)가 없이는 논할 수 없다는 친족 간의 가족관계를 중시한 봉건적 사회구조를 존중하는 규정이라고 볼 수 있다. 따라서 본래의 의미에 있어서의 친고죄는 아니다.

⑤ 고소의 효력(친고죄에 있어서 고소불가분의 원칙)

　㉠ 주관적 고소불가분의 원칙

　　절대적 친고죄에 있어서 공범 중 그 1인 또는 수인에 대한 고소 또는 그 취소는 다른 공범자에 대해서도 효력이 인정된다(형사소송법 제233조). 여기서 공범은 임의적공범(공동정범, 교사, 방조) 외 필요적 공범을 포함한다(예, 사자명예훼손죄). 그러나 직계혈족, 배우자, 동거친족, 동거가족 또는 그 배우자 간을 제외한 그 외의 친족관계(신분)에 있는 자에 의한 범죄에 해당하는 경우 그에 대한 고소가 있어야 하는 상대적 친고죄에 있어서 그 특별한 친족관계에 해당하는 자에 대한 고소가 있어야 한다. 이 경우 공범 중 그 1인 또는 수인에 대한 고소 또는 취소는

　　• 공범자 중 일부만 신분관계에 있는 경우

　　　비신분자에 대한 고소의 효력은 신분관계에 있는 공범에게는

미치지 않으며, 신분관계에 있는 자에 대한 피해자의 고소의 취소는 비신분자에 대해 효력이 없다.

- 친족 2인 이상이 공범관계에 있는 사건의 경우

  친족 2인 이상이 공범관계에 있는 사건에 있어서 1인의 친족에 대한 고소의 경우 다른 친족에 그 효력이 미친다(예, 조카 3명이 삼촌의 휴대전화를 절취한 경우 조카 1인에 대한 고소의 취소는 다른 조카들에게도 그 효력이 미친다).

ⓛ 객관적 고소불가분의 원칙

친고죄에 있어서 하나의 범죄사실에 있어서 일부에 대한 고소 또는 그 취소는 동일성이 인정되는 사건 전부에 대해 효력이 발생하는 원칙을 말한다. 이는 고소권자에 의하여 국가 형벌권이 좌우되는 것을 방지하고 형사소송의 안정성을 확보하기 위함이다.

⑥ 고소의 시기

비친고죄의 경우 고소시기의 제한은 없다. 다만, 친고죄의 경우에는 범인을 알게 된 날로부터 6월을 경과하면 고소하지 못한다. 그러나 고소할 수 없는 불가항력의 사유가 있는 때에는 그 사유가 없어진 날로부터 기산한다. 상대적 친고죄에 있어서는 신분관계에 있는 자를 알아야 한다.

⑦ 고소의 방식

고소 또는 고발은 서면 또는 구술로써 검사 또는 사법경찰관에게 하여야 하며, 검사 또는 사법경찰관이 구술에 의한 고소 또는 고발을 받은 때에는 조서를 작성하여야 한다(형사소송법 제237조).

⑧ 고소의 취소와 포기

친고죄에 있어서 고소는 제1심 판결선고 전까지 취소할 수 있으나, 고소를 취소한 자는 다시 고소하지 못한다. 피해자의 명시한 의사에 반하여 죄를 논할 수 없는 사건(반의사불벌죄)에 있어서 처벌을 희망하는 의사표시의 철회에 관하여도 전 2항의 규정을 준용한다. 비친고죄에 있어서 고소의 취소는 언제나 가능하다.

(2) 고발

① 관련법률(형사소송법)

제233조(고소의 불가분)
친고죄의 공범 중 그 1인 또는 수인에 대한 고소 또는 그 취소는 다른 공범자에 대하여도 효력이 있다.

제234조(고발)
① 누구든지 범죄가 있다고 사료하는 때에는 고발할 수 있다.
② 공무원은 그 직무를 행함에 있어 범죄가 있다고 사료하는 때에는 고발하여야 한다.

제235조(고발의 제한)
제224조(자기 또는 배우자의 직계존속을 고소하지 못한다)의 규정은 고발에 준용한다.

제236조(대리고소)
고소 또는 그 취소는 대리인으로 하여금 하게 할 수 있다.

제237조(고소, 고발의 방식)
① 고소 또는 고발은 서면 또는 구술로써 검사 또는 사법경찰관에게 하여야 한다.
② 검사 또는 사법경찰관이 구술에 의한 고소 또는 고발을 받은 때에는 조서를 작성하여야 한다.

제238조(고소, 고발과 사법경찰관의 조치)
사법경찰관이 고소 또는 고발을 받은 때에는 신속히 조사하여 관계서류와 증거물을 검사에게 송부하여야 한다.

제239조(준용규정)
전 2조의 규정은 고소 또는 고발의 취소에 관하여 준용한다.

② 고발의 의의

고발이라 함은 범인과 고소권자를 제외한 제3자가 수사기관에 대해 범죄사실을 신고하여 범인의 처벌을 구하는 의사표시를 말한다. 즉, 제3자는 누구나 범죄가 있다고 생각될 때는 고발을 할 수 있다(형사소송법 제234조제1항). 다만, 공무원의 경우 직무수행상 범죄를 발견한 경우에는 고발의 의무가 발생한다. 고발은 고소의 절차와 같다.

고발은 일반적으로는 수사의 단서에 불과하나, 관세범·조세범에 대한 소관 공무원의 고발은 소송조건이 되는 경우가 있다. 고발도 고소의 경우와 같은 이유로 자기 또는 배우자의 직계존속에 대해서는 하지 못한다(제235조).

(3) 자수

자수라 함은, 범인이 수사기관에 대하여 스스로 자기의 범죄사실을 신고하여 그 수사와 소추를 구하는 의사표시를 말한다. 따라서 자수는 범죄가 수사기관에 발각되기 전이거나 발각된 후이거나 묻지 않는다. 자수는 범인이 자발적으로 신고하는 것인 점에서, 수사기관의 신문에 응하여 범죄사실을 타율적으로 진술하는 자백과는 구별된다. 자수는 형사소송법상 수사개시의 단서가 되며, 실체법상으로는 형의 임의적 감면사유가 된다(형법 제52조제1항).

제2절 | 수사의 종결

1. 수사의 종결과 사건의 송치

개시된 수사의 결과물이 당해 사건에 대해 공소를 제기하고, 공소를 유지할 수 있을 정도의 입증할 자료(증거)가 충분하다고 판단될 경우 공소를 제기하여 공판절차가 진행됨으로써 수사는 종결된다. 그러나 그 반대의 경우나 기타의 사유(죄가안됨, 공소권없음 등)가 있을 경우 불기소의 형태로 수사 절차는 종결된다. 일반적으로 경찰이 수사를 종결한 후 필요한 조치 등에 관하여는 「검사와 사법경찰관의 상호협력과 일반적 수사준칙에 관한 규정」에 규정하고 있다.

1) 사법경찰관의 조치

▌ 검사와 사법경찰의 상호협력과 일반적 수사준칙에 관한 규정
[시행 2023. 11. 1.] [대통령령 제33808호, 2023. 10. 17., 일부개정]

제51조(사법경찰관의 결정)

① 사법경찰관은 사건을 수사한 경우에는 다음 각 호의 구분에 따라 결정해야 한다.
　1. 법원송치
　2. 검찰송치
　3. 불송치
　　가. 혐의없음 [1) 범죄인정안됨　　2) 증거불충분]
　　나. 죄가안됨
　　다. 공소권없음
　　라. 각하
　4. 수사중지
　　가. 피의자중지
　　나. 참고인중지
　5. 이송

② 사법경찰관은 하나의 사건 중 피의자가 여러 사람이거나 피의사실이 여러 개인 경우로서 분리하여 결정할 필요가 있는 경우 그중 일부에 대해 제1항 각 호의 결정을 할 수 있다.

③ 사법경찰관은 제1항제3호나목 또는 다목에 해당하는 사건이 다음 각 호의 어느 하나에 해당하는 경우에는 해당 사건을 검사에게 이송한다.
　1. 「형법」 제10조제1항에 따라 벌할 수 없는 경우
　⇒ 형법 제10조(심신장애인)
　　① 심신장애로 인하여 사물을 변별할 능력이 없거나 의사를 결정할 능력이 없는 자의 행위는 벌하지 아니한다.
　2. 기소되어 사실심 계속 중인 사건과 포괄일죄를 구성하는 관계에 있거나 「형법」 제40조에 따른 상상적 경합 관계에 있는 경우

④ 사법경찰관은 제1항제4호에 따른 수사중지 결정을 한 경우 7일 이내에 사건기록을 검사에게 송부해야 한다. 이 경우 검사는 사건기록을 송부받은 날부터 30일 이내에 반환해야 하며, 그 기간 내에 법 제197조의3에 따라 시정조치요구를 할 수 있다.

⑤ 사법경찰관은 제4항 전단에 따라 검사에게 사건기록을 송부한 후 피의자 등의 소재를 발견한 경우에는 소재 발견 및 수사 재개 사실을 검사에게 통보해야 한다. 이 경우 통보를 받은 검사는 지체 없이 사법경찰관에게 사건기록을 반환해야 한다.

2) 검사의 조치

제52조(검사의 결정)
① 검사는 사법경찰관으로부터 사건을 송치받거나 직접 수사한 경우에는 다음 각 호의 구분에 따라 결정해야 한다.
  1. 공소제기
  2. 불기소
    가. 기소유예
    나. 혐의없음[1) 범죄인정안됨 2) 증거불충분]
    다. 죄가안됨
    라. 공소권없음
    마. 각하
  3. 기소중지
  4. 참고인중지
  5. 보완수사요구
  6. 공소보류
  7. 이송
  8. 소년보호사건 송치
  9. 가정보호사건 송치
  10. 성매매보호사건 송치
  11. 아동보호사건 송치
② 검사는 하나의 사건 중 피의자가 여러 사람이거나 피의사실이 여러 개인 경우로서 분리하여 결정할 필요가 있는 경우 그중 일부에 대해 제1항 각 호의 결정을 할 수 있다.

3) 수사결과의 통지, 수사중지 결정 등에 대한 이의신청 등

(1) 수사결과의 통지

검사 또는 사법경찰관은 수사 결과에 따라 기소 또는 불기소 등의 결정을 한 경우, 그 내용을 고소인·고발인·피해자 또는 그 법정대리인과 피의자에게 통지해야 한다. 다만, 피의자중지 또는 기소중지 결정이나 이송(법 제256조에 따른 송치는 제외한다) 결정을 한 경우로서 검사나 사법경찰관이 해당 피의자에 대해 출석요구 또는 피혐의자에 대한 수사기관 출석조사용구나 피의자신문조서의 작성, 긴급체포, 체포·구속영장의 청구 또는 신청, 사람의 신체, 주거, 관리하는 건조물, 자동차, 선박, 항공기 또는 점유하는 방실에 대한 압수·수색 또는 검증영장(부검을 위한 검증영장은 제외한다)의 청구 등을 하지 않은 경우 등에 있어서는 고소인 등에게만 통지한다(제53조).

(2) 수사중지 결정에 대한 이의제기 등

사법경찰관으로부터 수사중지 결정의 통지를 받은 사람은 해당 사법경찰관이 소속된 바로 위 상급경찰관서의 장에게 이의를 제기할 수 있다. 이의제기의 절차·방법 및 처리 등에 관하여 필요한 사항은 경찰청장 또는 해양경찰청장이 정한다. 통지를 받은 사람은 해당 수사중지 결정이 법령위반, 인권침해 또는 현저한 수사권 남용이라고 의심되는 경우 검사에게 법 제197조의3제1항에 따른 신고를 할 수 있다. 사법경찰관은 제53조에 따라 고소인등에게 수사중지 결정의 통지를 할 때에는 제3항에 따라 신고할 수 있다는 사실을 함께 고지해야 한다(제54조).

(3) 송치사건 관련 자료 제공

검사는 사법경찰관이 송치한 사건에 대해 검사의 공소장, 불기소결정서, 송치결정서 및 법원의 판결문을 제공할 것을 요청하는 경우 이를 사법경찰관에게 지체 없이 제공해야 한다(제57조).

2. 수사 종결의 유형

1) 공소의 제기

수사의 결과가 피의자의 유죄의 증거 입증되고 소송조건이나 처벌조건을 구비하였다면, 즉 혐의가 충분하다고 판단되면 공소를 제기하는바, 이 경우 수사(협의)는 종결된다. 가장 전형적인 수사의 종결 유형이라고 할 수 있다. 공소의 제기에는 약식명령(구약식)도 포함한다.

2) 불기소 처분

기소편의주의에 따라 검사는 기소 또는 불기소를 결정할 수 있다. 불기소처분은 협의의 불기소처분과 기타불기소처분, 타관송치 등으로 나눌 수 있다.

① 혐의의 불기소처분

혐의없음, 죄가안됨, 공소권없음이 협의의 불기소처분 유형이다. 고소·고발 등 사건에서 접수단계 또는 고소인이나 고발인 조사시에 혐의없음, 죄안됨, 공소권없음이 분명한 경우 당해 사건은 각하한다.

② 기타 불기소처분

기소유예, 기소중지, 참고인중지, 공소보류 등

1. 기소유예
우리 형사소송법은 형법 제51조에 정한 1. 범인의 연령, 성행, 지능과 환경, 2. 피해자에 대한 관계, 3. 범행의 동기, 수단과 결과, 4. 범행 후의 정황 등을 참작하여 공소를 제기하지 아니할 수 있도록 하고 있다(형사소송법 제247조). 기소편의주의를 규정하고 있는 것이다. 즉, 검사가 범죄의 피의자, 범죄의 피해자, 범죄의 정황 등 제반 사정을 합리적으로 판단하여 기소여부를 결정할 수 있도록 함으로써 실질적인 정의를 실현하고자 하는 취지의 제도이다. 대표적으로 '기소유예'를 들 수 있다. '기소유예'는 범죄의 혐의는 인정되나 피의자의 연령이나 성행, 환경, 피해자에 대한 피해회복의 노력, 범행의 동기나 수단, 범행 후의 정황 등을 참작하여 검사가 기소하지 않는 것을 말한다.

2. 기소중지
기소중지는 피의사건에 대하여 소송조건이 구비되고 범죄의 객관적 혐의가 인정되는 경우에도 피의자의 소재가 판명되지 아니한 경우에 검사가 피의자의 소재가 발견될 때 까지 수사를 일시 중지하는 처분을 말한다. 공범의 미검거, 중요 참고인의 소재불명 등의 사유로 기소중지하는 경우도 허용된다(참고인중지 등).
이미 체포영장이 발부된 자의 경우 지병수배를 하고, 영장발부 없이 소재불명된 자에 대해서는 지명통보한다. 이 경우, 지병수배된자가 검거된 경우 체포영장에 의해 체포하여야 하며 지명수배된 자가 발견된 경우 임의적 절차에 의해 지명수배경찰관서에 출석토록 조치 한다. 기소중지 기간 중 해외에 도피한 기간이 있을 경우 그 기간은 공소시효에서 제외된다.

③ 타관송치

타관송치란 사건을 수사한 검사가 그 사건이 소속검찰청에 대응한 법원의 관할에 속하지 아니한 때에 사건을 서류와 증거물과 함께 관할법원에 대응한 검찰청검사에게 송치하는 것을 말한다(형사소송법 제256조). 또한 검사는 사건이 군사법원의 재판권에 속한 경우에 사건을 서류와 증거물과 함께 재판권을 가진 관할 군검찰부 군검사에게 송치하는 것을 말한다. 관할 군 검찰부 군검사에게 송치하기 전 검사가 수사한 사건의 효력은 송치 후에도 그 효력에 영향이 없다.(같은 법 제256조의2) 소년사건에 있어서 검사는 소년에 대한 피의사건을 수사한 결과 보호처분에 해당하는 사유가 있다고 인정한 경우에는 사건을 관할 소년부에 송치하여야 하고, 소년부는 검사가 송치한 사건을 조사 또는 심리한 결과 그 동기와 죄질이 금고 이상의 형사처분을 할 필요가 있다고 인정할 때에는 결정으로써 해당 검찰청 검사에게 송치할 수 있다. 다만, 이때 검사는 다시 사건을 소년부에 송치할 수 없다(소년법 제49조).

3) 검사의 불기소처분에 대한 불복

검사의 불기소처분에 대한 고소·고발인의 불복수단은 재정신청과 항고·재항고, 헌법소원 등이 있다.

4) 검사의 기소 또는 불기소처분 결과에 대한 고지

검사는 고소 또는 고발에 의한 사건에 관하여 공소를 제기하거나 제기하지 아니하는 처분, 공소의 취소 또는 타관송치(제256조)의 송치를 한 때에는 그 처분한 날로부터 7일 이내에 서면으로 고소인 또는 고발인에게 그 취지를 통지하여야 한다. 또한 검사는 불기소 또는 제256조의 처분을 한 때에는 피의자에게 즉시 그 취지를 통지하여야 한다. 아울러 검사는 고소 또는 고발에 의한 사건에 관하여 공소를 제기하지 아니하는 처분을 한 경우에 고소인 또는 고발인의 청구가 있는 때에는 7일 이내에 고소인 또는 고발인에게 그 이유를 서면으로 설명하여야 한다.

제3장

임의수사와 강제수사

1. 임의수사의 의의

　　수사는 원칙적으로 임의조사에 의하고 강제수사는 법률에 규정된 경우에 한하여 허용된다는 원칙을 임의수사의 원칙이라 한다. 즉, 임의수사란 강제력을 행사하지 않고 순수하게 상대방의 동의나 승낙을 얻어 임의적인 방법에 의한 조사를 의미한다. 이에 대하여 상대방의 동의나 승낙을 얻지 않고 영장에 의한 강제처분에 의한 수사를 강제수사라고 한다.

　　형사소송법은 수사에 관하여는 그 목적을 달성하기 위하여 필요한 수사를 할 수 있지만 강제처분은 법률에 특별한 규정이 있는 경우에 한하며, 필요한 최소한도의 범위 안에서만 하여야 한다고 규정하고 있다(형사소송법 제199조). 또한 (경찰청) 범죄수사규칙은 경찰관이 수사를 할 때에는 임의수사를 원칙으로 하며, 경찰관이 임의수사를 위해서 상대방의 승낙을 구할 때에는 승낙을 강요하거나 강요의 의심을 받을 염려가 있는 태도나 방법을 취하여서는 아니 된다고 규정하고 있다(제6조). 임의조사의 방법으로는 피의자신문(형사소송법 제200조), 참고인조사(형사소송법 제221조), 감정·통역·번역의 위촉(형사소송법 제221조), 형사조회(형사소송법 제199조제2항)가 대표적이다.

2. 임의수사의 유형

1) 출석요구

출석요구란 수사기관이 당해 사건과 관련한 실체적 사실을 파악하기 위해 피의자나 참고인으로부터 진술을 듣기 위해 수사기관에 출석할 것을 요구하는 것을 말한다. 「형사소송법」은 검사 또는 사법경찰관은 수사에 필요한 때에는 피의자의 출석을 요구하여 진술을 들을 수 있다고 규정하고 있다(제200조). 「검사의 사법경찰관리에 대한 수사지휘 및 사법경찰관리의 수사준칙에 관한 규정」은 사법경찰관이 피의자 또는 참고인에게 출석을 요구할 때에는 규정된 서식(별지 제4호, 제5호 서식)에 따른 출석요구서를 발부하여야 하며, 이 경우 출석요구서에는 출석요구의 취지를 명백하게 기재하도록 규정하고 있다.

특히, 사법경찰관은 신속한 출석요구 등을 위하여 필요할 때에는 전화, 팩스, 그 밖의 상당한 방법으로 출석을 요구할 수 있고 규정하고 있다. 또한 사법경찰관이 출석요구서를 발부하였을 때에는 그 사본을 수사기록에 첨부하여야 하며, 출석요구서 외의 방법으로 출석을 요구하였을 때에는 그 취지를 적은 수사보고서를 수사기록에 첨부토록 하고 있다. 주의사항으로 피의자나 참고인이 출석하였을 때에는 지체 없이 진술을 들어야 하며, 오랫동안 기다리게 하는 일이 없도록 하여야 하며, 외국인을 조사할 때에는 국제법과 국제조약에 위배되는 일이 없도록 유의하여야 한다고 명시하고 있다(제19조).

2) 피의자 신문

(1) 관련법령

▍형사소송법

제200조(피의자의 출석요구)
검사 또는 사법경찰관은 수사에 필요한 때에는 피의자의 출석을 요구하여 진술을 들을 수 있다.

제200조의2(영장에 의한 체포)
① 피의자가 죄를 범하였다고 의심할 만한 상당한 이유가 있고, 정당한 이유 없이 제200조의 규정에 의한 출석요구에 응하지 아니하거나 응하지 아니할 우려가 있는 때에는

검사는 관할 지방법원판사에게 청구하여 체포영장을 발부받아 피의자를 체포할 수 있고, 사법경찰관은 검사에게 신청하여 검사의 청구로 관할 지방법원판사의 체포영장을 발부받아 피의자를 체포할 수 있다. 다만, 다액 50만 원 이하의 벌금, 구류 또는 과료에 해당하는 사건에 관하여는 피의자가 일정한 주거가 없는 경우 또는 정당한 이유 없이 제200조의 규정에 의한 출석요구에 응하지 아니한 경우에 한한다.

② 제1항의 청구를 받은 지방법원판사는 상당하다고 인정할 때에는 체포영장을 발부한다. 다만, 명백히 체포의 필요가 인정되지 아니하는 경우에는 그러하지 아니하다.

③ 제1항의 청구를 받은 지방법원판사가 체포영장을 발부하지 아니할 때에는 청구서에 그 취지 및 이유를 기재하고 서명날인하여 청구한 검사에게 교부한다.

④ 검사가 제1항의 청구를 함에 있어서 동일한 범죄사실에 관하여 그 피의자에 대하여 전에 체포영장을 청구하였거나 발부받은 사실이 있는 때에는 다시 체포영장을 청구하는 취지 및 이유를 기재하여야 한다.

⑤ 체포한 피의자를 구속하고자 할 때에는 체포한 때부터 48시간 이내에 제201조의 규정에 의하여 구속영장을 청구하여야 하고, 그 기간 내에 구속영장을 청구하지 아니하는 때에는 피의자를 즉시 석방하여야 한다.

제241조(피의자신문)

검사 또는 사법경찰관이 피의자를 신문함에는 먼저 그 성명, 연령, 등록기준지, 주거와 직업을 물어 피의자임에 틀림없음을 확인하여야 한다.

제242조(피의자신문사항)

검사 또는 사법경찰관은 피의자에 대하여 범죄사실과 정상에 관한 필요사항을 신문하여야 하며 그 이익되는 사실을 진술할 기회를 주어야 한다.

제243조(피의자신문과 참여자)

검사가 피의자를 신문함에는 검찰청수사관 또는 서기관이나 서기를 참여하게 하여야 하고 사법경찰관이 피의자를 신문함에는 사법경찰관리를 참여하게 하여야 한다

제243조의2(변호인의 참여 등)

① 검사 또는 사법경찰관은 피의자 또는 그 변호인·법정대리인·배우자·직계친족·형제자매의 신청에 따라 변호인을 피의자와 접견하게 하거나 정당한 사유가 없는 한 피의자에 대한 신문에 참여하게 하여야 한다.

② 신문에 참여하고자 하는 변호인이 2인 이상인 때에는 피의자가 신문에 참여할 변호인 1인을 지정한다. 지정이 없는 경우에는 검사 또는 사법경찰관이 이를 지정할 수 있다.

③ 신문에 참여한 변호인은 신문 후 의견을 진술할 수 있다. 다만, 신문 중이라도 부당한 신문방법에 대하여 이의를 제기할 수 있고, 검사 또는 사법경찰관의 승인을 받아 의견을 진술할 수 있다.

④ 제3항에 따른 변호인의 의견이 기재된 피의자신문조서는 변호인에게 열람하게 한 후 변호인으로 하여금 그 조서에 기명날인 또는 서명하게 하여야 한다.

⑤ 검사 또는 사법경찰관은 변호인의 신문참여 및 그 제한에 관한 사항을 피의자신문조서에 기재하여야 한다.

제244조(피의자신문조서의 작성)

① 피의자의 진술은 조서에 기재하여야 한다.

② 제1항의 조서는 피의자에게 열람하게 하거나 읽어 들려주어야 하며, 진술한 대로 기재되지 아니하였거나 사실과 다른 부분의 유무를 물어 피의자가 증감 또는 변경의 청구 등 이의를 제기하거나 의견을 진술한 때에는 이를 조서에 추가로 기재하여야 한다. 이 경우 피의자가 이의를 제기하였던 부분은 읽을 수 있도록 남겨두어야 한다.

③ 피의자가 조서에 대하여 이의나 의견이 없음을 진술한 때에는 피의자로 하여금 그 취지를 자필로 기재하게 하고 조서에 간인한 후 기명날인 또는 서명하게 한다.

제244조의2(피의자진술의 영상녹화)

① 피의자의 진술은 영상녹화할 수 있다. 이 경우 미리 영상녹화사실을 알려주어야 하며, 조사의 개시부터 종료까지의 전 과정 및 객관적 정황을 영상녹화하여야 한다.

② 제1항에 따른 영상녹화가 완료된 때에는 피의자 또는 변호인 앞에서 지체 없이 그 원본을 봉인하고 피의자로 하여금 기명날인 또는 서명하게 하여야 한다.

③ 제2항의 경우에 피의자 또는 변호인의 요구가 있는 때에는 영상녹화물을 재생하여 시청하게 하여야 한다. 이 경우 그 내용에 대하여 이의를 진술하는 때에는 그 취지를 기재한 서면을 첨부하여야 한다.

제244조의3(진술거부권 등의 고지)

① 검사 또는 사법경찰관은 피의자를 신문하기 전에 다음 각 호의 사항을 알려주어야 한다.
   1. 일체의 진술을 하지 아니하거나 개개의 질문에 대하여 진술을 하지 아니할 수 있다는 것
   2. 진술을 하지 아니하더라도 불이익을 받지 아니한다는 것
   3. 진술을 거부할 권리를 포기하고 행한 진술은 법정에서 유죄의 증거로 사용될 수 있다는 것
   4. 신문을 받을 때에는 변호인을 참여하게 하는 등 변호인의 조력을 받을 수 있다는 것

② 검사 또는 사법경찰관은 제1항에 따라 알려 준 때에는 피의자가 진술을 거부할 권리와 변호인의 조력을 받을 권리를 행사할 것인지의 여부를 질문하고, 이에 대한 피의자의 답변을 조서에 기재하여야 한다. 이 경우 피의자의 답변은 피의자로 하여금 자필로 기재하게 하거나 검사 또는 사법경찰관이 피의자의 답변을 기재한 부분에 기명날인 또는 서명하게 하여야 한다.

▍(경찰청) 범죄수사규칙
[시행 2023. 11. 1.] [경찰청훈령 제1103호, 2023. 11. 1., 일부개정]

제62조(수사관서 이외의 장소에서의 조사)
① 경찰관은 조사를 할 때에는 경찰관서 사무실 또는 조사실에서 하여야 하며 부득이한
   사유로 그 이외의 장소에서 하는 경우에는 소속 경찰관서장의 사전 승인을 받아야 한다.
② 경찰관은 치료 등 건강상의 이유로 출석이 현저히 곤란한 피의자 또는 사건관계인을
   경찰관서 이외의 장소에서 조사하는 경우에는 피조사자의 건강상태를 충분히 고려하
   여야 하며, 수사에 중대한 지장이 없으면 가족, 의사, 그 밖의 적당한 사람을 참여시켜
   야 한다.
③ 경찰관은 피의자신문 이외의 경우 피조사자가 경찰관서로부터 멀리 떨어져 거주하거나
   그 밖의 사유로 출석조사가 곤란한 경우에는 별지 제18호서식의 우편조서를 작성하여
   우편, 팩스, 전자우편 등의 방법으로 조사할 수 있다.

제63조(임의성의 확보)
① 경찰관은 조사를 할 때에는 고문, 폭행, 협박, 신체구속의 부당한 장기화 그 밖에 진술
   의 임의성에 관하여 의심받을 만한 방법을 취하여서는 아니 된다.
② 경찰관은 조사를 할 때에는 희망하는 진술을 상대자에게 시사하는 등의 방법으로 진술
   을 유도하거나 진술의 대가로 이익을 제공할 것을 약속하거나 그 밖에 진술의 진실성
   을 잃게 할 염려가 있는 방법을 취하여서는 아니 된다.

제64조(조사 시 진술거부권 등의 고지)
「형사소송법」 제244조의3에 따른 진술거부권의 고지는 조사를 상당 시간 중단하거나 회
차를 달리하거나 담당 경찰관이 교체된 경우에도 다시 하여야 한다.

제65조(피의자 조사 참여)
경찰관이 피의자를 신문함에는 「형사소송법」 제243조에 따라 사법경찰관리를 참여하게
해야 하고, 조사를 시작하기 전에 피의자에게 조사에 참여하는 경찰관의 계급과 성명을
고지해야 한다.

제66조(대질조사 시 유의사항)
경찰관은 대질신문을 하는 경우에는 사건의 특성 및 그 시기와 방법에 주의하여 한쪽이
다른 한쪽으로부터 위압을 받는 등 다른 피해가 발생하지 않도록 하여야 한다.

제67조(공범자의 조사)
경찰관은 공범자에 대한 조사를 할 때에는 분리조사를 통해 범행은폐 등 통모를 방지하여
야 하며, 필요시에는 대질신문 등을 할 수 있다.

제68조(증거의 제시)

경찰관은 조사과정에서 피의자에게 증거를 제시할 필요가 있는 때에는 적절한 시기와 방법을 고려하여야 하며, 그 당시의 피의자의 진술이나 정황 등을 조서에 적어야 한다.

제69조(직접진술의 확보)

① 경찰관은 사실을 명백히 하기 위하여 피의자 이외의 관계자를 조사할 필요가 있을 때에는 되도록 그 사실을 직접 경험한 사람의 진술을 들어야 한다.

② 경찰관은 사건 수사에 있어 중요한 사항에 속한 것으로서 타인의 진술을 내용으로 하는 진술을 들었을 때에는 그 사실을 직접 경험한 사람의 진술을 듣도록 노력하여야 한다.

제70조(진술자의 사망 등에 대비하는 조치)

경찰관은 피의자 아닌 사람을 조사하는 경우에 있어서 그 사람이 사망, 정신 또는 신체상 장애 등의 사유로 인하여 공판준비 또는 공판기일에 진술하지 못하게 될 염려가 있고, 그 진술이 범죄의 증명에 없어서는 안 될 것으로 인정할 경우에는 수사에 지장이 없는 한 피의자, 변호인 그 밖의 적당한 사람을 참여하게 하거나 검사에게 증인신문 청구를 신청하는 등 필요한 조치를 취하여야 한다.

제75조(수사과정의 기록)

경찰관은 조사과정에서 수갑·포승 등을 사용한 경우, 그 사유와 사용 시간을 기록하여야 한다.

제76조(피의자의 진술에 따른 실황조사)

경찰관은 피의자의 진술에 의하여 흉기, 장물 그 밖의 증거자료를 발견하였을 경우에 증명력 확보를 위하여 필요할 때에는 실황조사를 하여 그 발견의 상황을 실황조사서에 정확히 작성해야 한다.

▌ (경찰청) 경찰수사규칙 [시행 2022. 1. 4.] [행정안전부령 제305호, 2022. 1. 4., 일부개정]

제13조(신문 중 변호인 참여 제한)

① 사법경찰관리는 변호인의 참여로 증거를 인멸·은닉·조작할 위험이 구체적으로 드러나거나, 신문 방해, 수사기밀 누설 등 수사에 현저한 지장을 초래하는 경우에는 피의자신문 중이라도 변호인의 참여를 제한할 수 있다. 이 경우 피의자와 변호인에게 변호인의 참여를 제한하는 처분에 대해 법 제417조에 따른 준항고를 제기할 수 있다는 사실을 고지해야 한다.

② 제1항에 따라 변호인 참여를 제한하는 경우 사법경찰관리는 피의자 또는 변호인에게 그 사유를 설명하고 의견을 진술할 기회와 다른 변호인을 참여시킬 기회를 주어야 한다.

③ 제1항에 따라 변호인의 참여를 제한한 후 그 사유가 해소된 때에는 변호인을 신문에 참여하게 해야 한다.

제34조(출석요구)
수사준칙 제19조제3항 본문 또는 같은 조 제6항에 따라 피의자 또는 피의자 외의 사람에게 출석요구를 하려는 경우에는 별지 제21호서식 또는 별지 제22호서식의 출석요구서에 따른다.

제35조(수사상 임의동행)
사법경찰관리는 수사준칙 제20조에 따른 임의동행 고지를 하고 임의동행한 경우에는 별지 제23호서식의 임의동행 동의서를 작성하여 사건기록에 편철하거나 별도로 보관해야 한다.

제36조(심야조사 제한)
① 사법경찰관은 수사준칙 제21조제2항제4호에 따라 심야조사를 하려는 경우에는 심야조사의 내용 및 심야조사가 필요한 사유를 소속 경찰관서에서 인권보호 업무를 담당하는 부서의 장에게 보고하고 허가를 받아야 한다.
② 사법경찰관은 제1항에 따라 허가를 받은 경우 수사보고서를 작성하여 사건기록에 편철해야 한다.

제37조(장시간 조사 제한)
사법경찰관리는 피의자나 사건관계인으로부터 수사준칙 제22조제1항제1호에 따라 조서 열람을 위한 조사 연장을 요청받은 경우에는 별지 제24호서식의 조사연장 요청서를 제출받아야 한다.

(2) 피의자 신문의 의의

피의자 신문이란 수사기관이 수사에 필요한 경우에 피의자의 출석을 요구하여 피의자를 신문하고 그 사건의 실체적 사실관계를 듣는 절차를 말한다. 피의자 신문은 피의자의 임의적 동의에 의하는 수사이므로 피의자는 반드시 수사기관의 출석요구에 응해야 할 의무는 없으며, 또한 출석 후라도 언제든지 퇴거할 수 있다.

(3) 피의자 신문 절차

일반적으로 피의자 신문절차는 ① 인정신문, ② 진술거부권 고지, ③ 피의자 신문(조서작성), ③-1 변호인의 참여, ③-2 신뢰관계자 등의 참여, ③-3 영상녹화 진행, ④ 조서의 열람 및 수정, ⑤ 피의자의 서명 날인 등 순서로 진행된다.

3) 참고인 조사

(1) 관련법령

▌형사소송법

제163조의2(신뢰관계에 있는 자의 동석)
① 법원은 범죄로 인한 피해자를 증인으로 신문하는 경우 증인의 연령, 심신의 상태, 그 밖의 사정을 고려하여 증인이 현저하게 불안 또는 긴장을 느낄 우려가 있다고 인정하는 때에는 직권 또는 피해자·법정대리인·검사의 신청에 따라 피해자와 신뢰관계에 있는 자를 동석하게 할 수 있다.
② 법원은 범죄로 인한 피해자가 13세 미만이거나 신체적 또는 정신적 장애로 사물을 변별하거나 의사를 결정할 능력이 미약한 경우에 재판에 지장을 초래할 우려가 있는 등 부득이한 경우가 아닌 한 피해자와 신뢰관계에 있는 자를 동석하게 하여야 한다.
③ 제1항 또는 제2항에 따라 동석한 자는 법원·소송관계인의 신문 또는 증인의 진술을 방해하거나 그 진술의 내용에 부당한 영향을 미칠 수 있는 행위를 하여서는 아니 된다.
④ 제1항 또는 제2항에 따라 동석할 수 있는 신뢰관계에 있는 자의 범위, 동석의 절차 및 방법 등에 관하여 필요한 사항은 대법원규칙으로 정한다.

제221조(제3자의 출석요구 등)
① 검사 또는 사법경찰관은 수사에 필요한 때에는 피의자가 아닌 자의 출석을 요구하여 진술을 들을 수 있다. 이 경우 그의 동의를 받아 영상녹화할 수 있다.
② 검사 또는 사법경찰관은 수사에 필요한 때에는 감정·통역 또는 번역을 위촉할 수 있다.
③ 제163조의2제1항부터 제3항(신뢰관계자의 동석)까지는 검사 또는 사법경찰관이 범죄로 인한 피해자를 조사하는 경우에 준용한다.

▎ (경찰청) 범죄수사규칙
[시행 2023. 11. 1.] [경찰청훈령 제1103호, 2023. 11. 1., 일부개정]

제72조(피의자 아닌 사람에 대한 조사사항)
경찰관은 피의자 아닌 사람을 조사하는 경우에는 특별한 사정이 없는 한 다음 각 호의 사항에 유의하여 「경찰수사규칙」 제39조제2항의 진술조서를 작성하여야 한다.
1. 피해자의 피해상황
2. 범죄로 인하여 피해자 및 사회에 미치는 영향
3. 피해회복의 여부
4. 처벌희망의 여부
5. 피의자와의 관계
6. 그 밖의 수사상 필요한 사항

▎ 국가보안법

제18조(참고인의 구인 · 유치)
① 검사 또는 사법경찰관으로부터 이 법에 정한 죄의 참고인으로 출석을 요구받은 자가 정당한 이유 없이 2회 이상 출석요구에 불응한 때에는 관할법원판사의 구속영장을 발부받아 구인할 수 있다.
② 구속영장에 의하여 참고인을 구인하는 경우에 필요한 때에는 근접한 경찰서 기타 적당한 장소에 임시로 유치할 수 있다.

(2) 참고인 조사의 의의

① 참고인의 의의

참고인이란 범죄 수사를 위해 수사기관에서 조사를 받는 사람 중 피의자 이외의 사람 또는 시체 검안 · 해부, 통역, 번역 등을 위임받은 사람 등을 말한다. 피의자는 범죄 혐의를 받고 있는 조사의 대상이지만 참고인은 피의자의 범죄사실을 조사(입증)하는 과정에서 필요한 일종의 보조적 역할을 하는 자료적 대상자라고 할 수 있다. 그러나 참고인을 조사 후 범죄혐의가 발견되면 피의자로 전환된다. 참고인은 수사기관에서 진술하는 사람이라는 점에서 법원에서 진술하는 증인과는 구별되며, 증인과 달리 참고인은 출석이나 진술이 강제되지 않으며(강제소환, 강제신문 불가) 피의자신문조서가 아닌 진술조서를 작성한다. 또한 참고인에 대해서는 진술거부권을 고지할 필요가 없다.

② 참고인 조사

참고인 조사란 일반적으로 피의자의 범죄사실을 조사하여 입증하는 과정에서 증거나 정황 등을 확인하기 위해 피의자 아닌 자(참고인)의 진술을 듣는 것을 말한다. 검사 또는 사법경찰관은 수사에 필요한 때에는 피의자가 아닌 자의 출석을 요구하여 진술을 들을 수 있으며, 이 경우에 조사 대상인 참고인의 동의를 받아 영상녹화를 할 수 있다.

제2절 　강제수사

1. 강제수사 개설

1) 강제수사의 의의

강제수사라 함은 전혀 상대방의 의사와 무관하게 강제적인 처분에 기한 수사를 말한다. 강제수사는 '강제처분법정주의의 원칙'에 따라 법률에 특별한 규정이 있는 경우에 한하여 예외적으로 허용된다(형사소송법 제199조제1항 단서). 강제수사는 '영장주의' 원칙에 따라 일부 예외규정을 제외하고는 원칙적으로 법관이 발부한 영장에 의한다.

수사상의 강제처분은 대인적 강제처분과 대물적 강제처분으로 나누어진다. 대인적 강제처분으로서 영장 없이 행할 수 있는 것은 현행범인의 체포(형사소송법 제212조)와 긴급체포(형사소송법 제200조의3) 등이 있으며, 영장에 의해서 행하는 것은 체포영장에 의한 체포(형사소송법 제200조의2), 구속(형사소송법 제201조) 등이 있다.

대물적 강제처분으로서 영장 없이 행할 수 있는 것은 피의자구속을 위한 수색과 그 현장에서의 압수·검증(형사소송법 제216·217조), 유류물이나 임의로 제출된 물건의 압수(형사소송법 제218조) 등이고, 영장에 의해서 행하는 것은 보통의 압수·수색·검증(형사소송법 제215조), 판사에게 청구하여 행하는 것은 증거보존절차상의 압수·수색·검증·감정(형사소송법 제184조제1항) 등이 있다.

영장주의의 예외로는 긴급체포, 체포구속 목적의 피의자수색, 피고인 구속현장에서의 압수·수색·검증, 임의제출한 물건의 압수, 체포·구속현장에서의 압수·수색·검증, 긴급체포 시의 압수·수색·검증(사후영장), 범죄장소에서의 압수·수색·검증, 변사체 검시 후 긴급을 요할 때의 검증(사후영장) 등이 있다.

2) 사법경찰관이 신청한 영장의 청구 여부에 대한 심의

형사소송법 제221조의5(사법경찰관이 신청한 영장의 청구 여부에 대한 심의)
① 검사가 사법경찰관이 신청한 영장을 정당한 이유 없이 판사에게 청구하지 아니한 경우 사법경찰관은 그 검사 소속의 지방검찰청 소재지를 관할하는 고등검찰청에 영장 청구 여부에 대한 심의를 신청할 수 있다.
② 제1항에 관한 사항을 심의하기 위하여 각 고등검찰청에 영장심의위원회(이하 이 조에서 "심의위원회"라 한다)를 둔다.
③ 심의위원회는 위원장 1명을 포함한 10명 이내의 외부 위원으로 구성하고, 위원은 각 고등검찰청 검사장이 위촉한다.
④ 사법경찰관은 심의위원회에 출석하여 의견을 개진할 수 있다.
⑤ 심의위원회의 구성 및 운영 등 그 밖에 필요한 사항은 법무부령으로 정한다.

2. 강제수사의 종류

현행 형사소송법이 규정하고 있는 강제수사의 종류는 체포영장에 의한 체포, 긴급체포, 현행범인 체포, 피의자의 구속, 압수·수색·검증, 증거보전, 증인신문의 청구, 수사상의 감정유치, 기타 감정에 필요한 조치 등을 들 수 있다.

1) 체포영장에 의한 체포

(1) 체포의 의의

체포란 수사기관이 범죄의 혐의가 있다고 의심할 만한 상당한 이유가 있는 자에 대해 일정기간 그자의 신체활동의 자유를 빼앗는 것을 체포라고 할 수 있다. 체포는 통상체포, 긴급체포, 현행범인 체포로 나눌 수 있다.

(2) 체포의 요건

영장 체포의 요건으로 피의자가 죄를 범하였다고 의심할 만한 상당한 이유가 있고, 정당한 이유 없이 수사기관의 출석요구에 응하지 아니하거나 응하지 아니할 우려가 있어야 한다(형사소송법 200조의2제1항). 따라서 체포의 요건으로는 범죄혐의의 상당성, 체포의 사유로는 출석요구의 불응 또는 불응의 우려라고 할 수 있다. 다만, 다액 50만 원 이하의 벌금, 구류 또는 과료에 해당하는 사건에 관하여는 피의자가 일정한 주거가 없는 경우 또는 정당한 이유 없이 피의자에 대한 출석요구(형사소송법 제200조)에 응하지 아니한 경우에 한한다(경미범죄 체포의 제한).

(3) 체포의 절차

체포영장에 의한 체포절차는 일반적으로 다음과 같다.

① 체포영장신청서 작성 → ② 체포영장신청부 기재(사건번호, 신청일시, 신청자 관직 및 성명, 피의자 인적사항, 죄명, 유효기간) → ③ 체포영장 신청 → ④ 체포영장 청구 → ⑤ 체포영장 발부 → ⑤ 체포영장 제시 및 집행 → ⑥ 범죄사실 고지 → ⑦ 체포영장집행원부 기재 → ⑧ 체포통지(24시간 내) → ⑧ 구속영장 신청 또는 석방(48시간 이내)

2) 긴급체포

(1) 의의

긴급체포란 피의자가 사형·무기 또는 장기 3년 이상의 징역이나 금고에 해당하는 죄를 범하였다고 의심할 만한 상당한 이유가 있고, ① 피의자가 증거를 인멸할 우려가 있거나, ② 피의자가 도망하거나 도망할 우려가 있다고 판단할 만한 사유가 있는 경우에, 그리고 긴급을 요하여 지방법원판사의 체포영장을 받을 수 없는 때에는 그 사유를 피체포자에게 알리고 영장 없이 피의자를 체포한 것을 말한다(제200조의3(긴급체포)제1항).

이 경우 사법경찰관이 피의자를 긴급체포한 경우에는 즉시 검사의 승인을 얻어야 하며, 긴급체포서에는 범죄사실의 요지, 긴급체포의 사유 등을 기재하여야 한다(제200조의3(긴급체포)제2항, 제3항).

(2) 긴급체포의 요건

형사소송법상의 긴급체포의 요건은

① 범죄의 중대성

피의자가 사형·무기 또는 장기 3년 이상의 징역이나 금고에 해당하는 죄를 범하였다고 의심할 만한 상당한 사유가 있어야 한다.

② 체포의 필요성

피의자가 증거를 인멸하거나 도망 또는 도망할 염려가 있어야 한다(구속의 사유).

③ 체포의 긴급성

긴급을 요하여 지방법원판사의 체포영장을 받을 수 없는 때에 해당하여야 한다. 여기서 '긴급을 요한다'라고 함은 피의자를 우연한 기회에 조우하여 현장에서 체포치 않으면 향후 체포가 어렵다고 판단되는 경우를 말한다.

(3) 긴급체포의 절차

① 긴급체포 → ② 범죄사실의 요지와 변호인 선임할 수 있음을 고지 → ③ 긴급체포서 작성 → ④ 긴급체포 원부 기재 → ⑤ 긴급체포 승인건의(12시간 이내) → ⑤ 긴급체포의 통지 → ⑥ 48시간 이내에 구속영장 신청 또는 석방(영장 기각 시 즉시 석방, 계속 체포상태 유지 시 체포·감금죄 성립)

3) 현행범인 체포

(1) 현행범인의 의의

현행범인이라 함은 범죄를 실행 중이거나 범죄실행 즉후인 자를 말하며, 누구든지 영장 없이 체포할 수 있는 자를 말한다. 즉, 현행범인이라 함은 범죄행위와 시간적 연속성(접착성)과 범죄행위가 명백하게 인정되는 상황이 확인(범죄의 명확성)되어야 한다. 이러한 현행범인의 법률적 개념을 좀 더 명확히 하기 위해 준현행범을 인정하고 있다.

준현행범이라 함은 ① 범인으로 호창되어 추적되고 있거나, ② 장물이나 범죄에 사용되었다고 인정함에 충분한 흉기 기타의 물건을 소지하고 있거나, ③ 신체 또는 의복류에 현저한 증적이 있거나, ④ 누구냐는 물음에 대하여 도망하려 하는 경우에 때에 해당하는 자를 말한다(형사소송법 제211조, 제212조).

관련판례

경찰관이 피고인을 체포하려고 할 때는, 피고인이 서울 성동구 사근동에 있는 무학여고 앞길에서 피해자 주한식의 자동차를 발로 걷어차고 그와 싸우는 범행을 한 지 겨우 10분 후에 지나지 않고, 그 장소도 범행 현장에 인접한 위 학교의 운동장이며, 위 피해자의 친구가 112 신고를 하고 나서 피고인이 도주하는지 여부를 계속 감시하고 있던 중 위 신고를 받고 출동한 위 오경환 외 1인의 경찰관들에게 피고인을 지적하여 체포하도록 한 사실을 인정한 다음, 피고인은 "범죄 실행의 즉후인 자"로서 현행범인에 해당한다고 판단한 것은 옳다(대법원 1993. 8. 13, 선고 93도926 판결).

피고인의 상해행위가 종료한 순간과 아주 접착된 시기에 현행범인으로 체포하였고 체포한 장소도 피고인이 상해범행을 저지른 목욕탕 탈의실인 경우 피고인이 방금 범죄를 실행한 범인이라고 볼 죄증이 명백히 존재하는 것으로 인정할 수 있는 상황이므로 피고인을 현행범인으로 볼 수 있다(대법원 2005도7158 판결).

(2) 현행범 체포의 요건

① 행위의 가벌성

구성요건에 해당하고 별다른 위법성조각사유 및 책임조각사유가 없으면 처벌조건(예: 친족상도례에서 배우자 등의 신분관계가 없어야 한다)에충족되면 행위의 가벌성이 인정되어야 한다. 그러나 범죄성립여부가 의심스러운 경우에는 현행법체포는 위법할 수 있다.

② 범죄의 현행성과 시간적 밀착성

현행범인의 경우 '범죄의 현행성 내지 시간적 밀착성'도 체포의 요건이 된다. 범죄실행의 직후인 경우에는 현장성을 요하지 아니하나 범죄의 실행종료와 시간적 접착성이 있어야 한다.

③ 범인·범죄의 명백성

체포시에 특정범죄의 범인임이 명백해야 되고, 명백성이 누구를 기준으로 명백한가에 대하여 법원은 '체포하는 자의 입장에서 볼 때'라고 명시하여 내부적 명백성 입장을 취하고 있다.

④ 체포의 필요성(도주 또는 증거인멸 우려): 소극적 요건

긴급체포와 달리 체포의 필요성을 요구하는 명문규정은 없으나, 대법원은 "현행범인 체포의 요건으로 체포의 필요성, 즉 도망 또는 증거인멸의 염려가 있을 것을 요한다."라고 판시하고 있다.

⑤ 기타, 특정범죄의 범인임이 명백하여야 한다.

현행범 체포 시 특정범죄의 범인임이 명백하여야 한다. 다만, 외견상 범죄의 성립이 명백한 것으로 인식되더라도 범죄불성립이 명백한 경우(위법성이나 책임이 조각되는 경우 등)에는 현행범으로 체포할 수 없다.

(3) 예외 규정

현행범인의 범죄혐의가 다액 50만 원 이하의 벌금, 구류 또는 과료에 해당하는 죄에 해당하는 경우에는 범인의 주거가 분명하지 아니한 때에 한하여 현행범인체포(법 제212조) 및 현행범인 인도(법 제213조)의 규정을 적용한다(형사소송법 제214조). 이는 형사소송법이 규정하고 있는 비례성의 원칙을 적용한 것이라고 볼 수 있다.

(4) 현행범인 체포 및 인도 등 절차

▎경찰관 현행범체포

① 현행범체포 → ② 범죄사실의 고지 → ③ 현행범체포서 작성 → ④ 현행범인 체포원부 기재 → ⑤ 체포의 통지 → 구속영장 신청 또는 석방(영장 기각 시 즉시 석방, 계속 체포 상태 유지 시 체포·감금죄 성립)

▌사인의 현행범인체포

① 현행범체포 → ② 현행범인 수사기관 인도 → ③ 범죄사실 등 고지 → ④ 현행범 인수서 작성 → ⑤ 현행범인 체포원부 기재 → ⑥ 체포의 통지 → ⑦ 48시간 이내에 구속영장 신청 또는 석방(영장 기각 시 즉시 석방, 계속 체포상태 유지 시 체포 · 감금죄 성립)

4) 구속

(1) 구속의 의의

구속이라 함은 검사가 청구하여 지방법원판사가 발부한 영장에 의해 사람의 인신을 일정기간 특정한 장소에 둠으로 인해 신체의 자유를 제한하는 수사상의 조치를 말한다. 형사소송법상 구속은 구인과 구금을 포함한다. 구인이란 피고인 또는 피의자를 법원 기타 일정한 장소에 실력을 행사하여 인치 또는 억류(抑留)하는 것을 의미하고, 구금이란 피고인 등을 실력을 행사하여 교도소 · 구치소에 감금하는 것을 의미한다.

구속은 비교적 장기간 신체를 구금하는 것으로 반드시 체포를 전제로 하지 않는다. 즉, 구속의 대상자는 반드시 체포된 피의자임을 요하지 않고, 구속은 반드시 사전 영장에 의하여야 하고 구속 후 사후에 영장을 발부 받을 수는 없다. 구속에는 수사기관이 공소제기 전에 행하는 피의자구속과 공소제기 후에 법원 등이 행하는 피고인구속 및 형의 집행을 확보하기 위한 구속 등이 있다.

(2) 구속의 요건과 제한

① 요건(사유)

구속의 요건(사유)은 피의자가 죄를 범하였다고 의심할 만한 상당한 이유가 있고, 구속의 사유가 존재하여야 한다. 즉, 증거인멸의 우려와 도망하거나 도망할 우려가 있는 때 그리고 일정한 주거가 없는 경우이어야 한다. 다만, 50만 원 이하의 벌금 · 구류 · 과료에 해당하는 범죄에 관하여는 주거부정의 경우에 한하여 구속할 수 있다(형사소송법 제70조, 제201조). 구속된 때에는 그 적법 여부의 심사를 법원에 청구할 수 있다(형사소송법 제214조의2).

② 재구속의 제한

검사 또는 사법경찰관은 구속되었다가 석방된 자에 대해 다른 중요한 증거를 발견한 경우를 제외하고는 동일한 범죄사실에 관하여 재차 구속하지 못한다. 또한 1개의 목적을 위하여 동시 또는 수단과 결과의 관계에서 행하여진 행위는 동일한 범죄사실로 간주한다(형사소송법 제208조, 재구속의 제한). 체포 및 구속적부심사의 경우 체포 또는 구속적부심사결정에 의하여 석방된 피의자가 도망하거나 죄증을 인멸하는 경우를 제외하고는 동일한 범죄사실에 관하여 재차 체포 또는 구속하지 못한다(형사소송법 제214조의3제1항).

법원은 구속된 피의자(체포·구속적부심 심사청구 후 공소제기된 자를 포함한다)에 대하여 피의자의 출석을 보증할 만한 보증금의 납입을 조건으로 하여 결정으로 적부심 청구에 대해 석방을 명할 수 있다. 다만, ㉠ 죄증을 인멸할 염려가 있다고 믿을 만한 충분한 이유가 있는 때 ㉡ 피해자, 당해 사건의 재판에 필요한 사실을 알고 있다고 인정되는 자 또는 그 친족의 생명·신체나 재산에 해를 가하거나 가할 염려가 있다고 믿을 만한 충분한 이유가 있는 때에는 석방할 수 없다(형사소송법 제214조의2제5항).

(3) 구속의 절차

▌사전구속영장

① 구속영장신청서 작성 및 신청부 기재 → ② 영장신청 → ③ 검사의 영장청구 → ④ 구인장 발부 → ⑤ 구속 전 피의자신문(영장실질심사) → ⑥ 영장발부 → ⑦ 영장제시 및 집행 → ⑧ 범죄사실 등 고지 → ⑨ 구속영장집행원부 기재 → ⑩ 구속의 통지(24시간 이내)

▌사후구속영장/체포 후 구속영장

① 구속영장신청서 작성 및 신청부 기재 → ② 영장신청(36시간 이내) → ③ 검사의 영장청구(48시간 이내) → ④ 구속 전 피의자신문(영장실질심사) → ⑤ 영장발부 → ⑥ 영장제시 및 집행 → ⑦ 범죄사실 등 고지 → ⑧ 구속영장집행원부 기재 → ⑨ 구속의 통지(24시간 이내)

(4) 수사기관의 구속기간

피의자구속기간은 사법경찰관이 10일 이내(형사소송법 제202조)이며 연장은 허용되지 않는다. 검사의 피의자 구속기간도 10일 이내(203조)이나 수사를 계속함에 있어 구속기일 연장이 필요한 경우 지방법원판사에게 그 사유를 소명하고 인정되는 경우 1차에 한하여 10일 이내로 그 기간을 연장할 수 있다.(형사소송법 제205조)

(5) 구속영장의 집행

구속영장은 검사의 지휘에 의하여 사법경찰관리가 집행한다. 구속영장 집행 시 대상자에게 영장을 제시하고 범죄사실의 요지, 구속의 이유, 변호인선임권 및 변명의 기회를 준 후에 집행한다. 다만, 영장을 소지하지 않았거나 급속을 요하는 경우에는 범죄사실의 요지와 구속영장이 발부되었음을 고지하고 긴급집행할 수 있다. 또한 급속을 요하는 경우 재판장, 수명법관 또는 수탁판사가 그 집행을 지휘할 수 있으며, 이 경우 법원사무관 등에게 그 집행을 명할 수 있다. 교도소 또는 구치소에 있는 피고인에 대하여 발부된 구속영장은 검사의 지휘에 의하여 교도관이 집행한다(형사소송법 제81조).

5) 압수 · 수색
(1) 압수 · 수색의 의의

압수 · 수색은 대인적 강제처분으로 압수란 물건의 점유를 취득하는 강제처분을 말하며(형사소송법 제219조, 제106조제1항) 압류와 영치 및 제출명령이 있다. 압류란 점유취득과정 자체에 강제력이 가해지는 강제처분이며 영치란 유류물과 임의제출물을 점유하는 경우를 말하고 제출명령은 법원이 일정한 물건의 제출을 명하는 처분을 말한다. 다만, 제출명령은 수사기관의 강제처분에 포함되지 않는다.

수색이란 압수할 물건 또는 체포할 사람을 발견할 목적으로 주거 · 물건 · 사람의 신체 또는 기타 장소에 대하여 행하는 강제처분을 말한다. 일반적으로 수색은 주로 압수와 함께 행해지고 실무상으로도 압수 · 수색영장이라는 단일의 영장이 발부되고 있다.

(2) 압수·수색의 요건

① 범죄의 혐의

범죄의 혐의가 어느 정도 소명되어 영장 발부가 상당한 경우를 말하며 구속의 사유가 있는 정도를 요하지는 않다. 즉, 죄를 범하였다고 인정되는 정도의 단순한 혐의 정도로 압수·수색은 가능하다.

② 강제처분의 필요성

강제처분의 필요성이라 함은 임의수사로는 수사의 목적을 달성하기 어려워 강제수사가 필요한 정도를 말한다. 즉, 임의수사로도 수사의 목적을 충분히 달성할 수 있다면 대물적 수사상의 강제처분에 대한 필요성은 인정될 수 없다(압수·수색의 필요성, 강제처분의 필요성).

(3) 압수·수색의 절차

① 압수·수색영장신청서 작성 및 신청부 기재 → ② 압수·수색영장 신청 및 청구 → ③ 영장발부 → ④ 영장제시 및 집행 → ⑤ 압수·수색 증명서 교부 → ⑥ 압수조서와 압수목록 작성 → ⑦ 사후절차

(4) 압수·수색의 제한

① 우체물의 압수

법원은 필요한 때에는 피고사건과 관계가 있다고 인정할 수 있는 것에 한정하여 우체물 또는 「통신비밀보호법」 제2조제3호에 따른 전기통신에 관한 것으로서 체신관서, 그 밖의 관련 기관 등이 소지 또는 보관하는 물건의 제출을 명하거나 압수를 할 수 있다. 이 경우, 발신인이나 수신인에게 그 취지를 통지하여야 한다. 다만, 심리에 방해될 염려가 있는 경우에는 예외로 한다(형사소송법 제107조).

② 군사상의 비밀과 압수

군사상 비밀을 요하는 장소는 그 책임자의 승낙 없이는 압수 또는 수색할 수 없다. 이 경우 군사상 비밀을 요하는 장소의 책임자는 국가의 중대한 이익을 해하는 경우를 제외하고는 승낙을 거부하지 못한다(형사소송법 제110조).

③ 공무상 비밀과 압수

공무원 또는 공무원이었던 자가 소지 또는 보관하는 물건에 관하여는 본인 또는 그 해당 공무소가 직무상의 비밀에 관한 것임을 신고한 때에는 그 소속공무소 또는 당해 감독관공서의 승낙 없이는 압수하지 못한다. 다만, 소속공무소 또는 당해 감독관공서는 국가의 중대한 이익을 해하는 경우를 제외하고는 승낙을 거부하지 못한다(형사소송법 제111조).

④ 업무상의 비밀과 압수

변호사, 변리사, 공증인, 공인회계사, 세무사, 대서업자, 의사, 한의사, 치과의사, 약사, 약종상, 조산사, 간호사, 종교의 직에 있는 자 또는 이러한 직에 있던 자가 그 업무상 위탁을 받아 소지 또는 보관하는 물건으로 타인의 비밀에 관한 것은 압수를 거부할 수 있다. 다만, 그 타인의 승낙이 있거나 중대한 공익상 필요가 있는 때에는 예외로 한다(형사소송법 제112조).

⑤ 야간집행의 제한과 예외

일출 전, 일몰 후에는 압수·수색영장에 야간집행을 할 수 있는 내용이 기재되어 있지 않으면 일출 전, 일몰 후에는 그 압수·수색영장을 집행할 수 없다. 즉, 야간에 압수·수색을 위해 타인의 주거, 간수자 있는 가옥, 건조물, 항공기 또는 선차 내에 들어가지 못한다(형사소송법 제111조). 그러나 도박 기타 풍속을 해하는 행위에 상용된다고 인정하는 장소나 여관, 음식점 기타 야간에 공중이 출입할 수 있는 장소에 대해서는 일출 전, 일몰 후에 압수·수색영장을 집행할 수 있다. 다만, 여관, 음식점 기타 야간에 공중이 출입할 수 있는 장소 등에 대해서는 공개한 시간 내에 한한다(형사소송법 제125조, 제126조).

⑥ 참여

검사, 피고인 또는 변호인은 압수·수색영장의 집행에 참여할 수 있으며, 압수·수색영장을 집행함에는 미리 집행의 일시와 장소를 검사, 피고인 또는 변호인 등에 대해 통지하여야 한다. 다만, 검사, 피고인 또는 변호인 등이 불참 의사를 명시하거나 또는 급속을 요하는 때에는 예외로 한다(형사소송법 제121조, 제122조).

공무소, 군사용의 항공기 또는 선차 내에서 압수·수색영장을 집행할 때는 그 책임자에게 참여할 것을 통지하여야 하고, 그 외의 타인의 주거, 간수자 있는 가옥, 건조물, 항공기 또는 선차 내에서 압수·수색영장을 집행하는 경우에는 주거자, 간수자 또는 이에 준하는 자를 참여하게 하여야 한다. 만약 책임자나 주거자 또는 간수자가 참여하게 하지 못할 때에는 인근에 거주하는 자나 지방공공단체의 직원을 참여하게 하여야 한다(형사소송법 제123조). 또한 여자의 신체에 대해 수색할 경우에는 성년의 여자를 참여케 하여야 한다(형사소송법 제124조).

(5) 영장주의의 예외

① 체포·구속 목적의 피의자 수색, 체포현장에서의 압수·수색·검증

　㉠ 검사 또는 사법경찰관은 영장에 의한 체포(제200조의2), 긴급체포(제200조의3), 구속(제201조), 현행범인의 체포(제212조)의 경우에 다음의 처분을 영장 없이 할 수 있다(형사소송법 제216조제1항).

　　－ 타인의 주거나 타인이 간수하는 가옥, 건조물, 항공기, 선차 내에서의 피의자 수색. 다만, 피의자를 체포 또는 구속하는 경우의 피의자 수색은 미리 수색영장을 발부받기 어려운 긴급한 사정이 있는 때에 한정한다.

　　－ 체포현장에서의 압수, 수색, 검증

　㉡ 또한, 범행 중 또는 범행직후의 범죄 장소에서 긴급을 요하여 법원판사의 영장을 받을 수 없는 때에는 영장 없이 압수, 수색 또는 검증을 할 수 있다. 이 경우에는 사후에 지체 없이 영장을 받아야 한다(형사소송법 제216조제3항).

┃ 헌법불합치 판결

형사소송법 제216조제1항제1호의 규정이 '영장에 의한 체포'의 경우에 적용함이 헌법에
합치되지 아니한다. 위 법률조항은 2020.3.31.을 시한으로 입법자가 개정할 때까지 계속
적용된다(2015헌바370, 2018. 4. 26.).

② 피고인 구속현장에서의 압수 · 수색 · 검증

검사 또는 사법경찰관이 피고인에 대해 영장을 집행하는 경우에도 필요한
경우 그 집행현장에서 영장 없이 압수 · 수색 · 검증을 할 수 있다(형사소송법 제216조
제2항).

③ 긴급체포된 자에 대한 압수 · 수색 · 검증

검사 또는 사법경찰관은 긴급체포된 자가 소유 · 소지 또는 보관하는 물건
에 대하여 긴급히 압수할 필요가 있는 경우에는 체포한 때부터 24시간 이내에
한하여 영장 없이 압수 · 수색 또는 검증을 할 수 있다. 또한 검사 또는 사법경
찰관이 긴급체포 또는 체포현장에서의 압수, 수색, 검증 절차에 따라 압수한
물건을 계속 압수할 필요가 있는 경우에는 지체 없이 압수수색영장을 청구하
여야 한다. 이 경우 압수수색영장의 청구는 체포한 때부터 48시간 이내에 하
여야 한다. 이 경우 검사 또는 사법경찰관은 압수수색영장을 발부받지 못한
때에는 압수한 물건을 즉시 반환하여야 한다(형사소송법 제217조).

④ 임의제출물의 압수

검사, 사법경찰관은 피의자 기타인의 유류한 물건이나 소유자, 소지자 또는
보관자가 임의로 제출한 물건을 영장 없이 압수할 수 있다(형사소송법 제218조).

(6) 압수물의 처리

① 자청보관의 원칙과 주의사항

압수물은 압수한 법원 또는 수사기관이 보관함이 원칙이다. 이때 압수물에
대해 그 상실과 파손 등의 방지를 위하여 상당한 조치를 취하여야 한다(형사소
송법 제131조).

② 압수물의 보관과 폐기

운반 또는 보관에 불편한 압수물에 관하여는 간수자를 두거나 소유자 또는 적당한 자의 승낙을 얻어 보관하게 할 수 있으며, 위험발생의 염려가 있는 압수물은 폐기할 수 있다. 또한 법령상 생산·제조·소지·소유 또는 유통이 금지된 압수물로서 부패의 염려가 있거나 보관하기 어려운 압수물은 소유자 등 권한 있는 자의 동의를 받아 폐기할 수 있다(형사소송법 제130조).

③ 압수물의 대가보관

몰수하여야 할 압수물로서 멸실·파손·부패 또는 현저한 가치 감소의 염려가 있거나 보관하기 어려운 압수물은 매각하여 대가를 보관할 수 있다. 또한 환부하여야 할 압수물 중 환부를 받을 자가 누구인지 알 수 없거나 그 소재가 불명한 경우로서 그 압수물의 멸실·파손·부패 또는 현저한 가치 감소의 염려가 있거나 보관하기 어려운 압수물은 매각하여 대가를 보관할 수 있다(형사소송법 제132조).

④ 압수물의 환부, 가환부

압수를 계속할 필요가 없다고 인정되는 압수물은 피고사건 종결 전이라도 결정으로 환부하여야 하고 증거에 공할 압수물은 소유자, 소지자, 보관자 또는 제출인의 청구에 의하여 가환부할 수 있다. 증거에만 공할 목적으로 압수한 물건으로서 그 소유자 또는 소지자가 계속 사용하여야 할 물건은 사진촬영 기타 원형보존의 조치를 취하고 신속히 가환부하여야 한다(형사소송법 제133조).

또한 압수한 장물이 피해자에게 환부할 이유가 명백한 때에는 피고사건의 종결 전이라도 결정으로 피해자에게 환부할 수 있다(형사소송법 제134조).

6) 수사상의 검증

(1) 검증의 의의

검증이란 사람, 장소, 물건의 성질·형상을 오관(五官)의 작용에 의하여 인식하는 강제처분을 말한다. 즉, 실무적으로 검증은 수사기관이 어떤 장소나 물건, 신체 등에 대하여 그 상태를 직접 실험, 인식하는 강제 처분으로 살인 사건에 대한 현장 검증, 교통사고 현장에 대한 실황 조사, 화재 현장에서의 화재 원인 감식 등은 검증인 것이다. 검증은 법원의 검증과 수사기관이 하는 검증이 있다. 법원의 검증은 증거조사의 일종으로 영장을 요하지 않는다. 그러나 수사기관의 검증은 증거를 수집·보전하기 위한 강제처분에 속하며 원칙적으로 법관의 영장에 의하여야 한다.

(2) 검증의 종류

검증은 기소 전 수사기관이 하는 검증과 기소 후에 법원이 하는 검증으로 구분할 수 있다. 법원이나 법관에 의한 검증은 증거조사의 일종으로 별도의 영장을 필요로 하지 않는다. 그러나 수사기관의 검증은 수사상의 강제처분에 해당하므로 검증을 통한 증거를 확보하기 위해서는 반드시 법관이 발부한 영장을 필요로 한다(형사소송법 제215조).[4] 형사소송법 제139조 내지 제145조[5]는 법원의

---

4 형사소송법 제215조(압수, 수색, 검증)
　　① 검사는 범죄수사에 필요한 때에는 피의자가 죄를 범하였다고 의심할 만한 정황이 있고 해당 사건과 관계가 있다고 인정할 수 있는 것에 한정하여 지방법원판사에게 청구하여 발부받은 영장에 의하여 압수, 수색 또는 검증을 할 수 있다.
　　② 사법경찰관이 범죄수사에 필요한 때에는 피의자가 죄를 범하였다고 의심할 만한 정황이 있고 해당 사건과 관계가 있다고 인정할 수 있는 것에 한정하여 검사에게 신청하여 검사의 청구로 지방법원판사가 발부한 영장에 의하여 압수, 수색 또는 검증을 할 수 있다.
5 제139조(검증) 법원은 사실을 발견함에 필요한 때에는 검증을 할 수 있다.
　　제140조(검증과 필요한 처분)
　　검증을 함에는 신체의 검사, 사체의 해부, 분묘의 발굴, 물건의 파괴 기타 필요한 처분을 할 수 있다.
　　제141조(신체검사에 관한 주의)
　　① 신체의 검사에 관하여는 검사를 당하는 자의 성별, 연령, 건강상태 기타 사정을 고려하여 그 사람의 건강과 명예를 해하지 아니하도록 주의하여야 한다.
　　② 피고인 아닌 자의 신체검사는 증적의 존재를 확인할 수 있는 현저한 사유가 있는 경우에 한하여 할 수 있다.
　　③ 여자의 신체를 검사하는 경우에는 의사나 성년의 여자를 참여하게 하여야 한다.
　　④ 사체의 해부 또는 분묘의 발굴을 하는 때에는 예를 잊지 아니하도록 주의하고 미리 유족에게 통지하여야 한다.
　　제142조(신체검사와 소환)
　　법원은 신체를 검사하기 위하여 피고인 아닌 자를 법원 기타 지정한 장소에 소환할 수 있다.

검증에 관한 규정으로 수사기관의 검증에 관하여는 형사소송법 제219조에 법원의 검증에 관한 규정을 준용토록 하고 있다[6](형사소송법 제219조).

(3) 검증의 절차

① 형사소송법이 규정하고 있는 압수·수색과 관련하여, 즉 압수·수색영장의 집행 중에는 타인의 출입을 금지하거나, 규정에 위배한 자에게는 퇴거하게 하거나 집행종료 시까지 간수자를 붙일 수 있고, 시건장치 등을 열거나 개봉 기타 필요한 처분을 할 수 있으며, 영장의 집행과정에서 책임자나 기타 인근주민 등의 참여나 집행 중지 시 집행장소의 폐쇄 등 조치는 검증의 절차에도 준용된다(형사소송법 제138조).

② 수사기관이 검증을 함에 있어서는 신체의 검사, 사체의 해부, 분묘의 발굴, 물건의 파괴 기타 필요한 처분을 할 수 있다(형사소송법 제140조).

③ 신체의 검사에 관하여는 검사를 당하는 자의 성별, 연령, 건강상태 기타 사정을 고려하여 그 사람의 건강과 명예를 해하지 아니하도록 주의하여야 하며, 피고인 아닌 자의 신체검사는 증적의 존재를 확인할 수 있는 현저한 사유가 있는 경우에 한하여만 가능하다. 특히 여자의 신체

제143조(시각의 제한)
① 일출 전, 일몰 후에는 가주, 간수자 또는 이에 준하는 자의 승낙이 없으면 검증을 하기 위하여 타인의 주거, 간수자 있는 가옥, 건조물, 항공기, 선차 내에 들어가지 못한다. 단, 일출 후에는 검증의 목적을 달성할 수 없을 염려가 있는 경우에는 예외로 한다.
② 일몰 전에 검증에 착수한 때에는 일몰 후라도 검증을 계속할 수 있다.
③ 제126조에 규정한 장소에는 제1항의 제한을 받지 아니한다.

제144조(검증의 보조)
검증을 함에 필요한 때에는 사법경찰관리에게 보조를 명할 수 있다.

제145조(준용규정)
제110조, 제119조 내지 제123조, 제127조와 제136조의 규정은 검증에 관하여 준용한다.

6 **형사소송법 제219조(준용규정)**
제106조(압수), 제107조(우체물압수), 제109조(수색) 내지 제112조(업무상비밀과 압수), 제114조(영장의 방식), 제115조제1항 본문(영장의 집행), 제2항, 제118조부터 제132조까지, 제134조(압수물의 피해자환부), 제135조, 제140조, 제141조, 제333조제2항, 제486조의 규정은 검사 또는 사법경찰관의 본장의 규정에 의한 압수, 수색 또는 검증에 준용한다. 단, 사법경찰관이 제130조, 제132조 및 제134조에 따른 처분을 함에는 검사의 지휘를 받아야 한다.

를 검사하는 경우에는 의사나 성년의 여자를 참여하게 하여야 한다. 또한, 사체의 해부 또는 분묘의 발굴을 하는 때에는 예를 잊지 아니하도록 주의하고 미리 유족에게 통지하여야 한다(형사소송법 제141조).

④ 검사 또는 사법경찰관은 체포, 구속, 현행범체포 등의 경우에 영장 없이 체포현장에서의 압수, 수색, 검증할 수 있다(형사소송법 제216조제1항제2호, 제3항). 또한, 검사 또는 사법경찰관은 긴급체포된 자가 소유·소지 또는 보관하는 물건에 대하여 긴급히 압수할 필요가 있는 경우에는 체포한 때부터 24시간 이내에 한하여 영장 없이 압수·수색 또는 검증을 할 수 있으며, 이 경우 체포를 계속하거나 압수한 물건을 계속 압수할 필요가 있는 경우에는 지체 없이 압수수색영장을 청구하여야 하며 압수수색영장의 청구는 체포한 때부터 48시간 이내에 하여야 한다(형사소송법 제217조).

(4) 체내 강제검증(체내검사)

① 의의

체내검사라 함은 신체의 내부에 대한 강제처분(검증)의 일종이다. 체내의 음식물, 강제채혈과 채뇨 등이 해당한다. 체내검사는 신체검사의 특수한 유형으로 인권침해의 소지가 강하기 때문에 엄격한 제한이 필요하다(예, 삼켜버린 절취물에 대한 강제배출). 사람의 신체내부에 대한 검증에 대해서는 대체로 다음의 문제가 제기된다.

첫째는 압수할 물건이 피의자의 신체 내부(입속, 뱃속)에 있을 때 강제 수색의 허용 여부이고(체내 강제 수색), 둘째는 피의자가 일부러 삼켜 위장 내에 있는 물건을 강제로 배출케 할 수 있는가의 여부이며(강제 배출), 셋째는 피의자의 혈액, 정액, 위액, 소변, 침 등을 강제로 채취할 수 있는가의 여부(강제 채취) 등 3가지로 나누어 볼 필요가 있다.

② 영장의 필요성

체내검사에 대한 영장의 필요성에 대해 찬반 양론이 있으나 피의자가 삼킨 물건에 대해 강제로 이를 배출하려 한다면 심각한 인권침해가 예상되기 때문에 영장을 발부 받아 시행해야 한다는 주장이 타당하다. 특히, 강제채혈, 다만 당사자의 동의를 얻어 단순한 구토나 설사제를 구강에 투여하는 경우는 영장을 필요로 하지 않는다고 보아야 하나 반드시 의사 등 전문가가 의학적 방법에 의하여야 한다.

(5) 감정유치

① 의의

감정유치라 함은 피고인 또는 피의자의 정신 또는 신체를 감정하기 위하여 일정한 기간 동안 병원 기타 적당한 장소에 피고인 또는 피의자를 유치하는 강제처분을 말한다. 즉, 피고인 또는 피의자의 정신상태나 신체의 상흔 또는 신체적 상태나 능력 등을 판단하기 위해 법원이 기간을 정하여 병원 기타 적당한 장소에 피고인을 유치하여 의사 등의 전문가에게 감정케 하는 강제처분을 말한다. 감정유치도 헌법에서 말하는 체포의 일종으로 간주하여 감정유치장이라는 영장을 발부하여야 한다(형사소송법 제172조).

② 감정유치의 대상

수사상의 감정유치는 피의자를 대상으로 하며, 피의자가 아닌 제3자에 대하여는 감정유치를 할 수 없다. 구속·불구속을 불문한다.

③ 감정유치의 절차

㉮ 감정의 위촉과 감정유치의 청구

검사는 피의자 아닌 제3자 또는 감정, 통역, 번역 등의 필요에 의하여(제221조) 감정유치처분이 필요할 때에는 판사에게 이를 청구하여야 하며, 판사는 청구가 상당하다고 인정할 때에는 유치처분을 하여야 한다(형사소송법 제221조의3).

㉯ 감정유치장의 발부

피고인의 정신 또는 신체에 관한 감정에 필요한 때에는 법원은 기간을 정하여 병원 기타 적당한 장소에 피고인을 유치하게 할 수 있고 감정이 완료되면 즉시 유치를 해제하여야 한다. 또한 법원은 피고인을 유치할 경우 감정유치장을 발부하여야 한다. 피고인을 유치함에 있어서 필요한 때에는 법원은 직권 또는 피고인을 수용할 병원 기타 장소의 관리자의 신청에 의하여 사법경찰관리에게 피고인의 간수를 명할 수 있다(형사소송법 제172조).

ⓓ 감정유치와 구속

구속 중인 피고인에 대하여 감정유치장이 집행되었을 때에는 피고인이 유치되어 있는 기간 구속은 그 집행이 정지된 것으로 간주한다. 이 경우 유치처분이 취소되거나 유치기간이 만료된 때에는 구속의 집행정지가 취소된 것으로 간주한다(형사소송법 제172조의2).

7) 통신제한조치와 통신사실 확인자료

(1) 통신제한조치

① 통신제한조치의 의의

통신제한조치란 법원의 허가를 득하여 수사대상자 또는 관련자들에 대하여 우편물을 검열하거나 전기통신을 감청하는 것을 말한다. 검열이라 함은 당사자의 동의 없이 우편물을 개봉하는 등의 방법으로 그 내용을 지득·채록·유치하는 것을 말한다. 감청이라 함은 전기통신에 대하여 당사자의 동의 없이 전자장치·기계장치 등을 사용하여 통신의 음향·문언·부호·영상을 청취·공독하여 그 내용을 지득 또는 채록하거나 전기통신의 송·수신을 방해하는 것을 말한다.

② 통신제한조치의 성질

수사기관의 검열과 감청은 대상자의 의사와 무관한 처분이고 심각한 사생활의 침해가 우려되는 처분이기 때문에 강제수사로 보아야 한다.

③ 대상범죄

형법, 군형법, 기타 특별법에 규정된 약 280여 개의 범죄에 대해 통신제한조치 허가서를 청구할 수 있다(통제비밀보호법 제5조제1항).

④ 통신제한조치의 허가절차

검사는 통신비밀보호법 제5조제1항이 규정하는 허가요건(통신제한 조치의 필요성과 보충성)이 구비된 경우에는 법원에 대하여 각 피의자별 또는 각 피내사자별로 통신제한조치를 허가하여 줄 것을 청구할 수 있다. 사법경찰관은 필요성과 보충성이 인정되는 경우에 검사에 대하여 각 피의자별 또는 각 피내사자별로 통신제한조치에 대한 허가를 신청하고, 검사는 법원에 대하여 그 허가를 청구할 수 있다. 통신제한조치 허가의 청구는 서면(청구서)으로 하고 청구이유에 대한 소명자료를 첨부하여야 한다. 재청구 시 또는 다시 통신제한조치를 청구하는 경우에는 그 취지 및 이유를 기재하여야 한다. 법원은 청구가 이유 있다고 인정하는 경우에는 허가서를 발부한다. 허가서에는 통신제한조치의 종류·그 목적·대상·범위·기간 및 집행장소와 방법을 특정하여 기재하여야 한다. 통신제한조치의 기간은 2개월을 초과하지 못하고, 필요한 경우 2개월의 범위에서 통신제한조치 기간의 연장을 청구할 수 있다. 그 기간 중 통신제한조치의 목적이 달성되었을 경우에는 즉시 종료하여야 한다. 통신제한조치의 연장을 청구하는 경우에도 통신제한조치의 총 연장기간은 1년을 초과할 수 없다. 다만, 내란죄, 외환죄, 국가보안법 등 특별한 경우에는 총 연장기간이 3년을 초과할 수 없다(통신비밀보호법 제6조).

⑤ 허가의 요건

통신제한조치는 통신제한조치 대상범죄에 해당하고 그 범죄를 계획 또는 실행하고 있거나 실행하였다고 의심할 만한 충분한 이유가 있어야 하며, 다른 방법으로는 그 범죄의 실행을 저지하거나 범인의 체포 또는 증거의 수집이 어려운 경우에 한하여 허가할 수 있다(통신비밀보호법 제5조제1항). 또한 우편물의 검열 또는 전기통신의 감청은 범죄수사 또는 국가안전보장을 위하여 보충적인 수단으로 이용되어야 하며, 국민의 통신비밀에 대한 침해가 최소한에 그치도록 노력하여야 한다(통신비밀보호법 제3조제2항).

(2) 긴급통신제한 조치

① 의의

검사, 사법경찰관 또는 정보수사기관의 장은 국가안보를 위협하는 음모행위, 직접적인 사망이나 심각한 상해의 위험을 야기할 수 있는 범죄 또는 조직범죄 등 중대한 범죄의 계획이나 실행 등 긴박한 상황에 있고 통신제한조치의 허가요건(제5조제1항) 또는 국가안보를 위한 통신제한조치(제7조제1항제1호)의 규정에 의한 요건을 구비한 자에 대하여 통신제한 조치의 허가절차(제6조) 또는 국가안보를 위한 통신제한조치 허가절차(제7조제1항 및 제3항)의 규정에 의한 절차를 거칠 수 없는 긴급한 사유가 있는 때에는 법원의 허가 없이 통신제한조치를 할 수 있다. 다만, 이 경우 지체 없이 법원에 허가청구를 하여야 하며, 그 긴급통신제한조치를 한 때부터 36시간 이내에 법원의 허가를 받지 못한 때에는 즉시 이를 중지하여야 한다.

이 경우, 긴급통신제한조치가 단시간 내에 종료되어 법원의 허가를 받을 필요가 없는 경우에는 그 종료 후 7일 이내에 관할 지방검찰청검사장은 이에 대응하는 법원장에게 긴급통신제한조치를 한 검사, 사법경찰관 또는 정보수사기관의 장이 작성한 긴급통신제한조치통보서를 송부하여야 한다(통신비밀보호법 제8조).

② 절차

사법경찰관 → 검사의 지휘 → 긴급감청서 작성 → 긴급통신제한조치 → 사후 허가 또는 통보 → 집행대장 기재 및 보존 → 통지

③ 긴급감청의 지휘 및 집행

감사, 사법경찰관 또는 정보수사기관의 장이 긴급통신제한조치를 하고자 하는 경우에는 반드시 긴급검열서 또는 긴급감청서에 의하여야 하며 소속기관에 긴급통신제한조치대장을 비치하여야 한다. 사법경찰관이 긴급통신제한조치를 할 경우에는 미리 검사의 지휘를 받아야 하고, 특히 급속을 요하여 미리 검사의 지휘를 받지 못한 경우에는 긴급통신제한조치의 집행착수 후 지체 없이 검사의 승인을 득하여야 한다.

(3) 통신사실 확인자료

① 의의

검사 또는 사법경찰관은 수사 또는 형의 집행, 국가안전보장에 대한 위해 방지를 위해 필요한 경우 전기통신사업법에 의한 전기통신사업자에게 통신사실 확인자료의 열람이나 제출을 요청할 수 있다(통신비밀보호법 제13조).

② 통신사실 확인자료의 범위

㉮ 가입자의 전기통신 일시

㉯ 전기통신 개시와 종료시간

㉰ 착·발신 통신번호 등 상대방의 가입자 번호

㉱ 사용도수

㉲ 컴퓨터통신 및 인터넷에서 사용자가 전기통신역무를 이용한 사실에 관한 컴퓨터 통신 및 인터넷 로그기록자료

㉳ 정보통신망에 접속된 정보통신기기의 위치를 확인할 수 있는 발신 기지국의 위치추적자료

㉴ 컴퓨터통신 또는 인터넷의 사용자가 정보통신망에 접속하기 위하여 사용하는 정보통신기기의 위치를 확인할 수 있는 접속지의 추적 자료 등

③ 절차

허가신청서 및 허가신청부 기재 → 허가신청 및 청구 → 허가서 발부 → 통신사실 확인자료 제공요청 → 집행대장 기재 및 보존 → 통지 등

④ 긴급통신사실 확인자료 제공요청

사법경찰관이 긴급통신제한조치를 할 경우에는 미리 검사의 지휘를 받아야 하나, 급속을 요하여 미리 지휘를 받을 수 없는 사유가 있는 경우에는 긴급통신제한조치의 집행착수 후 지체 없이 검사의 승인을 얻어야 한다. 사법경찰관이 긴급통신제한조치를 하고자 하는 경우에는 반드시 긴급검열서 또는 긴급감청서를 작성하여야 하며 이를 긴급통신제한조치 대장에 기재하여야 한다. 사법경찰관은 긴급 통신제한조치 및 긴급 통신사실확인자료 제공을 요청하였

을 경우에는 36시간 이내에 법원의 허가를 받아 허가서 표지사본을 전기통신 사업자에게 송부하여야 하며 36시간 이내에 허가를 받지 못한 경우에는 즉시 집행을 중지하고 체신관서로부터 인계받은 우편물이 있는 경우 즉시 반환하여 야 한다. 또한 이 경우 제공받은 자료는 분쇄시키고 파일은 삭제하는 방법으 로 폐기하여야 하고 허가신청서 등 관련서류 및 폐기에 대한 수사보고서를 기 록에 첨부하여야 한다.

사법경찰관은 긴급한 사건으로 발신기지국의 위치추적자료(실시간 위치추 적)를 제공받았으나 허가를 받기 전 조기에 검거된 경우에는 그 즉시 전기통 신사업자에게 전화 등으로 자료제공의 중단을 요청하고 반드시 36시간 이내 에 법원의 허가를 받은 후 허가서 사본을 전기통신사업자에게 송부하여야 한 다(범죄수사규칙 제149조).

⑤ 통지

처분을 한 날로부터 30일 이내에 통신사실 확인자료 제공을 받은 사실과 제공요청기관 및 그 기간 등을 서면으로 그 대상자에게 통지하여야 한다.

수사 각론

제1장

현장수사

1. 초동수사의 의의 및 목적

1) 의의

초동수사라 함은 사건발생 초기에 증거를 확보하고 범인을 체포하기 위하여 행하는 수사기관의 긴급한 수사활동을 말한다. 즉, 사건의 발생을 인지한 후 즉시 수사활동을 개시하여 현장에서 범인을 체포하는 동시에 물적 증거나 참고인을 신속히 확보하기 위한 초기의 수사활동을 말한다.

범죄는 발생한 이후 시간이 경과할수록 증거가 멸실되고 목격자 등 확보가 어렵기 때문에 시간의 경과와 비례하여 수사는 더욱더 어렵게 된다. 따라서 신속한 초동수사의 개시는 신속한 현장의 물적 증거나 참고인의 확보 및 범인 검거를 위해 매우 중요하다. 더욱이 최근의 범죄가 광역화, 기동화, 지능화되어 가고 있기 때문에 그 의미는 심각하게 중요하다.

2) 목적

(1) 범인의 체포

현장에 도착하였을 때 범인이 범행 중이면 즉시 이를 진압·검거해야 하고, 범인이 도주하였다고 할지라도 신속히 범인이 누구인지, 인상착의는 어떠한지 등을 조사하여 추적수사를 실시하여야 한다.

(2) 수사긴급배치[7]

중요사건이 발생하였을 때 적시성이 있다고 판단되는 경우 신속한 경찰력 배치, 범인의 도주로 차단, 검문검색을 통하여 범인을 체포하고 현장을 보존하는 등의 초동조치로 범죄수사자료를 수집하는 수사활동을 실시한다.

(3) 참고인 및 그의 진술 등 확보

피해자·목격자·사건관계자 기타 참고인을 확보하여 사건 직후 그들의 진술을 청취해 두는 것이 필요하다. 그들의 진술은 사건 직후에는 기억이 비교적 확실하며 이해관계 등으로 그 진술이 왜곡될 우려가 적기 때문이다.

(4) 최초 사건의 초기 단계 상황 확보

화재의 연소상황, 범죄현장 주변의 상황 등은 그것을 초기에 촬영해 두거나 기록해 두지 않으면 나중에 수사자료 및 증거자료로 활용하기 어렵다.

2. 초동수사의 단계별 조치과정

1) 신고접수

(1) 친절하고 침착하게 접수하여야 하며, 특히 관할 등으로 다툼을 야기하여서는 안 된다.

(2) 신고접수 시 신고내용을 잘 청취하여 시간, 장소, 사건내용 등과 신고자가 제3자인지 사건관련자인지, 범인의 인상착의와 도주로 등에 대해서는 명확하게 파악하여 전파하여야 한다.

---

7 수사긴급배치규칙(경찰청훈령 제1006호)

2) 현장출동

(1) 현장출동 시 유의사항

① 경찰장구, 채증장비 등 준비
② 현장출동 시 현장에 지리감 있는 연장자 또는 신고자 등을 동행하여 최단거리 최단시간 출동조치(112신고 총력대응체제 구축계획)[8]
③ 지구대·파출소에서의 난동사건이나 지역경찰 상대 공무집행방해 사건의 경우 형사기동차량이 우선 출동하여 피해자 조사 및 KICS 입력 등의 업무를 전담하여 조치, 살인·강도 등 강력사건 발생의 경우 지역경찰의 출동과 함께 가급적 신속히 과학수사팀이 현장에 임장해야 한다.

(2) 현장 조치

① 현장 초동조치
  ㉮ 현장 도착시간 기록 및 현재의 상황에 대해 신속한 전파
  ㉯ 범인이 도주 중인 상황인 경우
   • 예상도주로, 인상착의, 도주수단 등을 파악하여 수사긴급배치 요청
   • 피해자 후송 시에도 대화로 범행상황이나 범인의 인상착의 등을 확인, 전파 필요
  ㉰ 현장 도착 시 범인이 범행 중이거나 현장에 은거 중인 경우
   • 범인과 피해자 등의 2차 피해에 대해 안전한 검거에 주력하고 범인이 저항할 경우 테이저건 또는 총기를 사용하여 검거한다.
  ㉱ 필요시 지원경력 요청

---

8 112신고 출동의 패러다임이 국민과 현장의 중심으로 전환됨에 따라 보다 신속히 현장에 출동하여 범인을 검거하는 등의 초동조치를 하기 위한 것으로, 지구대, 형사, 교통, 기동대 등 기능 위주의 관할을 타파하고, 선제적 사건 대응시스템을 구축함과 동시에 112신고처리의 전문성을 제고하는 것이 그 주요 내용임.

② 피해자 구호[9]

㉮ 범죄현장에 부상 피해자가 있는 경우 즉시 인근병원 등으로 구호조치하고 현장은 원상태로 보존하여야 한다.

㉯ 피해자 구호를 가족이나 관계자에게 의뢰할 수 있는 경우, 피해자 구호를 의뢰하고 현장 및 증거보존 조치를 취함과 동시에 현장주변을 수색하여 범인을 검거토록 한다.

㉰ 중상자인 피해자가 현장에서 사망한 경우 사망시간과 사망상황을 기록하고, 필요한 경우 119 구급대를 통해 가까운 병원으로 후송한다 (현장에서 이미 사망한 경우 감식이 끝날 때까지 현장감식토록 두는 것이 옳다).

㉱ 중상피해자 후송 중 청취하여야 할 사항
• 범인(혐의자)에 대한 사항 및 범죄발생의 원인 등
• 피해상황과 피해자 인적사항 등
• 사건관련자 또는 목격자 등에 대한 인식
• 범인의 도주경로 및 방법 등

3) 초동수사 시 확인·조치사항

(1) 신고접수 경찰관, 신고·발견상황 파악

신고(발견)일시·장소·방법, 신고인의 성명·연령·직업·연락처·전화번호·근무처·주거·사건과의 관계, 신고내용, 인지경위, 조치사항 등

(2) 최초 현장 도착 경찰관 조치

현장 도착시간 기록, 부상자 구호, 현장보존, 출입통제, 현장출입자 성명·연령·직업·주거·연락처·전화번호, 출입 이유, 사건 전후의 행동, 용의점 유무 파악 등

---

9 범죄수사규칙 제167조(부상자의 구호 등)
① 경찰관은 현장조사 시 부상자가 있을 때에는 지체 없이 구호조치를 하여야 한다.
② 경찰관은 제1항의 경우에 빈사상태의 중상자가 있을 때에는 응급 구호조치를 하는 동시에 가능한 경우에 한하여 그 사람으로부터 범인의 성명, 범행의 원인, 피해자의 주거, 성명, 연령, 목격자 등을 청취해 두어야 하고, 그 중상자가 사망하였을 때에는 그 시각을 기록해 두어야 한다.

(3) 현장임장 수사경찰 수사내용

발생일시 추정, 발견 장소와 범행 장소 등에 대한 확인, 현장위치, 침입구, 침입방법·범행도구, 피해상황 및 피해의 정도, 도주로 및 주변 인거인의 목격여부 등. 범죄혐의자(피의자) 및 피해자의 인적사항 및 피해자와의 관계, 불상자의 경우 다수의 혐의자 풀 구성, 현장에 사망한 변사체가 발견될 경우 사체의 상황 및 위치와 기타 단서가 될 만한 정황 등, 가족관계와 경력, 학력, 성격, 자산의 정도, 친구, 이성관계, 평소 언행, 피해전후 언행, 출입자관계 등에 대해 파악한다.

3. 현장보존

1) 현장보존의 중요성

현장보존[10]이라 함은 범죄현장을 발견 당시의 상태로 현장감식이 완전히 마칠 때까지 일정기간 보존하여 증거자료를 확보하는 동시에 현장에 있어서의 수사가 원활하게 이루어질 수 있도록 보존조치를 취하는 것을 말한다.

---

10 범죄수사규칙 제168조(현장보존)
　① 경찰관은 범죄가 실행된 지점뿐만 아니라 현장보존의 범위를 충분히 정하여 수사자료를 발견하기 위해 노력하여야 한다.
　② 경찰관은 보존하여야 할 현장의 범위를 정하였을 때에는 지체 없이 출입금지 표시 등 적절한 조치를 하여 함부로 출입하는 자가 없도록 하여야 한다. 이때 현장에 출입한 사람이 있을 경우 그들의 성명, 주거 등 인적사항을 기록하여야 하며, 현장 또는 그 근처에서 배회하는 등 수상한 사람이 있을 때에는 그들의 성명, 주거 등을 파악하여 기록하도록 노력한다.
　③ 경찰관은 현장을 보존할 때에는 되도록 현장을 범행 당시의 상황 그대로 보존하여야 한다.
　④ 경찰관은 부상자의 구호, 증거물의 변질·분산·분실 방지 등을 위해 특히 부득이한 사정이 있는 경우를 제외하고는 함부로 현장에 들어가서는 아니 된다.
　⑤ 경찰관은 현장에서 발견된 수사자료 중 햇빛, 열, 비, 바람 등에 의하여 변질, 변형 또는 멸실할 우려가 있는 것에 대하여는 덮개로 가리는 등 적당한 방법으로 그 원상을 보존하도록 노력하여야 한다.
　⑥ 경찰관은 부상자의 구호 그 밖의 부득이한 이유로 현장을 변경할 필요가 있는 경우 등 수사자료를 원상태로 보존할 수 없을 때에는 사진, 도면, 기록 그 밖의 적당한 방법으로 그 원상을 보존하도록 노력하여야 한다.

현장에 남겨져 있는 증거자료는 시간의 경과에 따라서 변화하거나 마모될 수도 있고 누군가의 출입에 의하여 훼손될 수도 있기 때문에 현장에 최초 도착한 경찰관은 신속히 현장보존 조치를 취하여 인위적 또는 자연적으로 증거자료가 멸실 또는 훼손되지 않도록 최선을 다하여야 한다.

2) 현장보존 조치

① 현장보존 전 조치

㉮ 신고자 등에 대한 현장보존 조치의뢰

사건 발생신고를 접수하였을 때에는 피해자, 신고인 등 관계자에게 현장을 파괴하는 일이 없도록 전화, 기타 방법으로 현장보존에 필요한 사항을 의뢰한다.

㉯ 현장보존 기구 등의 휴대 확인

현장 임장 시에는 반드시 현장보존에 필요한 장갑, 구두커버, 조명기구, 로프, 출입금지 표찰 등의 현장보존용 기구, 채증 기구 등을 휴대하고 현장에 임한다.

㉰ 현장보존 및 현장수사의 범위[11]

---

11 범죄수사규칙 제169조(현장에서의 수사사항)

① 경찰관은 현장에서 수사를 할 때는 현장 감식 그 밖의 과학적이고 합리적인 방법에 의하여 다음 각 호의 사항을 명백히 하도록 노력하여 범행의 과정을 전반적으로 파악하여야 한다.

1. 일시 관계

가. 범행의 일시와 이를 추정할 수 있는 사항

나. 발견의 일시와 상황   다. 범행당시의 기상 상황

라. 특수일 관계(시일, 명절, 축제일 등)

마. 그 밖의 일시에 관하여 참고가 될 사항

2. 장소 관계

가. 현장으로 통하는 도로와 상황

나. 가옥 그 밖의 현장근처에 있는 물건과 그 상황

다. 현장 방실의 위치와 그 상황 라. 현장에 있는 기구 그 밖의 물품의 상황

마. 지문, 족적, DNA시료 그 밖의 흔적, 유류품의 위치와 상황

바. 그 밖의 장소에 관하여 참고가 될 사항

3. 피해자 관계

가. 범인과의 응대 그 밖의 피해 전의 상황

현장보존은 가급적 시민에게 피해를 주지 않는 범위 내에서 넓게 보존하는 것이 필요하다. 수사 자료의 경우 범죄가 행하여진 지점뿐만 아니라, 범행 현장으로부터 상당히 떨어진 장소에서 족적·유류품 기타 범인에 관한 유력한 자료가 발견되는 일이 적지 않기 때문이다.

참고 현장보존 범위 설정 시 고려사항

(1) 범죄 및 현장의 모양
(2) 피해가옥의 구조·부근의 도로·지형의 상황
(3) 범인의 침입·도주의 경로
(4) 범인이 범행 전에 기다리고 잠복하였던 장소
(5) 옥외 사건이면 현장에 이르는 도로

　　　나. 피해 당시의 저항자세 등의 상황
　　　다. 상해의 부위와 정도, 피해 금품의 종류, 수량, 가액 등 피해의 정도
　　　라. 시체의 위치, 창상, 유혈 그 밖의 상황
　　　마. 그 밖의 피해자에 관하여 참고가 될 사항
　4. 피의자 관계
　　　가. 현장 침입 및 도주 경로
　　　나. 피의자의 수와 성별
　　　다. 범죄의 수단, 방법 그 밖의 범죄 실행의 상황
　　　라. 피의자의 범행동기, 피해자와의 면식 여부, 현장에 대한 지식 유무를 추정할 수 있는 상황
　　　마. 피의자의 인상·풍채 등 신체적 특징, 말투·습벽 등 언어적 특징, 그 밖의 특이한 언동
　　　바. 흉기의 종류, 형상과 가해의 방법 그 밖의 가해의 상황
　　　사. 그 밖의 피의자에 관하여 참고가 될 사항
　② 제1항의 현장감식을 하였을 경우에는 별지 제108호서식의 현장감식결과보고서를 작성하여야 한다.

4. 현장관찰

1) 현장관찰의 의의 및 중요성

(1) 현장관찰의 의의

현장관찰이라 함은, 범행 현장에서 범행에 직간접적으로 결부되어 있는 유형·무형의 자료를 수집하기 위하여, 현장 물건의 존재 및 상태를 관찰함으로써 범죄와 관련된 증거자료를 찾기 위한 수사활동을 말한다.

(2) 현장관찰의 중요성

범죄현장 및 그 주변에는 범인의 행동을 추측할 수 있는 여러 가지 자료가 남겨져 있다.

즉, 범죄의 현장에는 범행과 관련된 지문·족적·용구흔 등과 같은 유·무형의 자료가 필연적으로 남게 된다. 따라서 범인의 범죄행위를 가장 정밀하게 증명하는 것은 범죄현장이라고 말할 수가 있다. 특히 강력사건의 경우에는 이 현장관찰이 얼마나 정밀하고 신속하게 행하여지느냐의 여부에 따라 당해 사건의 수사에 현저한 영향을 미치게 된다.

2) 현장관찰

(1) 일반적 유의사항

① 냉정·침착한 관찰
② 선입감을 배제한 객관적 관찰
③ 질서 있는 관찰
   원칙적으로 외부로부터 시작하여 점차 중심부로 관찰을 진행하는 등 질서 있는 관찰이 주요하다.
④ 정밀하고 광범위한 관찰
   2~3회의 반복적 관찰, 가급적 현장과 떨어진 곳까지의 관찰이 필요하다.
⑤ 현장의 모순과 불합리성의 발견에 노력
   범인의 현장위장 또는 왜곡에 따른 모순과 불합리성 등을 발견함에 노

력해야 한다.

⑥ 꼼꼼한 메모와 범죄 당시의 조건으로 현장복기

현장관찰 시에는 수사지휘관의 통제하에 질서 있게 조직적으로 관찰하고, 그 기록을 유지해야 하며, 범죄 당시와 동일한 조건하에서 범죄재연 등 필요

3) 참여인

현장관찰은 검증 또는 실황조사가 포함되는 것이므로 법률절차에 따라 거주자·관리자, 기타 관계자(주거자·간수자, 기타 이에 준하는 자) 등의 참여를 얻어서 행하여야 한다. 참여인을 두는 것은 처분을 받는 자의 재산의 보호와 수사가 공정하게 행하여졌다는 것을 제3자(검사·판사 등)에게 인식시키기 위한 것이다.

4) 현장관찰 순서

현장관찰은 항상 질서 있게 정해진 순서대로 실시하며, 외부에서부터 시작하여 점차 중심부로 이르는 것을 원칙으로 한다. 현장은 발생한 범죄에 따라 관찰의 순서도 다를 수 있겠으나 일반적으로 아래와 같다.

① 전체로부터 부분으로

② 외부로부터 내부로

③ 좌(우)로부터 우(좌)로

④ 위로부터 아래로의 원칙에 따라 면밀하게 관찰을 진행해야 한다.

5) 현장 내부의 관찰

현장 임장 후, 먼저 현장의 위치, 주요 지점과의 거리, 현장 주변의 지형, 교통상황, 도로상황, 가옥의 밀집 여부, 명암 등 현장 부근의 총체적인 상황을 파악하여야 한다. 관찰순서는 가옥의 구조·방실의 배치 등 전체적인 상황을 이해한 다음, 범인의 동선으로 추정되는 순서대로 관찰한다.

① 출입구 기점으로 진입하여 좌(우)로부터 순차적으로 우(좌)로 관찰한다.

② 출입구로부터 왼쪽 끝에 이르기까지의 벽, 오른쪽 끝에서부터 입구의

벽까지 일괄하여 내부의 가구의 배치, 문단속의 상황, 시정의 위치·방법 등을 관찰한다(각 방의 경우도 같다).

6) 가옥주변(외부)의 관찰

범행현장이 옥내인 경우라면 가옥의 주변을 좌(우)회하여 상세히 관찰한다. 담장이 있는 주택이면 먼저 담장 밖을 될 수 있는 한 광범위하게 관찰하고 그 후 옥내로 진입한다. 특히 담장은 범인의 침입과 도주의 흔적이 있을 수 있으므로 세밀히 관찰하여야 한다.

참 고   현장관찰의 착안점

(1) 범인에 관계된 사항
(2) 범행일시에 관계된 사항
(3) 범행장소에 관계된 사항
(4) 범행동기에 관계된 사항
(5) 범행의 방법(수법)에 관계된 사항

---

7) 범인에 관한 사항

(1) 범인에 관한 사항

지문, 혈액, 신장·체격, 족적, 유류된 음식의 치아흔 등, 범인을 특정하는 데 도움되는 유류증거를 채취한다.

(2) 범인의 착의, 소지품, 휴대품

범인의 착의, 소지품, 휴대품 등은 범죄현장이나 현장 인근에 유류될 가능성이 매우 크다. 따라서 면밀한 주변 관찰 또는 검색이 필요하다.

(3) 범인의 지식과 지능

피해자에게 보내진 편지나 협박문서, 녹취된 대화내용 등을 통해 범인의 학력이나 지능 정도를 추정할 수 있다.

(4) 범인의 수, 공범의 유무

유류된 족적이나 흉기, 유류품의 종류 등을 통해 범인의 수, 공범의 유무를 추정할 수 있다.

(5) 범인의 직업이나 당시의 상태 추정(범인의 직업 또는 생활환경)

유류품의 냄새, 오염상황, 부착물 등에서 범인의 직업이나 생활환경을 추정할 수 있다. 예컨대, 범죄 현장에서 피해자와 무관한 생선비린내, 기름냄새(기계공, 주유소 직원), 목재냄새(제재공, 가구공장 직원), "페인트", "래커"에 의한 오염(도장공) 등을 통해 추정 가능하다.

8) 범행일시에 관한 사항

(1) 범행일시

피해자의 일기나 메모, 신문 또는 우편물의 투입상태, 범행 현장에 남겨진 빗물, 피해자의 음식물 소화상태, 시반의 상태 등에 따라서 범행일시를 추정할 수 있다.

(2) 범행소요시간의 추정

범행의 소요시간은 침입의 수단·방법, 실내 물색상황, 피해품의 반출상황 등 그 범행의 과정에서 남긴 흔적이나 목격자 등의 진술에 의해 추정할 수 있다. 개짖는 소리의 목격자의 진술과 CCTV 형상 등이 그것이다.

9) 범죄동기에 관한 사항

현장의 상황 · 범행의 수단 · 방법, 피해상황, 흉기의 종별, 피해자의 평소행동, 현장의 범행 전 · 후 상황 등 모든 점에 대해 상세히 관찰 · 검토하여 범행동기를 추정할 수 있다.

(1) 피해품 유무와 종류

(2) 신체적 피해상황

(3) 우발적인가 계획적인가 여부

10) 범행방법에 관한 사항

범행방법은 그 범행사실의 핵심이 되는 중요한 부분이다. 범행방법을 추정해 자료를 확보하기 위해서는 현장에 유류된 각종 상황을 상세히 관찰하여 범인이 어떻게 행동하면 그러한 현상이 생길 것인가를 합리적으로 추리 판단하여 범행의 순서, 범행의 동기 또는 동작을 정확히 파악함으로써 추정할 수 있다. 범행도구, 피해상태, 침입흔적, 도주경로 등을 잘 관찰해야 한다.

5. 증거자료의 수집과 관리

1) 증거자료의 수집과 보관

범죄현장이나 시체로부터 수집한 실질 또는 미세증거가 법정에서 그 가치를 인정받기 위해서는 먼저 법적으로 적절한 관리체계에 의해 수집, 보관, 처리되어야 한다. 그래서 사건 현장을 직접 조사하여야 하는 감식요원들은 다음과 같은 원칙으로 모든 증거물을 수집, 관리, 처리하는 운영지침을 만들어야 한다.

2) 증거물 관리체계의 일반원칙

(1) 관리체계의 일반원칙

① 증거물을 수집한 과학수사요원과 그것을 관리하는 모든 사람의 인적사항을 기록한다.
② 증거물의 원래 위치, 상태에 대해 과학수사 요원의 노트와 증거물 용기에 기록한다.
③ 조사책임자는 증거물을 수집한 과학수사 요원의 신원을 기록한다.
④ 증거물마다 사건번호, 수집 및 이송한 날짜와 시간을 정확히 표시한다.
⑤ 증거물이 섞이거나 훼손되지 않도록 각 증거물마다 용기를 별도로 사용한다.
⑥ 증거물은 취급 부주의로 인하여 훼손되거나 소실되지 않도록 포장하여야 한다.
⑦ 증거물은 공신력을 지니고 있는 감정기관에서 처리, 분석되어야 한다.
⑧ 적법한 관리체계에 의해 증거물이 처리되었다는 기록이 있어야 하며 이러한 기록은 증거물이 수집되어 최종적으로 처리된 과정을 알 수 있는 기록이어야 한다.

(2) 증거물 처리의 일반 원칙

① 필수 이행사항
    ㉮ 인체관련 증거물은 건조 후 포장하기
    ㉯ 인체관련 증거물을 종이로 포장하기
    ㉰ 인체관련 증거물을 냉동상태로 신속하게 검사기관으로 우송하기
    ㉱ 인체관련 증거물 처리 시 라텍스 장갑 착용하기
    ㉲ 화약 잔재물을 신속하게 채취하기(6시간 이내)
    ㉳ 화약 잔재물 채취가 늦어질 때 용의자 필요가 있을 때 용의자 손을 종이 봉지로 씌우기
    ㉴ 화약 잔재물 채취가 늦어질 때 용의자가 손쓰는 것을 제한하기
    ㉵ 흉기와 총기흔을 따로 포장하기

㉙ 화학성분 냄새가 나는 물질을 밀폐된 용기에 포장하기

② 금지 사항
  ㉮ 마르지 않은 인체 관련 증거물 포장하기
  ㉯ 플라스틱 또는 밀폐된 용기에 인체관련 증거물 포장하기
  ㉰ 인체관련 증거물을 높은 기온에 노출하여 검사기관에 우송하기
  ㉱ 맨손으로 인체관련 증거물 처리하기
  ㉲ 화약 잔재물 채취 전에 용의자 손 만지기
  ㉳ 화약 잔재물 채취가 늦어질 때 용의자 손을 플라스틱 봉지로 씌우기
  ㉴ 화약 잔재물 채취 전에 용의자가 손을 씻거나 쓰는 것을 허락하기
  ㉵ 흉기와 흉기흔을 직접 접촉하면서 비교하기
  ㉶ 흉기와 흉기흔을 동일한 용기에 포장하기
  ㉷ 화학성분 냄새가 나는 물질을 종이로 포장하기

(3) 증거물별 수집 및 보관방법

사건현장의 혈흔, 타액, 모발 등에 대한 증거물의 채취는 전문적인 훈련을 받은 과학수사 요원에 의해 이루어져야 한다. 그리고 강간 등 성폭력사건의 경우 피해자의 신체에서 인체분비액을 채취하거나 사체의 인체조직, 인체분비물, 혈액 등을 채취하는 것은 의료인에 의해서 이루어져야 한다.

증거물 채취에 임하는 과학수사 요원은 증거물 채취 규정에 입각하여 채취하여야 한다. 또한 증거물의 특성에 따라 신속히 감정 의뢰하는 것이 바람직하며, 채취 방법이나 증거물의 보관 등에 대하여 아래와 같은 사항에 주의를 기울여 증거물로서의 적법성을 잃지 않도록 최선을 다하여야 한다.

① 증거물은 원형은 그대로 유지하여야 한다
미량 또는 희석된 혈흔 등이 부착된 증거물의 경우는 그 물건을 그대로 감정 의뢰하여야 담당 실험자가 기술적으로 증거물을 취급하면서 실험에 임하기 때문에 그 감정 결과의 성공률을 높일 수 있다.

② 최대한 신속하게 감정 의뢰를 하여야 한다

증거물은 대부분 인체 유래의 부패되기 쉬운 물질들이 많기 때문에 부패 및 변질을 막기 위해서는 신속한 감정 의뢰를 하는 것이 최선의 방책이다.

③ 증거물 채취 과정 및 상황을 명확히 기록하고 사진촬영 등의 방법으로 객관화해야 한다. 증거물의 채취과정, 이를테면 채취방법, 보관방법, 운반방법 등의 신뢰성과 적법성에 특별히 신경 쓰지 않으면 재판과정에서 증거능력을 인정받지 못하는 경우가 발생할 수 있다. 때문에 현장에서 증거물을 채취하기에 앞서 증거물이 놓여 있는 위치, 증거물 상태(색, 냄새, 오염, 부패, 젖어 있는지 등)를 상세히 기록하고 사진을 반드시 찍어 두어야 한다.

| 제2절 | 수사긴급배치 |

1. 수사긴급배치의 의의

수사긴급배치라 함은 살인, 강도, 방화사건 등 중요사건 발생 시 긴급성과 필요성이 있다고 판단될 경우 도주로 및 은신처 등에 신속히 경찰력을 배치하여 검문검색을 실시, 범인을 검거하는 수사활동을 말한다. 즉, 수사긴급배치는 중요사건 발생 시 신속히 범인을 검거하기 위한 수사활동 중 하나이다.

2. 발령권자

1) 긴급배치를 사건발생지 관할경찰서 또는 인접경찰서에 시행할 경우는 발생지 관할 경찰서장이다(인접 경찰서가 타시·도지방경찰청 관할인 경우에도 같다).
2) 긴급배치를 사건발생지 지방경찰청의 전경찰관서 또는 인접지방경찰청에 시행할 경우는 발생지 지방경찰청장이 발령한다.

3) 전국적인 긴급배치는 경찰청장이 발령한다.

4) 발령권자는 긴급배치를 함에 있어, 사건의 종류, 규모, 태양, 범인 도주로 및 차량 이용등을 감안하여 긴급배치 수배서에 의해 신속히 긴급배치 수배를 하여야 한다.

5) 2개 이상의 경찰서 또는 지방경찰청에 긴급배치를 발령할 경우, 발령권자는 긴급배치 수배사항을 관련 경찰관서에 통보를 하여야 하며, 통보를 받은 해당 경찰관서장은 지체 없이 긴급배치를 하여야 한다.

3. 수사긴급배치에 해당하는 종별 사건의 범위(수사긴급배치규칙 제3조)[12]

▌별표 1

		갑(甲)호 사건	을(乙)호 사건

범죄의 유형	살인	• 강도 · 강간, 약취 · 유인 · 방화, 살인
		• 2명 이상 집단살인 연쇄살인
			1. 다음 사건 중 갑호 이외의 사건
			  – 살인사건
			  – 강도사건
			  – 방화사건
			  – 중요 상해치사사건
			  – 1억 원 이상 다액절도사건
			  – 관공서 및 국가중요시설 절도
			  – 국보급 문화재 절도
			2. 기타 경찰관서장이 중요하다고 판단하여 긴급배치가 필요하다고 인정하는 사건

	강도	• 인질 · 해상강도 • 금융기관 및 5천만 원 이상 다액강도 • 총기 · 폭발물 소지강도 • 연쇄 강도 및 해상강도	
	방화	• 관공서 · 산업시설 · 시장 · 열차 · 항공기 · 대형선박 등 방화 • 연쇄방화, 중요범인은닉목적 방화 • 보험금 취득목적 등 기타 계획적 방화	
	기타 중요 사건	• 총기 · 대량탄약 및 폭발물 절도 • 조직폭력사건 • 약취유인 또는 인질강도 • 구인 또는 구속피의자 도주	

※ 경력동원기준(제7조)

	갑(甲)호 사건	을(乙)호 사건
경력 동원 기준	• 형사(수사)요원 가동경력 100% • 지구대 · 검문소 요원 가동경력 100%	• 형사 · 수사요원 • 가동경력 100% • 지구대 · 검문소 요원 가동경력 50%

12 (경찰청) 수사긴급배치규칙 [시행 2021. 2. 9.] [경찰청훈령 제1006호, 2021. 2. 9., 타법개정]

4. 수사긴급배치의 실시(수사긴급배치규칙 제9조)

1) 긴급배치의 실시는 범행현장 및 부근의 교통요소, 범인의 도주로, 잠복, 배회처 등 예상되는 지점 또는 지역에 경찰력을 배치하고, 탐문수사 및 검문검색을 실시한다. 다만, 사건의 상황에 따라 그 일부만 실시할 수 있다.

2) 관외 중요사건 발생을 관할서장보다 먼저 인지한 서장은 신속히 지방경찰청장에게 보고하는 동시에 관할을 불문, 초동조치를 취하고 즉시 관할서장에게 사건을 인계하여야 하며, 필요한 경우 공조수사를 하여야 한다.

3) 사건발생지 관할서장은 당해 사건에 대하여 타 서장으로부터 사건을 인수하였을 때에는 전 항에 준하여 조치하여야 한다.

5. 수사긴급배치의 생략(수사긴급배치규칙 제6조)

수사긴급배치의 발령권자는 다음의 사유가 있는 경우에는 수사긴급배치를 생략할 수 있다.

1) 사건발생 후 상당기간이 경과하여 범인을 체포할 수 없다고 인정될 때
2) 범인의 인상착의가 확인되지 아니하거나 사건내용이 애매하여 긴급배치에 필요한 자료를 얻지 못할 때
3) 범인의 성명, 주거, 연고선 등이 판명되어 조속히 체포할 수 있다고 판단된 때
4) 기타 사건의 성질상 긴급배치가 필요하지 않다고 인정될 때

6. 수사긴급배치의 해제(수사긴급배치규칙 제12조)

수사긴급배치의 발령권자는 다음의 사유가 있는 경우에는 수사긴급배치를 해제하여야 한다.

1) 범인을 체포하였을 때

2) 허위신고 또는 중요사건에 해당되지 않음이 판단되었을 때

3) 긴급배치를 계속한다 하더라도 효과가 없다고 인정될 때

7. 보고 및 조정(수사긴급배치규칙 제5조)

수사긴급배치의 발령권자는 긴급배치 발령 시에는 지체 없이 긴급배치실시부에 의거, 차상급 기관의 장에게 보고하여야 하며, 비상해제 시는 6시간 이내에 같은 서식에 의해 해제일시 및 사유, 단속실적 등을 보고하여야 한다. 또한 발령권자의 상급 기관의 장은 긴급배치에 불합리한 점이 발견되면 이를 조정해야 한다.

8. 사안별 경력동원 기준(수사긴급배치규칙 제7조)

1) 갑호배치: 형사(수사)요원, 지구대, 파출소, 검문소 요원은 가동경력 100%

2) 을호배치: 형사(수사)요원은 가동경력 100%, 지구대, 파출소, 검문소 요원은 가동경력 50%

3) 발령권자는 긴급배치 실시상 필요하다고 인정되는 경우 추가로 경력을 동원, 배치할 수 있다.

9. 교양훈련의 실시(수사긴급배치규칙 제14조)

1) 경찰청장, 지방경찰청장, 경찰서장은 범인필검태세 확립 및 범죄현장 적응능력 배양을 위하여 다음과 같이 긴급배치 훈련을 실시해야 한다.

(1) 경찰청: 지방경찰청·서 대상 연 1회 이상

(2) 지방경찰청: 관할경찰서 대상 반기 1회 이상

(3) 경찰서: 자체계획에 의거 분기 1회 이상

(4) 경찰서장은 기 수립한 기초계획에 의한 긴급배치활동을 신속·정확

하게 실시하기 위하여 경찰서 직원에 대하여 수시로 긴급배치에 필요한 실무교양 및 훈련을 실시하여야 한다.

1. 탐문수사의 의의

탐문수사란 수사관이 범죄를 탐지하거나 범죄수사를 행함에 있어 범인 이외의 제3자로부터 범죄에 대하여 견문 또는 체험한 사실을 탐지하기 위하여 행하는 수사활동을 말한다.

이와 같이 탐문수사란 관련자 혹은 목격자 등에 대한 면담을 통해 수사자료를 수집하는 대인적 수사이다. 탐문수사는 수사자료 수집의 가장 전형적이고 기본적인 수단으로 실무상 수사의 성패가 탐문수사의 결과에 의존하는 경우가 허다하다. 그러나 탐문수사는 많은 수사인력과 시간, 노력을 요구한다.

"수사는 탐문에서부터 시작하여 결국 탐문으로 끝난다."라고 말하듯이 범죄의 동기, 피해자의 선정 범죄용구의 입수 등 범행착수 전의 상황으로부터 장물환전의 처분 등 범행 후의 동정에 이르기까지의 거의가 탐문의 대상이 된다. 탐문수사의 성공은 사건해결에 직결되는 때가 많고 탐문수사의 실패는 수사실패의 큰 원인이 될 때도 많은 것이다.

2. 탐문의 태양과 수사자료

1) 범죄탐지를 위한 탐문

범죄가 표면화되지 않았을 때 수사의 단서를 얻기 위하여 행하여지는 것이다. 우리 주변에서 많이 발생하고 있는 다양한 여러 사건들이 표면화되지 않고 잠재되어 있는 경우 이를 확인하여 밝혀내기 위해서 하는 탐문을 말한다.

예컨대 선거법위반사건, 독직사건, 수뢰사건, 폭력범죄 등 잠재범(潛在犯)

이라 불리는 범죄의 대부분이 이와 같은 탐문에 의하여 단서를 입수하게 되고 비로소 수사 활동이 개시된다.

2) 범죄 발각 후 탐문

범죄가 발견된 후에 범인의 행적을 찾고 증거를 발견해서 용의자를 색출, 검거하는 등 수사의 진행과정에서 행하여지는 탐문을 말한다.

(1) 피해자 중심 탐문

피해자의 성행, 경력, 교우관계, 생활상태, 재산상태, 원한관계, 치정관계 등을 중심으로 범죄의 동기를 피해자 측으로부터 밝혀내고자 하는 것이다. 이 것은 그의 가족, 친족, 동거인, 지인, 거래관계자, 피해자, 기타 관련유흥장소 등으로부터 정보를 얻을 수 있다.

(2) 범인의 행적

범행 전·후의 범인의 행적을 추적하는 것은 피의자를 추적하여 검거하기 위한 것이다. 이 경우는 범죄의 용의자의 인적사항 또는 특정할 수 있는 단서 가 있는 경우에 진행되어 진다.

(3) 유류품 관계

범죄현장의 유류품을 추적함으로써 피의자를 색출·검거하고자 하는 탐문 이다.

(4) 장물관계

장물의 소지자, 처분자 및 장물을 처분해서 얻은 현금의 소비상황 등으로 부터 피의자를 색출·검거할 목적으로 행하여지는 탐문이다. 이 같은 정보는 전당포, 고물상, 고철업자, 화물취급자, 여관, 음식점, 바(bar), 카바레, 유흥장 소 등에서 얻어진다.

(5) 용의자의 성행, 경력, 교우관계, 생활상태 등

용의자가 부각되었을 경우 범인의 적격성 유무를 판단할 수 있는 자료로서 그의 성행, 경력, 교우관계 등의 제 자료를 얻을 목적으로 행하여진다. 이와 같은 정보는 용의자의 가족, 친족, 동거인, 인근 거주자, 직장관계, 우인관계, 유흥시설의 관계자 등으로부터 얻어질 때가 많다.

(6) 용의자의 범행 전후의 언동

범행전후의 불심(不審)한 언동이 용의자 검거의 단서가 된 사례가 많다. 이와 같은 정보는 용의자의 가족, 친족, 동거인, 인근 거주자, 직장관계, 우인관계, 유흥시설의 관계자 등으로부터 얻어질 때가 많다.

(7) 알리바이 관계

용의자가 부각된 경우 그 용의자의 범행 전후의 행동에 관한 정보를 입수해서 범인으로서 적격성의 유무를 판단하는 자료로 삼는다. 이런 정보도 전항 대상자 등으로부터 얻을 수가 있다.

3. 탐문의 실시

1) 탐문의 준비

탐문은 되도록 사전에 준비를 해서 행하지 않으면 안 된다. 강력사건이 발생하였을 때는 준비 없이 행하여지는 것이 일반적이다. 특히, 강력사건 발생 시 탐문수사는 초동수사에서의 "현장탐문"이 매우 중요하다.

2) 현장탐문 시 고려할 사항

　　(1) 평소 대상 등 기초자료 준비
　　(2) 협력자 확보
　　(3) 상대방 선정과 분석
　　(4) 계획의 수립
　　(5) 탐문방법 검토

4. 탐문수사의 방법

1) 직접탐문

(1) 신분 명시

사실이 명백하고 탐문의 상대자가 범인과 통모할 염려가 없거나 증거를 인멸할 염려가 없을 때에는, 수사관의 신분을 명시하고 사정을 고지한 다음 협력을 구하는 것이 효과적이다.

일반적으로 강력범 수사에 있어 탐문은 특수한 경우를 제외하고는 신분을 노출하고 상대방의 협력을 구하는 경우가 많다.

(2) 신분 비노출

수사관이 그 신분을 숨기고 탐문을 행하는 것을 말하며, 이 경우 상대방이 경찰관이라는 것을 알게 되면 경계를 하고 사실대로 말을 하지 않을 염려가 있거나 범인과 통모할 위험이 있는 경우에 해당한다.

2) 간접탐문

간접탐문이란 범죄 또는 피의자를 탐지하기 위하여 꼭 필요한 정보를 얻고자 하나 경찰관이 그 상대자에게 직접탐문을 하기가 어렵고 또한 그 효과를 거두기 어려울 때에 제3자의 협력을 얻어서 간접적으로 탐문을 행하는 방법이다.

3) 질문방법

(1) 전체법

"무엇인가 수상한 점은 없었습니까?"라든가 "무엇을 했습니까?" 등과 같이 막연하게 묻고 상대자는 이에 대하여 자유롭게 대답하는 방법이다. 이 경우에는 질문자의 암시·유도의 염려가 수반되지 않으므로 바른 대답을 얻을 수 있으나, 답변의 정리가 어려운 결점이 있다.

(2) 일문일답법

질문자가 듣고 싶은 점을 하나하나 구체적으로 묻는 것이므로 문제점을 명확히 할 수가 있다. 그러나 질문 이외의 정보를 얻기 어렵고 질문 여하에 따라서는 암시·유도의 염려가 있다.

(3) 자유응답법

자유응답법은 그 질문이 "무엇을 보았습니까?" "어디 가는 버스였습니까?" 와 같이 무엇, 어디, 언제 등과 같이 의문사를 수반하는 질문에 대한 응답법이다. 이와 같은 질문은 암시·유도의 염려가 적어서 좋은 방법이 될 수 있다.

(4) 선택응답법

다지선택법이라고도 하는 것으로 예컨대 "그 버스는 충주행이었습까?" "그 색깔은 흰색이었습니까, 검은색이었습니까?" 등과 같은 질문에 대한 응답법이다. 이 방법은 선택된 답 이외의 것은 얻기가 어렵고 암시·유도의 염려가 있다.

5. 선면(選面)수사

1) 개념

선면수사란 범인의 인상·특징을 알고 있는 피해자·참고인 등의 협력을 얻어서 범인을 확인하게 하거나 불특정 다수의 사람들 중에서 범인을 특정·발견하게 하거나, 또는 변사체의 사진 등에 의하여 그 신원을 발견·확인하는 수사방법을 말한다.

2) 선면수사의 방법

범인의 특정·발견
① 실물에 의한 선면
② 사진 등에 의한 선면

③ 사진 등에 의한 식별: 범인의 사진이나 몽타주 등을 갖고서 수사관이 불특정 다수인 중에서 용의자를 식별해 내는 방법으로 미행·잠복 시에 많이 이용된다.

④ 인상서에 의한 선면

3) 변사체의 신원확인

백골사체의 경우는 복안(復顔)법에 의해 작성된 일종의 몽타주 사진을 통해 신원을 확인하는 방법이 있다.

4) 단독면접과 복수면접

(1) Show-up(단독면접)

범죄피해자 또는 목격자에게 피의자의 체포 직후에 피의자를 보여주는 방법

(2) Line-up(복수면접)

범죄피해자 또는 목격자에게 피의자를 포함한 여러 사람을 보여주는 방법

6. 탐문 후의 조치

1) 관련자의 진술 확보

탐문의 대상이 누구냐와는 관계없이 반드시 탐문결과 그 내용이 범죄사건 수사에 유의미하다고 판단된 경우에는 대상자의 진술을 확보해야 한다. 탐문의 결과 얻어진 정보나 수사 자료는 수사 진행 또는 공판절차에 있어서 매우 중요한 증거가 될 수 있기 때문이다.

2) 정보제공자 보호

탐문의 상대자는 범죄에 대한 정보를 제공해준 협력자이다. 이들이 위험에 처하거나 불이익을 당하게 하여서는 안 된다. 따라서 이들에 대한 안전 또는 이익보호에 만전을 기하도록 노력을 기울여야 한다. 특히 조직폭력범죄 등에

대해서는 피해자나 관계자의 보호에 유의하고 협력자를 반드시 보호하도록 각별히 유의하여야 한다.

3) 정보제공자에 대한 보상

정보제공자에 대하여는 법률의 규정 내에서 최대한의 보상을 하여야 한다. 즉 중요범인 검거에 결정적 제보자에 대한 포상을 꼭 실시하여야 한다. 예컨대 상금지급, 용감한 시민장 수여, 표창 및 감사장 수여 등을 실시하여야 한다.

제4절 | 감별수사

1. 의의

감별수사란 범인과 피해자 또는 범행지 및 그 주변 지역 간에 존재하는 특별한 관계 및 사정 등을 감안하여 이를 기초로 수사하는 방법을 말한다. 감별수사 가운데 범인과 피해자, 그 가족·피해가옥과의 관계를 연고감이라 하고, 범인과 범행지 및 그 주변지역과의 관계를 지리감이라 한다. 감별수사는 연고감 또는 지리감을 이용하는 것이 일반적 범행이라는 범인의 심리적 행동의 원리를 응용한 과학수사이다.

2. 감별수사의 유용성

1) 수사방침의 기초가 된다.
2) 용의자에 대한 결정적인 판단의 자료가 된다.
3) 유력한 정황증거가 된다.

3. 감별수사의 종류

1) 연고감

범인과 피해자, 그 가족, 피해가옥과의 연관성

2) 지리감

범인과 범행지 및 그 주변지역과의 연관성

3) 농감

범인과 피해자의 관계가 밀접한 경우

4) 박감

범인과 피해자와의 관계가 희박한 경우

5) 직접감

범인과 직접적인 연관성이 있는 경우

6) 간접감

타인과의 관계로부터 들어서 알고 있는 지식을 가지고 범행한 경우의 관계

4. 감별수사의 방법

1) 일반적 방법

연고감과 지리감의 유·무 판단 → 감 적격자의 자료수집 → 감 적격자 수사

2) 연고감 수사

연고감 수사는 범인과 피해자(또는 그 가족 및 피해가옥)와의 관계에 대하여 수사하는 것이다. 연고감 수사의 대상은 보통 피해자와 다음과 같은 관계를

가진 사람들이다. 예컨대, ① 가족, 친족, 동거인, 고용인, 우인, 지인, 전 동거인, 전 고용인 등, ② 본적지, 출생지, 전 거주지 등의 관계로 내왕이 있는 자, ③ 직장 관계로 인과관계가 있는 자, ④ 피해자의 일기, 메모, 우편물, 명함, 거래장부, 주소록, 영수증 등에 의하여 파악된 자, ⑤ 기타 이상의 자들과 면식자 또는 교제가 있는 자 등이다.

3) 지리감 수사

범죄수사에 있어 지리감수사란 감별수사의 일종으로 사건발생장소 및 부근거주자, 혹은 범행장소의 지리적 사정에 익숙한 자 등에 대하여 범인을 발견하는 수사방법이다. 지리감 유무 수사의 판단자료는 주로 피해자, 참고인의 진술, 범죄현장과 그 주변의 지리적·환경적 상황관찰로 이어진다.

지리감은 범인과 범죄현장 주변과의 관계성이므로 피해자와 관계되는 연고감에 비해 수사대상도 많고 수사범위도 넓다. 연고감이 있는 사건은 대개 지리감이 있는 경우가 많다.

제5절	수법수사

1. 수법수사의 개념

1) 수법수사의 의의

범인이 일정한 수단, 방법 및 습벽에 의하여 반복하여 범행을 저지르는 특징을 이용하여 범죄수법을 비롯한 각종 개인적인 특징을 수사자료화하여 보관해 두고 이를 구체적인 범죄발생 시, 범인·여죄·장물을 발견하고 범인을 검거하기 위하여 대조·활용하는 수사기법을 의미한다.

2) 수법수사의 중요성

최근의 범죄는 그 수법이 교묘하여 현장에 유형자료를 남기지 않는 경우가 증가하고 있으나, 일종의 무형자료인 범죄수법은 범죄현장에 반드시 남아 있고 개개인마다 다른 특성을 갖고 있으므로 이것에 의하여 수사를 진행하는 것은 매우 중요한 수사방법이 되고 있다.

3) 범죄수법의 특성

범죄수법의 특성은 '반복성'이다. 범죄수법의 특성을 학문적으로 연구하여 이론화한 것은 19세기 말엽 오스트리아의 형사학자 겸 예심판사인 한스 그로스(Hans Gross)이다. 그는 범죄수법의 특성으로서 반복성(관행성)과 필존성을 들고 있다.

❙ 범죄수법의 특성

반복성 (관행성)	원칙	㉠ 일정한 정형으로 고정되는 경향 ㉡ 계속 반복적으로 행해짐 ㉢ 개인적 습벽·특징
	예외	객관적으로 사회현상이나 생활양식의 영향에 의해서, 주관적으로 연령·모방 등에 의하여 변화하는 경우도 있다.
필존성		㉠ 범죄수법은 반드시 범죄현장에 남게 된다. 범죄수법을 남기지 않는 완전범죄는 없다. ㉡ 범죄수법을 위장하였다 하더라도 그 위장 자체가 수법이 되므로 수법을 남기지 않고 범행을 한다는 것은 불가능하다.

2. 관련근거

범죄수법 공조자료 관리규칙(경찰청훈령 제1003호)

3. 범죄수법 자료

1) 피해통보표

피해통보표라 함은 피해사건이 발생하여 그 범인이 누구인지 판명되지 아니하였을 때에 해당사건의 피해자, 범인의 인상·신체·기타·특징, 범행수법·피해사실, 용의자 인적사항, 피해품, 유류품 등 수사자료가 될 수 있는 내용을 수록한 기록지 또는 이를 전산입력한 것을 말한다.

2) 수법원지

수법원지라 함은 수법범인의 인적사항, 인사특징, 수법내용, 범죄사실, 직업, 사진, 필적 등을 수록한 기록지 또는 이를 전산입력한 것을 말한다.

4. 범죄수법제도가 적용되는 범죄

'수법범죄'라 함은 범죄수법자료를 활용하여 범죄수사를 실행할 수 있는 범죄를 말한다.
'수법원지'를 작성하는 수법범죄는 다음과 같다.

▌구속 송치하는 경우 수법원지 1매 작성하여 지방경찰청장을 거쳐 경찰청장에게 송부

다만, 불구속 피의자도 재범의 우려가 있다고 인정되는 자에 대하여는 작성할 수 있다.
1) 강도   2) 절도   3) 사기
4) 위조변조(통화, 유가증권, 우표, 인지, 인장, 문서)   5) 약취유인
6) 공갈   7) 방화   8) 강간
9) 1)호 내지 8)호 중 특별법에 위반하는 죄   10) 장물

제6절   수배수사(장물수사)

1. 수배수사의 의의 및 중요성

1) 의의

수배수사라 함은 피의자 및 수사자료를 발견, 확보하기 위해 다른 경찰관

서에 대해서 수사상 필요한 조치를 의뢰하여 경찰기관 상호 간 수집한 수사자료를 공유함으로써 범인검거에 효율을 기하는 수사활동을 말한다.

2) 수배수사의 중요성

최근 범죄의 양상은 교통기관 등의 발달로 기동화, 광역화하고 있다. 따라서 범죄에 관한 '관할', '경계' 등의 개념은 더 이상 의미가 없어졌다고 할 수 있다. 따라서 전국 경찰력과 조직의 유기적 연대와 공조를 통하여 범인을 검거하는 수배수사의 중요성이 더욱더 커지고 있다.

2. 수배수사의 유형

1) 사건수배

사건수배라 함은 발생한 사건에 관하여 긴급배치 기타의 수사를 의뢰하는 수배로서 이에는 긴급사건수배, 사건수배의 2종이 있다.

2) 지명수배

지명수배는 이미 특정한 피의자에 대하여 그의 체포, 인도를 요구하고 또는 그 피의자와 사건처리를 의뢰하는 수배로서 지명수배, 지명통보의 2종이 있다. 또한 지명수배에 있어서는 흉악, 중요한 지명피의자에 대한 조직적 수사의 철저를 기하기 위한 특별한 필요에 의하여 중요지명피의자종합수배제도가 마련되고 있다.

3) 장물수배

장물수배는 다른 경찰관서에 대하여 장물의 발견을 요구하는 수배이다. 그리고 장물발견을 위한 방법으로는 이러한 것 외에 관련영업자 등에 대하여 장물의 발견신고를 요청하기 위하여 배부하는 장물수배서가 있다.

3. 수배수사의 실시

1) 사건수배

(1) 사건수배 의의

사건수배란 사건의 용의자와 수사자료 그 밖의 참고사항에 관하여 통보를 요구하는 것으로, 경찰관이 사건수배를 할 때에는 사건수배서에 따라 요구하여야 한다. 사건수배는 수사 중인 사건에 관하여 수사자료를 널리 수집하기 위하여 당해 사건의 수사상 참고가 될 만한 사항의 통보를 얻을 목적으로 하는 것이다. 사건수배는 당해 사건의 개요와 통보를 요구할 사항을 정하여 신속 정확히 행하지 않으면 안 된다.

(2) 긴급 공개수배

경찰관은 범죄수사에 있어서 중요범죄로서 다른 경찰관서에 긴급한 조치를 의뢰할 필요가 있을 때에는 지체 없이 긴급공개수배 할 수 있다. 즉, 경찰관서의 장은 법정형이 사형·무기 또는 장기 3년 이상 징역이나 금고에 해당하는 죄를 범하였다고 의심할 만한 상당한 이유가 있고, 범죄의 상습성, 사회적 관심, 공익에 대한 위험 등을 고려할 때 신속한 검거가 필요한 자에 대해 긴급 공개수배 할 수 있다. 또한 긴급 공개수배는 사진·현상·전단 등의 방법으로 할 수 있으며, 언론매체·정보통신망 등을 이용할 수 있다. 검거 등 긴급 공개수배의 필요성이 소멸한 때에는 긴급 공개수배 해제의 사유를 고지하고 관련 게시물·방영물을 회수, 삭제하여야 한다.

(3) 지명수배

경찰관은 법정형이 사형, 무기 또는 장기 3년 이상의 징역이나 금고에 해당하는 죄를 범했다고 의심할 만한 상당한 이유가 있어 체포영장 또는 구속영장이 발부된 사람, 경찰수사규칙 제47조에 따른 지명통보의 대상인 사람 중 지명수배를 할 필요가 있어 체포영장 또는 구속영장이 발부된 사람, 형사소송법 제200조의3제1항에 따른 긴급체포를 하지 않으면 수사에 현저한 지장을 초래하는 경우에는 영장을 발부받지 않고 지명수배할 수 있다. 이 경우 지명수배 후 신속히 체포영장을 발부받아야 하며, 체포영장을 발부받지 못한 때에는 즉시 지명수배를 해제해야 한다.

(4) 지명통보(경찰수사규칙 제47조)

지명통보란 법정형이 장기 3년 미만의 징역 또는 금고, 벌금에 해당하는 죄를 범했다고 의심할 만한 상당한 이유가 있고, 출석요구에 응하지 않은 사람, 법정형이 장기 3년 이상의 징역이나 금고에 해당하는 죄를 범했다고 의심되더라도 사안이 경미하고, 출석요구에 응하지 않은 사람에 대해 소재를 알 수 없을 때에 그러한 자를 신속히 발견하여 처벌하기 위한 수사기관의 수사처분이다.

(5) 중요지명피의자 종합 공개수배

시·도경찰청장은 지명수배를 한 후, 6월이 경과하여도 검거하지 못한 사람들 중 ① 강력범(살인, 강도, 성폭력, 마약, 방화, 폭력, 절도범을 말한다), ② 다액·다수피해 경제사범, 부정부패 사범, ③ 그밖에 신속한 검거를 위해 전국적 공개수배가 필요하다고 판단되는 자 등에 대해 매년 5월과 11월 연 2회 선정하여 국가수사본부장에게 중요지명피의자 종합 공개수배 보고서에 따라 보고하여야 한다.

국가수사본부장은 공개수배 위원회를 개최하여 중요지명피의자 종합 공개수배 대상자를 선정하고, 매년 6월과 12월 중요지명피의자 종합 공개수배 전단을 작성하여 게시하는 방법으로 공개수배 한다.

경찰서장은 중요지명피의자 종합 공개수배 전단을 관할 내 다중의 눈에 잘 띄는 장소, 수배자의 은신 또는 이용·출현 예상 장소 등을 선별하여 게시하고, 관할 내 교도소·구치소 등 교정시설, 읍·면사무소·주민센터 등 관공서, 병무관서, 군 부대 등에 게시하며, 검거 등 사유로 종합 공개수배를 해제한 경우 즉시 검거표시 해야 한다.

> ※ 중요지명피의자 종합 공개수배 전단은 언론매체·정보통신망 등에 게시할 수 있다.

▌(경찰청) 범죄수사규칙 [시행 2023. 11. 1.] [경찰청훈령 제1103호, 2023. 11. 1., 일부개정]

제88조(사건수배 등)

경찰관은 범죄수사와 관련하여 사건의 용의자와 수사자료 그 밖의 참고사항에 관하여 다른 경찰관 및 경찰관서에 통보를 요구(이하 "사건수배"라 한다)하거나 긴급배치 등 긴급한 조치를 의뢰할 수 있다.

제91조(지명수배)

경찰관은「경찰수사규칙」제45조에 따라 지명수배를 한 경우에는 체포영장 또는 구속영장의 유효기간에 유의하여야 하며, 유효기간 경과 후에도 계속 수배할 필요가 있는 때에는 유효기간 만료 전에 체포영장 또는 구속영장을 재발부 받아야 한다.

제94조(지명수배 · 지명통보의 책임)

지명수배와 지명통보를 신속하고 정확하게 하여 인권침해 등을 방지하고, 수사의 적정성을 기하기 위하여 다음 각 호와 같이 한다.

1. 지명수배 · 지명통보자 전산입력 요구서 작성, 지명수배 · 지명통보의 실시 및 해제서 작성과 의뢰에 대한 책임은 담당 수사팀장으로 한다.
2. 지명수배 · 지명통보의 실시 및 해제 사항 또는 수배사건 담당자 변경, 전산입력 등 관리책임은 수배관리자로 한다.
3. 제1호 및 제2호의 최종 승인은 수배관리자가 처리한다.

제98조(지명수배된 사람 발견 시 조치)

① 경찰관은「경찰수사규칙」제46조제1항에 따라 지명수배자를 체포 또는 구속하고, 지명수배한 경찰관서(이하 "수배관서"라 한다)에 인계하여야 한다.

② 도서지역에서 지명수배자가 발견된 경우에는 지명수배자 등이 발견된 관할 경찰관서(이하 "발견관서"라 한다)의 경찰관은 지명수배자의 소재를 계속 확인하고, 수배관서와 협조하여 검거 시기를 정함으로써 검거 후 구속영장청구시한(체포한 때부터 48시간)이 경과되지 않도록 하여야 한다.

③ 지명수배자를 검거한 경찰관은 구속영장 청구에 대비하여 피의자가 도망 또는 증거를 인멸할 염려에 대한 소명자료 확보를 위하여 필요하다고 판단되는 경우에는 체포의 과정과 상황 등을 별지 제35호서식의 지명수배자 검거보고서에 작성하고 이를 수배관서에 인계하여 수사기록에 편철하도록 하여야 한다.

④ 검거된 지명수배자를 인수한 수배관서의 경찰관은 24시간 내에「형사소송법」제200조의6 또는 제209조에서 준용하는 법 제87조 및「수사준칙」제33조제1항에 따라 체포 또는 구속의 통지를 하여야 한다. 다만, 지명수배자를 수배관서가 위치하는 특별시, 광역시, 도 이외의 지역에서 지명수배자를 검거한 경우에는 지명수배자를 검거한 경찰관서(이하 "검거관서"라 한다)에서 통지를 하여야 한다.

제100조(재지명수배의 제한)
긴급체포한 지명수배자를 석방한 경우에는 영장을 발부받지 않고 동일한 범죄사실에 관하여 다시 지명수배하지 못한다.

제101조(중요지명피의자 종합 공개수배)
① 시·도경찰청장은 지명수배를 한 후, 6월이 경과하여도 검거하지 못한 사람들 중 다음 각 호에 해당하는 중요지명피의자를 매년 5월과 11월 연 2회 선정하여 국가수사본부장에게 별지 제36호서식의 중요지명피의자 종합 공개수배 보고서에 따라 보고하여야 한다.
  1. 강력범(살인, 강도, 성폭력, 마약, 방화, 폭력, 절도범을 말한다)
  2. 다액·다수피해 경제사범, 부정부패 사범
  3. 그밖에 신속한 검거를 위해 전국적 공개수배가 필요하다고 판단되는 자
② 국가수사본부장은 공개수배 위원회를 개최하여 제1항의 중요지명피의자 종합 공개수배 대상자를 선정하고, 매년 6월과 12월 중요지명피의자 종합 공개수배 전단을 별지 제37호서식의 중요지명피의자 종합 공개수배에 따라 작성하여 게시하는 방법으로 공개수배 한다.
③ 경찰서장은 제2항의 중요지명피의자 종합 공개수배 전단을 다음 각 호에 따라 게시·관리하여야 한다.
  1. 관할 내 다중의 눈에 잘 띄는 장소, 수배자의 은신 또는 이용·출현 예상 장소 등을 선별하여 게시한다.
  2. 관할 내 교도소·구치소 등 교정시설, 읍·면사무소·주민센터 등 관공서, 병무관서, 군 부대 등에 게시한다.
  3. 검거 등 사유로 종합 공개수배를 해제한 경우 즉시 검거표시 한다.
  4. 신규 종합 공개수배 전단을 게시할 때에는 전회 게시 전단을 회수하여 폐기한다.
④ 중요지명피의자 종합 공개수배 전단은 언론매체·정보통신망 등에 게시할 수 있다.

제102조(긴급 공개수배)
① 경찰관서의 장은 법정형이 사형·무기 또는 장기 3년 이상 징역이나 금고에 해당하는 죄를 범하였다고 의심할만한 상당한 이유가 있고, 범죄의 상습성, 사회적 관심, 공익에 대한 위험 등을 고려할 때 신속한 검거가 필요한 자에 대해 긴급 공개수배 할 수 있다.
② 긴급 공개수배는 사진·현상·전단 등의 방법으로 할 수 있으며, 언론매체·정보통신망 등을 이용할 수 있다.
③ 검거 등 긴급 공개수배의 필요성이 소멸한 때에는 긴급 공개수배 해제의 사유를 고지하고 관련 게시물·방영물을 회수, 삭제하여야 한다.

제106조(지명통보된 사람 발견 시 조치)
① 경찰관은 지명통보된 사람(이하 "지명통보자"라 한다)을 발견한 때에는 「경찰수사규칙」

제48조에 따라 지명통보자에게 지명통보된 사실 등을 고지한 뒤 별지 제38호서식의 지명통보사실 통지서를 교부하고, 별지 제39호서식의 지명통보자 소재발견 보고서를 작성한 후「경찰수사규칙」제96조에 따라 사건이송서와 함께 통보관서에 인계하여야 한다. 다만, 지명통보된 사실 등을 고지받은 지명통보자가 지명통보사실통지서를 교부받기 거부하는 경우에는 그 취지를 지명통보자 소재발견 보고서에 기재하여야 한다.

② 제1항의 경우 여러 건의 지명통보가 된 사람을 발견하였을 때에는 각 건마다 별지 제38호서식의 지명통보사실 통지서를 작성하여 교부하고 별지 제39호서식의 지명통보자 소재발견 보고서를 작성하여야 한다.

③ 별지 제39호서식의 지명통보자 소재발견 보고서를 송부받은 통보관서의 사건담당 경찰관은 즉시 지명통보된 피의자에게 피의자가 출석하기로 확인한 일자에 출석하거나 사건이송신청서를 제출하라는 취지의 출석요구서를 발송하여야 한다.

④ 경찰관은 지명통보된 피의자가 정당한 이유없이 약속한 일자에 출석하지 않거나 출석요구에 응하지 아니하는 때에는 지명수배 절차를 진행할 수 있다. 이 경우 체포영장청구기록에 지명통보자 소재발견보고서, 지명통보사실 통지서, 출석요구서 사본 등 지명통보된 피의자가 본인이 약속한 일자에 정당한 이유없이 출석하지 않았다는 취지의 증명자료를 첨부하여야 한다.

▌경찰수사규칙 [시행 2022. 1. 4.] [행정안전부령 제305호, 2022. 1. 4., 일부개정]

제45조(지명수배)

① 사법경찰관리는 다음 각 호의 어느 하나에 해당하는 사람의 소재를 알 수 없을 때에는 지명수배를 할 수 있다.

1. 법정형이 사형, 무기 또는 장기 3년 이상의 징역이나 금고에 해당하는 죄를 범했다고 의심할 만한 상당한 이유가 있어 체포영장 또는 구속영장이 발부된 사람

2. 제47조에 따른 지명통보의 대상인 사람 중 지명수배를 할 필요가 있어 체포영장 또는 구속영장이 발부된 사람

② 제1항에도 불구하고 법 제200조의3제1항에 따른 긴급체포를 하지 않으면 수사에 현저한 지장을 초래하는 경우에는 영장을 발부받지 않고 지명수배할 수 있다. 이 경우 지명수배 후 신속히 체포영장을 발부받아야 하며, 체포영장을 발부받지 못한 때에는 즉시 지명수배를 해제해야 한다.

제46조(지명수배자 발견 시 조치)

① 사법경찰관리는 제45조제1항에 따라 지명수배된 사람(이하 "지명수배자"라 한다)을 발견한 때에는 체포영장 또는 구속영장을 제시하고, 수사준칙 제32조제1항에 따라 권리 등을 고지한 후 체포 또는 구속하며 별지 제36호서식의 권리 고지 확인서를 받아야 한다. 다만, 체포영장 또는 구속영장을 소지하지 않은 경우 긴급하게 필요하면 지명수배자에게 영장이 발부되었음을 고지한 후 체포 또는 구속할 수 있으며 사후에 지체 없이 그 영장을 제시해야 한다.

② 사법경찰관은 제45조제2항에 따라 영장을 발부받지 않고 지명수배한 경우에는 지명수배자에게 긴급체포한다는 사실과 수사준칙 제32조제1항에 따른 권리 등을 고지한 후 긴급체포해야 한다. 이 경우 지명수배자로부터 별지 제36호서식의 권리 고지 확인서를 받고 제51조제1항에 따른 긴급체포서를 작성해야 한다.

제47조(지명통보)
사법경찰관리는 다음 각 호의 어느 하나에 해당하는 사람의 소재를 알 수 없을 때에는 지명통보를 할 수 있다.
  1. 법정형이 장기 3년 미만의 징역 또는 금고, 벌금에 해당하는 죄를 범했다고 의심할 만한 상당한 이유가 있고, 출석요구에 응하지 않은 사람
  2. 법정형이 장기 3년 이상의 징역이나 금고에 해당하는 죄를 범했다고 의심되더라도 사안이 경미하고, 출석요구에 응하지 않은 사람

제48조(지명통보자 발견 시 조치)
사법경찰관리는 제47조에 따라 지명통보된 사람(이하 "지명통보자"라 한다)을 발견한 때에는 지명통보자에게 지명통보된 사실, 범죄사실의 요지 및 지명통보한 경찰관서(이하 이 조 및 제49조에서 "통보관서"라 한다)를 고지하고, 발견된 날부터 1개월 이내에 통보관서에 출석해야 한다는 내용과 정당한 사유 없이 출석하지 않을 경우 지명수배되어 체포될 수 있다는 내용을 통지해야 한다.

제49조(지명수배 · 지명통보 해제)
사법경찰관리는 다음 각 호의 어느 하나에 해당하는 경우에는 즉시 지명수배 또는 지명통보를 해제해야 한다.
  1. 지명수배자를 검거한 경우
  2. 지명통보자가 통보관서에 출석하여 조사에 응한 경우
  3. 공소시효의 완성, 친고죄에서 고소의 취소, 피의자의 사망 등 공소권이 소멸된 경우
  4. 지명수배됐으나 체포영장 또는 구속영장의 유효기간이 지난 후 체포영장 또는 구속영장이 재발부되지 않은 경우
  5. 그 밖에 지명수배 또는 지명통보의 필요성이 없어진 경우

2) 장물수배

(1) 장물수배

장물수배라 함은 수사 중인 사건의 장물에 관하여 다른 경찰관서에 그 발견을 요청하는 수배를 말한다(범죄수사규칙 제108조). 장물수배를 할 때에는 발

견하여야 할 장물의 명칭, 모양, 상표, 품질, 품종 기타 특징 등을 명백히 하여야 하며 필요한 때에는 사진, 도면 또는 동일한 견본 조각 등을 첨부하는 등 필요한 조치를 하여야 한다.

(2) 장물수배서

장물수배서라 함은 경찰서장이 범죄수사상 필요하다고 인정하는 경우에 장물과 관련 있는 영업주에 대하여 발급하는 것이다. 장물수배서의 종류는 특별 중요 장물수배서(수사본부 설치 사건), 중요 장물수배서(수사본부 외의 중요사건) 및 보통 장물수배서(기타 사건)의 3종으로 하고 있고 각각 홍색, 청색, 백색의 용지를 사용하여 구별하고 있다.

장물수배서를 발부함에 있어서는 ① 범죄의 종별 경중, 완급의 정도 등을 충분히 고려하여 발부하고 ② 피해품의 특징이 비교적 명백한 것을 선택해서 발부할 것이며 ③ 피해품의 종류에 따라 그것이 고물상 등으로 유출될 것인가? 등의 가능성을 충분히 고려해서 발부되어야 한다.

▎(경찰청) 범죄수사규칙 [시행 2023. 11. 1.] [경찰청훈령 제1103호, 2023. 11. 1., 일부개정]

제108조(장물수배)
① 장물수배란 수사중인 사건의 장물에 관하여 다른 경찰관서에 그 발견을 요청하는 수배를 말한다.
② 경찰관은 장물수배를 할 때에는 발견해야 할 장물의 명칭, 모양, 상표, 품질, 품종 그 밖의 특징 등을 명백히 하여야 하며 사진, 도면, 동일한 견본·조각을 첨부하는 등 필요한 조치를 하여야 한다.
③ 「범죄수법 공조자료 관리규칙」 제10조의 피해통보표에 전산입력한 피해품은 장물수배로 본다.

제109조(장물수배서)
① 경찰서장은 범죄수사상 필요하다고 인정할 때에는 장물과 관련있는 영업주에 대하여 장물수배서를 발급할 수 있으며, 장물수배서는 다음의 3종으로 구분한다.
  1. 특별 중요 장물수배서(수사본부를 설치하고 수사하고 있는 사건에 관하여 발하는 경우의 장물수배서를 말한다)
  2. 중요 장물수배서(수사본부를 설치하고 수사하고 있는 사건 이외의 중요한 사건에 관하여 발하는 경우의 장물수배서를 말한다)

3. 보통 장물수배서(그 밖의 사건에 관하여 발하는 경우의 장물수배서를 말한다)

② 특별 중요 장물수배서는 홍색, 중요 장물수배서는 청색, 보통장물수배서는 백색에 의하여 각각 그 구별을 하여야 한다.

③ 장물수배서를 발급할 때에는 제108조제2항을 준용한다.

④ 경찰서장은 장물수배서를 발부하거나 배부하였을 때 별지 제40호서식의 장물수배서 원부와 별지 제41호서식의 장물수배서 배부부에 따라 각각 그 상황을 명확히 작성하여야 한다.

제110조(수배 등의 해제)

① 제108조에 규정한 수배 또는 통보에 관계된 사건에 대하여는 「경찰수사규칙」 제49조를 준용한다.

② 경찰관은 제1항의 경우 이외에는 제87조에 따라 수사 등의 요청을 한 경우 또는 장물 수배서를 발행한 경우에도 그 필요성이 없다고 인정할 때에는 제1항에 준하여 필요한 절차를 밟아야 한다.

※ 「경찰수사규칙」 제49조(지명수배ㆍ지명통보 해제)

사법경찰관리는 다음 각 호의 어느 하나에 해당하는 경우에는 즉시 지명수배 또는 지명통보를 해제해야 한다.

1. 지명수배자를 검거한 경우
2. 지명통보자가 통보관서에 출석하여 조사에 응한 경우
3. 공소시효의 완성, 친고죄에서 고소의 취소, 피의자의 사망 등 공소권이 소멸된 경우
4. 지명수배됐으나 체포영장 또는 구속영장의 유효기간이 지난 후 체포영장 또는 구속 영장이 재발부되지 않은 경우
5. 그 밖에 지명수배 또는 지명통보의 필요성이 없어진 경우

제7절 공조수사

1. 의의

공조수사라 함은 경찰관서 상호 간 자료를 수집하고 수배ㆍ통보ㆍ조회ㆍ촉탁 또는 합동수사를 함으로써 범인ㆍ여죄ㆍ장물ㆍ범죄경력ㆍ신원 불상자의 신

원을 확인하고 범인을 검거하고 범죄를 구증하기 위한 과학적이고 종합적이며 입체적인 일련의 조직수사활동을 말한다.

2. 공조수사의 성질

과학적 수사, 종합적 수사, 조직 수사, 입체 수사의 성질을 갖는다.

3. 공조수사의 종류

1) 평상공조

특별한 사유 없이 평소에 상호 간에 도움을 주는 것으로, 수배, 통보, 조회, 촉탁 등을 말한다.

2) 비상공조

특수사건 발생 등 특수한 경우의 공조수사로 수사비상배치, 수사본부의 설치운용, 특별사법경찰관리 등과의 합동수사 등을 말한다.

3) 횡적공조

① 지방경찰청, 경찰서, 파출소 상호 간 및 관서 내의 각 부서 상호 간 내지 동료 상호 간
② 대외적으로는 특별사법경찰관리·경찰유관기관·단체·개인, 국제형사기구와의 공조

4) 자료공조

자료의 수집과 조회, 모든 공조의 기본

5) 활동공조

현재 제기된 당면문제에 대한 공조수사활동으로서 수사비상배치, 불심검문, 미행, 잠복감시, 현장긴급출동 등

4. 효과

효과는 범인식별, 여죄색출, 장물발견, 특정인의 범죄경력 확인, 신원불상자 신원확인, 지명수배·통보자 검거 등의 효과가 있다.

| 제8절 | 형사사법정보시스템(KICS) |

1. KICS의 이해

1) KICS의 개념

형사사법정보시스템(Korea Integrated Criminal-justice Information System)이란 형사사법기관 간 첨단 IT를 이용하여 필요한 정보를 공유하고, 이를 통해 종이문서 유통을 최소화함은 물론 업무처리의 효율을 높이고, 업무처리과정에서 생성된 데이터는 인터넷을 통해 국민에게 통합된 형사사법서비스를 제공하는 국가전산시스템을 말한다.

2) 도입배경

그동안 경찰·검찰·법원·법무부 등 각 형사사법업무 처리기관마다[13] 형사사법정보를 별도의 업무처리시스템으로 처리하던 형사사법절차를 보다 효율적이고 투명하게 운영하기 위하여, 각 기관 간 업무처리과정을 연계한 형사사

---

13 2022.7.6. '고위공직자범죄수사처'와 수사와 사건처리에 수반되는 업무를 KICS에서 처리가 가능하도록 연계되었다.

법정보시스템(이하 "시스템"이라 한다)을 도입하게 되었다. KICS의 도입을 통하여 수사, 기소, 재판, 형의 집행에 이르는 형사사법절차의 전자화를 촉진함으로써 신속·공정·투명한 형사사법절차를 실현하고, 국민의 형사사법정보에 대한 접근성과 활용성을 높여 대국민 형사사법서비스를 개선 함으로써 국민의 권익신장에 이바지하고자 도입하게 되었다.

▍KICS의 업무적 특성

시스템 성격	• 시스템 내에서만 업무처리 가능 • 모든 수사서류는 KICS에서만 가능하며, 수사서류 작성과정과 데이터 저장 과정이 동시에 이루어짐 • 음주·무면허 전자약식의 경우 100% KICS에서 업무 처리
타 기관 시스템 연관	• 업무프로세스가 촘촘히 연결, 관련성 높음 ※ 경찰 KICS 문제 발생 시 검찰·법원·법무부 KICS에도 문제 발생 ※ 각 기관 시스템을 안정적으로 운영·관리하는 것이 매우 중요
생성 파일	• KICS 경찰 데이터베이스에 일괄보관 ※ 파일 외부 유출 방지기능 마련
법률 근거	• 형사사법절차전자화촉진법, 약식절차에서의 전자문서이용등에관한법률

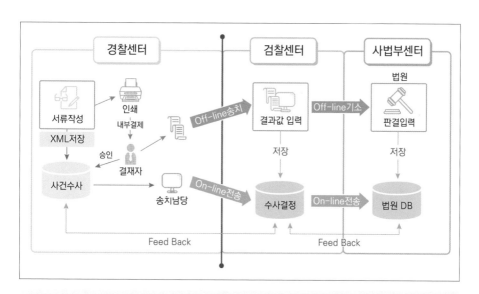

운영체계

3) 데이터의 공유

    (1) 검찰: 각종 신청·건의서 등의 수사서식과 서식 외 일부 정보를 주고받기로 한다.

    (2) 법무부(교정, 보호관찰, 소년보호, 치료감호, 출입국): 범죄경력조회, 송치종결 정보 등을 제공하는 대신, 수용자·보호관찰·치료감호대상자 정보, 출입국사실 정보 등을 제공받기로 한다.

    (3) 법원: 소년사건송치서 정보를 제공하는 대신 신뢰할 수 있는 결과값을 제공받고, 각종 신청서에 대한 결과값도 제공받기로 한다.

4) KICS에서의 수사서류 작성

    (1) 법령상 형사사법정보시스템을 이용하여 판결문, 공소장, 영장, 조서 등 형사사법업무와 관련된 문서를 작성하도록 의무화하였기 때문에 지역경찰에서 사건처리 시 KICS를 이용해야 한다.

    (2) 시행령 제2조에 해당하는 경우에는 시스템을 이용하지 않을 수 있다. 예컨대 현행범인체포서와 같이 KICS 프로그램상에서 작성하는 서류는 작성 후 출력하여 인계하면 되고, 피해자가 직접 작성하는 서류나 진단서와 같이 타 기관에서 발급받아 제출하는 서류는 기존 서류에 첨부하여 경찰서에 인계하면 되도록 운영하고 있다.

5) 형사사법정보시스템(KICS)의 근거법령

    「형사사법절차 전자화 촉진법」, 「형사사법절차 전자화 촉진법시행령」, 「약식절차 등에서의 전자문서 이용 등에 관한 법률」 등

    (1) 형사사법절차 전자화 촉진법의 주요내용

      ① 시스템의 안정적 운영을 위한 협력 의무(제5조)

      ② 정보의 공동 활용을 위한 협력 의무(제6조)

      ③ 대국민 포털서비스(제7조)

      ④ 시스템의 운영주체(제8조)

⑤ 형사사법 정보체계 협의회(제9조) 및 협의회의 구성(제10조)

(2) 형사사법절차 전자화촉진법 시행령 제2조(형사사법정보시스템을 이용하는 것이 곤란한 문서)

다음 문서를 저장·보관하는 경우에는 형사사법정보시스템을 이용하지 않을 수 있다.

① 피의자, 피해자, 참고인 등 사건관계인이 직접 작성하는 문서

② 시스템에 작성 기능이 구현되어 있지 아니한 문서

③ 시스템을 이용할 수 없는 시간 또는 장소에서 불가피하게 작성하여야 하거나 시스템 장애 또는 전산망 오류 등으로 시스템을 이용할 수 없는 상황에서 불가피하게 작성하여야 하는 문서

┃ 형사사법절차전자화촉진법 제5조(시스템의 안정적 운영을 위한 협력 의무)

① 형사사법업무 처리기관은 판결문, 공소장, 영장, 조서 등 형사사법업무와 관련된 문서를 시스템을 이용하여 저장·보관하여야 한다. 다만, 업무의 성격상 시스템을 이용하는 것이 곤란한 경우에는 법무부, 검찰청, 경찰청의 업무에 관하여는 대통령령으로, 법원의 업무에 관하여는 대법원규칙으로 예외를 정할 수 있다.

② 형사사법업무 처리기관은 제1항의 문서를 작성하거나 활용할 때 시스템에서 정하는 형사사법정보의 유통표준에 따라야 한다.

③ 형사사법업무 처리기관은 형사사법정보를 생성하거나 유통할 때에는 그 형사사법 정보의 정확성을 유지하여야 한다.

┃ 형사사법절차전자화촉진법 시행령 제2조(시스템을 이용하는 것이 곤란한 사항)

형사사법절차전자화촉진법 제5조제1항의 "대통령령으로 정하는 예외"란 다음 각 호의 사항을 말한다.

① 피의자, 피해자, 참고인 등 사건관계인이 직접 작성하는 문서

② 시스템에 작성 기능이 구현되어 있지 아니한 문서

③ 시스템을 이용할 수 없는 시간 또는 장소에서 불가피하게 작성해야 하거나 시스템 장애 또는 전산망오류 등으로 시스템을 이용할 수 없는 상황에서 불가피하게 작성해야 하는 문서

6) 형사사법정보의 보호 및 처벌 관련 법률

▌형사사법절차전자화촉진법 제15조(벌칙)

① 형사사법업무 처리기관의 업무를 방해할 목적으로 형사사법정보를 위작(僞作) 또는 변작(變作)하거나 말소한 사람은 10년 이하의 징역에 처한다.
② 형사사법업무에 종사하거나 종사하였던 사람 또는 시스템의 지원업무를 위탁받아 그 업무에 종사하거나 종사하였던 사람이 직무상 알게 된 형사사법정보를 누설하거나 권한 없이 처리하거나 타인이 이용하도록 제공하는 등 부당한 목적으로 사용한 사람은 5년 이하의 징역 또는 5천만원 이하의 벌금에 처한다.
③ 권한 없이 다른 기관 또는 다른 사람이 관리하는 형사사법정보를 열람, 복사 또는 전송한 사람은 3년 이하의 징역 또는 3천만원 이하의 벌금에 처한다.

▌정보통신망 이용촉진 및 정보보호 등에 관한 법률(약칭: 정보통신망법)

제48조(정보통신망 침해행위 등의 금지)
① 누구든지 정당한 접근권한 없이 또는 허용된 접근권한을 넘어 정보통신망에 침입하여서는 아니 된다.
② 누구든지 정당한 사유 없이 정보통신시스템, 데이터 또는 프로그램 등을 훼손·멸실·변경·위조하거나 그 운용을 방해할 수 있는 프로그램(이하 "악성프로그램"이라 한다)을 전달 또는 유포하여서는 아니 된다.
③ 누구든지 정보통신망의 안정적 운영을 방해할 목적으로 대량의 신호 또는 데이터를 보내거나 부정한 명령을 처리하도록 하는 등의 방법으로 정보통신망에 장애가 발생하게 하여서는 아니 된다.

▌정보통신망 이용촉진 및 정보보호 등에 관한 법률(약칭: 정보통신망법)

제71조(벌칙)
① 다음 각 호의 어느 하나에 해당하는 자는 5년 이하의 징역 또는 5천만원 이하의 벌금에 처한다.
  9. 제48조제1항을 위반하여 정보통신망에 침입한 자
  10. 제48조제3항을 위반하여 정보통신망에 장애가 발생하게 한 자
  11. 제49조를 위반하여 타인의 정보를 훼손하거나 타인의 비밀을 침해·도용 또는 누설한 자
② 제1항제9호의 미수범은 처벌한다.

제2장
과학수사

제1절 | 과학수사

1. 과학수사의 의의

과학수사라 함은 과학적 지식·기술과 감식시설·장비·기자재 등을 최대한 으로 활용하여 범인을 발견하고 증거를 수집하여 범죄사건의 실체적 진실을 밝혀 내는 수사활동을 말한다. 즉, 과학수사라 함은 과학적 지식과 기술을 최대한 수사활동의 수단으로 활용하는 것을 말한다. 과학적 수단은 과학적 지식·기술과 감식시설·장비·기자재 등의 활용은 물론 사회과학 분야의 지식 원리까지 총동원하는 것을 의미한다.

> ※ 자연과학적 분야: 생물학, 화학, 물리학, 생화학, 독물학, 혈청학 등
> ※ 사회과학적 분야: 범죄학, 사회학, 철학, 논리학, 법의학, 법인류학, 법곤충학 등

2. 법과학(Forensic science)의 의의

법과학이란 과학적인 관찰과 실험을 통하여 수사 또는 재판에 필요한 지식 이나 자료를 제공하는 기술과학을 말한다. 법과학의 창시자는 물적증거에 대한 과학적인 실험의 중요성을 주장했던 오스트리아의 법관 한스 그로스(Hans Gross, 1847-1915)이다. 한스 그로스는 1893년 『범죄수사』를 출간하였다.

한스 그로스(Hans Gross, 1847-1915)

에드몽 로카르드(Edmond Locard, 1877-1966)

1910년 프랑스 리옹경찰서에 과학연구실을 만들고 스스로 실장이 된 에드몽 로카르드(Edmond Locard, 1877-1966)는 방법론상 초기의 진보에 커다란 공헌을 한 사람이다.

에드몽 로카르드는 프랑스의 셜록 홈즈라 불리며 특히 '두 물체끼리 접촉이 있으면 반드시 물질 교환이 일어난다'는 교환법칙을 통해 미세증거의 중요성을 처음으로 발견하였다.

3. 우리나라의 과학수사

우리나라는 1945년 10월 미군정청에 경무국을, 각 도에 경찰부를 창설하여 1948년 11월 대통령령 제18호(내무부 직제)에 의거하여 경찰지문감식 및 법의학, 법과학적 감정에 관한 직무분장을 하다 1955년 3월에 국립과학수사연구소가 설립되어 법의학, 생물학, 약·독물학, 문서감정, 화학분석, 물리분석, 범죄심리분석, 교통공학 분야를 감정하고, 지문이나 족·윤흔적, 거짓말탐지기, 몽타주, CCTV판독은 경찰청 과학수사센터에서 담당하고 있다.

4. 과학수사의 중요성

1) 범죄의 지능화, 광역화, 기동화 추세에 대비하기 위하여 필수적 수사기법이다.
2) 지역사회 연대감 상실과 주민의식 희박으로 범죄현장에서의 증인을 확보하거나 탐문 등을 통한 목격자 진술 확보가 어려워지기 때문에 과학수사의 중요성은 매우 커진다.
3) 단순한 피의자, 목격자 등의 진술만으로는 공판중심주의하에서 증거능력을 갖기 어렵다.
4) 현행 형사사법절차에 비추어 볼 때 감식기술 등의 발전이 더욱더 긴요하다.

5. 과학수사의 유형

1) 루미놀시험

범죄현장에서 육안으로 혈흔이 발견되지 않은 증거물에 대한 혈흔발견을 위한 반응실험으로, 어두운 장소에서 실시하며, 혈흔예비시험의 한 종류이다.

2) 혈흔형태 분석법

혈흔이 관찰되는 사건현장에서 핏방울의 위치, 크기, 모양 등을 물리적으로 관찰하여 사건현장에서의 범죄를 재구성하는데 활용하는 분석기법이다. 최근 법정에서 결정적 증거로 채택되는 사례가 점차 증가 하고 있다. 전문적인 혈흔 형태 분석가의 신뢰도가 점차 향상됨에 따라 신뢰도가 높아지고 있다.

3) 법보행 분석법

CCTV 등 영상 속 인물과 용의자 사이의 걸음걸이를 분석하여 그 특징을 비교하여 용의자를 특정하는 기법으로 정확도가 매우 높다. 정형외과, 재활의학과 전공의와 공학전문가 등으로 구성된 법보행 분석 협의체가 발족되어 수사기관의 용의자 검거 수사활동을 지원하고 있다.

4) 수중 과학수사 기법

호수, 강, 바다 등 수중에 유기된 증거물 및 시체를 훼손없이 촬영, 채취, 보존함으로써 법정에서 온전히 증거로 활용할 수 있게 하는 수사기법을 말한다. 전국의 17개 시·도경찰청을 4개 권역으로 편성하여 수중과학수사요원을 활용, 수사활동을 적극 지원하고 있다.

5) 중성지방사화분석법

미량의 증거물에 대한 정량적 분석을 통하여 동일인·동일물 여부를 확인해내는 과학수사의 방법이다.

6) 수사종합검색시스템

이름, 인상, 신체적 특징, 수법자료 등에 의해 범인을 검색해내는 방법이다.

7) DNA

1953년 영국의 프랜시스 크릭과 미국의 제임스 왓슨에 의해 밝혀졌는데, DNA의 분자구조는 2중의 나선구조로 되어 있으므로 2중 나선이라 불린다.

1. 감식수사의 개관

1) 감식수사의 의의

감식수사란 현장감식에 의해 수사자료를 발견하고 수집된 수사자료를 감식시설·장비·기자재 등을 활용하며 과학적으로 분석하여 행하는 수사를 의미한다.

2) 범죄감식의 목적

범죄감식의 목적은 수집된 지문·수법 등의 수사자료에 대해 과학적 지식과 기술을 사용하여 범죄의 진상을 명백히 하고, 범인을 확정하기 위함이다. 즉, 증명력을 보전하기 위한 것이며 증거능력 판단의 근거가 되는 것은 아니다.

3) 범죄감식의 분류

▮ 상승과정과 하강과정

구분	자료감식	기술감식
의의	수집된 각종 기초자료를 컴퓨터 등에 수록하여 집중관리함으로써 필요시 범죄수사에 활용하는 것	• 법의학, 물리, 화학 등 자연과학의 지식·기술 등을 활용하여 경험과 육감으로써 파악할 수 없는 사물을 판별하는 것이다. • 일반적으로 범죄감식은 기술감식을 의미한다.
사례	① 지문자료에 의한 신원·범죄경력 확인 ② 피의자 사진에 의한 범인 추정 ③ 수법원지에 의한 감식(수법감식) ④ 족흔적 자료에 의한 용의자 추정	① 잠재지문, 족흔적, 혈흔, 모발 등의 채취·검사 및 감정 ② 화재감식 ③ 필적감정, 성문감정 ④ 사진촬영 ⑤ 거짓말탐지기 검사

2. 현장감식

1) 의의

범죄가 행해진 장소나 범죄의 의심 있는 장소에 임하여 현장상황과 유류되어 있는 여러 가지 자료에 대한 관찰, 사진촬영, 지문채취 등을 합리적으로 수행하고 과학적으로 검토하여 사건의 진상을 확인·판단하며, 범죄와 범인을 결부시킬 수 있는 자료를 합리적으로 수집·채취하여 수사자료로 하고, 범죄를 증명함에 충분한 증거자료로서 활용할 수 있도록 한 현장에서의 수사활동이다.

실체적 진실주의	① 실체적 진실주의는 공판절차에서 뿐만 아니라 수사절차에서도 지도원리로 작용하고 있다. ② 공소권 행사의 적정 내지 형사재판의 공정을 위해서는 피의사건의 진상 파악이 요청된다.
무죄추정의 법리	① 피의자는 유죄판결이 확정될 때까지는 무죄로 추정된다. ② 현행법상 임의수사의 원칙, 체포·구속적부심사제도, 접견교통권의 보장, 고문의 절대적 금지, 위압적·모욕적 신문의 금지 등은 무죄추정의 법리를 그 이념적 기초로 하고 있다.
필요최소 한도의 법리	강제수사의 경우는 물론 임의수사의 경우도 필요한 최소한도의 범위 내에서만 허용되어야 한다.
적정절차의 법리	① "누구든지 법률에 의하지 않고는 체포, 구속, 압수, 수색 등을 받지 않는다."는 원리이다. ② 적정절차의 법리는 헌법정신을 구현한 공정한 법정절차에 의해 형벌권이 실현되어야 한다는 원리로서 인권보장의 기본원리이기 때문에 수사절차에서 더욱 강조되고 있다.

2) 현장감식의 순서

3. 사진감식

1) 의의

형사사진이란 사진의 특수성을 이용하여 수사대상물을 기록하기 위하여 범죄와 관련된 장소·물건·사람의 상황을 촬영하여 그것을 수사자료 또는 증거자료로 이용하는 것을 말한다.

현장사진은 육안으로 관찰할 수 없는 것도 촬영할 수 있다. 몽타주사진은 지명수배, 유류품·피해품의 수배에 주로 이용된다. 자외선사진은 문서감정에 주로 이용된다. 현장사진은 촬영 시 사전검토사항으로 사건개요 확인, 유류품 등의 소재 확인, 현장변경의 유무 확인이 있다

2) 현장사진의 가치

현장사진은 현장보존의 효과, 수사자료로서의 효과, 증거자료로서의 효과 등이 있다.

4. 몽타주

1) 의의

　　몽타주(Montage)란 범죄수사에서 범인을 목격한 피해자나 목격자 등의 진술을 근거로 범인의 모습과 비슷한 코·눈·입 등 얼굴의 부분별 자료를 합성하여 범인의 모습과 유사하게 그 특징을 잡아서 그린 얼굴사진을 말한다. 몽타주란 말은 조립한다(monter)라는 프랑스어에서 유래된 말이다.

2) 몽타주 작성 시 주의 사항

　　① 몽타주는 사건발생 후 피해자나 범인을 목격한 목격자의 기억이 생생할 때 빠른 시간 내에 작성하여야 한다.
　　② 사건 담당형사는 목격자의 목격상태가 어느 정도인지 충분히 면담을 통해 점검한 뒤 작성할 목격자를 선정하는 것이 바람직하다. 시간, 장소, 방향, 각도 및 당시 현장상황 등을 고려해야 한다.
　　③ 수사종합검색시스템 및 인근 주민 사진 등을 사전에 목격자에게 열람시키면 범인의 인상과 혼동하게 되어 기억이 흐려지게 되므로 관계 사진 등을 열람하기 전에 몽타주를 작성하여야 한다.

5. 국립과학수사연구원의 주요 감정업무

법의학과(경조직연구실)	치아를 이용한 백골화된 시체의 연령 추정
유전자분석과	면역·혈청연구, 유전자분석·연구·검색 예, 혈흔 등을 통한 유전자 분석업무
범죄심리과(범죄분석실)	최면술에 의한 피해자, 목격자의 기억향상
문서영상과(영상분석실)	CCTV에 찍힌 범인사진 화상의 선명화 처리
약독물과(식품연구실)	벌꿀, 양주, 참기름 등 식품의 진위 여부
화학분석과	고분자연구, 유기학·무기학 연구 예, 범죄현장에서 타다 남은 섬유조각의 종류 감정

제3절 | 사체의 현상과 검시

1. 사망과 검시

1) 사망

(1) 사망의 원인

① 직접사인

직접 죽음에 이르게 한 질병 또는 손상을 말한다. 죽음에 수반하는 현상 또는 증후, 즉 심장마비, 호흡마비 또는 심박동정지, 호흡정지는 해당하지 않는다.

예 지주막하출혈로 사망

② 중간선행사인

직접사인과 원인적 또는 병리학적으로 관련이 있는 것으로 시간적으로 앞서 야기된 질병, 합병증 또는 외인 등이 이에 해당한다.

예 평소 뇌동맥경화가 있어 치료받아 왔으나

③ 선행원사인

직접사인 또는 중간선행사인을 야기한 병인 또는 외인이 이에 해당되며, 반드시 직접사인 또는 중간선행사인과 일련의 인과관계가 성립되어야 한다.

예 두부를 강타당하여

(2) 사망의 판정과정

① 사망의 인지

심음이 들리지 않고 맥박과 호흡이 정지하여 동공이 열리고 뇌반사가 일어나지 않음 등을 인지하는 단계이다.

② 사망의 확인

심·폐·뇌의 완전한 정지 여부를 반복하여 검사하는 단계이다.

③ 사망의 판단

의학적 관점에서 사망의 확인을 결정하는 단계이다.

④ 사망의 판정

사망진단서나 시체검안서를 첨부한 사망계를 제출하여 정부가 사망을 인정하는 단계이다.

(3) 사망의 종류

① 외인사

죽음이 외인 단독에 의하여 일어나거나 또는 기존 질병이 있는 상태에서 외인이 가해져 죽음이 앞당겨지는 것을 의미한다.

      ㉠ 자살: 스스로 죽을 의사를 가지고 자기의 행위에 의하여 죽음에 이르는 것

      ㉡ 타살: 타인의 행위에 의한 모든 죽음

      ㉢ 사고사: 자살도 아니고 타살도 아닌, 천재지변이나 산업재해, 수영 중 익사 등

      ㉣ 불상: 외인에 의하여 사망하였으나 누구에 의하여 어떻게 작용하였는지 알 수 없을 때

② 내인사(병사): 내적인 원인에 의한 죽음(거의 질병에 기인하기 때문에 병사)

③ 불명: 내인사인지 외인사인지 구별할 수 없는 경우

④ 변사: 외인사는 물론 내인사라 하더라도 내인사가 확정되기 이전의 모든 죽음

(4) 사망을 증명하는 문서

① 사망진단서

의사가 사망 48시간 전에 시체가 된 사람을 진료한 사실이 있고 사인(死

因)을 명백하게 설명할 수 있는 경우에 한하여 발부되기 때문에, 모든 사체에 대하여 사망진단서를 발부할 수 있는 것은 아니다. 사망진단서의 사인란에는 반드시 세계보건기구(WHO)가 규정한 병명을 기록하여야 한다.

② 시체검안서

사망진단서를 발부할 수 없는 조건하에서 죽음을 증명하기 위한 의사의 문서이다.

③ 사산증명서

사산에 입회한 의사 또는 조산원에 의해 발행되며, 산전관리 또는 진료 중이던 임부가 4개월 이상 된 태아를 사산하였을 때 발부한다.

④ 사태증명서

산전관리 또는 진료한 사실이 없는 임부가 사산한 경우 태아의 죽음을 증명하는 문서이다.

(5) 생활반응

① 의의

생활반응이란 법의학적 용어로 범죄의 대상이 된 인간의 신체가 피해를 당하기 전 살아 있었기 때문에 일어나는 반응을 말한다. 즉, 범죄의 피해로 사망하였다고 판단되는 시체에 대해 이 반응이 있는지 없는지를 보고, 어떤 상해 또는 기타 문제가 된 메커니즘이 그 개체가 생존하고 있을 때 가해진 것인지 아닌지를 판정하는 것이 그것이다. 예를 들어, 시체에 나 있는 상처를 검사해서 그 손상부의 조직 중에 출혈이 발견된 경우 그 상해는 그 개체가 생존 중에 가해졌다고 판단할 수 있다. 사망 후 시체에 상해를 가하더라도 이와 같은 반응은 보이지 않기 때문이다.

익사체에서 폐로 흡입된 물은 폐정맥에서 심장으로 들어가, 특히 좌심실의 혈액을 고도로 묽게 한다. 이것은 실제로 익사진단에 응용되고 있는 생활반응이다. 기타 모든 사항에 있어서 그 생전사후를 생활반응에 의해 확연하게 분

간할 수 있는 것이 일반적이나, 때로 토막시체 등에서는 감별이 곤란한 경우도 있다.[14]

② 구체적 예시

    ㉠ 생전에 신체의 내부 또는 외부로부터 가해진 자극에 대해서 생체로서 반응하여 생긴 현상을 말한다.

    ㉡ 그러나 생전에 외인이 가해졌다 하더라도 사전기(死前期)가 없거나 극히 짧았을 때 또는 생명활동이 이미 극도로 저하되었을 때에는 활력반응이 매우 경미하거나 없을 수도 있다. 마찬가지로 사망 직후에 외인이 가해졌을 때에도 활력반응이 나타나는 경우가 있다. 그러므로 외력이 가해진 시점이 생전인지, 사후인지 감별하기가 쉽지 않을 때도 많다

    ㉢ 익사체의 경우 각 장기 내에 플랑크톤, 구타 시 머리 부위의 피하출혈, 동맥절단 시 빈혈 등이 있다.

    ㉣ 사체얼룩이나 투사형 자세는 활력반응에 해당하지 않는다

2) 검시

(1) 검시의 의의

변사자 또는 변사의 의심 있는 사체가 있는 때에는 그 소재지를 관할하는 지방검찰청 검사가 검시하여야 한다. 검시란 죽음에 대한 법률적인 판단을 위해 수사기관이 범죄혐의의 유무를 조사하기 위하여 시체 및 그 주변 현장을 조사하는 것을 말한다.

검시 결과 범죄의 혐의가 인정되고 긴급을 요하는 경우는 영장 없이 검증할 수 있다. 검사는 사법경찰관에게 검시나 긴급 검증을 명할 수 있다. 검시는 검안과 부검으로 나뉜다.

---

14 네이버검색(두산백과)/https://terms.naver.com/entry.nhn?docId

① 검안

사망을 확인하기 위하여 시행되는 사체검사로서 시체를 손괴함이 없이 행한다.

② 부검

사체를 해부하여 내부기관 및 조직을 절개·채취가 가능한 시체검사로서 그 목적에 따라 병리·행정·사법해부로 나눌 수 있다.

　　㉠ 병리해부

　　　　병사하였을 때 그 원인을 보다 확실히 하기 위해 하는 부검으로 검시의 대상은 아니다.

　　㉡ 행정해부

　　　　행정법규(시체해부보존법)에 의해 시행하는 부검으로 범죄와 관련이 없는 변사체의 사망원인(전염병, 자연재해 등)을 알아내기 위해서 하는 부검이다.

　　㉢ 사법해부

　　　　범죄와 관련이 있거나 관련이 있을 수 있는 변사체에 대한 부검이다. 법의(法醫)부검이 이에 해당하며 검시의 대상이다.

(2) 사법검시, 행정검시

사법검시란 사람의 사망이 범죄에 기인한 것인가를 판단하기 위하여 검사 또는 사법경찰관이 변사체의 상황을 조사하는 것을 말한다. 행정검시란 범죄와 관련이 없는 행려병사자 등의 사체에 대하여 검사의 지휘를 받음이 없이 경찰서장의 지휘에 의하여 처리한다.

2. 사체의 현상

1) 의의

사람이 죽으면 생전의 생리현상이 사라지고 사체에만 나타나는 변화 혹은 현상이 나타나는데 이를 사체현상이라고 한다.

시체냉각	시체건조	혈액침전/ 시체얼룩	시체굳음의 완해	부패	백골화

사체의 변화과정

2) 사체 초기의 현상

(1) 체온의 하강

사람이 사망하게 되면 시체의 체온은 주위의 대기온도와 같아지거나 수분이 증발하면서 주위의 기온보다 더 낮아진다. 하강온도는 대체적으로 사후 10시간까지는 시간당 1℃씩, 그 후에는 매 시간당 약 0.5~0.25℃ 정도씩 하강 한다. 체온 하강은 습도가 낮을수록, 통풍이 좋을수록 하강의 속도가 빠르다. 어린이나 노인은 청장년보다, 마른사람은 비만한 사람보다, 남자는 여자보다 빨리 하강한다. 사체의 체온은 사후 16~17시간 이내에 항문에 검온기를 삽입하여 직장 내 온도를 측정한다(모리츠공식).

(2) 시체건조

사람이 사망하게 되면 피부에 대한 수분보충이 정지되어 몸의 표면은 습윤성을 잃고 건조해진다. 표피에 외상이 있었던 부위는 특히 건조가 빠르다.

(3) 각막의 혼탁

사람이 사망하게 되면 각막은 사후 12시간을 전후하여 흐려져서, 24시간이 되면 현저하게 흐려지고, 48시간이 되면 불투명해진다.

(4) 시체얼룩

사람이 사망하게 되면 적혈구의 자체 중량에 의한 혈액침전으로 인하여 시체 하부의 피부가 암적갈색으로 변화하는데 이러한 현상을 시체얼룩(시반)이라고 한다. 시체얼룩을 통해 사망 당시의 시체 상황을 파악할 수 있다.

주위의 온도가 높을수록 시체얼룩은 빠르게 나타난다. 급사나 질식사에서는 진하고 빠르게 형성된다. 시체얼룩은 사후 30분에서 1시간 경과 후부터 나타나기 시작하여, 사후 2~3시간 후에 현저해진다. 사후 4~5시간 후에는 이동성 시체얼룩이 형성되어 이때에는 사체의 위치를 바꾸어 놓으면 새로이 아래쪽으로 놓인 부위 시체얼룩이 이동하고 최초 출혈된 곳은 소멸되거나 그 색조가 엷어진다. 또한, 이때 시체얼룩을 지압하게 되면 하얗게 변색된다.

사후 7~10시간 후에 사체의 위치를 변경하면 시체의 양쪽에 시체얼룩이 생긴다. 사후 12시간(또는 10시간) 후에는 침윤성 시체얼룩이 형성된다. 이때 사체의 위치를 바꾸어 놓더라도 이미 형성된 시체얼룩은 사라지지 않는다. 이때 사체 전신에 시체 얼룩이 형성된다. 사후 12~15시간 후에는 시체얼룩이 고정되어 시체를 뒤집어도 발현 부위가 퇴색되지 않는다.

┃ 시체얼룩과 피부밑출혈의 비교

구분	시체얼룩	피부밑출혈
의의	사망하게 되면 중력의 작용으로 인한 혈액침전으로 시체하부의 피부가 암적갈색으로 변화	① 생존하는 신체가 둔기에 맞거나 하여 모세혈관이 터져 피하조직 내에 출혈된 것 ② 1~2일 후에는 암홍색이나 갈색, 5~6일 후에는 황록색, 7~8일 후에는 황색으로 바뀌었다가 약 2주 후에는 소멸
발생 시기	사후현상	생전현상
조직학적 검사	혈구 및 파괴물을 보지 못함	모세혈관 파괴로 혈구 및 파괴물을 봄
발현부위	사체의 하반부(저부위)	일정하지 않음 (타격받은 부분은 어디든지 나타남)
압박부	보지 못함(나타나지 않음)	관계없이 나타남
퇴색 및 자리바뀜	침윤성 시체얼룩 전에는 가능	보지 못함
절개 시	유동혈로서 쉽게 닦임	굳은 피가 있어서 닦이지 않음
비고	점출혈의 유무는 구별기준에 해당하지 않음	

┃ 시체얼룩의 색깔

암적색(검붉은색)	정상적인 시체얼룩은 암적색을 띰(목맴이나 끈졸림사)
선홍색(빨간색)	① 차가운 곳에서(익사나 저체온사) 사망한 경우 ② 일산화탄소나 청산(사이안산)중독으로 사망한 경우
갈색조	독물 중 염소산칼륨이나 아질산소다 등의 중독일 경우 시체얼룩은 황갈색 또는 암갈색의 초콜릿과 같은 갈색조를 띰
녹갈색	황화수소가스 중독일 경우
비고	손톱은 저체온사와 청산중독에서는 청자색을 띰

(5) 시체굳음(경직)

사람이 사망하게 되면 사체는 사후에 일시 이완되었다가 시간이 경과하면 점차 굳어진다. 사체는 사후 2~3시간이 경과하면 턱관절에서부터 굳어지기 시작하여 사후 12시간 정도되면 전신 굳어진다. 30시간 이후부터는 굳음이 풀어진다. 급사한 경우, 시체 굳음의 지속시간이 길다. 젊고 근육이 강한 사람은 경직도가 강하고, 노아·소아·쇠약자는 경직도가 약하다. 시체굳음의 순서(Nysten)는 턱 → 어깨 → 발목·팔목 → 발가락·손가락 순으로 진행된다.

3) 사체의 화학적 반응

(1) 자가용해

부패균의 작용인 부패와는 달리 자가용해는 세균이 작용하는 것이 아니라, 체내에 있는 각종 분해효소가 장기나 뇌 등에 작용하여 단백질, 지방질, 탄수화물 등이 분해되고 더 나아가 장기 등의 조직이 분해되는 것을 말한다.

(2) 부패

부패균이라는 세균의 산화와 환원작용에 의해 일어나는 질소화합물의 분해를 말한다.

① 공기의 유통조건

② 온도는 20~30℃(온도가 더이상 올라가면 건조현상이 먼저 생기면서 부패는 느려진다)

③ 습도는 60~66%일 때 최적

　㉠ Casper의 부패법칙 ⇒ 공중 : 수중 : 지중 = 1주 : 2주 : 3주

　㉡ 사후 3~5일이 경과하면 얼굴의 안구, 눈꺼풀, 입술 등이 부풀어 오르는 사천왕현상 발생.

(3) 미이라

고온이나 건조지대에서 시체의 건조가 부패보다 빨라 부패가 진행되지 않는 현상이다. 사막이나 아프리카 등에서 많이 나타난다.

(4) 시체밀랍

시체 주변이 매우 습하고 바람이 잘 통하지 않는 경우 체내의 지방이 화학적으로 분해되어 고체형태의 지방산 또는 그 화합물로 변하게 되며, 이 때문에 부패가 중지되는 경우를 말한다. 시랍 생성에는 물이 필요하기 때문에 물속이나 수분이 많은 땅속에 있는 시체에서 흔히 발생한다.

(5) 백골화

① 뼈만 남는 현상(상태)

② 소아시체는 사후 4~5년 후, 성인시체는 7~10년 후 완전 백골화된다.

3. 사체의 사후 경과 시간의 추정

1) 시체의 변화에 따른 사망시간 추정

사람이 사망한 이후의 경과시간을 추정하는 것은 너무도 많은 변수가 존

재하기 때문에 사실 어려운 과제이다. 수많은 법의학자들이 다양한 방법으로 연구를 계속하여 왔으나 아직 사후경과시간을 결정할 수 있는 정확한 방법은 없다. 하지만 사람이 사망한 이후에 보이는 시체현상을 통해 어느 정도 근접하게 추정할 수 있으며 오차범위를 최소한으로 줄여야 한다.

(1) 시체의 변화를 통한 추정

① 1시간 전후: 약간 시체얼룩이 형성되고 경직은 나타나지 않은 상태

② 2~3시간: 시체얼룩 경미, 경직은 턱과 목에 약간 존재

③ 4~5시간: 시체얼룩 자리바뀜, 팔관절에 경직- 인위적으로 이완시켜도 재경직 발생

④ 7~8시간: 시체얼룩- 압력에 퇴색되지 않고 강하게 나타남, 다리관절까지 경직이 발생

⑤ 10~12시간: 시체얼룩, 경직- 손가락과 발가락 등 하지 관절까지 강하게 나타나고 각막이 안개처럼 혼탁

⑥ 24시간 내외: 각막혼탁, 동공투명, 복벽 부패성 변색, 입과 코, 눈 등에 파리 및 구더기 발생

⑦ 30시간: 턱관절부터 경직이 완화

⑧ 36시간: 팔관절의 경직이 완화

⑨ 48시간: 각막은 불투명해지고 하지 경직까지 이완

⑩ 2~3일 내외: 배꼽 주위와 사타구니에 부패 변색, 피부에 부패로 인한 수포가 발생

⑪ 8일: 구더기가 번데기가 됨

⑫ 3주: 번데기가 선탈

⑬ 수개월 이상: 백골화 또는 시랍화

(2) 시체의 온도에 의한 추정

① 1~2시간 경과: 손과 발, 얼굴 부위가 차가워지고, 가슴에는 체온이 남아 있음

② 4~5시간 경과: 옷을 입고 있는 부분까지 차가워짐

③ 10시간 이내: 평균 1시간당 1℃씩 체온이 하강

④ 10시간 이후: 평균 1시간당 0.5℃~0.25℃씩 체온 하강

(3) 시체의 구더기에 의한 추정

① 여름 12~16시간, 가을 24시간: 파리알이 구더기가 됨

② 여름 7일, 겨울 14일: 구더기가 번데기가 됨

③ 여름 7일, 봄이나 가을 14일 이상: 번데기가 구더기가 됨

(4) 시체의 위 내용물을 통한 추정

① 식사직후 사망: 위 내에 음식물이 충만해 있고, 전혀 소화가 되어 있지 않은 상태

② 식후 약 2~4시간 경과 후 사망: 위, 십이지장에 음식물이 남아 있고 소화가 어느 정도 진행된 상태

③ 식후 약 4~5시간 경과 후 사망: 위는 비어 있고 십이지장에서 식물의 고형잔사가 남아 있는 상태

④ 식후 6시간 이상 경과 후 사망: 위, 십이지장이 모두 비어 있는 상태

(5) 시체의 직장 내 온도에 의한 추정(Moritz 공식)

① 사후경과시간은 $= 37℃ - 직장온도/0.83 \times 상수$

② 상수 = 봄이나 가을 1℃, 여름 1.4℃, 겨울 0.7℃

참 고   직권주의와 당사자주의

① 모리츠(Moritz)의 공식

　㉠ 사후시간 경과 $= 37℃ - 직장온도/0.83 \times 상수$(겨울 0.7, 여름 1.4, 봄·가을 1.0)

　㉡ 온도계를 이용한 직장온도측정(온도계를 항문에 삽입하여 측정) 시 사망 후 16~17시간이 지나면 직장온도와 주위온도가 같아지므로 반드시 그 전에 가능한 한 빨리 측정하여 기록하여야 한다.

② 헨스게표

    ㉠ 모리츠공식보다 곧창자의 온도하강에 영향을 미치는 여러 가지 변수를 더 상세히 반영한다.

    ㉡ 주변온도(23℃ 초과일 때 사용하는 것과 23℃ 이하일 때 사용하는 것), 변사자 체중, 체중보정을 위한 여러 변수(착의상태, 공기 흐름 유무, 물에 젖었는지 여부)를 고려한다.

(6) 시체의 부패현상에 의한 추정

① 하절기 약 24시간(동절기 약 72시간): 하복부가 녹색으로 변하기 시작함

② 하절기 2일(동절기 3~4일): 혈색소 침윤 및 부패무늬 형성

③ 하절기 3일(동절기 2~4주): 부패가스에 의한 팽창

④ 하절기 10일 내외(동절기 15~20일): 피부 분해 및 이탈

⑤ 하절기 10~30일(동절기 60~90일): 지상의 경우에는 백골화

⑥ 하절기 60일 이상(동절기 90일 이상): 미이라화

4. 손상사

1) 의의

    손상이란 인체조직의 정상적 구조가 외부의 원인에 의해서 형태학적으로 파괴되는 것을 의미한다. 그러나 손상을 이와 같이 광범위하게 정의하면 거의 모든 죽음이 손상사라고 볼수 있을 것이다. 따라서 법의학에서는 "물리력에 의한 형태학적 파괴"만을 손상이라 하며, '외상'과 동의어로 쓰고 있다.

    손상은 정상물체에 따라 둔기, 예기, 총기, 폭발물손상 및 교통사고에 의한 손상으로 나눌 수 있으며, 손상은 피부의 연속이 파괴되었는가에 따라 열린손상(창), 닫힌손상(상)으로 분류된다.

참고

▸ 열창

창상의 일종으로 둔력이 견인력에 작용해서 조직의 연속이 끊어지는 것을 말한다. 창연 및 창면은 불규칙하나 좌창의 경우만큼 현저하지는 않으며, 주위조직의 손상도 적으며 오염도 적다.

▸ 자창

가늘고 긴 흉기(자기)를 그 긴축방향으로 찌르거나 치거나 해서 생긴 상처를 말한다. 상처에 비해 창관이 길다. 타살에서 많이 나타나는 현상이나 자살의 경우도 나타난다. 자창은 상처는 작게 보여도 상처의 깊이기 깊다.[15]

2) 둔기에 의한 손상(열창)

(1) 피부까짐(표피박탈)

피부의 맨 바깥층의 표피만 벗겨져나가 진피가 노출되는 손상

(2) 타박상(멍)

① 둔력에 의하여 피부는 파열되지 않고 피하조직이 좌멸되고 주로 모세혈관, 정맥 등이 파열되어 일어나는 출혈(피부밑출혈)
② 일반적으로 외력이 가하여진 부위에 발생하나, 때로는 그 부위의 주변이나 멀리 떨어진 곳에서도 형성될 수 있다.
③ 타박상에서 보는 '두줄출혈'이란 회초리, 지팡이, 혁대, 대나무 자, 또는 채찍과 같이 어느 정도 폭이 있으면서 비교적 가벼운 물체로 가격하면 외력이 가하여진 양측에서 보이는 출혈을 말한다.

(3) 찢은 상처

견고한 둔체가 인체에 작용하여 좌멸되는 손상을 형성한 것으로 차량에 받히거나 쿠타당했을 때 생성된 손상을 말하며, 일반적으로 출혈을 볼 수 있다.

---

15 간호학대사전, 대한간호학회, 1996.3.1.

(4) 찢긴 상처

둔체가 신체를 강타하여 그 부위의 피부가 극도로 긴장되어 탄력성의 한계를 넘어 피부가 외력방향에 따라 파열된 손상

3) 예기에 의한 손상(자창)

(1) 벤상처

① 면도날, 나이프, 도자기 또는 유리병의 파편 등의 날이 있는 흉기로 베어서 조직을 연결이 끊어진 손상

(2) 찔린상처

① 송곳같이 끝이 뾰족하고 가늘고 긴 흉기를 이용하여 신체부위를 찔러 생긴 손상
② 찔린 입구 주변에서 피부밑출혈이나 피부까짐이 관찰되면 날이 전부 삽입되어 인기의 손잡이나 손, 주먹 등에 의하여 발생한 것으로 볼 수 있다.

(3) 큰칼상처

① 도끼, 식도, 낫과 같이 중량이 있고 날이 있는 흉기로 내려쳤을 때 생기는 손상.
② 날 폭이 넓고 무거울수록 찢긴상처와 유사하다.

4) 총기에 의한 손상

(1) 총알에 의한 상처의 종류에 의한 구분

① 관통총상
   총알입구, 사출구, 사창관이 모두 있는 경우.

② 맹관총상

총알입구와 사창관만 있고 체내에 남아 있을 경우.

③ 찰과총상

탄두가 체표만 찰과하였을 경우.

④ 반도총상

탄환의 속도가 떨어져 피부를 뚫지 못하고 피부까짐이나 피부밑출혈만
형성하였을 경우.

⑤ 회선총상

탄환이 골격에 맞았으나 천공시키지 못하고 뼈와 연부조직 사이를 우
회하였을 경우.

(2) 발사거리에 따른 총알상처에 의한 구분

① 접사

㉠ 총구가 피부에 밀착된 상태에서 발사된 것으로 폭풍이 일어나서 상
처구멍은 성상, 분화구상을 보이며 출알입구가 탄환의 직경보다
크다.

㉡ 총알입구가 불규칙하게 파열되어 있고, 총알입구 내에까지 화약잔
사분말이 침입되어 있다.

㉢ 피해자의 착의에 그을음이나 화약이 부착된다.

② 근접사

㉠ 피부에 밀착되지 않고 약 0.5~1cm 이내에 발사된 경우.

㉡ 접사와는 달리 폭풍이 피사체의 내부에 영향을 미치지 못하므로 상처
가장자리가 파열되지 않으며, 탄환에 의한 전형적인 상처구멍이 있다.

㉢ 사출구의 경우 접사 이외에는 총알입구의 창구나 탄환의 직경보다
일반적으로 상당히 크다.

③ 근사

  ㉠ 권총은 약 30~45cm, 장총은 1~2m 이내의 거리에서 발사된 것.

  ㉡ 총알입구는 원형상을 이루고 주위에는 이른바 소륜(burning ring)을 형성하여 폭연, 화약잔사분말, 녹, 기름성분 등이 부착된다.

  ㉢ 근사에 있어서 그을음부착의 형태는 거리가 멀어질수록 직경은 커지고 밀집도는 감소하기 때문에 거리를 추정하는 데 도움을 준다. 공기총일 경우는 발사거리를 알 수 없다.

④ 원사

  ㉠ 근사 이상의 거리에서 발사된 것.

  ㉡ 근사와의 차이점은 원사의 경우 폭열 및 탄연에 의한 변화를 보지 못하며, 탄환 자체에 의한 변화인 상처구멍에 오물고리와 까진고리만 보인다.

5) 교통사고로 인한 손상

(1) 운전자의 운전상태 추정불가

교통사고로 인한 사체의 손상을 관찰하여 차종, 차량의 속도, 충격상황, 충격방향 등을 추정할 수 있으나, 운전자의 운전상태를 추정할 수는 없다.

(2) 보행자의 손상과정

보행자가 차량에 의하여 충격되면 다음과 같은 과정에 의하여 손상을 받는다.

① 제1차 충격손상(범퍼손상)

  차체의 외부구조에 처음으로 충격되어 생긴 손상.

② 제2차 충격손상

  제1차 충격 후 신체가 차의 외부구조에 재차 부딪혀 생기는 손상.

③ 제3차 충격손상(뒤집힌손상)

제1차 또는 제2차 충격 후 쓰러지거나 공중에 떴다가 떨어지면서 지면이나 지상구조물에 부딪혀 생기는 손상.

④ 떼인상처

자동차 바퀴가 역과할 때 주로 생기며, 회전하는 둔력에 의해 피부와 피하조직이 하방의 근막과 박리되는 현상.

5. 질식사

1) 의의

질식이란 호흡에 의한 생리적 가스교환이 중단되는 상태를 말하며, 이로 인한 생명의 영구적 중단을 질식사라 한다. 질식이란 생체가 무산소증에 빠져 세포 내에 탄산과잉증이 생기는 상태에서 가능하기 때문에 일어나는 장애를 말한다.

질식은 원인에 따라 외질식과 내질식이 있는데, 법의학에서는 외질식에 의한 사망만을 질식사라고 하며 내질식에 의한 사망은 질식사라고 하지 않는다.

무증상기 ▶ 호흡곤란 ▶ 경련기 ▶ 무호흡기 ▶ 종말호흡기

질식사 발생과정

2) 법의학적 관점에서의 질식사(Death from Asphyxia)

법의학적으로 문제되는 질식은 주로 외력에 의한 호흡장애, 그중에서도 의사·교사·액사·익사·비구폐쇄 및 외상성질식 등은 중요한 감정대상이라 할 수 있다.

(1) 질식사의 3대 징후(Triad of asphyxia)

① 암적색 유동혈 Dark red and liquid blood

혈액이 암적색인 것은 다른 급사의 경우에서와 같이 사망 후에도 조직호흡은 계속되어 혈액 중의 산소는 소모되고 탄산가스가 증가되므로 정맥혈과 같은 성상을 보이기 때문이며, 특히 질식사하는 경우는 저산소혈증(hypoxemia)이 심하기 때문에 동맥혈도 정맥혈과 같은 상태로 되어 암적색을 보이게 된다.

② 일혈점 Petechia

일혈점은 외부에서는 안검 및 안구결막·피부, 내부에서는 점막하 또는 장막하에서 보는데, 특히 융선피막·심외막·폐흉막에서 현저하다.

> **참 고**　점막과 장막, 안검
>
> • 점막: 소화관, 기도(氣道), 생식기관 등의 내벽(內壁)을 덮는 부드러운 조직.
> • 장막: 척추동물의 체강(體腔)의 내면 및 체강에 있는 장기 표면을 덮고 있는 복막(腹膜), 흉막(胸膜), 심막(心膜) 등 얇은 막을 통틀어 이르는 말. 장액(漿液)을 분비하여 서로의 마찰을 적게 한다.

③ 장기의 울혈 Congestion of visceral oragns

울혈은 뇌·폐·우심방·간·신 등에 현저하며 점막 또는 장막의 혈관은 충혈되어 있다.

(2) 기타 징후

현저한 사체의 얼룩, 혀의 돌출, 대소변의 누출, 정액의 누출, 얼굴의 울혈·종창, 기도 내 포말형성 등을 들수 있다.

3) 질식사의 종류

(1) 목맴(의사)

(2) 끈졸림사(교사)

(3) 손졸림사(액사)

(4) 익사(溺死)

4) 목맴사, 끈졸림사의 사체현상 비교

구분	목맴사	끈졸림사
끈자국의 형태	① 비스듬히 위쪽으로 향해 있다. ② 목 앞부분에 현저하고 뒷면에는 없다. ③ 뚜렷한 부분은 끈 매듭의 반대쪽에 있다. ④ 서로 엇갈린 형태를 보이지 않는다. ⑤ 끈졸림사의 경우보다 높은 곳, 즉 후두부위의 위쪽을 통과하므로 방패연골의 위쪽 또는 설골(목뿔뼈)에 골절이 있다.	① 수평으로 형성된다. ② 균등하게 목 주위를 두르고 있다. ③ 뚜렷한 부분은 끈 매듭이 있는 부분에 있다. ④ 서로 엇갈린 형태를 보인다. ⑤ 목맴의 경우보다 낮은 곳, 즉 후두부위 또는 그 아래쪽을 지나기 때문에 방패연골 혹은 윤상연골에 골절이 있다. ⑥ 피해자의 옷깃까지 함께 감아 매여 있고, 2회 이상 감아 죽어 있는 경우가 많다.
눈꺼풀 결막의 점출혈	점막에 점출혈이 적고 얼굴은 창백하며, 발등은 암적색을 띤다(그러나 비전형적 목맴의 경우는 눈에 점출혈이 뚜렷이 남는다).	결막에 점출혈이 많고 얼굴은 일반적으로 암적색으로 부종상을 보인다.
자·타살	거의 대부분 자살	거의 대부분 타살

6. 중독사

1) 무기산 중독사

　무기산은 황산, 염산, 질산 등이 대표적이며, 강한 부식성을 갖고 있어서 마시면 거의 즉시 입안, 식도 및 위의 점막이 부식되어(응고괴사 현상) 격심한 통증이 일어나며 오심 및 구토가 따른다(백색화상).

> **참 고** 　무기산
>
> 　유기산에 대응하는 말로서, 예전에는 광물로부터 제조된 일이 많았기 때문에 광산이라고도 한다. 중요한 것에는 염산 HCl, 황산 H_2SO_4, 질산 HNO_3, 인산 H_3PO_4 등이 있다. 그리고 일반적으로 탄소를 함유하는 산은 유기산이지만, 탄산 H_2CO_3만은 무기산으로 취급한다.

2) 유기산 중독사

초산은 특유한 냄새가 나는 무색의 액체로서 상품으로 판매되거나 실험실에서 많이 쓰인다. 초산에 의한 음독사는 격렬한 통증, 혈성구토와 설사가 나며, 용혈로 인하여 혈뇨가 생긴다. 구강, 식도 및 위점막은 부식으로 백색의 가피를 형성한다.

> **참 고**　**유기산**
>
> 무기산과 대응하는 말로서 아세트산·뷰티르산·팔미트산·옥살산·타타르산 등이 있다. 그 대부분은 카복실산이므로 좁은 뜻으로는 카복실산을 가리킨다. 일반적으로 무기산보다 약하지만, 설폰산과 같이 강한 산도 있다.

3) 청산 중독사

청산은 살서제 및 살충제 또는 금속용접이나 전기도금, 사진인화, 합성고무의 제조 등에 널리 사용하기 때문에 구하기가 쉬워 특히 자살의 목적으로 많이 사용되며, 때로는 타살의 수단으로 사용되기도 한다.

4) 일산화탄소 중독사

일산화탄소는 무색, 무미, 무취의 비자극성 기체로 공기보다 약간 가볍고 물에는 불용성이다. 중독 증세는 조직의 무산소증에 의한 것으로서, 급성중독은 급격히 사망하는 수도 있지만, 대개는 처음에 두통·현기증·이명·구역질·구토 등이 있고, 사지의 운동이 불가능하게 되며, 다소의 의식이 남아 있어도 그대로 죽음에 이르게 된다. 다행히 생명을 건진 경우에도 후유증이 남는데, 그 증세로는 두통·현기증·근무력증·불면·오심을 비롯하여 기억력·시력·청력·언어장애 등이 나타난다.[16]

---

16 두산백과사전/https://namu.wiki/w/

7. 기타 사망: 화상에 의한 사망(4단계)

1) 1도화상

① 물집(수포)은 형성되지 않으나 표피가 벗겨질 수도 있다.
② 표재성으로 표피에 홍반만 보기 때문에 홍반성 화상이라고 한다.

2) 2도화상

① 표피와 함께 진피까지 침범되는 화상이다.
② 물집(수포)이 형성되고 수포 주위에 홍반(紅斑)을 볼 수 있어 특히 이를 물집성화상이라고 부른다.

3) 3도화상

① 피하지방을 포함한 비부의 전 층에 침범되는 화상이다.
② 조직이 응고성 괴사에 빠지며 외견상 건조하고 회백색을 띠며 물집(수포)을 형성하지 않는다.

4) 4도화상

피부 및 그 하방의 조직이 탄화되는 것으로, 뜨거운 액체로 인한 화상의 경우에는 나타나지 않는다.

8. 자살 · 타살의 구별

1) 예기 · 둔기 손상사에서의 자 · 타살 구별

기준	자살	타살
사용흉기	자살에 쓰인 흉기는 거의 하나이고 몸 가까이에서 발견된다.	2개 이상의 흉기에 의한 벤상처가 발견되고, 흉기가 시체에서 멀리 떨어져 있는 경우는 타살이 많다.
주저흔, 방어흔	잘 쓰이는 손에 혈액이 부착되어 있고 항상 주변에 주저흔이 발견된다. ※ 주저흔(hesitation mark): 자살의 경우 자살하는 사람이 어느 부위를 얼마 정도의 힘을 가하여야 하는 망설임 때문에 자살부위는 물론이고 생명을 끊을 수 있는 신체 여타 부위에도 가깝게 자해한 흔적이 많이 나타난다.	손 · 손가락 · 팔뚝에 방어흔이 있는 경우가 많다. ※ 방어흔(defense mark): 타살에 치명이 되는 부위뿐만 아니라 팔목, 팔뚝 또는 엉덩이 등에도 나타나는 손상으로 가해자가 흉기로 가격했을 때 본능적으로 막아서 발생되는 능동적 방어흔(active defense mark)과 도망다니면서 상해를 입은 수동적 방어흔(passive dafense mark)으로 구분된다.
손상의 부위	목, 가슴, 배꼽 부위 등 급소에 있는 것이 보통이며, 늘 쓰는 손의 반대측에 기점이 있다.	신체의 어느 부위에도 가능하나 특히 목덜미, 뒷덜미, 등, 허리 등에 손상이 있다.
손상의 수	손상의 수는 적으며, 특히 치명상의 수는 1~2개에 불과하다.	중 · 치명상의 수는 여러 개인 경우가 많다.
손상의 방향	손상이 비교적 집중되어 있으면서도 상호평행한 방향을 취한다.	손상들이 불규칙하고 여러 방향을 이루는 경우가 많다.
손상의 형태	날이 있는 도구를 사용하기 때문에 벤상처, 찔린상처가 많다.	유도기뿐만 아니라 둔기의 사용도 빈번하다. 벤상처, 찔린상처, 외에 타박상, 찢긴상처, 큰칼상처 등 다양하다.
착의와의 관계	옷을 걷어 올리고 직접 피부에 상해를 하므로 옷에는 손상의 흔적이 거의 없다.	옷을 입은 채로 상해를 입게 되므로 옷에도 손상이 있다.
비고	마루부위나 뒤통수부위를 강타하는 경우는 정신질환자 등에 의한 특수한 자살의 경우도 있을 수 있으므로 섣불리 자 · 타살을 감별하지 말고 제반사정을 종합적으로 판단하여야 한다.	

2) 총기에 의한 사망에서 자·타살 구별

자살	타살
① 피부에 접착시켜 발사하는 접사가 보통이다.	① 원사, 근사인 것이 보통이다.
② 총알상처는 대개 급소부위에 있다.	② 총알상처는 급소에 한하지 않는다.
③ 총기는 사자의 손 또는 주변에 있다.	③ 사용된 총기의 위치는 일정하지 않다.
④ 사자의 손, 소매 등에 화약잔재가 묻어 있다.	④ 사자 이외의 물체에도 탄흔이 남아 있다.

3) 질식사(목맴)의 자·타살 구별

구분	자살	타살
매단점	① 매어져 있던 시체를 풀어 놓았다고 주장할 때 매단점(끈을 맨 곳)에서 끈의 섬유가 발견되지 않거나 매단점에서 묻을 수 있는 물질이 끈에서 발견되지 않을 때에는 타살의 의심이 있다. ② 거짓목맴에서는 매단점과 목 부위의 끈길이가 너무 짧거나 길 때가 있으므로 목을 맨 과정과 연관시켜 그 정도의 길이가 자신의 목을 매는 데 합당한지를 검토하여야 한다.	
사용된 끈	자신이 일상적으로 사용하는 것이나 피부에 닿아도 아프지 않는 연한 것을 사용한다.	튼튼한 것이면 무엇이든 사용한다. 다만, 주변에서 흔히 보지 못하는 이상한 끈을 사용한 경우에는 일단 의심을 하여야 한다.
맨 방법	끈을 감은 횟수로 자·타살을 일률적으로 판단하는 것은 적절하지 않으며, 끈자국의 행태와 위치 등을 종합하여 판단하여야 한다.	
끈자국	① 끈자국이 끈과 일치된다. ② 체중 때문에 아래턱에 걸려 더 이상 올라가지 못할 때까지 올라가기 때문에 끈자국은 목의 윗부분에 있다. 따라서 거의 대부분은 방패연골의 높이 또는 그 상방에 끈자국이 위치한다.	① 끈자국이 끈과 일치되지 않는다. ② 끈과 끈자국 사이에 머리카락·낙엽·흙 등 이물질을 발견할 수 있다. ③ 일반적으로 목맴보다 목이 아래쪽에 있다. ④ 끈으로 졸라 살해 후 위장했을 경우에는 이중끈자국을 볼 수 있는(다만, 자살 시 끈이 끊어져 재차 목맴을 시도한 경우에도 볼 수 있으므로 신중하게 판단하여야 한다).

구분	자살	타살
끈자국 주변 손상	목맴에서는 반사적으로 끈을 제거하려고 할 때가 있으므로 자기 손톱에 의한 손톱자국이나 손에 의한 타박상이 목부위에 형성될 수도 있다.	
시체얼룩 등	① 체위에 합당하게 하반신에서 발견된다. ② 배설물이나 혈액을 현장의 하방에서 본다면 스스로 목맴한 것이라고 여겨진다.	① 체위에 합당하지 않는 부위에서도 발견된다. ② 완전목맴시체에서 얼굴과 눈꺼풀 결막에 청색증과 점출혈을 본다면 거짓목맴이 강력히 의심된다.
장소·상황	현장상황이 자연스럽다.	거짓목맴에서는 범죄를 은폐하기 위한 불안 때문에 현장을 과도하게 꾸미는 경향이 있다.
보조물	가끔 발견된다.	거의 발견되지 않는다.
저항흔	없다.	있는 경우가 많다.

제4절 법의학적 혈청학

1. 개설

항원과 항체의 반응원리를 이용하면 혈액은 물론 각종 인체조직과 인체분비액에 존재하는 혈액형 물질의 검출이 가능하다. 이들 혈액형의 판정결과는 범죄수사를 위한 범인의 색출 및 개인식별에 활용되고 있다.

> **참고** 법의학적 혈청학의 대상
>
> ① 혈액(혈흔), 타액(타액반), 정액(정액반), 모발, 땀, 소변, 기타 인체 배설물.
> ② 골격, 치아, 인체의 장기 등.

2. 혈액

1) 의의

혈액형은 1901년 카를 란트슈타이너(Karl Landsteiner)가 ABO식 혈액형을 발견하였고, 그 후 1927년에는 그의 동료와 함께 MN식 혈액형을 1940년에는 Rh식 혈액형을 발견하였다. 혈흔으로 혈액형, 성별, DNA, 분석 등이 가능하나, 연령추정은 불가하다.

참 고 　항원, 항체, 인혈증명시험

① 항원: 면역반응을 일으키는 주된 원인, 바이러스와 세균, 꽃가루, 혈핵형 등.
② 항체: 항원과 반응하여 면역반응을 일으키는 면역물질. B림프구로부터 생성됨. 몸속 세균에 항체 여러 개가 달라붙어 백혈구가 죽이도록 돕는 역할을 담당하는 것이 항체이며, B림프구의 분화된 형태인 기억세포를 통해 2차면역반응에서 더 빠르게 항체를 생산할 수 있다(예방주사).
③ 인혈증명시험: 사람의 혈흔인지 여부를 증명하는 실험으로 침강반응 중층법, 피브린(Fibrin) 평판법, 면역겔확산법 등이 사용되었으나 최근에는 유전자분석에 의한 방법이 개발되어 사용되고 있다. 하지만 유전자형이 검출되지 않는 경우 실제로 사람의 혈흔인지 아닌지를 판단할 수 없기 때문에 인혈증명시험을 통하여 사람의 혈흔 여부를 판단한다.

참 고 　혈액을 통한 신원확인 등 수사사례

① 서래마을 영아살해유기사건 사건의 발생
② 대구지하철 방화참사 희생자 신원확인 사건의 발생
③ 삼풍백화점 붕괴사고 희생자 신원확인
④ 대구 성서 개구리 소년 실종 사건
⑤ 백범 김구 선생 혈의 분석

---

2) 혈흔 검사의 순서 및 방법

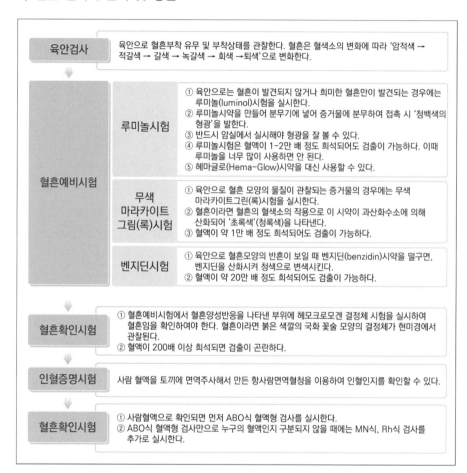

육안검사	육안으로 혈흔부착 유무 및 부착상태를 관찰한다. 혈흔은 혈색소의 변화에 따라 '암적색 → 적갈색 → 갈색 → 녹갈색 → 회색 →퇴색'으로 변화한다.	
혈흔예비시험	루미놀시험	① 육안으로는 혈흔이 발견되지 않거나 희미한 혈흔만이 발견되는 경우에는 루미놀(luminol)시험을 실시한다. ② 루미놀시약을 만들어 분무기에 넣어 증거물에 분무하여 접촉 시 '청백색의 형광'을 발한다. ③ 반드시 암실에서 실시해야 형광을 잘 볼 수 있다. ④ 루미놀시험은 혈액이 1-2만 배 정도 희석되어도 검출이 가능하다. 이때 루미놀을 너무 많이 사용하면 안 된다. ⑤ 헤마글로(Hema-Glow)시약을 대신 사용할 수 있다.
	무색 마라카이트 그린(록)시험	① 육안으로 혈흔 모양의 물질이 관찰되는 증거물의 경우에는 무색 마라카이트그린(록)시험을 실시한다. ② 혈흔이라면 혈흔의 혈색소의 작용으로 이 시약이 과산화수소에 의해 산화되어 '초록색'(청록색)을 나타낸다. ③ 혈액이 약 1만 배 정도 희석되어도 검출이 가능하다.
	벤지딘시험	① 육안으로 혈흔모양의 반흔이 보일 때 벤지딘(benzidin)시약을 떨구면, 벤지딘을 산화시켜 청색으로 변색시킨다. ② 혈액이 약 20만 배 정도 희석되어도 검출이 가능하다.
혈흔확인시험	① 혈흔예비시험에서 혈흔양성반응을 나타낸 부위에 헤모크로모겐 결정체 시험을 실시하여 혈흔임을 확인하여야 한다. 혈흔이라면 붉은 색깔의 국화 꽃술 모양의 결정체가 현미경에서 관찰된다. ② 혈액이 200배 이상 희석되면 검출이 곤란하다.	
인혈증명시험	사람 혈액을 토끼에 면역주사해서 만든 항사람면역혈청을 이용하여 인혈인지를 확인할 수 있다.	
혈흔확인시험	① 사람혈액으로 확인되면 먼저 ABO식 혈액형 검사를 실시한다. ② ABO식 혈액형 검사만으로 누구의 혈액인지 구분되지 않을 때에는 MN식, Rh식 검사를 추가로 실시한다.	

3) 혈흔의 채취 요령

유동혈액		① 깨끗한 유리병에 담아 외부로 새어 나가지 않도록 마개를 견고하게 닫은 다음에 저온상태를 유지하며 운반한다. ② 혈액형 감정이 가능한 혈흔의 최소량은 0.5mg이다.
침윤혈액		사건현장 땅바닥에 스며든 혈흔은 그 부분의 흙을 채취하여 그늘에서 건조시킨 다음 포장한다.
부착 혈흔	의복, 천 등에 부착된 혈흔	혈흔 부착부위를 그려 표시하고 깨끗한 종이를 사이사이에 끼워서 혈흔이 다른 부위와 겹쳐지지 않도록 포장한다.
	흉기 등에 부착된 혈흔	칼날과 손잡이의 혈흔 부착부위를 건조시킨 다음 깨끗한 비닐로 혈흔 부위에 너무 밀착되지 않게 포장한다.
	손톱에 부착된 혈흔	① 가능한 한 손톱 끝부분에서 안쪽으로 적당한 길이로 잘라 비닐봉투에 싸서 포장한다. ② 피해자의 손톱을 너무 깊게 자르면 흔히 피해자의 혈흔이 묻어 나와서 범인의 혈흔검출은 불가능할 수 있으므로 주의하여야 한다.
	아스팔트 · 마루 바닥에 부착된 혈흔 (운반곤란 시)	① 거즈에 생리식염수를 묻혀 부착혈흔을 닦아 구늘에서 건조시켜 의뢰한다. ② 솜이나 알코올을 사용해서는 안 된다.

3. 타액

1) 의의

범죄현장에 유류된 타액을 이용하여 범인의 혈액형을 판단할 수 있다. 남녀 식별도 가능하다. 타액이 검출될 수 있는 현장 증거물로 담배꽁초, 껌, 우표, 휴지, 마스크, 손수건 등이 있다.

2) 타액(타액반)검사의 순서 및 방법

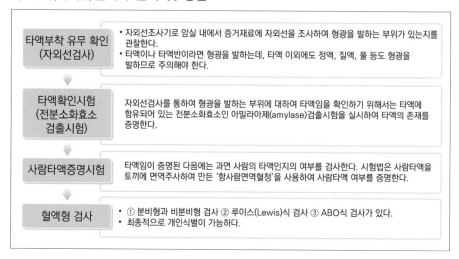

타액부착 유무 확인 (자외선검사)	• 자외선조사기로 암실 내에서 증거재료에 자외선을 조사하여 형광을 발하는 부위가 있는지를 관찰한다. • 타액이나 타액반이라면 형광을 발하는데, 타액 이외에도 정액, 질액, 풀 등도 형광을 발하므로 주의해야 한다.
타액확인시험 (전분소화효소 검출시험)	자외선검사를 통하여 형광을 발하는 부위에 대하여 타액임을 확인하기 위해서는 타액에 함유되어 있는 전분소화효소인 아밀라아제(amylase)검출시험을 실시하여 타액의 존재를 증명한다.
사람타액증명시험	타액임이 증명된 다음에는 과연 사람의 타액인지의 여부를 검사한다. 시험법은 사람타액을 토끼에 면역주사하여 만든 '항사람면역혈청'을 사용하여 사람타액 여부를 증명한다.
혈액형 검사	• ① 분비형과 비분비형 검사 ② 루이스(Lewis)식 검사 ③ ABO식 검사가 있다. • 최종적으로 개인식별이 가능하다.

3) 타액의 수집 · 채취요령

유동성 타액	깨끗한 유리병에 넣어 낮은 온도, 즉 얼음상자로 운반하면 부패가 방지된다.
부착타액	담배꽁초, 휴지 또는 헝겊 등에 부착된 타액은 그늘에서 완전히 건조시킨 다 음 포장한다.

4) 타액 수사

(1) 의의

절도사건 현장에서 발견된 담배꽁초 등에서 타액을 검출하여 그것을 통한
유전자를 대조하여 피의자 검거 및 기타 여죄를 수사하는 수사기법.

사 례   사건사례

피해자는 경상북도 울주 부근의 경부고속도로 옆에서 알몸 변사체가 발견되며,
처참히 살해된 채 풀숲에 버려져 있는 상태. 사건 현장과 변사자에게서 채취된 여
러 증거물에서 다양한 분석이 진행되었고 이를 데이터베이스화하여 놓은 상태.
여기서 범인의 것으로 추정되는 남성의 유전자형이 검출되었다. 그리고 타 사건
수사과정에서 검거된 절도범의 유전자와 살인사건현장에서 확보된 증거물의 유전
자를 대조한 결과 동일인으로 확인되어 검거.

(2) 실제로 의뢰된 타액과 관련된 증거물의 유형

범인이 씹다 버린 껌, 음료수를 먹던 빨대, 물병, 빵 및 담배꽁초.

(3) 순수한 타액에서는 유전자형을 검출할 수 없다

순수한 타액에는 유전자물질을 포함하는 세포가 없기 때문이다.

다만, 타액이 분비되거나 입속에 있으면서 구강상피세포가 타액과 함께 묻어나야 가능하다. 입이 닿았을 만한 곳을 채취하여 타액반응 여부를 시험하여 이를 증명하여야 한다. 즉, 범인이 그곳에 입을 댔음을 간접적으로 증명하고 그곳에 묻어 있는 세포를 면봉으로 채취하여 유전자분석을 하는 것이다.

(4) 타액의 성분

타액은 침샘에서 하루에 약 1~1.5리터가 분비된다. 타액의 성분은 대부분이 물이고(99.3%) 나머지는 뮤신(0.3%)과 아밀라아제, 아미노산 등 무기물과 유기물이 구성하고 있다.

(5) 타액의 채취

사건현장이 실내인 경우 어느 곳에 범인의 타액이 묻어 있는지 알 수 없는 경우가 많다. 이런 경우 의심이 가는 부위에 자외선을 조사하면 타액이 묻은 부분에서 약한 형광을 발하게 된다.

(6) 타액을 증명하는 실험 방법

타액을 검출하는 시험은 타액에 존재하는 아밀라아제를 검출하는 시험이 대부분이다. 타액은 타액의 성분 중 하나인 알파-아밀라아제(α-amylase)의 존재를 화학적으로 검출하는 것이다. 아밀라아제 검출은 다음의 과정으로 이루어진다.

① 시험관 또는 아가로즈 겔에 있는 전분에 미지의 시료를 반응시킨다. 아밀라아제가 있는 경우 말토오스로 분해되지만 그렇지 않은 경우 전분이 그대로 있게 된다. 루골시약은 정액, 질액 그리고 이자액, 변, 세균 등에도 아밀라아제 활성이 나타난다.

② 타액반에서 혈액형 물질이 같이 분비되기 때문에 혈액형을 실험할 수 있다. 타액에서의 혈액형 분석은 항원항체 반응에 기초한다.

4. 정액

1) 의의

정액의 법의학적 증명은 성범죄수사에서 유력한 증거가 된다. 정자는 여성의 질 내에서 72시간까지 생존한다. 부패된 사체에서는 정자의 검출이 불가능하다.

2) 정액검사의 순서 및 방법

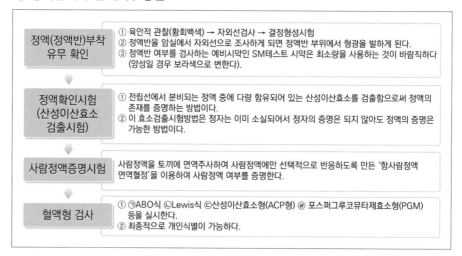

정액(정액반)부착 유무 확인	① 육안적 관찰(황회백색) → 자외선검사 → 결정형성시험 ② 정액반을 암실에서 자외선으로 조사하게 되면 정액반 부위에서 형광을 발하게 된다. ③ 정액반 여부를 검사하는 예비시약인 SM테스트 시약은 최소량을 사용하는 것이 바람직하다 (양성일 경우 보라색으로 변한다).
정액확인시험 (산성이산효소 검출시험)	① 전립선에서 분비되는 정액 중에 다량 함유되어 있는 산성이산효소를 검출함으로써 정액의 존재를 증명하는 방법이다. ② 이 효소검출시험방법은 정자는 이미 소실되어서 정자의 증명은 되지 않아도 정액의 증명은 가능한 방법이다.
사람정액증명시험	사람정액을 토끼에 면역주사하여 사람정액에만 선택적으로 반응하도록 만든 '항사람정액 면역혈정'을 이용하여 사람정액 여부를 증명한다.
혈액형 검사	① ㉠ABO식 ㉡Lewis식 ㉢산성이산효소형(ACP형) ㉣ 포스퍼그루코뮤타제효소형(PGM) 등을 실시한다. ② 최종적으로 개인식별이 가능하다.

3) 정액 수집 · 채취요령

유동성 정액	① 깨끗한 유리병에 넣어 얼음상자 등에서 저온상태를 유지하여 운반하면 부패가 방지된다. ② 냉장상태로 운반곤란 시 청결한 거즈에 묻혀 그늘에서 건조시켜 종이봉투 또는 파라핀지로 포장하여야 한다.
부착정액(정액반)	정액이 묻었다고 추정되는 의류 · 휴지 · 팬티 등은 정액 부착부위가 서로 접촉되지 않도록 깨끗한 종이를 사이에 끼워 포장을 해야 하며, 반드시 증거물 전체를 의뢰한다.
질액과 혼합된 정액	① 여러 개의 면봉을 준비하여 질 심층부위, 중간부위, 질 외벽 등을 고루 묻혀내면 된다.

② 질액과 혼합되어 있는 정액의 혈액형 감별을 필요로 할 때에는 반드시 피해자의 혈액을 약 1~2밀리리터 채취하여 함께 의뢰한다(혼합반으로는 정액의 혈액형만 선택적으로 판정하기 어렵기 때문이다).

5. 소변검사

소변검사라 함은 소변 속에서 나타나는 전신의 대사산물을 검사하여 각종 질환 및 약물의 사용 여부 등을 검사하여 그 자료를 범죄수사에 활용하는 것이다. 소변으로 마약투약 여부, 혈액형, 범인 또는 피해자의 질병 여부 등을 알 수 있다. 특히, 소변에서 독물이나 약물의 대사 산출물을 검출함으로써 사건의 종류 및 상황을 추정할 수 있다.

제5절 | 지문감식

1. 지문의 의의

지문이란 사람의 손 마지막 마디에 있는 이랑(융선)과 고랑으로 형성된 문양을 말한다. 사람의 피부는 표피, 진피, 피하지방층의 3중 구조로 되어 있으며, 체온조절, 수분유지, 침입하는 유기체로부터 보호, 감각 기능을 수행한다. 지문의 외형적 모양은 이랑(Ridges)과 고랑(Furrow)으로 구성되어 있는데 이랑을 흔히 융선이라고 한다.

2. 지문의 특성

지문은 태아 상태에서 약 9주에서 16주로 추정되는 임신기간의 발전적 잡음에 기인하여 만들어지기 시작하며 볼라패드의 성장과 퇴화를 거쳐 융선이 형성, 3개월가량 성장을 하다 약 19주에서 24주가 될 무렵 완성된다.

이때 만들어진 지문은 평생 동안 변하지 않는다고 하여 종생불변(終生不變)이라고 하며, 또한 융선의 끝점[17]과 분기점[18]이 형태가 같은 사람은 존재하지 않으므로 만인부동(萬人不同)이라고 표현한다.

참 고   볼라패드(Volar Pad)

손과 발바닥 표면에 있는 표피 및 중간엽이라고 불리는 일시적으로 돌출된 조직으로, 성장하였다가 퇴화되며 융선이 형성된다. 볼라패드의 퇴화가 빠르게 시작하면 융선을 시작하는 시간에 볼라패드가 더 퇴화된 상태로 있을 것이며 비교적 적은 융선 수의 문양이 나타나고 반대의 경우에는 많은 융선 수를 가진 문양이 나타난다.

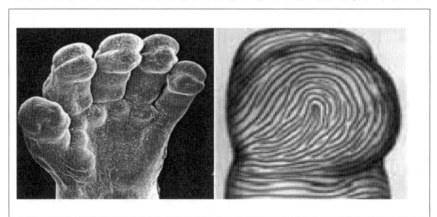

사진출처: 구글 이미지 검색

---

17 끝점: 융선이 가다가 끝나는 지점
18 분기점: 융선이 가다가 갈라지는 지점

쌍둥이의 지문의 동일성

1977년 5월 22일 강원도 정선에서 출생한 일란성 쌍둥이의 지문을 보면 융선의
문양은 같으나 그 안에 존재하는 융선의 끝점, 분기점이 모두 다른 것을 볼 수 있다.

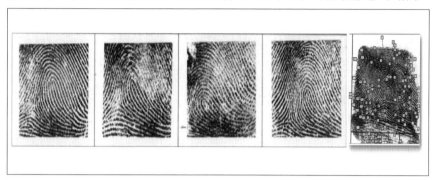

3. 지문의 분류

1) 지문의 분류방법

우리나라는 독일 함부르크 경찰청장 Roscher 박사가 1903년에 완성한 함
부르크식 지문분류법을 사용하고 있으며, 독일·일본 등에서도 사용하고 있다.
영국인 에드워드 헨리(Sir Edward Richard Henry)는 전 세계적으로 사용되는 헨
리식 지문분류법을 창안하였으며, 1901년 영국에서 처음 채택되어 영국 및 미
국 등지에서 사용하고 있다.

2) 궁상문

지문이 활(弓) 모양의 궁상선으로 형성된 지문을 말한다. 중심부의 특징이
나 삼각도가 없으며 돌기 방향은 반드시 상부를 향한다.

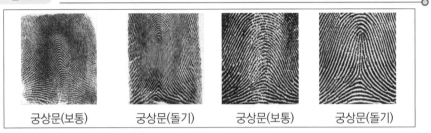

| 궁상문(보통) | 궁상문(돌기) | 궁상문(보통) | 궁상문(돌기) |

3) 제상문

말(馬)발굽 모양의 제상선으로 형성되고 융선이 흐르는 반대측에 삼각도가 1개 있는 지문을 말한다. 좌수의 지문을 찍었을 때 좌측에 삼각도가 형성되어 있으면 '갑종제상문'이라고 하며, 좌수의 지문을 찍었을 때 우측에 삼각도가 형성되어 있으면 '을종제상문'이라고 한다.

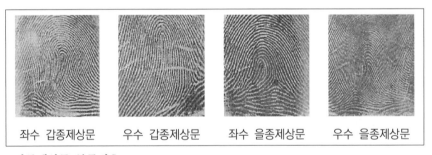

| 좌수 갑종제상문 | 우수 갑종제상문 | 좌수 을종제상문 | 우수 을종제상문 |

- 갑종제상문 분류번호: 2,
- 을종제상문 분류번호: 3, 4, 5, 6
  - 내단과 외단 사이에 가상직선에 닿는 융선수가 7개 이하 '3'
  - 내단과 외단 사이에 가상직선에 닿는 융선수가 8~11개 이면 '4'
  - 내단과 외단 사이에 가상직선에 닿는 융선수가 12~14개 이면 '5'
  - 내단과 외단 사이에 가상직선에 닿는 융선수가 15개 이상 '6'

4) 와상문

와상선, 환상선, 이중제상선, 제상선, 기타 융선이 독립 또는 혼재되어 있는 2개 이상의 삼각도가 있는 지문을 말한다. 단, 유태제형(有胎蹄形) 와상문은 삼각도가 1개이다.

와상문 분류번호: 7, 8, 9

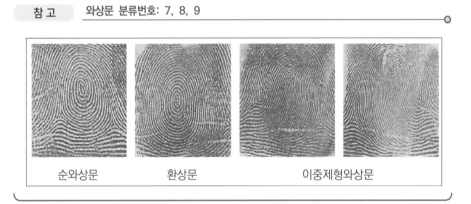

| 순와상문 | 환상문 | 이중제형와상문 |

5) 변태문

궁상문, 제상문, 와상문 등 어느 문형에도 속하지 않는 지문으로 정상적으로 분류번호를 부여할 수 없는 지문을 말한다.

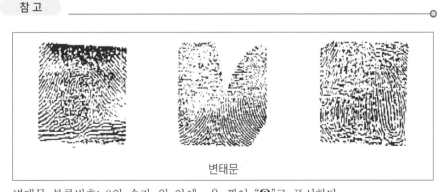

변태문

변태문 분류번호: 9의 숫자 원 안에 · 을 찍어 "**9**"로 표시한다.

6) 절단문

손가락 끝 마디가 절단되어 지문을 채취할 수 없는 경우를 말한다.

7) 손상문

지문이 손상되어 궁상문, 제상문, 와상문으로 분류할 수 없을 때는 0의 원 안에 · 을 찍어 "Θ"로 표시한다. 단, 손상된 지문이라도 분류가 가능하다면 하여야 한다.

참 고

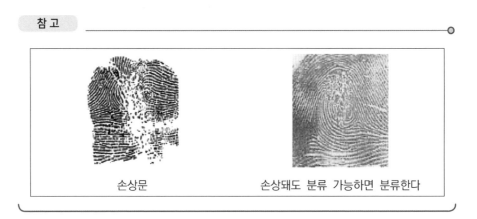

| 손상문 | 손상돼도 분류 가능하면 분류한다 |

4. 지문의 종류

1) 현장지문

범죄현장에서 채취한 지문.

2) 준현장지문

범죄현장이 아니더라도 범죄현장과 관련이 있는 범인의 침입경로, 도주경로 및 예비장소 등에서 발견된 지문.

3) 유류지문

현장에서 채취한 지문 중 관계자 지문을 제외하고 남은 지문으로 범인 지문으로 추정되는 지문.

4) 관계자지문

범인 이외의 자가 남긴 것으로 추정되는 지문으로 사건 수사에 관련된 피해자, 현장출입자 등이 남긴 지문.

5) 현재지문

먼지나 혈액, 인주 등 유색물질이 묻어 남겨진 지문으로 무색 투명하지 않고 색깔이 있어 지문이 육안으로 보이는 것(시약처리 없이 그대로 사진 촬영하거나 전사).

6) 잠재지문

눈으로 보이지 않지만 손가락 끝마디 안쪽 피부에 남아 있는 분비물에 의해서 남겨진 지문으로 범죄현장의 지문은 대부분 잠재지문이다. 따라서 각종 시약을 통하여 육안으로 보이게 하는 과정이 필요하다.

7) 정상지문

범인의 손에 혈흔 등 이물질이 묻어서 남겨지는 지문.

8) 역지문

먼지에 싸인 물체, 연한 점토, 마르지 않는 도장면에 인상된 지문은 융선의 고랑과 이랑이 반대로 현출된다. 이것을 역지문이라고 한다.

9) 반대지문

지문을 찍었을 때 나타나는 지문을 정상지문이라고 하며 손가락을 직접 육안으로 확인하였을 때에는 반대로 나타나게 되는데 이것을 반대지문이라고 한다. 역지문과 혼동되지 않도록 주의한다.

5. 지문의 채취

1) 현재지문 채취

먼지나 혈액, 기타 유색물질에 의해 지문이 인상되어 육안으로 식별이 가능하므로 젤라틴 전사지나 접착용 테이프를 활용하여 채취하거나 사진촬영을 한다.

(1) 사진촬영에 의한 방법

현장 사진촬영을 통해 지문을 확인·분석한다.

(2) 전사판에 의한 방법

㉠ 평면체로부터 검출된 지문채취법에 사용된다.
㉡ 전사판은 대지를 벗긴 다음 점착면을 지문이 검출된 부분을 향해서 지문이 확실히 전사되어 밀리지 않도록 여러 번 문질러 대지와의 사이에 기포가 들어가지 않도록 한쪽 끝에서부터 가만히 덮어 붙인다.
㉢ 전사판으로는 지문전사용의 젤라틴(gelatine)지가 주로 사용된다.
㉣ 전사판은 인상방향을 판단할 수 있도록 오른쪽 윗부분 모서리를 가위로 자른다.
㉤ 전사 후 전사판의 뒷면에는 각 장마다 일련번호 등을 기입하고 채취장소 등을 명백히 하여 입증조치를 강구해 두어야 한다.

(3) 실리콘러버에 의한 방법

㉠ 실리콘러버는 검체가 구면체 또는 요철함체일 때에 사용되며, 주로 부패한 변사체의 지문이나 공구흔 채취에 주로 사용된다.
㉡ 실리콘러버에 약 5% 정도의 경화제(가다리스트)를 혼합해서 덩어리가

지지 않도록 잘 휘젓는다.

ⓒ 검체가 철면인 경우에는 기포가 들어가지 않도록 붓는다.

ⓔ 검체가 철면체 또는 구면체인 경우에는 적당한 종이에 주걱으로 눌러서 검체의 한쪽으로부터 기포가 들어가지 않도록 가만히 눌러 붙여 실리콘러버가 굳어진 후에 가만히 떼어낸다.

ⓜ 실리콘러버는 흑색과 백색의 두 종류가 있으나 주로 흑색을 사용하고 있으며, 실리콘은 10분 정도 있으면 굳는다.

ⓑ 실리콘러버법만으로는 대조 가능한 완전한 지문을 현출할 수 없다. 변사자지문을 채취한 실리콘러버에 합성수지 피막제액을 도포한 다음, 굳은 후에 떼어내서 벗긴 피막에 지문잉크를 바른 후 지문을 채취한다.

2) 잠재지문 채취

(1) 고체법

일명 분말법이라고도 하는데, 미세한 분말을 지문이 인상되었다고 생각되는 물체에 지문채취용 붓을 이용하여 도포한 후 사람의 신체에서 분비된 분비물에 부착시켜, 젤라틴 전사지로 채취한다. 주로 표면이 비교적 편편하고 매끄러우며 경질의 물체상에 유류된 잠재지문을 채취하는 데 가장 적당하며, 비다공성 물질에는 형광분말을 주로 사용하고 감열지에는 자석분말을 사용한다.

▌상승과정과 하강과정

사용검체의 색상	분말의 색상	비고
어두운 색깔	은색분말	흰색 도자기의 경우에는 흑색분말과 흰색 전사판을 이용한다.
밝은색	흑색분말	
황·청색	적색분말	

(2) 액체법

수표나 영수증, 신문지나 편지지 등 주로 지류에 있는 지문을 현출할 때 초산은 용액법과 닌히드린 용액법을 사용한다. 초산은은 햇빛에 건조시켜야 하기 때문에 주로 닌히드린을 많이 사용한다.

닌히드린용액법	ⓐ 땀에 함유되어 있는 아미노산(단백질)과의 반응을 이용하여 자청색의 발색반응을 시키는 방법이며, 종이류 등에 이용된다. 닌히드린(ninhydrin) 용액이 증발된 후 건조기 안에 넣어 가열하거나 적외선램프 또는 히터를 사용한다. ⓑ 채취방법 ㉮ 닌히드린용액법은 0.5%의 ninhydrin-acetone액을 사용하며 Komilakis법이라고도 한다. ㉯ 닌히드린 제조 시 오존 등 환경오염물질 발생방지 및 잉크가 번지는 것을 막기 위해 3M사에서 제조·판매하는 HFE-7100을 용매로 사용한다. ㉰ 닌히드린용액을 스테인리스 용기에 부은 후 검체를 담가서 적신 후 2분 경과하면 용액이 증발한다. ㉱ 전기다리미로 약 1분간 가열하면 잠재지문이 검출된다. 닌히드린용액은 인화성이 강한 약품이므로 검체를 태우는 일이 없도록 가열할 때 주의를 요한다. ㉲ 지문이 검출되면 사진촬영한다(전사법을 활용하지 못함). ㉳ 닌히드린용액을 도포한 후 그 부분을 손으로 만져서는 안 된다.
초산은용액법	ⓐ 지두 분비물 중 염분과의 반응을 이용하여 태양광선에 쬐어서 자색으로 지문을 검출하는 방법이며, 종이류 등에 이용된다. 드라이어 등으로 초산은 용액을 신속히 건조시킨 후 일광에 쬐거나 자외선발 광기 또는 태양 등에 쬔다. ⓑ 채취방법 ㉮ 초산은용액법을 스테인리스 용기에 붓고 검체를 담가서 적신 후 약 5~10분 경과되면 액체의 물방울이 건조된다. ㉯ 약 3~4분간 햇빛에 쬐고 지문이 현출되면 중지한다. ㉰ 지문이 검출되면 사진촬영한다.(전사법을 활용하지 못함)

(3) 기체법

기체법은 기화된 화학약품을 이용하여 검체에 부착되어 있는 지문, 즉 지두에서 분비된 각종 분비물과 화학반응을 하여 잠재지문을 현출하는 방식으로, 주로 강력순간접착제를 이용한 시아노아크릴레이트법(CA법)이 주로 사용되며, 이외에도 오스믹산 용액법, 옥도가스법, 아이오딘 기체법 등을 활용하고 있다.

옥도가스법	㉠ 의 의 ⓐ 옥도가스(요오드가스)를 사용하여 분비물의 지방분을 다갈색으로 착색시켜 지문을 검출하는 방법이다. ⓑ 종이류, 목재류, 초자(硝子)류, 도자기류 등에 이용된다. ㉡ 채취방법 ⓐ 초자관(일명 호발기) 안에 석면, 염화칼슘, 석면, 옥도결정, 석면 순으로 넣은 다음, 입으로 가볍게 입김을 불어서 옥도를 증발시켜 검체에 뿜으면 다갈색으로 착색되어 지문이 검출된다. ⓑ 기체법으로 검출된 지문은 옥도의 승화에 따라 퇴색되므로 신속히 사진촬영한다(전사법을 활용하지 못함). ⓒ 퇴색 소멸된 경우도 옥도(요오드)가스를 뿜으면 몇 번이라도 지문을 검출할 수 있다. ⓓ 옥도가스는 눈, 코, 인후 등을 자극하므로 통풍에 주의하여 입김을 불 때 호흡하는 일이 없도록 해야 한다. ⓔ 옥도는 진동에 의하여 알루미늄 분말과 혼합되면 열을 발생할 위험이 있으므로 운반·보관 시 은색분말(알루미늄 분말)과 동일한 장소에 보관하여서는 안 된다. ⓕ IODIN이란 상표명으로 튜브식지문채취기세트가 판매되고 있다.
강력순간 접착제법 (CA기체법)	㉠ 의 의 ⓐ 주성분인 시아노아크릴레이트 증기를 이용하여 여기에서 발생된 증기가 지문 속에 함유되어 있는 염문, 지방분, 단백질 등과 화학반응을 일으켜 백색의 지문이 현출되게 하는 것이다. ⓑ 피검체가 구면체로서 지문의 사진촬영이 곤란할 시에는 분말을 도포하여 전사판으로도 선명한 잠재지문을 채취할 수 있다. ⓒ 피혁류, 플라스틱류, 비닐류, 스티로폼, 은박지, 사과 등 과일류에서도 지문검출이 가능하다. ⓓ 핸드백, 지갑 등 무늬로 요철이 형성된 고체물에 적합하며 분말법의 전 처리단계로도 이용된다. ㉡ 채취방법 ⓐ 잠재지문을 검출할 증거물을 유리시험관 안에 매달고 바닥에 깐 은박지에 강력순간접착제를 2~3g 떨구어 뚜껑을 덮고, 테이프로 밀봉한다. ⓑ 지문이 검출되면 사진촬영한 후 분말을 도포하여 전사판으로 채취한다. ⓒ 이 방법은 현출되는 시간이 오래 걸리므로(2시간~수일) 가성소다로 처리한 솜을 이용하면 시간을 반으로 줄일 수 있고, 가스분말지문현출기를 이용하면 보다 신속히 현출시킬 수 있다. ⓓ 기재: 유리시험관, 강력순간접착제, 벽 옷걸이, 은박지, 철사, 신분증 패용집게

오스믹산 용액법	㉠ 의 의 ⓐ 오스믹산의 증기에 의한 화학반응을 이용하여 흑색의 지문을 검출한다. ⓑ 오스믹산용액법을 통하여 고체법, 액체법, 기체법으로 지문현출이 불가능한 다른 물체에서 지문현출이 가능하다. 특히, 습기 있는 지류(紙類), 장기간 경과된 문서, 화장지류, 과실류, 각종 테이프류, 피혁류, 스티로폼류, 나무 잎사귀에 남아 있는 지문현출도 가능하다. ⓒ 유리시험관에 넣을 수 없는 대형물체에 부착된 지문은 오스믹산용액법으로 지문현출이 불가능하다. ⓓ 오스믹산용액법으로 현출된 지문은 전사할 수 없으며, 사진촬영하여야 한다. ㉡ 채취방법 ⓐ 유리시험관 바닥에 오스믹산용액의 컵을 넣은 다음 증거물을 시험관 안 철사받침대에 매달고 뚜껑을 덮고 테이프로 밀봉한다. ⓑ 기재: 유리시험관, 오스믹산, 사염화탄소, 증류수, 뚜껑 있는 컵, 벽옷걸이, 철사, 신분증 패용집게
진공금속지문 채취기법 (VMD: Vacuum Metal Deposition)	㉠ 범죄현장의 증거물을 장비의 진공통에 넣고 진공상태에서 금과 아연을 증발시켜 증거물에 입힘으로써(도금의 형식) 잠재지문을 현출하는 방법이다. ㉡ 매끈하고 흡수성이 없는 표면, 폴리에스테르 재질 등의 플라스틱류, 카메라필름이나 사진, 매끈한 천, 가죽이나 비닐, 고무 등에 효과적이다. 이 기법은 강력순간접착제보다 효과가 크고 오래된 지문도 현출이 가능하다는 장점이 있다.

(4) 기타

지문융선이 닳아 불선명하거나 장갑화 현상으로 지두의 피부가 불균일한 경우 실리콘러법을 사용하기도 하며 손이 잘 펴지지 않는 시신의 지문 같은 경우에는 테이프를 활용하기도 한다.

▌십지지문 분류표

지문종류		지문의 모양		분 류 요 령	분 류 번 호
궁상문 (弓狀紋)		· 돌기형	좌수 / 우수	=궁상문=	보통, 돌기 궁상선으로 형성된 모양만으로 분류 --- 1번
제상문 〈蹄狀紋〉	갑종 제상문	· 말발굽 모양 · 갑종제상문 삼각도: 좌수는 좌측, 우수는 우측	좌수(갑종) / 우수(갑종)	=갑종제상문=	삼각도가 좌수는 좌측, 우수는 우측에서 1개씩 문양만으로 분류 --- 2번
	을종 제상문	좌수 / 우수 · 을종제상문 삼각도: 좌수는 우측, 우수는 좌측 좌수 / 우수	좌수(을종) / 우수(을종)	=을종제상문=	내단과 외단간의 융선수 7개 이하--- 3번 8-11개 --- 4번 12-14개 --- 5번 15개 이상---6번
와상문 (渦狀紋)		· 달팽이모양, 삼각도2개		=와상문=	추적선의 중점과 우측 표준점간의 융선수가 내측(상류) 4개이상 --- 7번 내외측(중류) 3개이하 --- 8번 외측(하류) 4개이상 --- 9번
변태문 (變態紋)		· 활, 말발굽, 달팽이 아닌것		어느 문형에도 속하지 않아 정상적으로 분류할 수 없다	9에다 점을 찍는다 --- 9번
기타지문 (其他指紋)		• 손상지문은 정상적인 지문이 후천적으로 손괴된 지문 (자상, 화상 등) • 절단지문은 손가락 마디가 절단되어 지문이 없는 것	손상지문 / 절단된지문	• 손상지문은 융선수, 내단, 외단, 표준각, 추적선 등 정할 수 없어 지문번호를 분류할 수 없다 • 절단지문은 지문이 없어 분류 안됨	• 손상지문 0에다 점을 찍는다 --- 0번 • 절단지문 0을 부여한다 --- 0번

지문종류	지문의 모양		분 류 요 령	분 류 번 호
십지지문 분류예시	좌 수 (1, 2, 8, 4, 7)	 1 시지(示指)　2 중지(中指)　8 환지(環指)　4 소지(小指)　7 무지(拇指)		
	우 수 (2, 9, 9, 6, 7)	 2 시지(示指)　9 중지(中指)　9 환지(環指)　6 소지(小指)　7 무지(拇指)		

제6절 족·윤흔적

1. 족·윤흔적의 개요

족·윤흔적은 족적과 윤적(타이어 흔적)으로 사람의 발 또는 타이어에 의해 인상된 신발 흔적, 맨발 흔적, 양말 흔적, 타이어 흔적 등으로 모든 사건에서 는 범인이 이동한 동선에 따라 족·윤흔적을 남기게 된다. 범죄 현장에서 발견 된 족·윤흔적을 통해 범인의 수, 침입로와 도주로 등 이동경로를 추정할 수 있으며 범인의 신장, 신발의 제조사, 문양 등과 차량 정보 등을 수사, 증거 자 료로 활용할 수 있게 된다.

2. 족·윤흔적의 종류

1) 인상된 물체에 의한 분류

(1) 족흔적

각종 신발흔, 맨발흔, 양말흔 등 보행에 따른 흔적.

(2) 타이어흔적

자동차, 자전거, 오토바이, 리어카 등 범행 이동 차량의 타이어 흔적.

2) 인상된 형태에 의한 분류

(1) 입체 족·윤흔적

진흙이나 모래, 흙, 눈 위에 찍힌 입체 상태의 족·윤흔적.

(2) 평면 족·윤흔적

책상 위나 나무, 마루 바닥, 장판 등 평평한 면에 인상된 족·윤흔적.

(3) 현재 족·윤흔적

인상 상태 그대로를 가공하지 않고 육안으로 식별할 수 있는 족·윤흔적.

(4) 잠재 족·윤흔적

육안으로 식별은 불가능하나, 현출 과정을 통해 식별 가능한 족·윤흔적.

3. 족·윤흔적의 채취 방법

1) 족·윤흔적의 검색

(1) 자연광을 이용한 검색

범죄현장에서 관찰자는 침입, 도주로, 범인의 동선 등을 추정하여 허리를 굽혀 자세를 낮게 하고 사방향(비스듬한 방향)에서 외부에서 내부로 바닥 전체를 관찰하여 족·윤적을 검색하며, 검색 중 족·윤적 발견 시 훼손 방지를 위한 안전 조치와 위치, 방향 등을 표시한다.

(2) 플래시, 각종 조명등을 이용 검색

현장이 어두운 상태와 바닥 표면이 평면인 경우 검색이 편리한 방법으로 광원을 거의 바닥과 같이 평행한 각도로 비추면서 각도와 광량을 조절하면서 자연광원 검색 방법과 같은 방법으로 검색한다.

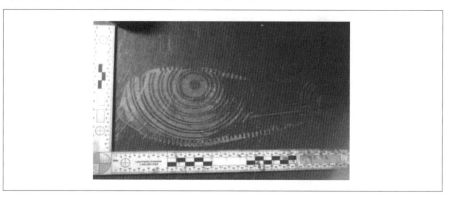

플래시 등 광원을 이용한 족적 검색

발견된 족적의 보존 크기 방향 표시

2) 족·윤흔적의 채취

검색 중 발견된 족·윤흔적은 채취 전, 자를 놓고 사진 촬영을 해야 하며, 인상 형태별 여러 가지 채취 방법이 있으나, 지구대 외근 경찰관이 행할 수 있는 젤라틴 전사지 채취 방법은 족·윤흔적이 발견된 바닥에 전사지를 떼어내 끈적이는 면을 흔적의 면에 기포 없이 접착(롤러, 스펀지 등으로 긴밀하게 접착)시키고 전사지를 흔적면에서 떼어내 전사 대지에 접착시킨 후 채취한 바닥에 놓고 사진 촬영, 채취한 전사지 뒷면에 사건명, 채취일시 및 장소, 채취물건 및 위치, 입회인(인적사항, 연락처 등), 채취자 등을 기재 후 과학수사팀에 인계하는 것이다.

① 바닥 검색 중 족적 발견

② 흔적면에 전사지 긴밀하게 접착

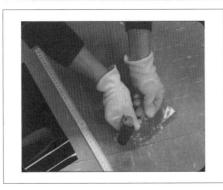
③ 전사지를 떼어낸다

④ 전사 대지에 부착

※ 족·윤흔적을 채취하는 방법으로는 우선 사진촬영법으로 촬영을 하고 젤라틴 전사지를 이용한 방법이 가장 많이 사용되며, 모래나 진흙, 연토 등이나 눈(雪) 위에 입체상태의 족·윤흔적은 석고 채취법을, 담요나 방석, 의자커버 등 섬유류 위에 먼지류로 인해 인상된 족·윤흔적은 정전기 채취법을, 종이나 필기구 등 압력에 의해 형성된 흔적은 압흔 채취법(진공상자)을 사용한다. 또한 혈흔족적의 경우에는 치오시안 용액이나 무색 마라카이트 그린, 벤지딘 시약, OT(Ortho-tolidine), 아미도 블랙을 이용한 방법이 이용된다.

제7절 미세증거물 수사

1. 미세증거물의 개요

1) 미세증거의 의의

미세증거란 '눈으로 보이지 않을 정도의 작은 증거물'을 말한다. 작은 섬유라든가 미세한 먼지, 페인트, 합성수지, 인화성 물질, 유리, 토양, 화장품 등 모두 미세증거물이 될 수 있다. 단, 생체시료는 독성학 분야에서 따로 다루기 때문에 제외한다.

2) 미세증거의 용도

(1) 범인 추적의 수단

사건과 관련된 극미량의 미세증거물로 범인 의복의 색상이나 차량의 색상 및 충격부위, 이동 경로 등을 추적함으로써 수사의 방향을 설정할 수 있다. 예컨대, 뺑소니 사건 피해자의 의복에서 파란색 도료가 검출되었다면 파란색으로 도색된 차량이 용의 차량일 가능성이 높고, 피해자 손톱에서 다량의 붉은색 섬유가 검출되었다면 가해자는 붉은색 섬유로 구성된 의복을 입고 있었다고 추정할 수 있으며 그에 따라 수사의 범위도 축소될 수 있다.

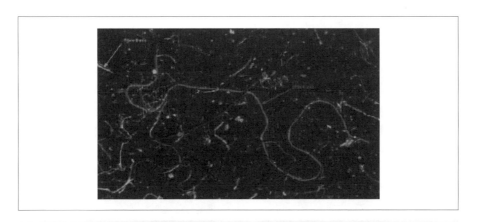

범죄현장에서 발견되 붉은색 섬유

(2) 범죄 입증을 위한 증거 확보

용의자의 손바닥이나 손톱에서 피해자가 입고 있는 의복의 섬유와 같이 채취된 미세증거는 증거능력이 있으며 범죄사실을 입증할 수 있다.

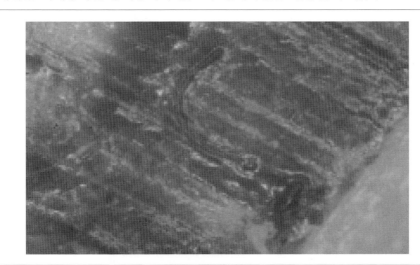

손톱 안쪽 섬유

(3) 진술의 신뢰성을 확보하는 수산

피해자 또는 목격자 진술의 진위를 확인할 수 없어 수사가 어려운 경우 피해자의 의복에 남아 있는 흔적을 통해 진위 여부를 확인할 수 있다. 아래 그림은 한 여성이 성폭행을 당할 뻔하였다고 신고한 사건으로서 신고자 진술의 진위를 확인하기 위해 치마를 확인한 결과 치마 안감 부위에 소량의 토양이 부착되어 있는 것을 확인할 수 있다.

| 치마 안감 확인 | 토양이 묻어 있음 |

3) 피의자 심문의 자료로 활용

피의자가 진술을 거부하는 경우 피의자의 의복에 묻어 있는 흔적을 통해 어떻게 묻게 되었는지 경위 등을 물어 심문의 보조자료로 활용할 수 있다. 예를 들면, 방화범의 경우 의복에서 용융흔이 발견되거나 신발에서 그을음이 부착되어 있는 경우 그 경위를 심문하면 된다.

방화 용의자 소매 용융흔

2. 미세증거의 개별특성과 군집특성

　개별특성이란 사건 수사 과정에서 발견된 증거의 출처가 당해 사건에만 해당하여 '유일성'을 갖고 있는 미세증거의 특성을 말한다. 지문, 총기 발사흔, 필적, DNA, 공구흔 등이 개별특성을 갖는 증거물이다. 만약 채취된 미세증거가 개별특성이 같다면 그 증거는 범인에게서 유류된 것이라고 단정적으로 말할 수 있는 것이다.

　군집특성이란 사건 수사 과정에서 미세증거가 발견되었는데 그 증거가 오직 당해 사건에서만 발견될 수 있는 것이 아니라 유사한 원이나 물질이 발생 또는 유류될 수 있는 경우의 특성을 말한다. 섬유, 페인트, 유리 등 거의 대부분의 미세증거물은 공장에서 대량으로 생산되기 때문에 군집특성을 갖는 증거물이다.

　현장에서 발견한 증거물과 용의자에게서 채취한 증거물의 군집특성이 동일한 경우에는 용의자가 범인이라고 단정적으로 말하지는 못하고 단지 용의자가 범인일 가능성이 있다고밖에 말할 수 없다.

1) 개별특성

지문이나 총기의 발사흔, 필적, DNA, 공구흔 등 그 출처가 유일무이한 특성

2) 군집특성

섬유나 페인트, 유리, 토양 등 이 세상에 얼마든지 똑같은 물질이 있을 수 있는 특성

3. 증거물의 개별화 방법

대부분의 미세증거물은 군집특성을 갖지만 여러 가지 군집증거물을 조합하면 DNA나 지문처럼 개별특성을 갖도록 만들 수 있다. 이렇게 군집특성을 갖는 여러 증거물을 모아 군집증거물을 개별증거물처럼 활용하는 것을 증거물의 개별화라고 한다. 개별화는 상호 물질교환이 있었음을 입증하는 방법과 여러 군집특성이 일치한다는 것을 입증하는 방법이 있다.

1) 상호 물질교환 입증 방법

차량용 페인트는 대표적인 군집증거물이다. 공장에서 같은 페인트로 도장된 차량이 수없이 생산되기 때문이다. 따라서 피해차량의 차체에서 가해차량의 페인트를 검출했을 경우 가해차량이 피해차량을 충격했다고 단정적으로 말하지는 못하고 단지 가해차량은 피해차량을 충격했을 가능성이 있는 차량이라고만 말할 수 있다. 그러나 가해차량의 차체에서 피해차량의 페인트를 함께 검출하여 상호 물질교환이 있었다는 점을 증명했다면 가해차량이 피해차량을 충격했을 가능성은 훨씬 높아지는 것이다. 이처럼 비록 군집특성을 갖는 증거물이라도 상호 물질교환이 있었음을 입증할 수 있다면 개별증거물처럼 사용할 수 있게 되는 것이다.

2) 여러 증거의 일치를 입증하는 방법

예컨대, 피해자 손톱에서 가해자 상의 섬유 한 가지가 검출되었다면 가해자는 피해자를 공격했을 가능성이 있다고만 말할 수 있다. 손톱에서 아무리 많은 수의 상의 섬유가 검출되어도 이 결과는 변하지 않는다. 그러나 피해자 손톱에서 가해자 상의 섬유와 하의 섬유가 동시에 검출되었다면 가해자가 피해자를 공격했다고 말할 수 있는 가능성이 그만큼 높아진 것이다.

또 다른 예로 창문을 뜯고 침입한 강도 사건에서 용의자가 소지하고 있던 망치에서 사건 현장 창틀의 페인트 한 가지만 검출한 경우에는 용의자가 범인이라고 확정하기 어려울 것이다. 그러나 용의자 신발에 부착된 토양과 현장 토양을 함께 대조하여 유사한 토양이라는 것도 입증했다면 용의자가 범인일 가능성은 그만큼 높아지는 것이다.

4. 미세증거물이 나올 수 있는 증거물

1) 의 류

거의 대부분의 범죄는 의류를 착용한 상태에서 발생하므로 의류는 미세증거물(특히 섬유증거물)을 가장 잘 남기고 아울러 미세증거물이 가장 잘 부착될 수 있는 증거물이다. 따라서 미세증거물을 감정하려면 용의자 혹은 피해자의 의류를 수거하는 것이 가장 중요하다.

의복에 부착될 수 있는 미세증거물은 그 종류가 다양하다. 의복에는 상대방의 의복 섬유, 토양, 시멘트, 녹, 유리, 건축 자재, 페인트, 합성수지, 섬유 용융흔, 그을음, 화장품 등 거의 모든 물질이 부착될 수 있다. 또한 의복과 접촉한 모든 물체(상대방의 손, 범구, 구조물, 차량 등)에는 의복섬유가 전이되며, 이들은 모두 중요한 증거가 된다.

| 깨끗한 종이 위 | 손톱 안 증거 채취 | 머리카락 빗질 |

2) 신 발

신발도 의복만큼 중요한 증거물로서 수사관이나 감정인이 생각하지 못한 의외의 증거물이 남아 있을 수 있다. 신발에는 먼지, 토양, 페인트, 유리 파편, 식물편, 혈흔 등이 부착되거나 섬유 용융흔이 남을 수 있다. 특히, 사건 현장에 있던 용의자의 신발 바닥으로서 신발 바닥에 현장의 토양이 박혀 있거나 묻어 있을 수 있다.

 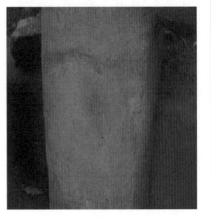

| 신발 부착된 토양 | 현장 토양 |

2008년 2월 10일 오후 8시 40분경 채종기가 시너에 불을 붙여 숭례문을 방화했을 당시 채종기가 신고 있던 운동화, 확대한 모습에서 화재 현장에 있는 기둥페인트가 부착된 것을 볼 수 있다.

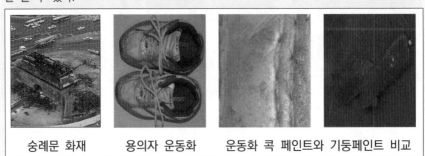

| 숭례문 화재 | 용의자 운동화 | 운동화 콕 페인트와 기둥페인트 비교 |

3) 차량

빵소니사건이나 충돌사고의 경우에는 차량 외부 및 하부를 위주로 검사하고, 유괴·유기·살인 등과 관련된 차량인 경우에는 차량 출입문 주변, 내부 및 트렁크를 집중적으로 검사함으로써 미세증거를 채취할 수 있다. 차량은 부위에 따라 도료 성분이 크게 다를 수 있다. 차체에 도장하는 도료와 범퍼 등 플라스틱 부품에 사용하는 도료가 모두 다르고 차량을 재도장한 경우 재도장 부위의 도료성분이 다르므로 차량에서 대조도료를 채취할 때에는 채취 부위를 잘 선택해야 한다.

대부분의 교통사고 순간에는 차량이 급정거하거나 전복되므로 신체가 안전벨트에 강하게 눌리거나 무릎, 어깨 등이 차량 내부의 핸들, 기어, 대시보드, 문 손잡이 등에 접촉되면서 미세증거물이 전이될 수 있기 때문에 무보험, 음주운전 등을 조사하는 경우 특히 유의해야 한다.

4) 범행도구

범행에 사용한 공구에는 혈액, 모발, 살점 등이 부착되어 있을 수 있지만 이외에도 피해자 의복의 섬유, 페인트, 유리, 수지, 목재, 고무, 금속 가루 등이 부착되어 있을 수 있다.

5) 침입구/도주로

범인이 창틀 등 좁은 공간을 뚫고 침입했거나 급히 도주하는 과정에서 구조물과 강한 접촉이 있었다면 그 부위에 범인의 의복 섬유가 부착되어 있을 수 있다. 철제 방충망, 철조망, 돌출된 못 등은 미세증거물이 특히 잘 유류되는 부분이므로 현장에 이런 부분을 확인할 수 있다면 반드시 보존 조치를 취하고 미세증거물을 채취해야 한다. 반대로 범인의 의복에는 구조물에 있던 먼지, 페인트 등이 부착되어 있을 수 있다는 점도 유념해야 한다.

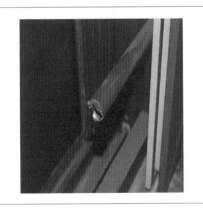 

| 침입구 | 도주로 |

1. DNA[19] 지문

1) 유전자(DNA)의 의의

아버지와 어머니의 얼굴 생김새 또는 성질이 자식에게 전해지는 것과 같이 부모의 특징이 자식에게 전해지는 것을 유전(遺傳)이라고 하고 이와 같은 일을 맡아 하는 것을 유전자(遺傳子, gene)라고 한다.

유전자는 세포의 염색체 위에 존재한다. 또한 유전자의 본체, 즉 유전적 성질을 지배하는 물질은 핵산의 일종인 디옥시라이보핵산(deoxyribonucleic acid: DNA)이다.

DNA는 A(Adenine), T(Thymine), G(Guanine), C(Cytosine)라는 4가지 종류의 염기(base)가 무작위로 선택되어 일렬로 연결되어 있는 실과 같은 아주 작은 화합물질을 말하는데, 염기 중 A는 T와, G는 C와 짝을 이루게 되고 이 짝들은 당과 인산의 결합을 통해 연결되어 서로 꼬여서 비틀어진 사다리 모양을 한 이중나선 구조를 이루게 된다.

2) DNA 지문

1985년 영국의 알렉 제프리스(Alec Jeffreys)는 사람의 미오글로빈(myoglobin) 유전자를 연구하면서 DNA의 단편인 미니새틀라이트(mini satellite) DNA라고 부르는 부위를 발견하였다. 이 부위는 개인차가 극도로 심하여 모든 개체에서 검출된 패턴이 완전히 다르다. 다만, 일란성 쌍둥이만이 동일하다. 이와 같이 DNA의 '미니새틀라이트' 부위의 패턴은 개체에 따라 고도의 특이성을 나타내는데 마치 손가락의 지문과도 같이 천차만별이기 때문에 DNA 지문이라는 용어를 사용하게 되었다.

인간의 유전자는 30억 개의 DNA 염기로 구성되어 있는데 99.9%는 다른 사람과 동일하지만 나머지(100만 개의 염기)는 뚜렷한 차이를 보인다는 점에 착안한 것이다.

---

19 DNA: Deoxyribonucleic Acid의 약자

2. DNA 지문과 범죄수사

1) DNA의 개인 식별성

DNA 지문은 특히 성범죄 발생 시 정자에서의 DNA 지문법의 응용으로 강간범 확증에 유력한 증거가 된다. 종래 정액의 식별법(혈구형, 적혈구형 등)으로는 질액과 정액이 혼합되었을 때, 그 혈액형이 어디에서 유래되었는지 판정하기 어려웠지만 DNA 지문법으로는 강간 피해자의 질액에서 정자의 DNA 지문을 분석하고 한편으로는 용의자의 정액, 또는 혈액에서 DNA 지문을 분석하여 그 패턴을 비교한바, 동일한 DNA 지문의 패턴을 나타내고 있어 범인 확증에 탁월한 방법임이 증명되었다.

▌"이춘재 연쇄살인사건"

- 2019년에 무기수로 복역 중인 이춘재가 DNA 검사결과 살인자로 특정되었고 화성 연쇄 살인 10건 모두의 진범이라고 자백하였다. 2019년 12월 19일 "이춘재 연쇄 살인 사건"으로 사건명이 최종 변경되었다.
- 2019년 9월 18일 경기남부지방경찰청은 화성 연쇄살인 사건의 유력한 용의자로 현재 성폭행과 살인 사건으로 무기징역 수감 중인 50대 A씨를 특정했다고 발표했다. 그해 7월 중순쯤 당시 피해 여성에게서 나온 DNA를 국과수에 분석 의뢰한 결과 채취한 DNA와 일치한 대상자가 있다는 통보를 받았다고 설명했다. 범인의 실명은 이춘재이며 2019년 10월 1일에 모든 범행을 시인했다. 이후 DNA 검증을 통하여 4차 사건의 제3자 DNA와 일치함이 밝혀졌다. 현재로서는 첫 사건이 일어난 지 33년이 지났고, 2006년 4월, 10차 사건의 공소시효 기간이 끝나 처벌은 불가하다.[20]

2) DNA 지문 분석을 필요로 하는 사건

(1) 혈액이 동일한 피해자와 피의자가 모두 피를 흘려 흉기 또는 의복에 묻은 혈흔이 누구의 피인지를 반드시 식별할 필요가 있을 때.

(2) 강간 피해자인 여성과 피의자의 혈액형이 동일하면서 현장에서 검출된 정액이 피의자의 정액인지 증명을 필요로 할 때.

(3) 혈액형 검사로는 친생자 유무가 증명되지 않을 때.

---

20 위키백과/네이버/https://ko.wikipedia.org/wiki/

(4) 토막난 사체 조직으로부터 동일인의 조직인지를 확인할 때.

3) DNA 지문분석이 가능한 시료 및 보존 조건

1) DNA 분석이 가능한 시료는 사람이 흘린 혈흔, 혈액, 정액 및 정액반, 모발(모근이 있어야 함), 기타 장기조직편이 있다.
2) 혈흔과 정액반은 건조된 상태에서 보존했을 경우 1~2년이 경과된 후에도 DNA 분석이 가능하다.
3) 오래 방치된 시료에서는 DNA 분석이 불가능할 때가 많다.
4) DNA 분석에 필요한 시료의 양은 신선 혈흔, 정액반의 경우 1cm×1cm 크기, 모근세포 최소한 3개 이상, 혈액 2밀리리터 이상, 인체조직의 경우 5g 이상이 필요하다.

3. DNA 지문의 분석 사례

1) 국내 최초 유전자로 범인을 검거

1992년 5월 의정부에서 어린 소녀를 강제 추행한 용의자로 서적 외판원을 검거하였다. 현장에서 발견된 신문지 조각으로부터 정액을 검출하여 용의자의 유전자형과 비교 분석한 결과 일치하였으며 범행을 부인하던 용의자는 자백하게 되었는데 이것이 국내 최초 유전자로 범인을 잡은 사례이다.

2) 대형참사사건에서의 신원확인

1995년 6월 발생한 삼풍백화점 붕괴사건에서 부패 사체 및 뒤바뀐 시신의 신원을 확인하였을 뿐만 아니라 2003년 2월 발생한 대구지하철화재참사 등에서 변사자의 신원 등을 확인하였다.

3) DNA 데이터베이스 구축으로 구속된 범인의 DNA로 미제 사건 해결

2002년 1월부터 대구 일대에서 여자 혼자 사는 빌라만을 골라 새벽 시간 대에 가스배관을 타고 창문으로 침입하여 약 25명을 강간한 미제사건이 구속 된 피의자의 DNA 검사로 인하여 해결되었을 뿐만 아니라 2013년 7월 말경부 터 2014년 3월 중순경까지 대구에서 발생한 침입절도 사건 중 수법과 족적이 동일한 미제사건들을 수사하여 26건의 추가 범행을 확인하였다.

4) DNA 데이터베이스에 등록된 쌍둥이의 DNA정보로 성폭행범 검거

2013년 8월 서울의 모 주택가에서 아이와 함께 낮잠을 자던 가정주부를 강간하고 현금을 빼앗아 간 사건이 발생하였다. 범인은 정액이 묻은 아기 이 불을 가지고 도주하다 의류수거함에 버렸는데, CCTV를 분석하여 의류수거함 에서 아기 이불을 수거하였고 국립과학수사연구원에 DNA를 분석, 의뢰하였 는데 수형인 데이터베이스에서 일치자가 나왔다. 하지만 2009년부터 교도소에 수감 중으로 확인되어 의아해 하였는데, 일란성 쌍둥이 DNA의 경우에는 DNA가 같다는 점에 착안하여 가족관계를 확인한 결과 일란성 쌍둥이 형이 있었고 바로 검거할 수 있었다.

제9절 법의곤충학, 사망시간의 추정, 부패의 단계

1. 법의곤충학의 의의

법곤충학은 곤충에 대해 주로 분류학, 생태학, 그리고 발달생리학적인 지 식을 종합하여 법적 판단이 필요한 사회적 문제를 해결하는 데 기여하는 응용 곤충학의 한 분야이다.

법곤충학은 환경의 인위적인 구조와 기능에 대한 곤충의 역할을 연구하는 도시곤충학(Urban Entomology), 곡물, 의약품, 의류 외 여러 저장품에 대해 가해 곤충과 저장상태의 관계를 연구하는 창고곤충학(Stored Product Entomology),

수사나 법의학적 사실 규명에 관련된 곤충을 이용하여 조언하는 법의곤충학 (Forensic Entomology) 등으로 분류할 수 있다.

　　법의학에서는 발견된 시신이 부패가 심한 경우, 시신만으로는 사후경과시간의 추정이 불가능하게 되는 문제점이 발생한다. 이러한 경우, 시신에서 채집된 구더기를 이용하여 사망시간을 추정하는 기법이 알려져 있는데, 이는 주변 환경, 특히 온도에 따라 구더기의 성장시간이 달라진다는 점을 이용한 것이다. 이처럼 곤충을 이용하여 사체의 사망시간 등 법적인 문제를 해결하는 학문을 법의곤충학(forensic entomology)이라고 한다.

2. 사망시간의 지표

　　시체의 사망 후 초기 단계에서는 물리적 변화, 즉 체온의 하강, 시체 굳음, 시체 얼룩 및 시체 건조 등을 관찰하여 사망시간을 추정할 수 있으며, 후기 단계에서는 화학적 변화, 즉 부패상태, 미이라화, 시랍화 및 백골화 등을 관찰하여 사망시간을 추정할 수 있었다. 그러나 사망 후 약 72시간이 경과되면 심한 부패로 인하여 사체의 물리·화학적 변화들을 관찰하여 사후경과시간을 추정하는 것은 매우 어렵다. 따라서 법곤충학적 방법을 이용한 사망시간의 추정은 부패된 사체에서의 사망시간을 추정하는 데 중요한 단서를 제공할 수 있다.

　　외국의 경우에는 법곤충학자들에 의해 시신에서 발견되는 특정한 파리의 발생 단계에 기초하거나 시신에서 발견되는 곤충의 천이로부터 사후 경과시간이 제시되고 있다. 이러한 사후경과시간의 추정은 몇 시간, 몇 주, 심지어는 몇 년이 지난 후에도 가능하다고 알려져 있다. 사후경과시간 또는 최초의 사망시각은 사망 후 시체에 접근한 파리가 최초로 산란한 시점으로부터 추정하게 되는데, 파리유충이나 다른 시식성 곤충들의 성장단계 혹은 천이는 사람이 사망한 시간을 추정하는 데 중요한 단서를 제공할 수 있다.

3. 시체의 부패

시신의 부패 과정

1) 의의

부패란 박테리아 등에 의한 자가융해라고 할 수 있다. 자가융해란 자연적인 붕괴 과정으로 시신의 세포가 리파아제, 프로테아제, 카르보하이드레이즈와 같은 효소에 의해 분해되는 것이다. 이러한 과정은 뇌나 간 같은 기관에서 가장 빨리 일어난다.

박테리아에 의해 분해되는 부패의 과정에서 그 결과물로 황화수소, 이산화, 이산화탄소, 메탄, 암모니아, 수소 등의 가스가 발생된다. 또한 시신의 체내에서 산소를 필요로 하지 않는 혐기적 발효가 일어나 휘발성인 프로피온산과 뷰릭산이 형성된다. 땅에 묻혀 있던 시신에서는 발견되지 않았으나 상온에 노출된 경우, 지방산, 스카톨, 퓨레신과 커데버린 등 중요한 부패 산물이 발생한다(부드러운 조직이 사라지고 골격을 이루는 물질 또는 유기물과 무기물은 환경조건에 의해 점점 더 분해되고 결국에는 흙과 같은 물질로 돌아간다. 부패의 속도는 온도에 따라 다르다).

참고　부패의 속도에 관한 공식 ─────────────────────────────○

$$Y = 1285 / X$$

Y = 시신이 미이라화 또는 뼈만 남게 되는 데 걸리는 일수
X = 시신이 발견되기 이전 동안의 평균 온도

2) 부패의 단계

시체의 부패 단계는 5단계로 구분되며 한 단계에서 다음 단계로의 명확한 차이를 보이지 않는다.

신선기	팽창기	부패활성기	후부패기	백골화
2016.5.10	2016.5.12.	2016.05.15.	2016.5.16	2016.5.18.
(양지)	(양지)	(양지)	(양지)	(양지)

제10절 법고고학

1. 법고고학의 의의와 용어

법고고학이란 가장 효율적인 고고학적 이론과 방법들을 범죄현장의 발굴과 복구에 응용함으로써 현장훼손을 최소화하고, 유골 및 증거물을 사후 손상으로부터 보호하고, 유골과 관련된 증거물을 정확하게 기록하며 수집하고 보존하기 위해 활용되는 학문을 말한다.

법고고학은 법곤충학자, 식물학자 그리고 다른 전문가들에게 의뢰할 환경자료기록과 증거물을 수집하고, 매장과 관련되거나 매장 후 순차적으로 일어난 사건을 효과적으로 재구성하여 사건을 분석하고 이해할 수 있도록 도와준다.

제3기 매자시체발굴과정: 법고고학 교육 과정/경찰수사연수원

2. 매장의 종류

범죄와 관련된 매장지를 조사하거나 발굴할 때 마주치게 되는 4가지 형태의 매장은 1차 매장, 훼손된 매장, 2차 매장, 복합 매장 등으로 나누며, 그냥 땅 위에 버려지거나 불에 의해 훼손된 경우도 꽤 일반적이다.

1) 지표면에 유기

시체가 지표면에서 부패될 수 있게 유기하는 것으로 시체가 무겁고 다루기 힘들기 때문에 살인 후 남겨진 물품이나 시체는 보통 도로 주변에서 발견된다. 이런 형태의 유기에서는 썩은 고기를 먹는 동물, 곤충 활동 또는 침식에 의해 흩어지거나 파괴되는 것이 매우 일반적이다. 그렇지만 유골의 상황에서 찾아낼 수 있는 정보가 여전히 존재한다. 흩어져 있는 유골들을 조심스럽게 검사하고 화석화 과정을 확인함으로써 사후 경과시간을 설정하고 전위를 발생시켰던 다양한 환경적 조건들을 반영할 수 있다.

지표면에 유기된 유병헌 사체

출처: 네이버 검색/https://m.bobaedream.co.kr/board/bbs_view/battle/887129

2) 1차 매장

유골이 처음 매장된 자세로 존재하고 매장 형태도 훼손되지 않은 것을 의미한다. 발굴될 때 뼈의 관절이 모두 이어져 있는 상태로 보이며 연조직들이 여전히 존재하고 있는 것처럼 모든 뼈들이 해부학적 위치가 그대로 남아 있는 것이다. 연조직이 부패되는 동안 관절들의 위치가 바뀌지 않았다고 가정할 수 있다. 1차 매장은 법고고학에서 마주칠 수 있는 가장 일반적인 매장 형태이다.

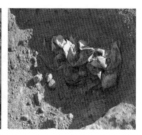

3) 훼손된 매장

법고고학에서 훼손된 현장의 형태를 확인하는 것은 매장 상황을 이해하는 데 매우 중요하다. 훼손된 매장은 최초 매장 후 일부지점에서 형태가 바뀌는 것이지만 새로운 지역으로 이동된 것은 아니다. 굴을 파는 동물, 침식, 중장비 그리고 인간 활동(특별한 물건을 없애거나 추가시키기 위해 매장 현장으로 되돌아온 범인의 추가적인 행동 등)이 매장지를 훼손하는 전형적 원인이다. 대부분의 사례에서 아주 소수의 뼈 조각들이 탈구되거나 소실되지만 대부분의 유골은 해부학적 위치에 여전히 존재한다. 침식 또는 동물 활동에 의해 소실된 뼛조각들은 이동 경로를 추적해 찾을 수 있다.

4) 2차 매장

범인이나 또 다른 누군가에 의해 최초 매장지에서 유골이 이동되어 다른 장소에 묻히고 그 때문에 최초 상황이 어지럽혀진 것을 의미한다. 연조직이 완전히 부패될 수 있을 정도의 시간이 흘렀다면 1차 매장지로부터 다른 곳으로 이동된 뼈의 관절은 해부학적 위치에 존재하지 않을 것이다. 결과적으로 보통 2차 무덤엔 유골이 뒤죽박죽 배열되어 있으며 추가적으로 유골의 일부가 소실되는 것은 흔한 일이다.

5) 복합매장

복합매장은 한 개의 무덤 안에 2구 또는 그 이상의 시체가 매장된 것이다. 시체들은 1차 매장 시 한꺼번에 매장되었거나 이미 존재하던 무덤에 또 다른 시체를 다시 매장하기 때문에 1차 매장과 훼손된 매장이 조합된 것처럼 보인다. 대부분은 인종문제, 종교문제, 쿠데타 등 인간의 권리가 침해되는 사건에서 많은 사람들이 희생당하고 매장되는 경우에서 볼 수 있다.

6) 유골에 가해진 열손상

화장은 시체를 재로 만들거나 작은 뼛조각으로 만들기 위해 강한 열을 사용하는 것이다. 보통 시체는 매장 전 또는 구덩이 안에서 소각되며 시체에 가해진 불의 세기에 따라 숯이 되거나 완전하게 또는 불완전하게 소각될 수 있다. 유골은 매장된 다른 성분(옷이나 나무 등)과 함께 혼합되어 표면에 버려지거나 또는 어떤 형태의 상자에 넣어지기도 한다.

뼈를 파괴하기 위해서는 매우 높은 열(1,600℃)이 가해져야 하기 때문에 범죄자가 유골을 쉽게 처리하기 위해 유해를 화장한 사건에서는 대부분의 유골은 숯이 되거나 불완전하게 소각된다. 이런 은폐 목적의 화장은 모든 시체 증거물을 완벽하게 파괴하진 못한다.

3. 유골 및 매장지역의 수색기법

수색은 암매장 시체를 찾거나 지표면에 존재하는 시체, 골격의 일부 또는 그와 관련된 증거물을 찾아내기 위해 행해지며 동시에 추가 의심지역에 대한 조사를 계속할 수 있도록 그 지역에 존재하는 장애물을 제거하기 위해 이용될 수 있다.

1) 비침습적인 수색방법

(1) 육안수색방법

육안수색은 직선 또는 선수색, 격자 수색, 나선형 수색이 있다. 수색원들은 각자 수상한 것들을 색깔 있는 깃발로 표시한다. 뼈나 옷, 무기 또는 뼛조각이나 다른 쓰레기 등을 담고 있을 수 있는 동물들의 분비물 등도 깃발로 표시하여야 한다. 색깔로 구분되는 깃발은 증거물에 따라 다르다. 예를 들어 주황색 깃발은 뼈, 빨간색은 총알과 같은 다른 물질적 증거들을 뜻한다. 이런 식으로 모든 것에 깃발로 표시되었을 때 경계선을 표시할 수 있다.

(2) 자기력계

자기력 조사는 강자기력 대상의 자력 분야를 탐지하는 데 사용되고, 자기력계라고 불리는 수동적인 기구를 사용하여 수행된다.

(3) 금속탐지기

금속탐지기는 상대적으로 비싸지 않고 다른 장비와 비교하여 사용하기 쉽기 때문에 가장 평범한 자기력 장치이다. 금속탐지기는 전자자기력 조사 장치와 같은 원리로 운용하는 전자자기 장치들로 안테나 머리나 수사 코일은 송수신 코일들을 가지고 있다.

(4) 시체 탐지견

시체 탐지견은 인간 부패 냄새를 탐지하므로 시체나 시체 일부의 위치를 찾아내는 데 이용된다. 시체 탐지견을 이용해 성공적인 수색을 하기 위해서는 예비수색, 수색 형태, 조련사의 솜씨, 수색하는 동안의 기후, 수색지역의 지형, 사망형태, 시체의 위치 그리고 사후경과시간 등 다양한 인자가 관여된다.

시체 탐지견이 매장이 의심되는 지점을 찾아내지 못하거나 매장 시체의 정확한 위치를 지적하지 못할 때 토양에 구멍을 뚫을 필요성이 생긴다. 지표면으로 부패 냄새가 새어나올 수 있도록 T-막대 프로브를 이용해 수색 지역에 구멍을 뚫어야 한다.

| 육안 수색 | 금속탐지기 수색 | 탐지견 수색 |

2) 침습적 수색방법

비침습적 수색 기법들이 모두 사용된 후 관심지역에서 영역을 확장해 나아 가기 위해 사용될 수 있는 다수의 침습적 기법들이 있다. 침습적인 방법은 궁극적으로 그 지점을 파괴시킬 수 있기 때문에 사용 결정 시 매우 조심스러워야 한다.

(1) 프로브를 이용한 수색

매장의 위치나 매장의 테두리를 찾기 위한 가장 일반적인 침습적 수색방 법은 프로브를 사용하는 것이다. 이 방법은 수색 격자를 따라 체계적으로 사 용될 수 있으며 또한 육안 수색 후 의심지역을 좀 더 조사하기 위한 추가 기 법으로도 사용하는 장비(프로브)를 이용하는 수색방법이다.

※ Probe: 탐사선, 탐사기 등 장비.

(2) 삽으로 지표면을 깎는 검사

삽을 가지고 하는 수색방법이 추천되진 않지만 이 방법은 다른 수색방법 이 모두 사용되었거나 육안적 수색 후 수색할 수 있는 유일한 방법이 될 수도 있다. 매장의 위치를 찾거나 경계를 설정하고자 할 때 삽을 사용한다. 즉, 시 체나 매장된 증거물의 위치를 찾기 위해 구멍을 파는 것이다. 이 방법은 매우 파괴적이기 때문에 최후의 수단으로 사용되어야 한다.

(3) 수사에 사용되는 중장비(끝에 버킷을 단 굴착기)

매장 시체 발굴을 위한 포크레인 등의 장비사용은 매장지, 유골 또는 증거물을 상당히 손상시킬 수 있기 때문에 포크레인은 수색에 사용할 수 있는 이상적인 장비가 아니다. 다른 모든 방법들이 다 사용된 후 사용할 방법이 없을 때 마지막에 사용될 수 있는 방법이다.

| T-막대 프로브 | 삽 | 굴착기 |

제11절 화재감식

1. 화재수사의 개요

현재 우리나라에서 화재조사에 관한 공적 업무에 관여하는 기관은 여러 곳이 존재할 수 있으나 사건해결에 기준이 되고 민형사상 구속력이나 영향력이 미치는 것은 경찰의 화재 수사결과이다. 이는 형법 제13장 방화와 실화의 죄(제164조-제176조)에 관한 수사와 관련되어 파생되는 제반 수사행위의 포괄성에 기인한다 하겠다. 따라서 형사적 면책의 경우라 하더라도 그 과정에서 나타나는 화재조사 내용이 민사에 귀결되고, 경찰 수사과정에서 현장은 훼손되거나 변형되어 기타 조사의 기회가 상실되는 경우가 많은 현실을 봤을 때 경찰의 화재 수사는 더욱 전문화되고 공적인 성격을 띤다.

2. 화재감식

발화현장은 건물구조, 현장의 수납물, 각종설비의 설치상황을 확인하고 발화부위의 판정이 발화부위 측으로의 기둥이나 벽체의 붕괴, 탄화심도, 탄화형태, 불연물의 변색, 박리, 전선의 전기적 용융흔 등을 확인하고 전기적인 원인, 기계적인 원인, 연소 기구류, 화학물질, 미소화원 화원류, 발화원과 가연물과의 관련성, 기타 발화원의 부정으로 발화원을 판정해야 한다.

화재감식은 최초 연소부위로부터 증거자료를 수집, 이것을 조사 분석하여 화재의 최초 연소부분과 불씨가 무엇인가를 분명하게 하는 것이다. 통상 화재현장 감식은 진화 후부터 시작되지만 본래 화재발생 시의 목격상황이 중요하기 때문에 화재가 인지된 시점에서부터 행해지는 것으로 보면 된다. 현장감식은 연소된 전체 공간에서 최초 연소부위를 밝혀내고 입증자료를 수집하며 발화부위에서 발화부분을 확인하고 증거자료를 확보하며 발화부분에서 불씨를 제공한 발화원을 밝혀내고 입증자료를 수집하는 것이 목적이다.

화재사건에서 최초 연소부위에서는 많은 물적 자료가 소실되기 때문에 연소흔적의 연소물에 대한 보존상태 여부가 협의의 화재원인 규명을 좌우한다. 따라서 현장에 남아 있는 물적 자료가 소실, 파괴, 이동하게 된다거나 하면 존재가치를 잃어버릴 수밖에 없고 화재 조사의 기본이 희석되는 것으로 잘못된 관찰이나 오판할 위험성이 있으므로 상황증거로서의 가치나 화재원인 조사상의 판단자료가 될 수 있게 적절한 보존방안을 강구할 필요가 있다.

원인조사 입장에서 발화현장의 연소상황은 될 수 있는 한 원형 그대로 변형되지 않는 것이 바람직하지만 사건의 성질상 파손, 이동 등의 피해를 피할 수 없는 것이 실상이다.

현장보존 구역은 화재의 규모나 형태, 발생장소 등을 고려하여 결정하는 편이지만 원칙적으로는 출화건물 전체가 대상이 된다. 또 폭발화재와 같은 경우에는 비산물이 존재하는 범위까지 포함된다. 또한 소화 작업에서 물건의 파괴, 변경 등을 행한다거나 사고방지의 필요상 전기, 가스 등의 작업 상황을 기록하고 더불어 사진 촬영에 의하여 파악해 놓는 것은 화재조사자로서는 중요사항이라 할 수 있다. 또한 진화 후 현장은 최소한 발화 부위만이라도 철저하게 보존되어 있어야 하며 훼손되거나 변형 또는 고의적인 유실 등이 있을 수 있으므로 보존구역을 설정한 후에는 여러 각도에서 사진을 촬영해 둘 필요가 있다.

3. 화재의 단계

1) 발화와 인화

화재의 발생 과정의 최초 단계로서 열의 축적이나 가열에 의해 외부 불씨가 없이 스스로 불이 붙는 것을 발화라 하며, 이미 존재하였던 불씨가 인화성 액체의 증기에 접촉되면서 불이 붙는 것을 인화라 한다. 즉, 발화는 불씨가 없는 데서 불이 발생하는 현상이고 인화는 불씨가 있는 데서 불이 옮겨 붙는 것을 말한다.

(1) 발화점

어떤 물질이 연소하기 시작하는 최저의 온도로서 발화 온도라고도 하며, 다른 곳으로부터 화염원, 전기스파크 등의 착화원을 부여하지 않고 가연성 물질을 공기 또는 산소(지연성 가스) 중에서 가열함으로써 스스로 연소 혹은 폭발을 일으키는 최저 온도를 말한다.

주요 가연물의 발화점은 목재 410℃∼450℃, 종이류 405℃∼410℃, 휘발유 257℃, 프로판가스 432℃, 나일론 532℃ 등으로 휘발유가 현저하게 낮은 발화점을 가져 화재 위험성이 상대적으로 높다는 점과 목재 등 일반 가연물은 발화점이 보통 400℃ 이상이라는 점을 기억할 필요가 있다.

우리가 흔히 거론하는 나화(노출된 불꽃)는 최저가 600℃ 이상으로 일반 가연물을 착화시키는 데 충분한 온도로서 불꽃에 의한 가연물의 착화는 온도에서 쟁점이 되지 않는 것이다.

(2) 인화점

불꽃을 가까이 하였을 때 잡아당겨 연소를 시작하는 것을 인화라고 하며 인화가 일어나는 최저의 온도를 그 가연물의 인화점(온도)이라고 한다. 따라서 액체의 위험물이 연소하기 쉬운 상태를 표시하기도 한다.

※ 휘발유 − 20℃~43℃, 등유 − 30℃~60℃, 메탄올 − 11℃

2) 훈소와 출화

(1) 훈소

발화 후 열분해로 생긴 가연성 증기가 산소공급이 적어지거나 바람에 의한 희석으로 연소가 자유롭게 이루어지지 못하는 상태로 되어 화염이 없이 백열과 연기만 내면서 불완전하게 연소하는 것을 지칭한다. 왕겨, 향불, 톱밥, 담뱃불 등에서 볼 수 있으며 환경에 따라 수 시간 후 불꽃으로 출화될 수 있다.

(2) 출화

발화과정과 혼용으로도 쓸 수 있겠으나 유염착화 이후 불꽃이 본격적으로 확대되어 가는 과정이다.

3) 발화부위

발화부위라 함은 발화의 가정이 되는 발화부를 포함하는 공간을 의미하며 가연물이 착화 연소 확대가 시작된 단일구역으로 정리될 수 있다. 예를 들어 '거실', '주방', '안방' 등으로 표현 가능하다.

참고 발화와 출화

1) 발화(發火)란 어떤 원인에 의거하여 불씨가 만들어져 가연물에 불이 붙는 한 점의 실체라 할 수 있다. 이때 가연물에 불이 붙을 수 있는 열에너지의 양을 온도로 표현하여 발화점, 발화온도('출화점'이라고는 안함)라 한다. 화재 원인이 되는 가장 초기 단계라고 볼 수 있다.

2) 출화(出火)는 발화된 불길이 일정범위 밖으로 진출(개구부를 통한)하는 거동을 의미한다고 볼 수 있다. 즉 발화에 의해 형성된 화염이 '일정 공간'을 벗어나는 것으로서 화재원인으로부터 착화(발화)된 불꽃이 강제진화를 요하거나 재해로 이루어질 만큼 본격적으로 타기 시작하는 것을 생각하면 된다.

---

1. 최면수사의 의의

우리나라의 과학수사 기법의 한 분야로 최근 최면수사는 가장 각광받고 있는 분야이다. 최면(Hypnosis)이란 '최면암시로 야기되는 특수한 심리·생리적 상태 또는 그러한 상태를 일으키는 것'이라고 정의된다. 이러한 최면을 이용한 범죄수사기법을 법최면(法催眠, forensic hypnosis)이라고 정의하며, 최면수사라고 한다.

최면수사는 주로 범죄현장에 사건해결의 단서는 없고 피해자나 목격자조차도 시간의 경과나 범죄 당시에 경험한 불안과 공포 등의 정서적인 요인에 의해 목격자 및 피해자의 판단이 흐려진 때에 이용하며 목격자로 하여금 기타의 다른 방법으로도 기억하지 못하는 중요한 정보를 포함하여 사건에 대해 더 정확하게 회상할 수 있도록 목격자를 돕는 것이다.

법최면수사(forensic hypnosis investigation)란 범죄수사에 최면을 활용하는 것으로 법최면과 같은 말로 사용되고 있다. 법최면수사는 범죄현장에 사건해결을 위한 단서가 남아 있지 않고, 피해자나 목격자의 기억이 시간의 경과나 공포, 당황, 흥분, 어둠 등의 주변 여건으로 범죄 당시의 상황을 제대로 기억하지 못할 때에 최면을 사용함으로써 수사의 단서를 제공하거나 수사의 방향설정에 도움을 주기 위하여 사용된다. 즉, 법최면 또는 법최면수사는 피해자와 목격자의 단편적이고 불일치하며 모호한 기억의 확인을 통한 수사 방향 설정과 자료수집을 위한 목적으로 최면을 수사에 이용하는 것을 의미한다고 볼 수 있다.

2. 최면수사의 대상

범죄수사에서의 최면을 활용한 대상에 대해서는 제한은 없다. 다만 현재 우리나라의 경우 수사단계에서 목격증인 진술의 불완전성을 극복하고 수사의 단서를 확보하기 위한 수사기법으로 법최면이 활용되는 만큼 살인, 강도, 강간 등 강력범죄 및 납치, 유괴, 교통사고, 뺑소니 등 피해자나 목격증인의 사건관련 기억이 불완전한 경우나 최근 아동 성학대 사건 등과 같이 피해자의 심리적 부담을 경감시키면서 효과적인 진술을 확보하기 위한 수단으로 최면을 적극적으로 활용하고 있다.

다만 최면검사의 경우 사건을 분명히 인지하고 있는 피해자와 목격자로 그 대상을 한정하고 있으며, 법최면검사에 동의한 자만을 대상으로 하고 있다. 그러므로 사건의 내용과 용의자, 피의자 등을 인지하지 못한 단순 참고인과 목격자는 이 대상에서 제외된다. 그러나 용의자가 결백을 주장할 경우 무죄입증을 위한 증거확보를 위한 최면수사는 이루어질 수 있다.

3. 최면수사의 유형별 사례

1) 목격자에 대한 최면수사 사례

법최면수사의 성공사례를 살펴보면 뺑소니 사건이 가장 많은 비중을 차지한다. 특히 목격자에게 법최면를 실시하여 사건해결에 결정적인 단서를 확보하여 수사를 진행하고 있다. 뺑소니 사건의 사례를 살펴보면 대부분 목격자에 의해서 법최면수사가 이루어졌다는 사실을 알 수 있으며, 목격자 및 피해자 혹은 피의자에게 법최면 수사를 실시하여 차량번호, 차종 등의 차량에 관한 정보를 회상하게 함으로써 수사에 필요한 정보를 알아내어 범죄자를 검거하는데 도움이 되고 있다. 그러나 이러한 뺑소니 사건의 경우 사건 발생 후 오랜 시간이 경과하거나 기억 왜곡으로 인하여 법최면수사를 성공적으로 했음에도 불구하고 정확한 정보를 얻어낼 수 없게 되어 결국 사건 해결을 못 하게 될 수도 있다는 점은 유의할 필요가 있다.

사 례　　사례 1

2001년 01월 13일 23시 55분경, 대구의 한 신호등 없는 교차로에서 피의차량이 좌회전하는 오토바이를 충격하여 운전자(40대, 남)를 사망하게 하고 도주한 사건으로, 목격자에게 법최면을 실시하여 차량번호와 차량색상 및 차량종류 등을 회상하게 함으로써 범죄자를 검거한 사례가 있다.

2007년 4월 12일 새벽 0시 40분경, 서울 소재 강변북로에서 자전거를 타고 도로를 횡단하던 회사원 김 모 씨(40대, 남)가 직진하는 개인택시에 치여 좌측차로에 떨어지면서 불상의 차량 2~3대가 역과하고, 불상의 차량하부에 끌려가 사고현장에서 구리 방향으로 5.1km나 떨어진 곳에서 숨진 채 발견된 사건이다. 당시 1차 출동사고를 낸 택시운전기사는 곧 경찰에 신고했지만, 그 후 피해자를 역과했던 수많은 운전자 중 경찰에 신고한 사람은 아무도 없었다고 한다. 목격자에게 법최면을 실시하여 차량에 관한 정보를 떠올렸고, 차적조회를 하여 찾아낸 차량에서 발견된 혈흔의 DNA가 피해자의 DNA와 일치하면서 범인을 검거하게 된 사례이다.

2) 피해자에 대한 최면수사 사례

법최면수사에서 뺑소니 사건 다음으로 많은 비중을 차지하고 있는 범죄가 강간 사건이다. 강간 사건은 목격자보다 피해자에 의해 법최면수사가 이루어지는 경우가 많다. 피해자는 강간피해의 과정에서 외상뿐 아니라, 심리적으로도 많은 피해를 입게 된다. 그렇기 때문에 심리적으로 안정되어 있지 않은 상태에서 최면이 이루어진다면 원하는 결과를 얻을 수 없으며 피해자에게도 아주 깊은 마음의 상처를 줄 수가 있다. 그러므로 강간피해자에 대해 법최면을 실시하기에 앞서, 충분한 면담을 통해 마음을 안정시켜 주어야 하며, 수사를 위한 최면만 할 것이 아니라, 피해자의 마음을 치료해 주는 최면치료도 함께 병행하여 실시해야 할 것이다. 그러나 심리치료와 성공적 법최면을 실시하였어도 범인검거에 실패하여 미제로 남는 경우를 사례 2에서 찾아 볼 수 있다.

2003년 4월경부터 충남의 당진, 예산 등지에서 초등학생 혹은 중학생을 대상으로 트럭을 운전하는 용의자가 등교하거나 하교하는 학생들을 유인한 후 한적한 곳으로 끌고 가 약 11회에 걸쳐 어린이를 연쇄적으로 강간한 사건으로, 피해자 두 명(12세, 9세)을 대상으로 법최면을 실시하였다. 그 결과, 차량번호와 차량 내부의 정보 및 용의자의 인상착의 등을 회상하였으며 그를 바탕으로 수사하여 범인을 검거한 사례이다.

사 례　사례 2
───○

2006년 07월 27일 새벽 2시 30분경, 전주의 한 원룸에서 피해자(20대, 여)는 언니 (30대, 여)와 야식을 먹고 있을 때, 갑자기 남자가 칼을 들고 베란다로 침입하여 자신과 언니를 강제로 침대에 눕히려 했지만, 피해자가 거칠게 반항을 했고, 피해자와 용의자가 몸싸움을 하는 과정에서 용의자가 소지하고 있던 칼로 피해자의 우측 손목부위 열상 등 상처를 입히고 도주한 사건이다. 법최면은 피해자를 대상으로 실시하였으며 위의 사건과 마찬가지로 범인의 인상착의 및 범죄 피해 당시의 상황을 자세히 회상하였지만, 검거하지 못하고 수사가 진행 중인 사례가 있다.

제13절　거짓말탐지기

1. 거짓말탐지기의 개념과 의의

　우리나라에서는 범죄수사의 과정에서 피의자, 참고인, 피해자 등 사건에 관련한 사건관계인들에 대한 진술 및 증언의 신빙성을 높이기 위하여 거짓말 탐지기를 이용하여 거짓말을 탐지한다. 미국에서는 '폴리그래프(polygraph)'라는 용어를 사용하고 있으며, 생리의학적인 원리에 근거를 두어 호흡·맥박·혈압·피부전류 등 생리적 반응을 동시에 차트에 기록하고 검사관이 그 차트상에 나타난 반응을 종합·분석·해석·판단하여 피검사자가 대답한 진술의 진위를 판별한다.

　거짓말탐지기는 수사초기단계에서 용의자의 자백에 대한 거짓 유무를 판단하고, 혹시 범인이 아닌데도 불구하고 범인으로 의심을 받고 있는 것인지에 대한 여부를 판단하게 하여 사건의 진실성을 파악하는 데 단서를 제공하는 역할을 하고 있다. 거짓말탐지기는 초동수사단계에서 검사를 실시하는 것이 가장 바람직하며, 특히 거짓반응이 나온 유력한 용의자들만을 1차 수사대상으로 삼는다면 수사방향을 설정하는 데 큰 도움이 될 수 있다. 또한 거짓말탐지기 검사결과를 활용하면 피의자, 참고인 등 사건관계자의 진술 진위를 판단할 수 있으며, 그 예로 거짓반응이 나온 사건관계자에 대한 알리바이를 확인하여 사건과 관련한 보강수사를 통해 사건을 해결할 수 있고, 차트반응을 토대로 논리적인 추궁을 하여 심문 시에 범행 자백을 얻을 수 있다.

2. 거짓말탐지기 검사 순서 및 판정, 활용법

1) 거짓말탐지기 검사 순서

거짓말탐지기의 검사 순서는 크게 세 단계로 나눌 수 있다. 첫 번째 단계는 검사를 실시하기 위한 준비단계이며 이 단계에서는 검사대상이 된 범죄정보를 수집·분석하여 질문표를 작성하도록 한다. 두 번째 단계에서는 검사의 실시단계로 면접과 생리반응의 측정을 행한다. 세 번째 단계는 검사기록의 판정과 결과의 보고를 행한다.

일단 거짓말탐지기 검사의뢰가 들어오면, 검사 담당자는 담당 수사관과 전화하거나 직접 만나서 검사사건의 내용과 피검사자의 조건에 대해 먼저 설명을 듣는다. 검사 실시 준비를 시작하는 첫 단계로 검사사건의 내용과 피검사자의 모든 조건을 검토하고, 그 사건이 검사대상으로 적절한지 판단하여 검사가 가능하면 의뢰한 기관에 검사 실시를 회신한다. 둘째로, 검사담당자는 질문 작성에 필요한 정보를 수집하기 위하여 사건기록의 열람, 사건현장의 관찰, 담당수사관과의 면접 등을 행한다. 또한 이때 담당수사관과 검사의 실시시기, 검사장소, 감정촉탁처에 대한 송부 의뢰, 검사 승낙서의 취득, 입회인 여부의 문제 등에 대하여 협의한다. 또한 질문 작성을 위해 수집한 정보에 따라 긴장최고점 검사의 질문표를 작성한다.

거짓말탐지기 검사를 실시하기 전에 피검사자에 대하여 면접을 실시하는데, 면접단계에서는 검사의 목적과 실시방법 등을 설명하고, 앞서 수사관이 취득한 검사 승낙서를 제시하여 피검사자가 자신의 의사로 기입한 것임을 확인한다. 또한 피검사자의 심신 상태에 관하여 들은 후 생리 반응을 측정하는 각종 센서 및 검사를 위한 장비를 장착시킨 후 마지막으로 예비검사를 실시한다. 예비검사는 피검사자에게 검사순서 및 방법을 이해시키고 검사의 유효성을 확인시키며 피검사자의 생리반응 특징을 관찰하는 목적으로 실시하는 것이므로 판정과는 관계가 없다.

다음 단계로는 검사대상 사건에 대하여 피검사자의 지식을 확인하고, 미리 작성해 둔 질문표를 읽어주고 질문내용, 특히 단어의 의미를 이해하고 있는지에 대한 확인을 한다. 준비한 질문표 중에 재결질문의 내용을 피검사가 알고 있는 경우에는 그 질문표를 사용할 수 없다. 따라서 이 단계의 경우 피검사자에게 제시하는 질문표의 적부를 결정하는 단계로 볼 수 있다. 또한 질문항목에 피검사자가 이해하지 못하는 단어가 포함되어 있는 사실이 명백한 경우에는 이해 가능한 단어로 대체하여야 한다.

2) 거짓말탐지기 검사의 질문법

거짓말탐지기 검사의 질문법은 기본적으로 크게 두 가지 방법이 있다. 하나는 '허위검사'라는 방법으로 검사대상 사건에의 관여를 부인하고 있는 경우에 피검사자가 거짓말을 하는지의 여부를 직접 검출하려는 방법이다. 또 하나는 '정보검사'라는 방법으로, 범인만이 알고 있는 검사대상 사건에 관한 범죄사실의 인식 유무에 대해 검출하는 방법이다.

'허위검사'의 대표적인 질문법에는 대조질문법(Control Question Technique: CQT 검사)이 있다. 이 방법은 주로 미국과 캐나다 등 북미지역에서 주로 범죄수사에 이용하는 것이다. '정보검사'의 질문법에는 긴장최고점 검사(Peak of Tension Test: POT검사) 또는 범죄지식검사(Guilty Knowledge Test: GKT검사)라는 방법이 있다. 이는 주로 한국, 일본, 이스라엘 등의 국가에서 주로 사용하고 있다.[21] 이에 POT 또는 GKT 질문법에 대해 소개하면 다음과 같다.

긴장최고점검사(POT)와 범죄지식검사(GKT)는 이론과 판정방법에 따라 다소 차이가 있지만 질문구성이나 검사절차에 그다지 큰 차이가 없다. 긴장최고

점검사에는 재결질문법(Known Solution POT: KS-POT)과 탐색질문법(Probing POT: PR-POT)의 두 가지 타입의 질문법이 있다.

3) 재결질문법: 범죄사실을 알고 있는지 탐지한다

재결질문법(KS-POT)은 수사관과 피해자 외에는 범인밖에 모르는 범죄사실을 피검사자가 알고 있는지 명확히 하려는 것으로, 진술의 진위를 직접 검출하려는 것이 아니라는 점에서 대조질문법(CQT)과 차이가 난다. 이 질문법을 효과적으로 활용하기 위해서는 어떤 사건에 대해 범인만이 알고 다른 사람은 모르는 어떤 사실이 있어야 한다. 따라서 이 방법은 매스컴의 보도나 세간의 소문 등으로부터 범인 이외의 자가 알고 있는 범죄사실에 대해서는 이용할 수 없게 된다.

예를 들어 젊은 여성이 아파트에서 넥타이로 목이 졸려 살해되었다는 사건을 가정해 보자. 신문이나 TV에서는 피해자가 목이 졸려 살해되었다고 보도되고 있지만, 넥타이가 사용되었다는 사실은 보도되어 있지 않고 있다. 수사결과 어떤 남자가 용의자로 부상하였고 조사를 받았으나 사건과의 관계를 완강히 부인하고 있다. 만약에 이 남자가 사건과 무관하다면 살해에 넥타이가 사용된 것을 모를 것이다. 이 경우에는 아래와 같이 일련의 질문을 작성한다.

참고 KS-POT 질문표 예
──○

피해자의 목을 조르는 데 무엇이 사용되었는지에 대해 묻겠습니다.

    1. 스타킹이 사용되었는지 아닌지 있습니까?

    2. 벨트가 사용되었는지 아닌지 알고 있습니까?

○ 3. 넥타이가 사용되었는지 아닌지 알고 있습니까?

    4. 머플러가 사용되었는지 아닌지 알고 있습니까?

    5. 스카프가 사용되었는지 아닌지 알고 있습니까?

(○표는 재결질문, 나머지는 비재결질문)

하나의 질문표는 통상 5개에서 7개 항목으로 구성되는데, 그중 한 항목에만 범인밖에 모르는 사실(이것을 '재결질문'이라고 한다)을 넣어서 질문을 구성한다. 재결질문 이외의 질문은 비재결질문이라고 하며, 재결질문과 동일한 성질에 속하는 내용이 선택된다.

이렇게 해서 준비한 일련의 질문을 순서를 바꿔 최소한 3회 피검사자에게 제시하여 그동안의 생리반응을 측정한다. 재결질문과 비재결질문에 대해 나타낸 생리반응을 비교하여 재결질문에 대해 일관되게 특이한 반응을 나타내면, 피검사자는 재결질문의 범죄사실을 인식하고 있다고 판정한다. 만약에 피검사자가 사건과 무관하다면, 어느 질문이 사건과 관련된 질문인지 모르기 때문에 어떤 질문이든 동일하게 받아들이므로 재결질문에 일관되게 특이한 반응을 나타내는 일이 없다. 이러한 범행장소, 침입수법, 피해자의 상황 등 몇 가지 내용을 질문표에 작성해 둔다. 이들 질문표의 어느 재결질문에도 특이한 반응이 보일 경우, 사건 관여를 부인하는 피검사자의 진술은 의심스러워지게 된다.

4) 탐색질문법: 범인만이 알고 있는 사실을 탐지한다

범죄사실에 대해 범인은 알고 있지만, 수사관과 피해자도 모르는 사실이 있는 경우가 있다. 이 점을 거짓말탐지기 검사로 추정하여 수사에 기여하고자 하는 것이 탐색질문법(PR-POT)이다. 재결질문법(KS-POT)은 재결질문을 미리 검사자가 알고 있는 데 반해서, 탐색질문법에서는 검사 시점에서 재결질문을 모른다는 점이 다르다. 때문에 탐색질문법에서는 질문표 중 어떤 질문 항목이 검사대상 사건의 범죄사실인지 고도의 확률로 추정 가능하다는 것이 전제가 된다. 일련의 질문 중에 범죄사실이 포함되어 있지 않으면 판정이 곤란할 뿐 아니라 추후의 검사에도 악영향을 미칠 수가 있기 때문에, 사용하는 방법과 질문 표현에는 세심한 주의가 필요하다. 이 질문법을 사용할 때에는 수사하는 쪽과 밀접하게 연계하면서 실시할 필요가 있다.

예를 들어 소재불명 사건 등에서 수사 결과 피해자가 살해되었을 가능성이 대단히 높지만 사체를 유기한 장소가 판명되지 않은 '사체 없는 살인사건'에서는 다음 표와 같은 같은 질문을 작성한다. 지금까지 수사로 획득한 정보를 바탕으로 사체를 유기했을 가능성이 높은 지역을 지도상에 다섯 구역으로 나눠 지도를 보여주면서 질문을 한다.

사체가 지금 어디에 있는지에 대해 묻겠습니다.
(피검사자에게 지도를 보여주면서)
    1. 사체가 ① 구역에 있는지 없는지 알고 있습니까?
    2. 사체가 ② 구역에 있는지 없는지 알고 있습니까?
○　3. 사체가 ③ 구역에 있는지 없는지 알고 있습니까?
    4. 사체가 ④ 구역에 있는지 없는지 알고 있습니까?
    5. 사체가 ⑤ 구역에 있는지 없는지 알고 있습니까?

피검사자가 사건에 관여하지 않았다면 질문표의 어떤 질문에도 거의 동등한 의미나 가치밖에 가지지 않으므로 특정 질문에 뚜렷한 반응이 나타나지 않는다. 만약에 특정 질문에 대해 일관되게 특이한 반응이 인정되면 그 지역에 사체를 유기한 가능성이 높다고 추정한다. 이러한 질문표 외에도, 확실한 사체의 유기장소(산림, 강변, 밭 등)나 유기한 시간대(오전 0시부터 오전 1시 사이, 오전 1시부터 오전 2시 사이 등)를 추정하기 위한 질문표 등을 작성한다.

5) 거짓말탐지기의 판정

검사기록의 판정은 보통 검사자가 피검사자의 생리반응에 기초하여 관찰함으로써 행한다. 검사자는 긴장최고점 검사의 재결질문법(KS-POT)의 재결질문과 비재결질문, 혹은 탐색질문법(PR-POT)의 각 질문에 대한 반응 간의 차이를 모색한다. 재결질문법의 재결질문 또는 탐색질문법의 특정질문에 특이한 반응이 일관되게 나타나면, 그 질문사항에 대해 인식을 가진다고 추정할 수 있다. 다만, 세 가지 생리지표 모두에 특이반응이 나타나는 경우는 드물며, 피검사자가 호흡반응이 나타나거나 피부저항반응이 쉽게 나타난다. 이에 폴리그래프 검사에서 복수의 생리지표를 측정하는 의의는 여기에 있으며, 하나의 생리지표에만 특이반응을 보인 경우에도 판정은 가능하다.

긴장최고점 검사에 의한 검사에서는 재결질문에만 반응이 나타나는 것이 아니라 재결질문이나 재결질문 다음의 비재결질문을 경계로 하여 질문계열 안의 반응이 패턴의 변화로 나타나는 경우가 있다. 예를 들어 재결질문까지 혹은 재결질문의 다음 질문까지 불규칙했던 호흡파가 그 이후에 규칙적인 호흡으로 돌아오는 경우가 있다. 이러한 반응패턴의 변화도 특이반응으로 판정한다. 따라서 하나의 질문계열 안에서 반응패턴이 변화하는 분기점에도 주목하여 판정할 필요가 있다.

최근에는 거짓말탐지기로 측정한 생리반응을 컴퓨터로 계측하여, 계측된 반응량에 기초하여 자동적으로 판정하는 시스템이 개발되어 실용화되고 있다. 컴퓨터에 의한 자동판정 시스템의 장점은 인간의 주관이 개입되지 않는 객관적인 판정이 가능하고 판정결과의 신용성이 높아지며 판정의 신속화를 꾀할 수 있고, 나아가 인간의 눈으로는 판단할 수 없는 미묘한 반응을 읽어낼 수 있는 데에 있다. 반면에 시찰에 의한 판정에는 컴퓨터로는 계측이 곤란한 반응, 예컨대 불규칙한 호흡파형과 같은 복잡한 반응패턴까지도 읽을 수 있다는 장점이 있다. 현재는 검사자의 시찰관찰을 보완하는 것으로 컴퓨터 판정이 활용되고 있다.

3. 거짓말탐지기의 증거능력

거짓말탐지기의 검사 결과에 대한 증거능력의 인정 여부에 관한 판례는 "거짓말탐지기 검사결과와 그 보고서의 증거능력을 인정하기 위해서는 기계의 성능, 피검사자의 정신상태, 질문방법, 검사자 및 판정자의 지식·경험, 검사장소의 상황 등 제반사정에 비추어 검사결과의 정확성이 보증되고 피검사자의 동의가 있는 경우에 한하여 증거능력이 인정된다고 판시하면서, 이러한 조건이 갖추어진 상태에서 검사가 시행되었다고 볼 자료가 없는 검사결과의 증거능력은 부정되어야 한다."라고 한 바가 있다.[22]

또한 거짓말탐지기의 검사 결과에 대하여 사실적 관련성을 가진 증거로서 증거능력을 인정할 수 있으려면, 첫째로 거짓말을 하면 반드시 일정한 심리상태의 변동이 일어나고, 둘째로 그 심리상태의 변동은 반드시 일

---

22 대법원 1975. 5. 22. 선고 79도547 판결, 1984. 2. 14. 선고 83도3146 판결

정한 생리적 반응을 일으키며, 셋째로 그 생리적 반응에 의하여 피검사자의 말이 거짓인지 아닌지가 정확히 판정될 수 있다는 세 가지 전제요건이 충족되어야 할 것이며, 특히 마지막 생리적 반응에 대한 거짓 여부 판정은 거짓말탐지기가 검사에 동의한 피검사자의 생리적 반응을 정확히 측정할 수 있는 장치이어야 하고, 질문사항의 작성과 검사의 기술 및 방법이 합리적이어야 한다. 이상과 같은 여러 가지 요건이 충족되지 않는 한 거짓말탐지기 검사 결과에 대하여 형사소송법상 증거능력을 부여할 수는 없다고 하고 있다.[23]

한편 거짓말탐지기의 검사 결과가 위에서 제시하고 있는 요건을 갖추어 증거능력이 인정되는 경우라 할지라도 검사 결과, 즉 감정의 결과는 검사를 받는 사람의 신빙성을 헤아리는 정황증거로서의 기능을 다하는 데 그친다고 하고 있다.[24]

제14절 범죄자 프로파일링

1. 범죄자 프로파일링의 정의와 예측가능성

1) 범죄자 프로파일링의 정의

범죄자 프로파일링이 활용되게 된 것은 종래의 수사방법으로는 곤란한 사건에 대한 수사지원 도구가 필요하게 되었기 때문이다. 범죄자 프로파일링은 종래의 수사방법을 부정하는 것이 아닌 종래의 수사방법을 지원하기 위한 도구인 것으로 범인인 개인을 특정할 수 없으며 증거가 되는 것도 아니다.

프로파일링이란 수사에서 행동과학을 응용하고 사건에 관한 정보분석으로부터 가능성이 높은 범인상을 도출하는 수법을 말한다. 심리학적으로는 '범행의 여러 측면에서 범인에 대한 추론을 행하는 것'[25]이라고 정의되고 있다.

---

23 대법원 1983. 9. 13. 선고 83도712 판결, 2005. 5. 26. 선고 2005도130 판결
24 대법원 1987. 7. 21. 선고 87도968 판결

범죄자 프로파일링으로 나타나는 정보는 과거의 유사사건으로부터 도출되는 범인특징, 범행현장, 범인 심리에 관한 정보이며, 수사지휘관이 이런 정보를 활용하여 수사를 효율적으로 진행하는 것을 범죄자 프로파일링이라고 한다.[26]

2) 범죄자 프로파일링을 통한 예측가능성

범죄자 프로파일링으로 인해 무엇을 알 수 있는가에 대하여 일본의 학자 와타나베(渡邊和美)와 이케가미(池上聖次郎)는 다음과 같은 특징 5가지를 제시하고 있다.[27]

1) 특정 타입의 범행을 행할 가능성이 높은 피의자상을 제시한다.
2) 범행지와 거주지와의 관련성을 제시한다.
3) 유사사건이 동일범의 연속범행에 의한 것인지 판단을 제시한다.
4) 연속 범행이 격화될 가능성을 제시한다.
5) 가능성 있는 연속범행 발생범위의 예측을 제시한다.

2. 범죄자 프로파일링의 종류

1) 임상적 프로파일링 – 사건링크분석

성적인 환상이 범행동기의 배경에 존재하는 사건에 대해 범행상황에 반영되는 범인의 정신병리에 착안하여 그 범인의 성격 특징과 행동 특징을 추정하는 프로파일링 기법이다. 범죄자 프로파일링의 과정은 모두 네 단계로, 제1단계 – '데이터수집', 제2단계 – '범죄분석', 제3단계 – '재구성', 제4단계 – '프로파일 작성'로 나뉘어진다.

임상적 프로파일링에서의 추론과정의 객관적 근거는 통계적인 프로파일링

---

25 Copson, G. "Goals to Newcastle?: Part 1: a study of offender profiling Special Interest Series: Paper 7", London: Police Research Group, Home Office Police Department (1995)

26 小林敦・渡邊和美・島田貴仁・田村雅幸「捜査支援のための戦略的情報活用(下) 捜査支援体制の強化」警察学論集 53卷 7号, 173-189 (2000)

27 邊和美・池上聖次郎「プロファイリングとは何か」田村雅幸 監修・高村茂・桐生正幸 編集「犯罪者プロファイリング: 犯罪行動が明かす犯人像の断片」北大路書房, 222-234 (2000)

에 비해 약하다고 할 수 있지만, 지금까지 유사사건이 없는 새로운 타입의 사건에 대응할 수 있다는 장점이 있다.

2) 통계적 프로파일링

과거에 발생한 사건의 통계적 분석으로부터 범죄행동의 패턴을 추출하고, 당해 범죄와 유사한 패턴을 가진 범인군의 특징으로부터 범인상을 추정한다.

통계적 프로파일링에서는 과거의 발생사건에 관한 신뢰도 높은 정보가 축적되어 있다는 것이 중요한 열쇠가 된다. 신뢰도가 높은 정보를 분석함으로써 유사사건의 결과로부터 당해 사건에 대해 추론을 하기 때문에, 동일한 절차를 거치면 누가 행해도 같은 결과를 얻을 수 있다는 점에서 객관성이 유지된다고 할 수 있다. 그러나 새로운 사건에 대한 대응이 어렵다는 약점이 있다.

3) 지리적 프로파일링

과거에 발생한 연속사건에서의 범인의 공간행동 특징을 통계적으로 분석함으로써 범죄행동의 공간 패턴을 추출하고, 당해 사건의 범인이 거주할 가능성이 높은 지역을 도출해 낸다.

일반적으로 5곳 이상의 지점을 필요로 하므로 5건 이상의 연속사건 지원에 효과적이라고 한다. 인간의 공간행동은 지리 특징이나 교통망 등의 영향을 크게 받으므로 그 지역의 정보가 필수적이다.

3. 프로파일링의 활용

범죄자 프로파일링은 범인을 검거하는 것이 아니라 종래의 수사 활동을 효율화하기 위한 것이라는 점, 그리고 수사지휘관이 범죄자 프로파일링 정보의 활용방법을 이해하는 것이 중요하다. 범죄자 프로파일링 정보는 확률적인 정보이지, 100%냐 0%냐의 절대적인 정보가 아니므로 다른 수사정보가 범죄자 프로파일링 정보와 다른 방향을 강하게 나타내는 경우, 수사지휘관은 주저하지 말고 범죄자 프로파일링 정보를 기각해야 한다는 점도 망각해서는 안 된다.

제3장
사이버범죄 수사

제1절 사이버범죄 수사

1. 사이버범죄

지금 우리나라는 첨단 IT인프라를 바탕으로 세계적인 지식정보화 강국으로 성장하였고, '유비쿼터스' 환경을 목전에 두고 있다. 그러나 성장 위주의 IT정책은 해킹, 악성코드, 악성댓글, 불법사이트운영, 개인정보유출, 인터넷사기와 같은 사이버범죄를 유발하였고, 이는 국민의 생활뿐만 아니라 국가안보까지 위협하고 있다.[28] 컴퓨터와 통신기술의 발달로 양자가 서로 결합된 인터넷이라는 새로운 생활공간은 '사이버공간'이라 불리고 있으며 '사이버범죄'는 그러한 새로운 생활공간에서 행해지는 각종의 범죄현상에 대하여 검토, 파악하려는 용어로서의 의의를 가진다고 볼 수 있다.

사이버범죄라 함은 최근 사이버공간이 급속도로 확장되면서 생겨난 개념으로 과거 사이버범죄가 주로 독립된 컴퓨터 시스템을 중심으로 연결된 컴퓨터 시스템을 주로 표현한 용어라면, 최근 사이버범죄는 인터넷과 같은 정보통신망으로 연결된 컴퓨터 시스템이나 이들을 매개로 형성되는 사이버공간을 중심으로 발생하는 범죄행위를 표현하는 용어로서 이해하면 될 것이다. 또한 사이버공간은 현실 공간과 함께 개인 생활 영역의 하나로서 자리를 잡고 있다. 이러한 사이버공간은 편리성을 특징으로 하는 많은 장점을 제공하는 한편, 현

---

28 경찰청, 사이버범죄수사 매뉴얼

실세계에서 발생하는 수많은 범죄들이 그대로 반영되어 또 다른 범죄공간으로 이용되는 단점을 가지기도 한다.

특히 정보통신 기술의 발달로 일반인들이 생활의 대부분을 컴퓨터에 의존하고 있는 현실에서 사이버공간에서 범죄행위는 자칫 현실공간의 붕괴라는 최악의 상황까지 몰고 갈 수 있기 때문에 정보보호의 측면에서 새로운 형태의 사이버치안활동 수요가 더없이 증대되고 있는 실정이다. 또한, 사이버공간의 무한 팽창에 따른 각종 신종 범죄들이 급증하고 있으며, 자살, 폭발물 등 반사회적 유해사이트의 등장이 사회문제화되는 등 정보화의 역기능에 대한 종합적인 대책이 필요하게 되었다.

2. 개념

사이버범죄의 정의를 명확히 하여야 이에 올바르게 대처할 수 있음은 당연한 일이다.

'사이버범죄'란 컴퓨터, 컴퓨터 네트워크를 범죄의 필수적 요소로 하는 범죄를 말한다.[29]

사이버범죄란 인터넷과 같이 컴퓨터를 서로 네트워크로 연결하여 형성되는 사이버공간에서 발생하는 범죄를 총칭하는데, 광의의 의미에서 '컴퓨터가 행위의 수단이자 목적인 모든 범죄행위'라고 정의한다. 이런 의미에서는 현행법에 의해 처벌되는 것은 물론이고 현행법에 의해 처벌되지는 않지만, 당벌적이라고 여겨지는 모든 행위가 포함된다. 한편, 사이버범죄의 개념에서 재산 이외의 법익에 대한 침해는 배제된다. 다시 말해서, 사생활영역은 형법적인 문제가 아니라, 행정법적인 문제이다. 따라서 사이버범죄의 침해법익은 컴퓨터의 자료와 관련된 고의적이며, 위법적인 문제라고 할 수 있다. 따라서 사이버범죄의 침해법익은 컴퓨터의 자료와 관련된 고의적이며, 위법적인 개인적인 재산상의 피해라고 이해할 수 있겠다. 이와 같이 범위를 제한함으로써만 컴퓨터에 특수한 범죄적 특성을 파악할 수 있다.

---

29 경찰청, 사이버범죄수사 매뉴얼

3. 사이버범죄의 분류

인간은 끊임없이 새로운 문명을 발명해 왔다. 문명은 인간의 삶을 편리하게 만들어 주기도 하지만, 사용하는 자에 따라 범죄적으로 악용되기도 한다. 예를 들어 화폐는 인류의 경제를 발전시키기도 했지만 사기, 절도 등 각종 범죄의 목적이 되고 있다.

컴퓨터 네트워크도 마찬가지로 애초에는 사람을 위해 발명했지만 사용자가 증가하면서 범죄의 요소가 되고 있다. 이러한 유형을 간략히 정리해 보려고 하는데, 이러한 경험적 정리가 필요한 이유는 뒤에서 다룰 사이버범죄의 분류를 언급하는 데 사전 지식이 되기 때문이다.

1) 정보통신망 침해 범죄

정당한 접근권한 없이 또는 허용된 접근권한을 넘어 컴퓨터 또는 정보통신망(컴퓨터 시스템)에 침입하거나 시스템 데이터 프로그램을 훼손·멸실·변경한 경우 및 정보통신망(컴퓨터 시스템)에 장애(성능저하, 사용불능)를 발생하게 한 경우를 말하며, 고도의 기술적인 요소가 포함되고, 컴퓨터 및 정보통신망 자체에 대한 공격행위를 수반하는 범죄로, 정보통신망을 매개한 경우 및 매개하지 않은 경우도 포함된다.

(1) 해킹

정당한 접근권한 없이 또는 허용된 접근권한을 초과하여 정보통신망에 침입하는 행위로서, 정보통신망법 규정상 협의의 해킹과 계정도용도 포함하고 있다. 즉, 컴퓨터 또는 네트워크와 같은 자원에 대한 접근제한(Access Control)의 정책을 비정상적인 방법으로 우회하거나 무력화한 뒤 접근하는 행위라고 정의하고 있다(경찰청 사이버범죄 매뉴얼의 정의).

▸계정도용

정당한 접근권한 없이 또는 허용된 접근권한을 넘어 타인의 계정(ID, Password)을 임의로 이용한 경우를 말하는 것으로, 현재 게임계정도용과 일반계정도용을 분리하여 집계하고 있으나, 구분의 실익이 없으므로 계정도용으로 단순화하고 있다.

▸단순침입

정당한 접근권한 없이 또는 허용된 접근권한을 넘어 컴퓨터 또는 정보통신망에 침입한 경우를 말한다.

▸자료유출

정당한 접근권한 없이 또는 허용된 접근권한을 넘어 컴퓨터 또는 정보통신망에 침입한 후, 데이터를 유출·누설한 경우를 말한다.

▸자료훼손

정당한 접근권한 없이 또는 허용된 접근권한을 넘어 컴퓨터 또는 정보통신망에 침입한 후, 타인의 정보를 훼손(삭제, 변경 등)한 경우를 말하는 것으로 홈페이지 변조도 포함된다.

(2) 서비스거부공격(DDoS 등)

정보통신망에 대량의 신호 데이터를 보내거나 부정한 명령을 처리하도록 하여 정보통신망에 장애(사용불능, 성능저하)를 야기한 경우를 말한다.

(3) 악성프로그램

정당한 사유 없이 정보통신 시스템, 데이터 또는 프로그램 등을 훼손·멸실·변경·위조하거나 그 운용을 방해할 수 있는 프로그램을 전달 또는 유포하는 경우를 말한다.

(4) 기타 정보통신망 침해형 범죄

정보통신망 침해형 범죄 중에서, 위 중분류 3개 항목(해킹, 서비스거부공격, 악성프로그램) 어디에도 유형별로 분류되지 아니하거나, 이전에는 없었던 신종 수법으로 정보통신망을 침해하는 범죄인 경우를 말한다.

| 참고 | 기타 정보통신망 침해형 범죄의 예 |

‣ 컴퓨터 등에 의한 업무방해(형법 제314조 제2항)

• 정보통신망(컴퓨터 네트워크)을 통하여, 컴퓨터 등 정보처리장치에 허위의 정보 또는 부정한 명령을 입력하거나 기타 방법으로 정보처리에 장애를 발생하게 하여 업부를 방해한 경우

• 단, 컴퓨터 등 정보처리장치 또는 전자기록 등 특수매체기록을 물리적인 방법으로 손괴하여 업무방해한 경우는 사이버범죄에서 제외(망치로 컴퓨터 손괴 등)

‣ 타인 명의 공인인증서 발급(전자서명법 제31조 제3호)

• 정보통신망(컴퓨터 네트워크)을 통하여, 타인의 명의로 공인인증서를 발급받거나 발급받을 수 있도록 한 경우

2) 정보통신망 이용 범죄

정보통신망(컴퓨터 시스템)을 범죄의 본질적 구성요건에 해당하는 행위를 행하는 주요 수단으로 이용하는 경우를 말하는 것으로, 컴퓨터 시스템을 전통적인 범죄를 행하기 위하여 이용하는 범죄이며, 인터넷 사용자 간의 범죄라는 특징이 있다.

(1) 인터넷 사기

정보통신망(컴퓨터 시스템)을 통하여, 이용자들에게 물품이나 용역을 제공할 것처럼 기망하여 피해자로부터 금품을 편취(교부행위)한 경우를 말한다.

※ 컴퓨터 시스템이란, 하나의 장치 또는 서로 접속되거나 서로 관련되어 있는 장치들의 그룹으로서, 이 중 하나 또는 그 이상의 장치가 프로그램에 의하여 자동적인 데이터처리를 수행하는 것(EU 사이버범죄 방지 조약 제1조 정의)
단, 온라인을 이용한 기망행위가 있더라도, 피해자와 피의자가 직접 대면하여 거래한 경우 등은 사이버범죄 통계에서 제외된다.
※ on-line에서 기망행위 후, off-line에서 만나 현금·물품 편취(제외)
※ off-line에서 기망행위 후, on-line에서 대금을 송금, 편취(제외)

① 직거래 사기

정보통신망(컴퓨터 시스템)을 통하여, 물품 거래 등에 관한 허위의 의사표시를 게시하여 발생한 대금 편취 사기범죄를 말한다.

② 쇼핑몰 사기

정보통신망(컴퓨터 시스템)을 통하여, 허위의 인터넷 쇼핑몰 등을 개설하여 발생한 대금 편취 사기범죄를 말한다.

③ 게임 사기

정보통신망(컴퓨터 시스템)을 통하여, 게임 캐릭터 및 아이템 등 인터넷 게임과 관련하여 발생한 대금 편취 사기범죄를 말한다.

④ 기타 인터넷 사기

직거래, 쇼핑몰, 게임 사기에 해당하지 않고, 정보통신망(컴퓨터 시스템)을 통한 기망행위를 통해 재산적 이익을 편취한 경우 등이 있다.

(2) 사이버금융범죄(피싱, 파밍, 스미싱, 메모리해킹, 몸캠피싱 등)

정보통신망을 이용하여 피해자의 계좌로부터 자금을 이체받거나, 소액결제가 되게 하는 신종 범죄를 말한다.

전기통신금융사기 피해방지 및 피해금 환급에 관한 특별법에 의거, 지급정지가 가능하다. 단, 재화의 공급 또는 용역의 제공 등을 가장한 행위는 제외한다고 규정하고 있다.

① 피싱(Phishing)

개인정보(Private data)와 낚시(Fishing)의 합성어를 말하는데, 범행수법은 ① 금융기관을 가장한 이메일 발송, ② 이메일에서 안내하는 인터넷 주소 클릭, 가짜 은행사이트로 접속 유도, ③ 보안카드번호 전부 입력 요구 등의 방법으로 금융정보 탈취, ④ 피해자 계좌에서 범행계좌로 이체하는 방식을 사용하고 있다.

② 파밍(Pharming)

악성코드에 감염된 피해자 PC를 조작하여 금융정보를 탈취하는 경우로서, 범행수법은 ① 피해자 PC를 악성코드에 감염시킨 후, ② 정상홈페이지에 접속하여도 피싱(가짜) 사이트로 유도하고, ③ 보안카드번호 전부 입력 요구 등의 방법으로 금융정보를 탈취하여, ④ 피해자 계좌에서 범행계좌로 이체시키는 방식을 사용하고 있다.

③ 스미싱(Smishing)

문자메시지(SMS)와 피싱(Phishing)의 합성어로서, 범행수법은 ① '무료쿠폰 제공' 등의 문자메시지 내 인터넷주소를 클릭하면, ② 악성코드가 스마트폰에 설치되어, ③ 피해자가 모르는 사이에 소액결제 피해 발생 또는 개인·금융정보를 탈취하는 방식을 사용하고 있다.

④ 메모리해킹

피해자 PC메모리에 상주한 악성코드로 인하여 정상 은행사이트에서 보안카드번호 앞뒤 2자리만 입력해도 부당 인출하는 수법으로, 범행수법을 자세히 살펴보면 ① 피해자 PC를 악성코드에 감염시킨 후, ② 정상적인 인터넷 뱅킹 절차(보안카드 앞뒤 2자리) 이행 후, 이체 클릭, ③ 오류 반복 발생((이체정보 미전송), ④ 일정시간 경과 후, 범죄자가 동일한 보안카드 번호 입력, 범행계좌로 이체하는 범행수법으로, 특히 이체정보가 피해자에게 미전송되므로 피해발견에 어려움을 겪고 있다.

⑤ 몸캠피싱

음란화상채팅(몸캠) 후, 영상을 유포하겠다고 협박하여 금전을 갈취하는 행위로서, 범행수법은 ① 타인의 사진을 도용하여 여성으로 가장한 범죄자가 랜덤 채팅 앱 또는 모바일 메신저를 통해 접근하고, ② 미리 준비해둔 여성의 동영상을 보여주며, 상대방에게 얼굴이 나오도록 음란행위를 유도하여, ③ 화상채팅에 필요한 앱이라거나, 상대방의 목소리가 들리지 않는다는 등의 핑계로 특정파일을 설치할 것을 요구하여 다양한 명칭의 apk파일로 스마트폰의 주소록이 범죄자에게 유출되어, ④지인의 명단을 보이며, 상대방의 얼굴이 나오는 동영상을 유포한다며 금전을 요구하는 수법을 사용한다.

⑥ 기타 전기통신금융사기

위 5가지 유형에 포함되지 않는 유형 혹은 피해자의 컴퓨터, 스마트폰, 정보통신망을 통하여 피해자의 계좌로부터 자금을 이체받거나, 소액결제가 발생한 경우가 있다(메신저 피싱 등).

▮ 전기통신금융사기 피해방지 및 피해금 환급에 관한 특별법

제2조(정의)
2. "전기통신금융사기"란 「전기통신기본법」 제2조제1호에 따른 전기통신을 이용하여 타인을 기망(欺罔)·공갈(恐喝)함으로써 자금 또는 재산상의 이익을 취하거나 제3자에게 자금 또는 재산상의 이익을 취하게 하는 다음 각 목의 행위를 말한다. 다만, 재화의 공급 또는 용역의 제공 등을 가장한 행위는 제외하되, 대출의 제공·알선·중개를 가장한 행위는 포함한다.
가. 자금을 송금·이체하도록 하는 행위
나. 개인정보를 알아내어 자금을 송금·이체하는 행위
다. 자금을 교부받거나 교부하도록 하는 행위
라. 자금을 출금하거나 출금하도록 하는 행위

제15조의2(벌칙)
① 전기통신금융사기를 목적으로 다음 각 호의 어느 하나에 해당하는 행위를 한 자는 10년 이하의 징역 또는 1억 원 이하의 벌금에 처한다.
1. 타인으로 하여금 컴퓨터 등 정보처리장치에 정보 또는 명령을 입력하게 하는 행위
2. 취득한 타인의 정보를 이용하여 컴퓨터 등 정보처리장치에 정보 또는 명령을 입력하는 행위

* 피싱과 파밍은 특별법 제15조의2제1항제1호에 의거하여 전기통신금융사기에 적용되므로, '지급정지' 절차 활용이 가능함.

3) 개인·위치·정보 침해

정보통신망(컴퓨터 시스템)을 통하여, 디지털 자료화되어 저장된 타인의 개인정보를 침해·도용·누설하는 범죄로, 정보통신망(컴퓨터 시스템)을 통하여, 이용자의 동의를 받지 않거나 속이는 행위 등으로 다른 사람의 개인·위치정보를 불법적으로 수집·이용·제공한 경우도 포함된다.

> * 속이는 행위(피싱)로 타인의 개인정보를 수집한 경우에도 사기의 실행의 착수에 나아가지 않았다 하더라도 개인정보침해에 해당한다(정보통신망법 제49조의2제1항).

▌ 정보통신망 이용촉진 및 정보보호 등에 관한 법률 (약칭: 정보통신망법)

제49조의2(속이는 행위에 의한 정보의 수집금지 등)
① 누구든지 정보통신망을 통하여 속이는 행위로 다른 사람의 정보를 수집하거나 다른 사람이 정보를 제공하도록 유인하여서는 아니 된다.
② 정보통신서비스 제공자는 제1항을 위반한 사실을 발견하면 즉시 과학기술정보통신부장관 또는 한국인터넷진흥원에 신고하여야 한다.
③ 과학기술정보통신부장관 또는 한국인터넷진흥원은 제2항에 따른 신고를 받거나 제1항을 위반한 사실을 알게 되면 다음 각 호의 필요한 조치를 하여야 한다.
　1. 위반 사실에 관한 정보의 수집·전파
　2. 유사 피해에 대한 예보·경보
　3. 정보통신서비스 제공자에게 다음 각 목의 사항 중 전부 또는 일부를 요청하는 등 피해 예방 및 피해 확산을 방지하기 위한 긴급조치
　　가. 접속경로의 차단
　　나. 제1항의 위반행위에 이용된 전화번호에 대한 정보통신서비스의 제공 중지
　　다. 이용자에게 제1항의 위반행위에 노출되었다는 사실의 통지
④ 과학기술정보통신부장관은 제3항제3호의 조치를 취하기 위하여 정보통신서비스 제공자에게 정보통신서비스 제공자 간 정보통신망을 통하여 속이는 행위에 대한 정보 공유 등 필요한 조치를 취하도록 명할 수 있다.
⑤ 제3항제3호에 따른 요청을 받은 정보통신서비스 제공자는 이용약관으로 정하는 바에 따라 해당 조치를 할 수 있다.
⑥ 제5항에 따른 이용약관으로 정하여야 하는 구체적인 사항은 대통령령으로 정한다.

4) 사이버 저작권 침해

정보통신망(컴퓨터 시스템)을 통하여, 디지털 자료화된 저작물 또는 컴퓨터 프로그램저작물에 대한 권리를 침해한 경우를 말한다.

5) 스팸메일

정보통신망(컴퓨터 시스템)을 통하여, 법률에서 금지하는 재화 또는 서비스에 대한 광고성 정보를 전송하는 경우 및 이와 관련 허용되지 않는 기술적 조치 등을 행한 경우(정통망법 제74조제1항제4호, 제6호)를 말한다.

법률에서 금지하는 재화·서비스 전송의 경우나, 이에 관련하여 허용되지 않는 기술적 조치에 대한 처벌 규정도 있는 점을 감안하여, 불법콘텐츠 범죄 항목이 아닌 정보통신망 이용 범죄로 포섭한다.

6) 기타 정보통신망 이용형 범죄

정보통신망(컴퓨터 시스템)을 이용하여 행하여진 범죄 구성요건의 본질적인 부분이 컴퓨터 시스템 또는 정보통신망(컴퓨터 시스템)에서 행해진 범죄 중, 위 중분류 5개 항목(인터넷 사기, 전기통신금융사기, 개인·위치정보 침해, 사이버 저작권 침해, 스팸메일)으로 유형별로 분류되지 아니하는 경우를 말한다.

▎기타 정보통신망 이용형 범죄의 예

컴퓨터 등 사용사기
제347조의2(컴퓨터등 사용사기)
컴퓨터등 정보처리장치에 허위의 정보 또는 부정한 명령을 입력하거나 권한 없이 정보를 입력·변경하여 정보처리를 하게 함으로써 재산상의 이익을 취득하거나 제3자로 하여금 취득하게 한 자는 10년 이하의 징역 또는 2천만원 이하의 벌금에 처한다.

전자금융거래법
제37조(가맹점의 준수사항 등)
① 가맹점은 직불전자지급수단이나 선불전자지급수단 또는 전자화폐(이하 "전자화폐등"이라 한다)에 의한 거래를 이유로 재화 또는 용역의 제공 등을 거절하거나 이용자를 불리하게 대우하여서는 아니 된다.
② 가맹점은 이용자로 하여금 가맹점수수료를 부담하게 하여서는 아니 된다.
③ 가맹점은 다음 각 호의 어느 하나에 해당하는 행위를 하여서는 아니 된다.
  1. 재화 또는 용역의 제공 등이 없이 전자화폐등에 의한 거래를 한 것으로 가장(假裝)하는 행위
  2. 실제 매출금액을 초과하여 전자화폐등에 의한 거래를 하는 행위

3. 다른 가맹점 이름으로 전자화폐등에 의한 거래를 하는 행위
4. 가맹점의 이름을 타인에게 빌려주는 행위
5. 전자화폐등에 의한 거래를 대행하는 행위
④ 가맹점이 아닌 자는 가맹점의 이름으로 전자화폐등에 의한 거래를 하여서는 아니 된다.

정보통신망 이용촉진 및 정보보호 등에 관한 법률(약칭: 정보통신망법)
제8조(정보통신망의 표준화 및 인증)
④ 제2항에 따른 인증을 받은 자가 아니면 그 제품이 표준에 적합한 것임을 나타내는 표시를 하거나 이와 비슷한 표시를 하여서는 아니 되며, 이와 비슷한 표시를 한 제품을 판매하거나 판매할 목적으로 진열하여서는 아니 된다.

| 제2절 | 불법콘텐츠 범죄 |

1. 불법콘텐츠 범죄의 개념

불법콘텐츠 범죄라 한은 정보통신망(컴퓨터 시스템)을 통하여, 법률에서 금지하는 재화·서비스 또는 정보를 배포·판매·임대·전시하는 경우를 말한다.

❙ 정보통신망을 통하여 유통되는 '콘텐츠' 자체가 불법적인 경우

정보통신망 이용촉진 및 정보보호 등에 관한 법률(약칭: 정보통신망법)
제44조의7(불법정보의 유통금지 등)
① 누구든지 정보통신망을 통하여 다음 각 호의 어느 하나에 해당하는 정보를 유통하여서는 아니 된다.
　1. 음란한 부호 · 문언 · 음향 · 화상 또는 영상을 배포 · 판매 · 임대하거나 공공연하게 전시하는 내용의 정보
　2. 사람을 비방할 목적으로 공공연하게 사실이나 거짓의 사실을 드러내어 타인의 명예를 훼손하는 내용의 정보
　3. 공포심이나 불안감을 유발하는 부호 · 문언 · 음향 · 화상 또는 영상을 반복적으로 상대방에게 도달하도록 하는 내용의 정보
　4. 정당한 사유 없이 정보통신시스템, 데이터 또는 프로그램 등을 훼손 · 멸실 · 변경 · 위조하거나 그 운용을 방해하는 내용의 정보

5. 「청소년 보호법」에 따른 청소년 유해 매체물로서 상대방의 연령 확인, 표시의무 등 법령에 따른 의무를 이행하지 아니하고 영리를 목적으로 제공하는 내용의 정보

6. 법령에 따라 금지되는 사행행위에 해당하는 내용의 정보

6의2. 이 법 또는 개인정보 보호에 관한 법령을 위반하여 개인정보를 거래하는 내용의 정보

6의3. 총포·화약류(생명·신체에 위해를 끼칠 수 있는 폭발력을 가진 물건을 포함한다)를 제조할 수 있는 방법이나 설계도 등의 정보

7. 법령에 따라 분류된 비밀 등 국가기밀을 누설하는 내용의 정보

8. 「국가보안법」에서 금지하는 행위를 수행하는 내용의 정보

9. 그 밖에 범죄를 목적으로 하거나 교사(敎唆) 또는 방조하는 내용의 정보

② 방송통신위원회는 제1항제1호부터 제6호까지, 제6호의2 및 제6호의3의 정보에 대하여는 심의위원회의 심의를 거쳐 정보통신서비스 제공자 또는 게시판 관리·운영자로 하여금 그 처리를 거부·정지 또는 제한하도록 명할 수 있다. 다만, 제1항제2호 및 제3호에 따른 정보의 경우에는 해당 정보로 인하여 피해를 받은 자가 구체적으로 밝힌 의사에 반하여 그 처리의 거부·정지 또는 제한을 명할 수 없다.

③ 방송통신위원회는 제1항제7호부터 제9호까지의 정보가 다음 각 호의 모두에 해당하는 경우에는 정보통신서비스 제공자 또는 게시판 관리·운영자에게 해당 정보의 처리를 거부·정지 또는 제한하도록 명하여야 한다.

1. 관계 중앙행정기관의 장의 요청[제1항제9호의 정보 중 「성폭력범죄의 처벌 등에 관한 특례법」제14조에 따른 촬영물 또는 복제물(복제물의 복제물을 포함한다)에 대하여는 수사기관의 장의 요청을 포함한다]이 있었을 것

2. 제1호의 요청을 받은 날부터 7일 이내에 심의위원회의 심의를 거친 후 「방송통신위원회의 설치 및 운영에 관한 법률」제21조제4호에 따른 시정 요구를 하였을 것

3. 정보통신서비스 제공자나 게시판 관리·운영자가 시정 요구에 따르지 아니하였을 것

④ 방송통신위원회는 제2항 및 제3항에 따른 명령의 대상이 되는 정보통신서비스 제공자, 게시판 관리·운영자 또는 해당 이용자에게 미리 의견제출의 기회를 주어야 한다. 다만, 다음 각 호의 어느 하나에 해당하는 경우에는 의견제출의 기회를 주지 아니할 수 있다.

1. 공공의 안전 또는 복리를 위하여 긴급히 처분을 할 필요가 있는 경우

2. 의견청취가 뚜렷이 곤란하거나 명백히 불필요한 경우로서 대통령령으로 정하는 경우

3. 의견제출의 기회를 포기한다는 뜻을 명백히 표시한 경우

1) 사이버음란물

정보통신망(컴퓨터 시스템)을 통하여, 음란한 부호·문언·음향·화상 또는 영상을 배포·판매·임대하거나 공연하게 한 경우를 말한다.

> ※ 정보통신망법상 금지 규정만 있고 처벌 규정이 없으나, 심각한 사회적 문제가 되는 현실을 고려, 정책적 고려에 따라 사이버범죄로 포함

2) 일반음란물

정보통신망(컴퓨터 시스템)을 통하여, 일반 보통인의 성욕을 자극하여 성적 흥분을 유발하고 정상적인 성적 수치심을 해하여 성적 도의 관념에 반하는 내용의 표현물을 배포·판매·임대·전시하는 경우를 말한다.

3) 아동음란물

정보통신망(컴퓨터 시스템)을 통하여, 아동·청소년 또는 아동·청소년으로 명백하게 인식될 수 있는 사람이나 표현물이 등장하여 성교 행위, 유사 성교 행위, 일반인의 성적 수치심이나 혐오감을 일으키는 행위, 자위 행위를 하거나 그 밖의 성적 행위를 하는 내용의 표현물을 배포·판매·임대 전시하는 경우 (아동·청소년의 성보호에 관한 법률 제2조 정의 참조)

2. 사이버 도박

정보통신망(컴퓨터 시스템)을 통하여, 도박사이트를 개설하거나 도박행위 (또는 사행행위)를 한 경우를 말한다.

> ※ 정보통신망법상 금지 규정만 있고 처벌 규정이 없으나, 심각한 사회적 문제가 되는 현실을 고려, 정책적 고려에 따라 사이버범죄로 포함

1) 스포츠토토

정보통신망(컴퓨터 시스템)을 통하여, 체육진흥투표권이나 이와 비슷한 것을 발행하는 시스템을 이용하여 도박을 하게 하는 경우(도박행위 포함)를 말한다.

2) 경마, 경륜, 경정

정보통신망(컴퓨터 시스템)을 통하여, 경마, 경륜, 경정 등의 경주를 이용하여 도박을 하게 하는 경우(도박행위 포함)를 말한다.

3) 기타 인터넷 도박

정보통신망(컴퓨터 시스템)을 통하여, 위와 같은 방법으로 영리의 목적으로 도박사이트를 개설하여 도박을 하게 하는 경우(도박행위 포함)를 말한다.

3. 사이버 명예훼손 · 모욕, 사이버 스토킹

1) 사이버 명예훼손

정보통신망(컴퓨터 시스템)을 통하여, 사람을 비방할 목적으로 공공연하게 사실이나 거짓의 사실을 드러내어 다른 사람의 명예를 훼손하는 내용의 정보를 유통하는 행위(정보통신망법 제44조의7제1항: 누구든지 정보통신망을 통하여 다음 각 호의 어느 하나에 해당하는 정보를 유통하여서는 아니 된다. 제2호: 사람을 비방할 목적으로 공공연하게 사실이나 거짓의 사실을 드러내어 타인의 명예를 훼손하는 내용의 정보)

2) 사이버 모욕

정보통신망(컴퓨터 시스템)을 통하여, 공연히 사람을 모욕하는 경우

3) 사이버 스토킹

정보통신망(컴퓨터 시스템)을 통하여, 공포심이나 불안감을 유발하는 부호·문언·음향·화상 또는 영상을 반복적으로 상대방에게 도달하도록 하는 경우 (정통망법 제44조의7제1항제3호)

4. 기타 불법 콘텐츠 범죄

정보통신망(컴퓨터 시스템)을 통하여, 법률에서 금지하는 재화·서비스 또는 정보를 배포·판매·임대·전시하여 성립하는 범죄 중 위 중분류 4개 항목(사이버 음란물, 사이버 명예훼손·모욕, 사이버 스토킹, 사이버 도박)으로 유형별로 분류되지 아니하는 경우를 말한다.

▌기타 불법 콘텐츠 범죄의 예시

① 청소년유해매체물 미표시·영리목적 제공, 청소년유해매체물 광고, 공개전시(정통망법 제42조의2)
② 정보통신망(컴퓨터 시스템)을 통하여, 유통되는 매체물 중에서, 청소년 유해 매체물 미표시·영리목적 제공 또는 광고·공개 전시하는 경우

허위로 주민번호 생성하거나, 이익을 위해 사용하는 경우(주민등록법)
제7조의2(주민등록번호의 부여)
① 시장·군수 또는 구청장은 주민에게 개인별로 고유한 등록번호(이하 "주민등록번호"라 한다)를 부여하여야 한다.

제37조(벌칙)
① 다음 각 호의 어느 하나에 해당하는 자는 3년 이하의 징역 또는 3천만원 이하의 벌금에 처한다.
　　1. 제7조의2에 따른 주민등록번호 부여방법으로 거짓의 주민등록번호를 만들어 자기 또는 다른 사람의 재물이나 재산상의 이익을 위하여 사용한 자
　　4. 거짓의 주민등록번호를 만드는 프로그램을 다른 사람에게 전달하거나 유포한 자

5. 사이버범죄의 특징

1) 범행동기

    (1) 게임이나 단순한 유희

    (2) 지적 모험심의 추구

    (3) 정치적 목적과 산업경쟁

    (4) 개인적인 보복

    (5) 경제적 이익의 취득

2) 행위자

    (1) 행위자의 연령이 낮음

    (2) 죄의식이 희박

    (3) 초범이 많음

    (4) 익명성을 과신함[30]

    (5) 컴퓨터전문가나 조직 내부인이 많음

3) 범행행위

    (1) 범행이 되풀이될 가능성이 높음

    (2) 통신망 연결로 인한 광역성

    (3) 발각과 고의 입증이 곤란

    (4) 컴퓨터 프로그램의 조작과 컴퓨터의 고정자료를 변경하여 발생하는 범죄는 별도의 조작이 없는 한 자동 반복 실행됨

---

30 경찰실무 종합

6. 사이버범죄 수사

1) 국가수사본부 조직도[31]

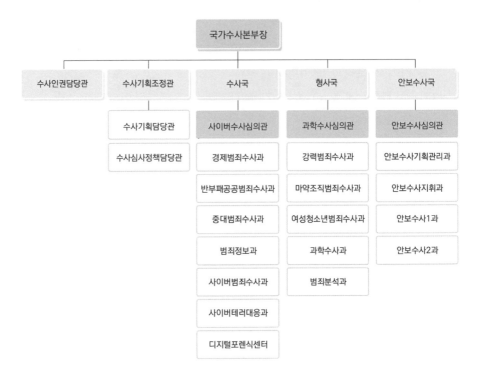

2) 사이버범죄 수사의 특징

(1) 범죄자의 특징

사이버범죄는 주로 컴퓨터나 인터넷 등 정보통신에 대한 지식과 사용경험이 많은 젊은층에 의해서 저질러지는 경향이 많으며 특히 해킹, 바이러스 유포 등과 같은 고도의 IT지식이 필요한 범죄에서는 그러한 특징이 강하게 나타난다. 이 밖에도 사이버범죄의 범죄자의 특징으로 많이 거론되는 것이 뚜렷한 범행동기가 없다는 것으로 일반적인 형사사건은 금전이나 원한관계 등 비교적 범행동기가 뚜렷한 반면에 사이버범죄, 특히 사이버테러형범죄는 단순히 자기의 실력을 과시하거나 호기심에 기인하는 경우가 많다.

---

31 경찰청홈페이지/https://www.police.go.kr/www/agency/orginfo/orginfo01.jsp

최근에는 금전적인 목적을 위해서 해킹을 하는 사례가 늘어나는 추세에 있다.

사이버공간은 범죄자와 피해자의 비대면성으로 인해서 범죄자의 내면에 숨어 있던 성격이 표출되어 발생하는 범죄도 발생한다. 예를 들어 현실공간에서는 자신의 의사를 제대로 표시하지 못하는 내성적인 성격의 사람이 사이버공간의 비대면성으로 인해서 평소 표출하지 못했던 자신의 의사를 과격한 언어를 사용해서 인터넷 게시판이나 채팅을 표출하여 범죄로까지 이어지는 사례도 있다.

(2) 피해자의 특징

사이버범죄의 피해자의 특징 중 가장 두드러진 것이 짧은 기간에 대량의 피해자가 발생한다는 것으로서 소액결제를 이용한 전자상거래 사기와 같이 피해자 개인차원에서는 소액의 피해가 발생하였지만 피해자가 전국적으로 수백 명에 이르는 경우에는 피해규모가 일반인의 상상을 훨씬 초월하는 것을 종종 볼 수 있다.

직접 피해자 외에 그로 인한 간접, 즉 2차적인 피해자가 존재한다는 것인 바, 예를 들어 인터넷 쇼핑몰이 해킹되어 고객들의 개인정보가 유출된 경우에 1차적으로는 인터넷 쇼핑몰 운영자에게 피해가 발생하는 것이지만 유출된 개인정보의 주체인 고객들에게도 간접적인 피해가 발생할 수 있으며 오히려 그로 인하여 더 큰 피해가 발생할 여지가 많다.

(3) 수사상의 특징

사이버범죄를 효과적으로 수사하는 데 정보통신 기술이 많이 활용된다. 수사관은 사이버공간을 이루는 컴퓨터와 네트워크 기술뿐만 아니라 인터넷을 구성하는 TCP/IP 프로토콜 등 기술적인 요소들에 대해서 충분히 이해하고 범죄수사에 활용할 수 있는 능력이 요구된다.

정보통신 기술에 대한 충분한 이해와 활용능력 없이 사이버범죄 수사를 담당하게 되면 피해자나 피의자 등 사건관계인의 진술에 의존할 수밖에 없다.

사건관계인의 진술에 의존하지 않고 전문적인 지식을 활용, 필요한 자료를 적극적으로 찾아서 수사단서 또는 증거로 활용할 수 있어야 한다. 사이버범죄 수사절차는 초동수사 → 현장수사 → 범인추적 → 압수수색 → 증거수집 및 분석 → 범인조사의 과정을 거치는 것이 일반적이지만 증거의 수집과분석은 초동수사 단계부터 이루어지는 것이 대부분이다.[32]

3) 사이버 수사 절차

(1) 초동수사

초동수사는 최초 범죄현장과 그 주변 및 범죄현장에서 얻은 수사단서를이용한 초기의 수사활동으로서 향후 수사의 방향을 설정한다는 의미에서 모든범죄수사에 있어서 가장 중요한 부분이다. 사이버범죄의 수사에서는 현장수사이전에 IP주소나 도메인주소 등에 대한 기본적인 정보를 수집하는 과정이 필요하기 때문에 편의상 초동수사와 현장수사를 구분한다.

사이버범죄 수사에서 담당 수사관이 가장 먼저 해야 할 일은 바로 피해자나 피의자가 사용한 IP주소를 파악하는 것이다. 예를 들어 명예훼손 내용이적시된 인터넷 게시판을 찾아서 범인의 IP주소가 사용된 장소를 특정해야 한다. 사이버범죄에서 신속하게 IP주소에 대한 정보를 확보하는 것이 중요한 이유는 바로 IP주소가 포함된 접속기록의 보존기간에 한계가 있기 때문이다.

국내 대부분의 인터넷서비스제공업체(ISP: Internet Service Provider)들은 과거 3개월간의 접속기록을 보관하고 있으므로 수사 시 신속하게 IP주소를 확보할 필요가 있겠다.

가장 일반적인 IP주소 확인 방법은 피의자의 범행으로 피해를 입은 컴퓨터나 명예훼손 내용이 게시된 인터넷 게시판의 관리자와 연락을 하여 필요한접속 기록파일을 제출받는 것이다. 피해자가 직접 피해를 입은 컴퓨터의 접속기록파일에 접근할 수 있는 권한이 있거나 피의자의 IP주소를 알고 있는 경우도 있으나 담당 수사관이 피해자가 알려준 인터넷 주소 등을 이용하여 해당관리자를 찾아야 하는 경우가 많다.

사이버범죄를 초기에 효과적으로 수사하기 위해서는 사이버공간을 이루는근간인 IP주소와 도메인주소 등에 대한 기본적인 이해가 필수이다.

---

32 경찰청, 사이버범죄수사 매뉴얼

(2) 현장수사

현실 공간에서 발생하는 오프라인 범죄의 경우, 반드시 피해발생 현장 또는 범죄현장이 존재하며 이러한 현장에 대한 수사가 초동수사의 중요한 부분을 차지하는 것처럼 사이버범죄 수사에서도 현장수사는 중요하다.

사이버공간이라는 가상의 공간에서 발생하는 범죄이므로 엄밀한 의미에서 피해발생 현장이나 범행 현장은 물리적으로는 존재하지 않지만, 편의상 피해를 입은 컴퓨터나 범행에 사용된 컴퓨터가 위치하는 장소로 이해할 수 있다. 오프라인 범죄의 경우 피해발생 현장과 범행현장이 대부분 장소적으로 일치하게 되지만 사이버범죄에서는 피해자와 범인이 인터넷 등을 이용하여 접촉을 하고 원격지에 있는 컴퓨터에 피해를 입히는 등 피해발생 현장과 범행현장이 장소적으로 불일치한다.

사이버범죄 현장수사란 피해가 발생한 컴퓨터에 대한 수사 또는 범행에 사용된 컴퓨터에 대한 수사로 이해해야 하며 오프라인 범죄의 수사와 같이 반드시 관련된 컴퓨터가 소재한 장소에서 수사를 진행해야 하는 것은 아니다. 예를 들면, 유명포털사이트의 자유게시판을 통해 이루어진 명예훼손 사건의 경우 현장수사를 위해서 수사관이 포털사이트의 서버가 위치한 인터넷 데이터센터(IDC)에 진출하여 수사할 필요는 없으며 관리자와 연락을 하여 수사에 필요한 게시판 접속기록 또는 웹서버 접속기록 파일을 제출받으면 된다.

인터넷 홈페이지 해킹 사건에서 피해발생 당시의 상태가 그대로 보존되어 있는 경우에는 관련 분야에 대한 전문지식을 갖춘 수사관이 피해 컴퓨터가 있는 현장에 진출하여 관리자 등의 협조를 받아 필요한 수사단서를 직접 수집하는 등 현장수사가 필요하다.

피해 발생 이후 관리자가 시스템을 재설치하거나 관련된 접속기록파일을 확보하여 보관하고 있는 경우에는 담당 수사관이 현장에 진출하여 피해 컴퓨터를 직접 조사하는 대신 인터넷을 통한 원격 관리 등의 방법으로 피해를 조사하거나 관리자로부터 관련자료를 제출받는 것도 가능할 것이다.

(3) 범인추적

사이버범죄 수사에서 범인추적은 피해 컴퓨터나 범행에 사용된 컴퓨터에 남겨진 단서를 찾아내고 이 단서를 추적하여 범인의 신원을 특정하고 범인의 소재지를 파악하여 범인을 검거하는 과정이다. 이러한 일련의 과정은 컴퓨터와 네트워크의 기술적인 특성을 이용한다는 것을 제외하면 일반범죄 수사와 동일하다.

사이버공간을 이루는 인터넷의 기본적인 개념은 물론 인터넷을 이루는 여러 가지 기술적인 측면에 대한 충분한 이해가 바탕이 되어 있어야 효과적으로 범인을 추적하는 것이 가능하다.

최근에는 사이버범죄 수사관들이 범인의 IP주소와 Email 주소를 추적하는 기술이 범인들에게도 많이 알려져 있기 때문에 이러한 정보를 이용한 범인추적은 갈수록 어려워지고 있는 상황이다. 사이버범죄에 있어서 범인을 추적하는 데 사용되는 단서에 IP주소, Email 주소 및 ID 등이 있다.

(4) 압수수색

컴퓨터가 보편화되면서 사회생활뿐 아니라 개인의 일상생활에서도 컴퓨터를 사용하지 않고서는 정상적인 업무처리가 어렵게 되었고, 그에 따라서 범죄수사에서도 컴퓨터에 대한 압수수색이 증거를 수집하고 확보하기 위한 중요한 수단으로 인식되고 있다.

범죄수사와 관련해서 증거나 수사 단서로서의 의미를 가지는 것은 컴퓨터나 그에 부속된 저장장치 자체가 아니라 그 안에 저장되어 있는 데이터이다. 따라서 컴퓨터 등에 대한 압수수색은 압수수색의 대상이 되는 컴퓨터 등에서 필요한 데이터를 찾아내어 확보하는 것이다. 그러나 실무적으로는 피의자가 사용하는 컴퓨터 본체를 압수하거나 여의치 않은 경우 하드디스크를 분리하여 압수하고 있다.

형사소송법상 압수의 대상으로 되어 있는 '증거물 또는 몰수할 것으로 예상되는 물건'의 의미를 어떻게 해석할 것이냐가 문제인데, '물건'의 의미를 유체물에 한정시킨다면 컴퓨터에 저장되어 있는 데이터는 압수의 대상에 포함되지 않는다. 그러나 법률상 물건의 의미를 '유체물 또는 관리할 수 있는 자연력'으로 해석하여 컴퓨터에 저장된 데이터도 압수의 대상으로 볼 수 있다고 생각되면 실무적으로도 컴퓨터나 하드디스크를 압수할 수 없는 경우에 데이터만을 복사하여 압수하는 방법이 많이 사용되고 있다.

사이버범죄 수사에서 컴퓨터 등에 대한 압수수색은 일반 범죄에 비해 더욱 빈번하게 이루어지고 있으므로 범죄의 증거와 수사단서를 수집하기 위해서는 압수수색의 대상에 따라 효과적인 방법을 사전에 생각해야 한다.

(5) 증거처리와 분석

사이버범죄 수사에서 증거란 주로 디지털 증거(Digital Evidence)와 관련된 것이므로, 일반 형사사건의 증거물에 대한 사항 외에 디지털 증거에 대해 살펴볼 것이다.

디지털 증거란 범죄를 증명할 수 있는 가치를 지닌 2진 형태로 저장되거나 전송될 수 있는 정보로서 범죄와 피해자 또는 범죄와 가해자 사이의 연결고리를 제공할 수 있는 모든 디지털 데이터를 말하는 것이다. 여기에는 전통적인 의미의 컴퓨터상에 저장된 데이터뿐만 아니라 2진 형태로 저장되거나 전송될 수 있는 모든 텍스트, 이미지, 오디오 및 비디오 데이터도 포함된다.

디지털 증거를 다루는 데에 고려되어야 할 점이 여러 가지가 있는데 그중 가장 빈번하게 거론되는 것이 바로 디지털 증거의 증거능력에 대한 문제와 증거법상 전문법칙의 적용 여부에 관한 문제이다. 컴퓨터와 인터넷의 사용이 보편화되면서 디지털 증거도 그 진정성, 동일성 및 원본성이 인정되는 경우에는 증거로 사용될 수 있다. 또한 실무적으로도 사이버범죄뿐만 아니라 일반 형사사건의 수사에서 디지털 증거에 대한 의존도가 더욱 높아지고 있는 추세이며 세계적으로도 그에 대한 연구가 활발히 진행되고 있는 것이 사실이다. 이러한 문제들에 대한 논의는 형사소송법 등 법이론과도 무관하다고 볼 수 없으며, 따라서 최근 디지털 증거에 대한 분석과 관련하여 재판에서 증거능력을 인정받기 위한 노력들이 함께 뒤따르고 있으며, 이에 디지털 포렌식에 대한 관심이 증가되고 있는 것이다.[33]

---

33 경찰청, 사이버범죄 수사일반 매뉴얼

1. 디지털 포렌식 수사

1) 의의

포렌식(법의학)은 기존부터 사용되어 왔던 용어로, 범인이 남긴 흔적 및 증거들을 수집하여 범인을 추정하거나 추적하는 것을 말한다. 디지털 포렌식 수사라 함은 기존의 포렌식과 목적은 동일하지만, 디지털 미디어를 매개체로 발생한 행위에 대해 디지털 형태의 증거들을 수집하고 분석하여 법정에서 증명하기 위한 수사절차와 방법을 말한다.

2) 연구 필요성

최근 스마트 기기가 빠른 속도로 대중화되면서 사이버범죄 역시 상당히 광범위한 범위로 일어나고 있다. 개인적인 차원에서는 소액결제와 같은 금융 사기, 정보 유출 등이 일어날 수 있다. 하지만 이러한 문제가 기업이나 정부 차원에서 발생한 경우 그 위험성은 더 높다는 것이다. 기밀문서 유출로 심각한 브랜드 손상이 발생할 수도 있고, 국제 사회에서의 경쟁력을 약화시켜 돌이킬 수 없는 지경에 이를 수도 있다. 이처럼 사회의 정보화와 함께 범죄도 물리적 공간을 넘어 전자공간으로 스며들고 있다. 이에 대처하기 위해서는 과학 수사와 수사과학 분야에서 새로운 형태의 컴퓨터 법의학이 필요하게 되었다.

우리나라에서도 상당한 인기를 끌고 있는 미국 드라마 'CSI' 수사관의 옷에 '포렌식(Forensic)'이라고 표기된 것만 봐도 현재 범죄 수사에서 디지털 포렌식(Digital Forensic)이 얼마나 중요한 역할을 하는지 예상할 수 있다. 범죄가 디지털화되면서 범죄자들은 컴퓨터, 이메일, IT 기기, 스마트폰 등을 범죄에 사용하고 있다. 그래서 디바이스의 운영체제나 애플리케이션, 메모리 등에 다양한 전자적 증거가 남게 된다. 이에 따라, 데이터 복구를 기반으로 삭제되거나 조각난 파일을 복구하여 사이버범죄자 추적 및 조사에 핵심적인 정보를 제공하게 된다.

디지털 포렌식은 전자적인 특성을 가진 증거물을 사법기관에 제출하기 위해 데이터를 수집, 분석하여 보고서를 작성하는 일련의 작업 과정을 포함하고 있으며, 범죄 관련 조사와 수사를 지원하여 디지털 자료가 법적 효력을 갖도록 하는 과학적·논리적 절차와 방법을 연구한다. 그래서 디지털 포렌식은 사이버 포렌식이라고 불리기도 한다.[34]

3) 디지털 증거의 특성

디지털 증거는 기존의 아날로그 증거나 흔적과는 다른 특성을 가지고 있다.
(1) 비가시성: 육안으로 식별이 어려우며, 내용 확인을 위해서는 적절한 판독 장비가 필요하다.
(2) 변조/복제성: 0과 1로 이루어져 있는 정보의 형태로, 쉽게 변조 및 복제가 가능하다.
(3) 대규모성: 대규모의 방대한 자료로 구성된 경우가 많아 검색 및 분류가 필요하다.
(4) 휘발성: 내부 및 외부의 영향으로 쉽게 사라질 수 있다.
(5) 초국경성: 데이터의 영향 범위가 국경의 제한이 없이 국내에서 해결이 어려울 때 국제적인 공조가 필요해진다.

4) 디지털 증거의 유형

디지털 증거는 크게 휘발성 증거와 비휘발성 증거로 나뉘어진다.
(1) 휘발성 증거: 컴퓨터 실행 시 메모리 또는 임시 공간에 저장되는 증거, 컴퓨터 종료와 함께 소실되어 버리는 증거를 말한다. 실무에서는 성인 오락실을 단속하게 되면 최대한 단시간에 컴퓨터의 전원을 차단시켜 재부팅 시 초기화된 화면만 보이게 함으로써 단속을 피하려는 시도를 하고 있어 수사에 어려움을 겪는 경우가 종종 있다.
(2) 비휘발성 증거: 컴퓨터 종료 시에도 하드 디스크의 데이터와 같이 삭제되지 않고 존재하는 디지털 증거를 말하는데, 휘발성 증거와 달리 전원이 차단되더라도 유효한 증거들이 많이 발견되므로, 실무에서는

---

34 이동규(www.trendsavvy.net, 필명 '미에르쥬')

비휘발성 증거에 많이 의존하는 경향을 띠고 있다.

5) 디지털 포렌식의 기본 원칙

디지털 포렌식을 통해 수집된 증거가 법정에서 효력을 발휘하기 위해서는 다음과 같은 기본원칙을 준수해야 한다. 아무리 힘들게 얻어낸 증거라고 하더라도 원칙이 준수되지 않은 증거라면 법정에서 효력을 인정받는 데 상당한 어려움을 겪게 될 것이다.

(1) 정당성의 원칙

압수된 증거는 법률에서 정하는 적법한 절차와 방식으로 입수되어야 한다.
- 위법수집증거배제 법칙: 위법한 절차를 통해 수집된 증거는 효력이 없다는 원칙을 말한다(형사소송법 제308조의2).

  예 해킹을 통한 증거의 압수
- 독수독과의 이론: 위법하게 수집된 증거에서 얻어진 2차적 증거도 효력이 없다는 이론을 말한다.

  예 패스워드 도용을 통한 메일 증거를 입수한 경우

(2) 재현의 원칙

피해 직전과 같은 조건에서 현장 검증을 실시하거나, 재판이나 법정의 검증과정에서도 동일한 결과가 나와야 한다.

(3) 절차 연속성의 원칙

증거물 획득 → 이송 → 분석 → 보관 → 보고서 작성 및 제출의 단계에서 담당자와 책임자를 명확히 하여 증거물의 변조, 손실, 도난에 대비해야 한다.

예 서명, 날인, CCTV 등

① 사전준비: 디지털 포렌식 연구, 수집 대상 파악, 압수 대상 선정, 디지털 기기 및 데이터의 특성 숙지
② 증거 수집: 증거 목록 작성, 증거 수집, 연관자 취조, 문서화, 이미징 복제
③ 증거 이송: 증거물 포장과 이송, 임시 보관
④ 조사 분석: 데이터 추출 및 분류
⑤ 보고서 작성: 결과 정리 및 용어 설명
⑥ 보관: 접근통제 및 증거 보관실 운영

(4) 무결성의 원칙

수집된 증거가 위조/변조되지 않았음을 입증할 수 있어야 한다.

예 특정 데이터나 바이너리의 Hash값[35]

(5) 신속성의 원칙

휘발성 증거의 수집여부는 신속한 조치에 의해 결정되므로 모든 과정은 지체 없이 진행되어야 한다.

2. 디지털지문 수사기법

1) 디지털지문 수사기법

해시(hash)값을 활용한 수사 기법이다. 디지털 파일에는 각 파일이 가진 숫자와 알파벳을 특정 함수에 넣어 얻어지는 값이 있는데, 이를 해시값이라 한다. 사람의 지문처럼 얻어지는 고유의 값이기 때문에 디지털지문이라고도 한다. 디지털 파일을 단 한 글자라도 고친다면 해시값은 완전히 달라지기 때문에 문서의 변조 여부를 해시값으로 알아낼 수도 있다.[36]

---

35 해시값(hash value)이란, 복사된 디지털 증거의 동일성을 입증하기 위해 파일 특성을 축약한 암호 같은 수치로 일반적으로 수사과정에서 '디지털 증거의 지문'으로 통한다.
36 김인성, 「댓글 달 듯이 몰래 해시값 산출하면 돼요? 안 돼요」, 「시사인」, 2013.12.11.

디지털지문 수사기법은 특히 아동 음란물 적발에 활용되고 있다. 미국 아동대상온라인범죄대응팀(ICAC)이 자체 개발한 '아동온라인보호 서비스시스템(COPS)'을 인터폴을 통해 국제 사회에 보급하고 있기 때문이다. 이 시스템을 받아들인 국가는 자국에서 제작되거나 유통되는 아동음란물에 디지털지문을 부여하고 이를 국제 사회와 공유한다. 아동음란물의 파일명을 바꿔 정상 파일인 것처럼 속이더라도 파일에 남아 있는 디지털지문을 통해 유포 경로를 추적할 수 있기 때문이다. 현재 179개 국가의 수사기관이 자체 적발한 아동음란물의 해시값을 추출해 인터폴 아동온라인보호 서비스시스템에 제공하고 있으며, 이를 토대로 해시값이 등록된 음란물의 이동 경로를 24시간 내내 실시간 추적하고 있다.[37]

한국은 2012년 11월 이 시스템을 도입했다. 2013년 5월 8일 부산지방경찰청 사이버수사대는 디지털지문을 추적해 해외에서 제작된 아동 출연 음란물을 유포하거나 보관한 혐의로 42명을 불구속 입건했다고 밝혔다. 경찰은 그동안 외국P2P사이트를 이용한 아동 음란물 유포행위는 적발이 어려웠지만 아동온라인보호 서비스시스템을 이용하면 유포·소지자의 IP주소는 물론 접속지역까지 정확히 파악되므로 단속된 뒤 오리발을 내밀어도 소용이 없다고 말했다.[38]

2) 디지털 증거물 증거능력 확보 방안

디지털 증거물, 어디까지 믿을 수 있을까? 19대 국회는 2016년 5월 19일 디지털 전문증거의 증거능력 확대 등을 내용으로 하는 형사소송법 개정안을 국회 마지막 본회의에서 통과시켰다. 1961년 이후 처음으로 전문증거 관련 규정이 개정된 것은 매우 반가운 소식이다.

이는 시대의 흐름에 따라 디지털 증거물이 사건 수사에 핵심이 되면서 디지털 증거물의 증거능력 향상이 끊임없이 요구돼 왔으며, 진술자가 부인하게 되면 증거능력을 인정받지 못하는 현행 규정이 매우 불합리하기 때문이다. 그리고, 디지털 증거물은 디지털 데이터의 특성상 위·조작의 가능성이 존재하기

---

37 강성명, 「아동 음란물 소지, 디지털지문 추적해 첫 적발 경찰, 작년부터 인터폴 통해 美서 개발한 시스템 도입」, 「한국일보」, 2013.5.10.
38 송진영, 「아동음란물 다운로드 경찰이 바로 알아챈다.」, 「국제신문」, 2013.5.9.

때문에 위·조작 의심을 제기할 경우 증거물로서의 채택이 어려운 점이 있다. 이러한 이유로 국가정보원 댓글 사건, 이석기 전 의원의 내란음모 사건, 일심회 사건, 왕재산 사건 등의 국가를 떠들썩하게 한 사건들에서 중요한 디지털 증거를 제시함에도 불구하고, 증거능력을 인정받지 못하거나 이를 인정받기 위해 오랜 시간이 소요됐다. 하지만, 우리는 이러한 형사소송법 개정에 기뻐하고 있을 수만은 없다. 앞에서 언급한 것처럼 디지털 데이터의 특성상 전문가에 의해 정교한 위·조작이 발생할 수 있고, 정교한 위·조작의 경우 흔적조차 발견되지 않을 수 있는 단점이 있기 때문이다.

수사기관은 참관인제도, Chain of Custody(CoC)의 문서화 등 실제 외국에서 시행되고 있는 방법을 차용해 수사과정에서 디지털 데이터가 위·조작이 되지 않았다는 것을 입증하기 위한 노력을 하고 있으나, 근원적인 해결방안이 될 수 없을뿐더러 국가기관, 특히 수사기관에 대한 국민의 신뢰도가 낮은 상황에서 수사기관의 위·조작 논란이 쉽게 해소되지 않을 것으로 보인다. 특히, 서울시청 공무원 간첩사건과 같이 수사기관이 제출한 증거물이 조작됐다고 확인되면서 수사기관의 증거 조작에 대한 의구심은 더욱 증폭될 수밖에 없다.

CoC란, 물적 증거 관리의 연결고리를 말하는 것으로, 증거물의 취득부터 그것을 보유한 개인 또는 기관들의 연속적 승계, 즉 관리의 단절이 없음을 보여주는 진본성을 판정하는 중요한 기준 중의 하나다.

실제 2014년 갤럽에서 발표한 통계에 따르면 우리나라 경찰에 대한 신뢰도가 OECD 34개 회원국 중 두 번째로 낮은 59%를 기록하는 등 우리 국민 두 명 중 한 명은 경찰을 신뢰하지 않으며, 이런 상황에서 수사기관에서 적법한 절차에 따라 수집한 증거물에 대해서도 위·조작 여부를 의심하는 상황을 보며 안타까울 수밖에 없다. 어떻게 하면 위·조작 여부를 의심받지 않을 것인가? 그 답은 디지털 증거물의 '무결성'을 보증하는 데 있다. 디지털 증거물 수집단계에서부터 개별 디지털 증거물의 전자지문(해시값)을 계산하면, 그 계산값은 개별 디지털 증거물의 identity를 보장하는 지문과 같은 역할을 해 무결성을 보증하게 된다. 만일 디지털 증거물의 1bit만 바뀌어도 전자지문을 계산했을 때 동일한 전자지문 값이 나오지 않기 때문이다.

하지만, 여기서도 문제점은 있다. 전자지문 값을 어디에, 누가 어떻게 저장했느냐에 따라 전자지문에 대해서도 위·변조 가능성이 존재하기 때문이다.

디지털 증거물에 대한 무결성 보장을 위한 명확한 해결책을 찾기 위해 오랜 기간 고민과 연구 끝에 국과수는 2015년 11월 '디지털 증거물 인증 서비스'를 발표했다.

국립과학수사연구원에서 개발한 디지털 인증 서비스는 기존 무결성 검증 기법을 사용해 수사과정에서 디지털 증거물 수집과 동시에 전자지문(해시값)과 부가정보(시간, 위치 등)를 디지털 증거물 인증 서버에 인증을 받는 기술이다.

디지털 증거물 인증 서버의 조작에 대한 의심도 원천적으로 막기 위해 하루 동안 생성된 인증 데이터 전체에 대한 2차 전자지문을 공인된 매체인 전자관보[39]에 게재한다. 전자관보는 조작이 불가능하며 누구나 확인할 수 있기 때문에 인증 서버에 대한 조작은 불가능해진다.

이렇게 디지털 증거물 인증서비스에 등록된 디지털 증거물은 인증 받은 시점 이후에는 위·조작의 의심을 원천적으로 차단할 수 있다. 또한, 디지털 증거물 생성, 수집과 동시에 인터넷이 연결된 상황이라면 즉시 인증 요청이 가능하기 때문에 디지털 증거물을 위·조작할 시간적 여유가 주어지지 않아 위·조작의 가능성을 제로에 가깝게 만들 수 있다.

국립과학수사연구원에서 개발한 디지털 증거물 인증 서비스는 디지털 증거물의 위·조작을 막음으로써 국민에게는 신뢰성 있는 수사결과를 제공할 수 있게 됐으며, 또한 수사기관 및 수사관들에게는 디지털 시대에 부합한 수사환경 조성 및 수사 결과에 대한 믿음을 줄 수 있게 기여하고 있다.

이러한 범죄수사뿐 아니라 각종 디지털 파일로 증명을 얻고자 하는 모

---

39 관보의 의의: 국가가 국민에게 널리 알릴 사항을 편찬, 발행하는 국가의공보지 헌법개정, 법령, 조약, 고시, 공고, 인사, 기타 공무에 관한 사항을 게재하는 것.

든 민간 분야(공사 감리, 각종 증빙자료, 보험처리 등)에도 확대 적용해 디지털 데이터에 대한 무결성 보장의 활용도는 훨씬 클 것으로 예상된다.[40]

3) 디지털 증거 압수방법 및 유의사항

(1) 디지털 증거 압수방법 개요

압수방법	압수현장	사무실·분석실	핵심조치사항
범위를 정한 현장압수	범위를 정한 탐색·출력·복제		해시값 확인 압수목록 교부
현장에서 전체복제하여 반출	전체복제 (하드카피·이미징)		해시값 확인 참여권 고지
		범위를 정한 탐색·출력·복제	참여권 보장 해시값 확인 압수목록 교부
현장에서 원본반출	원본반출		원본 봉인 참여권 고지
		전체복제 (하드카피·이미징)	참여권 보장 해시값 확인 참여권 고지
		범위를 정한 탐색·출력·복제	참여권 보장 해시값 확인 압수목록 교부

(2) 압수방법 제한 근거

① 형사소송법 제106조

  ㉮ 법원은 필요한 때에는 피고사건과 관계가 있다고 인정할 수 있는 것에 한정하여 증거물 또는 몰수할 것으로 사료하는 물건을 압수할 수 있다. 단, 법률에 다른 규정이 있는 때에는 예외로 한다.

  ㉯ 법원은 압수의 목적물이 컴퓨터용디스크, 그 밖에 이와 비슷한 정보저장매체인 경우에는 기억된 정보의 범위를 정하여 출력하거나 복

제하여 제출받아야 한다. 다만, 범위를 정하여 출력 또는 복제하는 방법이 불가능하거나 압수의 목적을 달성하기에 현저히 곤란하다고 인정되는 때에는 정보저장매체 등을 압수할 수 있다.

② 법원 영장 별지(압수 대상 및 방법의 제한)
  ㉮ 문서에 대한 압수
    • 해당문서가 몰수 대상물인 경우, 그 원본을 압수함.
    • 해당 문서가 증거물인 경우, 피압수자 또는 참여인의 확인 아래 사본하는 방법으로 압수함(다만, 사본 작성이 불가능하거나 협조를 얻을 수 없는 경우 또는 문서의 형상, 재질 등에 증거가치가 있어 원본의 압수가 필요한 경우에는 원본을 압수할 수 있음).
    • 원본을 압수하였더라도 원본의 압수를 계속할 필요가 없는 경우에는 사본 후 즉시 반환하여야 함.
  ㉯ 컴퓨터용 디스크 등 정보저장매체에 저장된 전자정보에 대한 압수·수색·검증
    • 전자정보의 수색·검증, 수색·검증만으로 수사의 목적을 달성할 수 있는 경우, 압수 없이 수색·검증만 함.
    • 전자정보의 압수
      저장매체의 소재지에서 수색, 검증 후 혐의사실과 관련된 전자정보만을 범위를 정하여 문서로 출력하거나 수사기관이 휴대한 저장매체에 복제하는 방법으로 함이 원칙이나, 저장매체 자체를 반출하거나 하드카피·이미징 등의 형태로 반출할 수 있는 경우도 있다.
    • 전자정보의 압수 시 주의사항
      ㉠ 혐의사실과 관련된 전자정보의 탐색·복제·출력이 완료된 후에는 지체 없이 피압수자 등에게 압수대상 전자정보의 상세목록을 교부하여야 하고, 그 목록에서 제외된 전자정보는 삭제·폐기 또는 반환하고 그 취지를 통지하여야 함.
      ㉡ 봉인 및 개봉은 물리적인 방법 또는 수사기관과 피압수자 등 쌍방이 암호를 설정하는 방법 등에 의해 할 수 있고, 복제본

을 획득하거나, 개별 전자정보를 복제할 때에는 함수값의 확인이나 압수·수색과정의 촬영 등 원본과의 동일성을 확인할 수 있는 방법을 취하여야 함.

ⓒ 압수·수색의 전체 과정(복제본의 획득, 저장매체 또는 복제본에 대한 탐색·복제·출력 과정 포함)에 걸쳐 피압수자 등의 참여권이 보장되어야 하며, 참여를 거부하는 경우에는 신뢰성과 전문성을 담보할 수 있는 상당한 방법으로 압수·수색이 이루어져야 함.

(3) 디지털 증거 압수방법 - 원칙

① 현장에서 범위를 정한 출력·복제가 원칙이다.
② 복제본을 반출한 후 범위를 정한 출력·복제하는 경우도 있는데, 이는 원칙적인 방법이 불가능하거나 현저히 곤란한 경우, 전체복제 절차를 이행한다.
③ 원본을 반출한 후 범위를 정한 출력·복제하는 경우도 있는데, 이는 원칙적인 방법 및 복제본 획득이 불가능하거나 현저히 곤란한 경우, 원본 반출절차를 이행한다.

(4) 디지털 증거 압수방법 - 예외

직접 범죄에 사용되거나 몰수의 대상물인 경우, 범죄 반복의 방지와 범죄로 인한 이익취득을 금지하기 위해서 원본을 예외적으로 압수한다. 이때 원본을 압수하기 전, 영장 신청 시 몰수 대상물 등 원본압수의 필요성을 소명한 후, 원본압수가 가능한 영장을 발부받아 압수하여야 하고, 저장매체를 봉인할 때에는 압수저장 매체가 휴대전화 등 부피가 작은 경우에는 봉투에 넣어 봉인하고, PC본체 등 부피가 큰 경우에는 케이 잠금(연결)부위 등에 증거물 봉인테이프를 붙이는 등 적절한 방법으로 봉인하여야 한다.[41]

---

41 경찰청, 2016 현장 수사관을 위한 디지털증거 압수수색 길라잡이

| 제4절 | 보이스피싱 범죄 |

1. 의의

보이스피싱 범죄란 주로 금융기관이나 유명 전자상거래 업체를 사칭하여 불법적으로 개인의 금융정보를 빼내 범죄에 사용하는 금융사기행위를 의미한다. 음성(voice)과 개인정보(private data), 낚시(fishing)를 합성한 용어로 사용되고 있다.

2. 발생현황

매년 수법을 달리하는 유형의 보이스피싱 범죄가 발생하고 있다. 유형별로는 검찰, 경찰, 금감원을 사칭하여 개인정보 유출유도 및 범죄연루 이유로 계좌이체 또는 현금인출을 유도하는 공공기관 사칭형과 은행·캐피탈·저축은행 등 금융기관을 사칭하여 저금리 대출, 대환 등 명목으로 선입금을 요구하는 금융기관 사칭형 대출사기가 대표적인 유형이며, 기타 유형으로 자녀납치 빙자, 통장모집형 등이 있다.

❚보이스피싱 범죄 관련 통계 현황(단위: 건) [42]

구분	편취수법별			기망수법별				검거현황		합계
				기관사칭형		대출사기형				
	기타	계좌이체	대면편취	발생건수	피해(억원)	발생건수	피해(억원)	검거건수	검거인원	
'20	5,974	10,596	15,111	7,844	2,114	23,837	4,856	34,051	39,324	31,681
'21	4,868	3,362	22,752	7,017	1,741	24,965	6,003	27,647	26,397	30,982

---

42 출처: 경찰청 범죄백서

3. 보이스피싱 범죄 피해 발생 시, 계좌 지급정지 요청 절차

▎전기통신금융사기 피해 방지 및 피해금 환급에 관한 특별법(약칭: 통신사기피해환급법)

제3조(피해구제의 신청 등)

① 「자금을 송금·이체하도록 하는 행위나 개인정보를 알아내어 자금을 송금·이체하는 행위」에 해당하는 행위로 인하여 재산상의 피해를 입은 피해자는 피해금을 송금·이체한 계좌를 관리하는 금융회사 또는 사기이용계좌를 관리하는 금융회사에 대하여 사기이용계좌의 지급정지 등 전기통신금융사기의 피해구제를 신청할 수 있다.

② 수사기관은 사기이용계좌를 관리하는 금융회사에 대하여 「자금을 송금·이체하도록 하는 행위나 개인정보를 알아내어 자금을 송금·이체하는 행위」에 해당하는 행위와 관련된 사기이용계좌의 지급정지를 요청할 수 있다.

③ 수사기관은 사기이용계좌의 지급정지 요청에 따른 지급정지를 요청하는 경우 요청한 날부터 대통령령으로 정하는 기한 이내에 피해자 및 피해금을 특정하여 해당 사기이용계좌를 관리하는 금융회사에 통지하여야 한다.

④ 제1항에 따른 피해구제의 신청 및 제2항에 따른 지급정지의 요청을 받은 금융회사는 다른 금융회사의 사기이용계좌로 피해금이 송금·이체된 경우 해당 금융회사에 대하여 필요한 정보를 제공하고 지급정지를 요청하여야 한다.

⑤ 제1항에 따른 피해구제의 신청, 제2항부터 제4항까지에 따른 지급정지의 요청 및 피해자·피해금의 통지에 관한 방법·절차 등에 필요한 사항은 대통령령으로 정한다.

제4조(지급정지)

① 금융회사는 다음 각 호의 어느 하나에 해당하는 경우 거래내역 등의 확인을 통하여 전기통신금융사기의 사기이용계좌로 의심할 만한 사정이 있다고 인정되면 즉시 해당 사기이용계좌의 전부에 대하여 지급정지 조치를 하여야 한다.

  1. 제3조제1항에 따른 피해구제 신청이나 같은 조 제2항 또는 제4항에 따른 지급정지 요청이 있는 경우

  2. 수사기관 또는 「금융위원회의 설치 등에 관한 법률」에 따라 설립된 금융감독원등으로 부터 사기이용계좌로 의심된다는 정보제공이 있는 경우

  3. 제2조의5제2항에 따른 피해의심거래계좌에 대한 본인확인조치 결과 사기이용계좌로 추정되는 경우

  4. 그 밖에 대통령령으로 정하는 경우

② 금융회사는 제1항에 따라 지급정지 조치를 한 경우 지체 없이 다음 각 호의 자에게 해당 지급정지 조치에 관한 사항을 통지하여야 한다. 다만, 제1호의 명의인의 소재를 알 수 없는 경우에는 금융회사의 인터넷 홈페이지 등에 지급정지 조치에 관한 사실을 공시하여야 하며, 제3호에 따른 피해자에게는 제3조제3항 또는 제6조제2항에 따른 수사기관의 통지가 있는 때에 통지하여야 한다.

1. 제1항에 따라 지급정지된 사기이용계좌의 명의인(이하 "명의인"이라 한다)
2. 제3조제1항에 따라 피해구제신청을 한 피해자
3. 제3조제3항 또는 제6조제2항에 따라 금융회사에 통지된 피해자
4. 피해금을 송금·이체한 계좌를 관리하는 금융회사
5. 금융감독원
6. 수사기관. 다만, 제1항제2호에 따라 정보를 제공한 경우와 제3조제2항에 따라 지급정지를 요청한 경우에 한정한다.

③ 금융회사는 제1항제1호 또는 제2호를 위반하여 지급정지를 이행하지 아니함으로써 이용자에게 손해가 발생한 경우에는 그 손해를 배상할 책임을 진다.

④ 제1항 및 제2항에 따른 지급정지의 절차·통지 등에 필요한 사항은 대통령령으로 정한다.

4. 지급정지 요청절차[43]

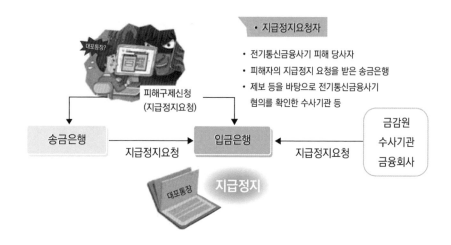

43 그림 출처: 2024.1.10. 인터넷검색/https://moongchi0407.tistory.com/entry/%EC%82%A
C%EA%B8%B0%EC%9D%B4%EC%9A%A9%EA%B3%84%EC%A2%8C－%EC%A7%80%E
A%B8%89%EC%A0%95%EC%A7%80%EC%A0%9C%EB%8F%84－%EC%8B%A0%EC%B
2%AD－%EC%A0%88%EC%B0%A8－%ED%9A%A8%EB%A0%A5－%EC%A7%80%EA%
B8%89%EC%A0%95%EC%A7%80%EC%9D%98－%EC%A2%85%EB%A3%8C

제4장
주요범죄 수사기법

| 제1절 | 강력범죄 수사 |

1. 강력범죄 수사에 대한 개관

1) 강력범죄의 의의

강력범죄는 일반적으로 흉기를 사용하거나 강한 물리적 유형력을 이용하거나 심리적 또는 물리적으로 반항할 수 없는 상태를 일으켜 1차적으로는 생명·신체에 위해를 가하고, 2차적으로는 재산상 피해를 가져오는 범죄를 말한다.

2) 강력범죄의 분류

(1) 경찰의 4대 강력범죄

살인, 강도, 강간, 방화

(2) 검찰의 강력범죄

살인, 강도, 강간, 방화, 폭행, 상해, 협박, 공갈, 약취·유인, 체포·감금

3) 강력범죄 수사대책

(1) 전담반 편성 및 수사장비 보강
(2) 우범자 관찰보호를 철저히 하여 기초자료 확보

(3) 정보망의 조직·활요

(4) 발생 시 신속한 보고 및 전파체제 확립

(5) 우범지역 집중 단속

(6) 대민협조체제 확립

2. 살인범죄 수사

1) 의의

사람의 생명을 고의로 빼앗는 것을 내용으로 하는 범죄이다.

2) 특징

(1) 살인범죄는 극단적으로 법질서를 파괴하고 또한 개개의 피해자 가족, 그리고 부근의 주민들에게 직접적으로 충격을 준다.

(2) 범죄현장에서 수사의 단서를 얻는 것이 보통이다

(3) 살인범죄는 대부분 '동기'와 '목적'이 있기 마련이며, 이에 대한 규명이 선행되어야 한다.

3) 살인범죄의 유형

(1) 보통살인(형법 제250조제1항)

(2) 존속살인(형법 제250조제2항)

(3) 영아살해(형법 제251조)

(4) 촉탁·승낙에 의한 살인(형법 제252조제1항)

(5) 자살교사 및 방조(형법 제252조제2항)

(6) 위계·위력에 의한 살인(형법 제253조)

4) 살인범죄 수사 진행순서

(1) 초동조치

① 지구대의 조치
  - ㉠ 신고를 받은 지구대에서는 즉시 치안상황실을 경유하여 경찰서에 보고하여야 한다. 긴급배치가 필요한 경우에는 범행일시·장소, 범인의 인상착의, 소지품, 도주방향 등을 동시에 보고하여야 한다.
  - ㉡ 경찰서에의 보고와 아울러 외근근무 중인 직원에게 연락하여 현장에 즉시 임장하도록 조치하고, 임장하는 경찰관은 도중에 수상한 자가 있는지를 살피면서 현장으로 급행한다.

② 경찰서의 조치
  - ㉠ 지구대의 보고를 받은 본서의 간부는 긴급배치의 여부, 긴급배치의 범위 및 수사활동의 중점사항을 판단하고, 필요시에는 지방경찰청 관계 각 과에 즉시 보고한다.
  - ㉡ 지방청에의 보고와 아울러 각 지구대에 대하여 일제 수배를 실시하고, 긴급배치 필요시에는 즉시 서원을 소집하여 긴급배치를 실시한다.
  - ㉢ 경찰서의 담당부서(형사과 또는 수사과)에서는 현장출동반과 지원반으로 책임을 구분한다.
    - ⓐ 현장출동반(수사반)은 각종 기자재를 휴대하고 현장으로 출동하여 범인체포 등의 수사활동
    - ⓑ 재서반(관리반)은 경력소집, 출동반과의 연락유지, 경찰홍보 및 지방검찰청·촉탁의·검시자와 연락하여 검시준비

(2) 현장관찰

① 필요한 기자재의 수집·정비

② 현장관찰 시 유의해서 살펴볼 점
  - ㉠ 범인의 출입관계: 침입개소, 침입방법, 도주로 및 도주방법 등

ⓛ 사체의 관찰

    ⓐ 사체의 위치·자세, 창상의 부위·수·상황, 사후경과시간 추정, 살해방법, 착의상황, 혈흔의 상황, 수상(受傷) 당시의 자세, 사체로부터의 지문채취, 흉기의 추정

    ⓑ 피해자의 신원확인자료의 유무, 저항흔적의 유무, 신체·의복의 부착물 및 부착상황, 피해자의 소지휴대품 등에 대하여도 확인

ⓒ 살인동기의 판단

ⓓ 감 유무의 판단

ⓔ 공범 유무의 판단

ⓕ 유류품의 발견·채취: 유류품의 종류, 유류의 상황확인, 유류품에서 지문의 채취

    → 유류품의 발견만으로는 수사방침 및 용의자 범위 특정, 장물처분경위 등은 알 수 없다.

(3) 기초수사

① 현장관찰 및 현장자료를 토대로 수사회의를 개최하여 수사방침을 결정한다.

② 수사방침을 결정한 후에는 수사요원을 확보하고 각 요원별 임무분담하고, 수사용 기자재를 확보하여 수사의 진행에 차질이 없도록 만전을 기하여야 한다.

(4) 수사방침 수립

① 피해자중심수사: 피해자의 원한관계, 치정관계, 감수사 등

② 피해품중심수사: 피해품의 장물수배를 통한 역추적으로 범인을 검거

③ 현장중심수사: 현장주변의 목격자 확보, 우범자 파악, 현장수색 등

(5) 수사실행

수사실행	① 참고인 및 목격자를 상대로 한 탐문수사
	② 현장을 중심으로 한 수사
	③ 범인의 인상·특징에 의한 수사
	④ 감별수사
	⑤ 유류품수사
	⑥ 감식수사
	⑦ 용의자 내사 및 추적수사
	→ 수법수사, 수법원지 작성(X)

(6) 방증자료 수집결과의 재검토

① 범행현장에서 범행을 재연시켜 피의자의 진술내용과 피해정황 등의 경우에는 현장의 상황과 비교하여 모순점 유무를 파악한다.
② 범행에 사용한 흉기, 독약 기타 물건의 입수처를 확인한다.
③ 범행에 사용된 물건을 버린 곳을 수색하여 이를 발견·압수하고, 장물처분경위를 조사한다.
④ 알리바이를 제시할 경우에는 그 진위를 조사하는 한편, 범행의 일시·장소 등을 단정하게 된 자료들을 다시 검토한다.

(7) 피의자 조사

6하 또는 8하의 원칙에 따라 신문하여야 하며 범인의 범죄경력, 피해자와의 관계, 살해의 동기, 결의의 일시, 범행의 일시·장소와 살해의 방법 등을 상세히 신문하여야 한다.

(8) 참고인 조사

① 목격자 재조사
② 관련참고인 조사
③ 피해자유족을 조사하여 처벌희망 여부를 확인한다.

3. 강도범죄 수사

1) 의의

상대방의 반항을 억압할 정도의 폭행 또는 협박으로 타인의 재물을 강취하거나 기타 재산상의 이익을 취득하거나 제3자로 하여금 이를 취득하게 함으로써 성립되는 범죄이다.

2) 유형

강도, 특수강도, 준강도, 인질강도, 강도상해·치상, 강도살인·치사, 강도강간, 해상강도, 상습범

3) 강도범죄의 수법

(1) 침입강도
(2) 노상강도
(3) 인질강도
(4) 준강도

4. 성폭력범죄 수사

1) 의의

(1) 과거에는 성기 중심적이고 물리적인 강제행위로 이해하였으나, 오늘날에는 성을 매개로 여성에게 가해지는 일련의 강제 및 통제행위로서의 신체적·정신적·언어적 폭력을 포괄하는 새로운 성범죄 개념의 정립을 필요로 한다.
(2) 강간, 어린이 성추행을 포함한 각종 성폭행, 성적학대와 성적희롱, 성기노출, 음란전화 등이 성범죄에 해당한다
(3) 성범죄 피해자는 범죄피해자인 동시에 형사사법제도의 피해자, 그리고 사회의 피해자로 3중의 피해자이다.

2) 유형

강도, 특수강도, 준강도, 인질강도, 강도상해·치상, 강도살인·치사, 강도강간, 해상강도, 상습범

3) 성범죄의 특징

(1) 일반적인 특징

범죄발생 후 상당 기간 경과 후 신고, 증거 등 입증자료 확보가 곤란하며, 피해자의 진술에 의존하는 경우가 많다.

(2) 피해자의 특징

낮은 신고율과 증거제출에 소극적이다. 피해자에게 책임을 돌리는 사회의 부정적인 시각과 경찰 등 조사관의 태도와 수치심을 자극하는 주변의 태도. 면식범의 소행이 대부분이다.

(3) 가해자의 특징

구체적인 증거가 없을 경우 대체로 부인, 피해자가 가해자와 면식 등 관계로 신고 전 항의 및 피해회복을 목적으로 하는 접촉으로 인하여 고소 후에 조사 시 사전 증거 및 관련 사항의 노출로 수사에 어려움이 있다.

(4) 입증상의 특징

정황증거 외 이해자의 진술에 의존함으로써 수사상 난관이 타 범죄에 비해 크다.

(5) 형사절차상의 특성

① 친고죄 규정 및 반의사불벌죄규정 폐지

형법 및 성폭력범죄의 처벌 등에 관한 특례법상의 강간 등 성범죄는 모두 비친고죄로 개정되었으며, 아동·청소년의 성보호에 관한 법률상 공중밀집장소에서의 추행, 통신매체를 이용한 음란행위는 비 반의사불벌죄로 개정되었다.

② 성폭력범죄에 대해서는 자기 또는 배우자의 직계존속도 고소할 수 있다.

4) 성범죄의 유형

(1) 형법상의 성범죄

① 형법 제22장 풍속을 해하는 죄 중
- 음행매개, 음화 등의 반포 등, 음화 등의 제조 및 공연음란의 죄

② 형법 제31장 약취, 유인 및 인신매매의 죄 중
- 추행 등 목적 약취유인, 인신매매·약취·유인·매매·이송 등 상해·치상(제290조), 약취, 유인, 매매, 이송등 살인·치사(제291조), 약취, 유인, 매매, 이송된 사람의 수수·은닉 등(제292조), 미수범(제294조)

③ 형법 제32장 강간과 추행의 죄

(2) 관련판례

1. 여성으로의 성전환자가 강간죄의 객체인 '부녀'에 해당 여부(대판 2009. 9. 10, 2009도3580)
   성전환자를 여성으로 인식하여 강간한 사안에서, 피해자가 성장기부터 남성에 대한 불일치감과 여성으로의 성귀속감을 나타냈고, 성전환 수술로 인하여 여성으로서의 생활을 영위해 가고 있는 점 등을 고려할 때, 사회통념상 여성으로 평가되는 성전환자로서 강간죄의 객체인 '부녀'에 해당한다고 한 사례(→2012. 형법개정으로 강간죄의 객체를 '사람'으로 변경)

2. 처가 강간죄의 객체가 되는지 여부(대판 2013. 5. 16, 2012도14788. 2012전도252, 전합)
   형법 제297조가 정한 강간죄의 객체인 '부녀'에는 법률상 처가 포함되고, 혼인관계가 파탄된 경우뿐만 아니라 혼인관계가 실질적으로 유지되고 있는 경우에도 남편이 반항을 불가능하게 하거나 현저히 곤란하게 할 정도의 폭행이나 협박을 가하여 아내를 간음한 경우에는 강간죄가 성립한다고 보아야 한다.

3. 혼인빙자간음죄의 위헌 여부(헌재결 2009.11.26, 2008헌바58)
   형법 제304조 중 "혼인을 빙자하여 음행의 상습 없는 부녀를 기망하여 간음한 자" 부

분이 헌법 제37조 제2항의 과잉금지원칙을 위반하여 남성의 성적 자기결정권 및 사생활의 비밀과 자유를 침해하여 헌법에 위반된다.

5) 성범죄 수사 시 유의사항

(1) 최대한 물증 확보

(2) 화간 여부에 대한 신중한 판단

(3) 피해여성의 심리 최대한 배려(고려)

(4) 고소권 및 고소경위 확인

(5) 피해자의 신원과 사생활비밀 누설 금지

| 제2절 | 절도범죄 수사 |

1. 일반 절도사건 수사

1) 의의 및 유형

(1) 타인의 재물을 절취하는 것을 내용으로 하는 범죄이다. 가장 전통적이고 소박한 범죄유형이다.

(2) 유형

① 단순절도(형법 제329조)

② 야간주거침입절도(형법 제330조)

③ 특수절도(형법 제331조)

④ 자동차 등 불법사용(제331조의2)

⑤ 「특정범죄 가중처벌 등에 관한 법률」상 상습절도(동법 제5조의4)

⑥ 친족 간의 범행의 특례

2) 절도범죄의 수법

(1) 침입절도

야간 또는 주간에 침입이 용이한 곳을 통하거나 잠금장치를 파괴하고 주거·방실·건조물 등에 침입하는 방법, 방문객·행상·검침원을 가장하여 침입하는 방법 등 다양하다.

(2) 날치기

혼잡한 정류장·유원지 등지에서 부녀자·노인을 상대로 하여 노상에서 타인의 물건을 순간적으로 잡아채서 도주하는 방법의 절도 범죄이다. 오도바이치기, 차치기 등.

(3) 들치기(Shoplifting)

백화점 기타 상점의 고객을 가장하여 상품을 민활하게 훔치는 방법이다. 통상, 상습적이고 부녀자인 경우가 많다.

(4) 소매치기

타인의 신변에 있는 재물을 주의가 산만한 틈을 이용하여 기술적으로 절취하는 방법으로 물색·접근·이동 등 단계로 나눌 수 있다.

2. 절도사건 수사방법 · 순서

1) 피해자 관계 수사

① 도난물품의 확인
② 도난일시 및 장소의 확인
③ 도난품의 보관상태 확인
④ 도난 당시의 가족들의 상황 확인
⑤ 범인목격 여부에 대한 확인
⑥ 예상 또는 유력한 용의자 확인을 통해 정보수집

2) 현장수사

① 현장보존 및 현장관찰
② 탐문수사
③ 현장검색

3) 자료에 의한 수사

① 감별수사
② 유류품수사
③ 장물수사
④ 수법수사

4) 용의자수사

용의자가 진범인지 아닌지를 결정하는 수사
① 범죄경력, 생활상태, 피해자와의 관계
② 알리바이와 사건 전후의 동정
③ 현장과의 관련성 등

3. 환부

1) 의의

(1) 압수도품의 의의

절도·강도 등 재산범죄에 의하여 점유자의 의사에 반하여 그 점유를 박탈당한 물건을 도품이라고 하며, 이 도품을 수사기관이 압수한 경우 압수도품이라고 한다.

(2) 환부의 의의

압수도품을 피해자에게 돌려줘야 할 이유가 명백한 경우 피해자에게 그 물품을 돌려주는 것을 환부라 한다

2) 근거규정

(1) 형사소송법(제219조)의 규정

① 환부: 형소법 제133조 제1항
② 가환부: 형소법 제133조 제1항·제2항
③ 압수장물의 피해자 환부: 형소법 제134조
압수한 장물은 피해자에게 환부할 이유가 명백한 경우 피의사건이 종결되기 전이라도 결정으로 피해자에게 환부할 수 있다.

(2) 민법의 규정

① 민법 제249조(동산의 선의취득)
평온·공연하게 동산을 양수한 자가 선의이며 과실 없이 그 동산을 점유한 경우에도 양도인이 정당한 소유자가 아닌 때에도 즉시 그 동산의 소유권을 취득한다.

② 민법 제250조(도품·유실물에 관한 특례)
전 조의 경우라도 그 동산이 도품이거나 유실물인 경우 피해자 또는 유실자가 도난 또는 유실한 날로부터 2년 내에 그 물건의 반환을 청구할 수 있다. 그러나 도품이나 유실물이 금전인 경우 그러하지 아니하다.

③ 민법 제251조(도품·유실물에 관한 특례)
양수인이 도품 또는 유실물을 경매나 공개시장에서 또는 동종류의 물건을 판매하는 상인에게서 선의로 매수한 때에는 피해자 또는 유실자는 양수인이 지급한 대가를 변상하고 그 물건의 반환을 청구할 수 있다.

▶ ㉠ 사례 1

ⓐ 을(乙)·병(丙) 간의 매매가 민법 제 249조의 적용을 받는 경우라도 절취되었을 때부터 2년간 갑(갑)은 「민법」제250조에 의하여 그 물건의 반환청구권이 있다(무상). 따라서 압수품은 갑(甲)에게 환부하게 된다.

ⓑ 2년이 경과한 경우에는 병(丙)이 그 물건의 소유권을 확정적으로 취득하여 장물성이 없어지므로 「형사소송법」제133조에 의하여 병(丙)에게 환부하게 된다.

▶ ㉡ 사례2

ⓐ 「민법」제251조에 의하여 갑(甲)은 절취되었을 때부터 2년간은 정(丁)이 병(丙)에게 지불한 대가를 정(丁)에게 변상하고 그 물건의 반환을 청구할 수 있다. 만약 갑(甲)이 정(丁)에게 대가를 변상하지 않으면 갑(甲)에게 환부할 수 없고 피암수자 정(丁)에게 환부된다.

ⓑ 절취되었을 때부터 2년이 경과한 경우에는 정(丁)에게 환부된다.

▶ ㉢ 사례 3

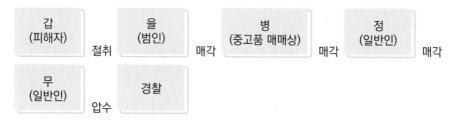

ⓐ 이 물건을 정(丁)이 다시 무(戊)에게 거래한 경우에는 「민법」제249조의 적용을 받아 그 물건의 장물성이 없어지므로 갑(甲)은 무(戊)에 대하여 반환을 청구할 수 없게 된다.

ⓑ 「형사소송법」제133조에 의하여 무(戊)에게 환부한다.

(3) 현금압수와 환부

① 관련 현금이 구체적으로 동 사건과 관련한 피해품임을 명확히 표시되어야 한다. 예컨대, "장물이라고 인정되는 금품"이라고 추상적으로 표시하는 것은 안 된다.

② 피해현금과 다른 현금이 혼동되어 있는 경우는 발견된 현금 전부를 압수할 수는 없다. 이때는 임의로 제출토록 하거나, 검증 등에 의하여 그 존재를 명확히 하고 압수하지 않는 것이 타당하다.(민원발생 방지 및 증거능력의 부재)

③ 압수현금 중 피해현금이 피해자의 것일 경우, 각 피해자의 피해액에 따라 환부한다(안분 환부).

④ 피해현금이 예금된 예금통장을 압수한 경우의 환부

- 피의자로부터 압수한 예금통장은 압수장물로 볼 수 없어 형소법 제134조가 적용되지 않고 제133조가 적용되므로 피해자에게 환부할 수 없다.
- 피의자가 절취한 금액을 피해자에게 반환할 의사가 있는 경우: 사건의 종결을 기다리지 말고 수사단계에서 피의자에게 예금통장을 환부한 다음, 현금은 피의자가 직접 피해자에게 교부하도록 한다.

⑤ 공갈·사기사건으로 압수한 현금을 환부할 경우의 절차적 요건: 피해자가 범죄(공갈, 사기)에 의해 금원이 지급(교부)되었음을 확인하고, 그 취소의 뜻을 명확히 한 후, 그 내용을 진술조서에 기재하며, 피의자에게도 피해자의 뜻을 알리고 피해자에게 당해 압수 현금을 환부한다.

1. 폭력범죄 수사의 개설

1) 의의 및 특징

(1) 의의

폭행이나 협박으로 위력을 과시하면서 상해·폭행·체포·감금·공갈 등의 죄를 자행하는 것을 말한다.

(2) 특징

① 감재성이 강한 범죄.

② 단속대상이 사전에 어느 정도 파악된다.

③ 범인은 대체로 조직폭력배 구성원이거나 폭력상습자이다.

④ 범행지역이 어느 정도 특정되어진다.

⑤ 피해자 계층이 어느 정도 한정되어진다.

⑥ 피해자와 가해자 간 대부분 면식관계에 있다.

2) 폭력범죄의 구분

(1) 단순폭력: 형법 제260조 제1항

(2) 집단폭력: 「폭력행위 등 처벌에 관한 법률」 제3조(집단적 폭행)

(3) 조직폭력: 「폭력행위 등 처벌에 관한 법률」 제4조제1항의 단체나 집단을 이용하여 「폭력행위 등 처벌에 관한 법률」 또는 기타 형벌법규에 규정된 죄를 범하게 하는 경우를 말한다(「폭력행위 등 처벌에 관한 법률」 제4조, 제5조).

(4) 가정폭력: 「가정폭력범죄의 처벌 등에 관한 특례법」

(5) 학교폭력

(6) 지능폭력(유언비어, 중상, 모략 등)

▎폭행의 개념

유형	의의	예
최광의	대상(사람, 물건)을 불문하고 유형력을 행사하는 모든 경우	다중불해산죄, 내란죄, 소요죄
광의	사람에 대한 직·간접의 유형력의 행사	공무집행방해죄, 특수도주죄, 강요죄
협의	사람의 신체에 대한 유형력의 행사	폭행죄, 특수공무원폭행죄, 존속폭행죄, 외국원수폭행죄
최협의	상대방의 반항을 현저히 곤란하게 할 정도의 유형력의 행사	강도죄, 강간죄

2. 조직폭력범죄

1) 의의

실무상 「폭력행위 등 처벌에 관한 법률」 제4조, 제5조로 의율되는 경우, 즉 「폭력행위 등 처벌에 관한 법률」에 규정된 범죄를 범할 목적으로 구성된 단체 또는 집단을 조직폭력으로 취급한다.

2) 단체

단체라 함은 일정한 범죄를 한다는 공동목적하에 이루어진 계속적인 결합체로서 그 단체의 구성원이 수괴, 간부 및 단순가입자로 구분될 수 있어야 하고, 그 위계에 상응하는 단체를 주도할 수 있는 최소한의 통솔체계를 갖추어야 한다.

3) 조직폭력범죄의 태양에 따른 분류

일반폭력 범죄	• 조직을 배경으로 하여 자행되는 살인·폭행·상해 등의 범죄 • 폭력단 상호 간의 세력 다툼(이권, 관할 다툼) 등으로 인한 살인·상해 등의 범죄 • 공갈·협박의 범죄

지능폭력 범죄	• 회사 · 은행 등의 경영을 둘러싼 공갈 · 협박 등의 범죄 • 거래관계에 생트집을 잡는 권리행사방해적인 공갈 · 협박 등의 범죄 • 기업경영 혹은 기업경영을 가장한 거래활동 등에 의한 공갈 · 사기 기타 특별법위반의 범죄 • 저명인 또는 유명예술인 등의 약점을 이용한 협박 · 공갈 등의 범죄
도박범죄	조직폭력배 등이 개장하는 직업적인 도박범죄
흉기범죄	조직폭력배 등이 권총 · 도검류 등 흉기은닉 및 밀수 등의 범죄
기타	• 조직폭력배 등이 음란사진 · 필름 등을 파는 외설범죄 • 매춘부 · 콜걸 등을 관리하면서 매춘행위를 시키는 매춘사범 • 마약거래 등의 범죄 및 소년에 대한 각종 범죄 등

4) 조직폭력범죄의 생업, 자금원, 행동의 태양에 따른 분류

조직폭력	도박꾼, 야바위꾼, 유흥가 불량배, 토건공갈배, 흥행공갈배
회사강패	주주총회꾼, 주주총회공갈배, 사건해결사, 채권강제해결사, 어음사기단, 금융 조직폭력배, 사이비기자, 정치강패, 불량신용조사업소, 기업폭력, 기타
폭력상습자	폭행 · 상해 · 공갈 등 폭력적 불법행위를 상습적으로 하는 자

3. 가정폭력

「가정폭력범죄의 처벌 등에 관한 특례법」

4. 학교폭력

「학교폭력예방 및 대책에 관한 법률」

1. 개 설

1) 마약류의 정의

마약류란 일반적으로 느낌, 생각 또는 행태에 변화를 줄 목적으로 섭취하는 정신에 영향을 주는 물질을 말한다. 협의의 마약류는 위와 같은 마약류 중 생산 · 판매 · 사용이 금지된 약물만을 의미기 하기도 한다.

2) 「마약류 관리에 관한 법류」 기준 마약류의 종류

(1) 마약

양귀비, 아편, 코카엽 등 마약류 남용의 일반적인 대상.

(2) 향정신성 의약품

인체의 중추신경계에 작용하는 것으로, 이를 오남용할 경우 의존성으로 인해 인체에 악영향을 끼치는 약물. 우리나라 고유 마약류로 불리는 필로폰이나 북한의 빙두, 아이스, 총탄 등이 이에 속한다.

(3) 대마

육체적 · 정신적 의존성과 내성 등이 다른 마약류에 비해 약하긴 하나 법으로 금지하고 있으며, 몇 년 전 대마 합법화 찬반 논란이 있기도 했다.

※ 그 외, 사용상 불편을 크게 개선한 MDMA(메틸디옥시 메스암페타민), 야바, 엑스터시, 분불납명편(살빼는 약) 등 신종마약 6~7종이 있음

---

3) 마약류 관리에 관한 법률

(1) 종래 향정신성의약품관리법, 마약법, 대마관리법을 폐지하고, 「마약류 관리에 관한 법류」로 일원화했다.

(2) 마약류는 아니지만 이와 유사한 환각작용을 일으키는 유해화학물질은 접착제(본드)와 부탄가스 등이 있으며, 이것은 인체에 해를 주는 화학 물질로서 「화학물질관리법」에 의해 규제된다.

4) 마약류 범죄의 특징

(1) 피해자 없는 범죄

① 마약류범죄의 경우 직접적인 상대 피해자가 없어 수사기관에서 자발적인 협조자를 구하기가 어렵다.

② 투약자의 경우 어떤 면에서 사회적 관점에서 보았을 때 피해자로 볼 수 있다. 그러나 그들은 이를 즐기는 류에 해당하기도 한다.

(2) 이욕범죄

마약류 범죄는 영리를 목적으로 한 범죄 중에서도 그 이욕성이 가장 큰 범 죄이다.(마약을 이용한 거대 자금의 흐름, 기업활동에 활용 등)

(3) 상습범죄

마약류 범죄는 상습성을 띠게 되어 범죄자의 대부분이 마약범죄에서 쉽게 벗어나지 못한다.

(4) 국제적 전문조직범죄

마약류 범죄는 대표적인 국제성 범죄이다. 1990년대 이후 우리나라에서 거래되고 있는 불법 마약류는 대부분 메스암페타민이다. 최근 국제화 추세에 따라 외국산 마약류가 국제화물 특송 및 해외여행객을 통해 국내 밀반입되고 있다. 미얀마, 라오스, 태국(황금의 삼각지대) 등지로부터 동남아시아로 유입시 키는 국제적 전문조직이 활동하고 있다.

5) 마약류 범죄 단속기관

① 한국
- 마약류 범죄의 단속기관은 경찰, 검찰, 보건복지부, 세관 등이 있다.
- 검찰에서는 지검 및 지청에 마약수사반을 편성·운용하고 있다.
- 보건복지부는 마약관리와 마약사법치료 등 사무관리에 역점을 두고 있고, 특별사법경찰권을 가지고 있다.
- 세관은 공항·항만 등에서의 밀수관계에 대한 수사를 담당하고 있다.
- 국가정보원은 국가안보적 차원에서 마약정보센터를 운영하여 마약퇴치업무(관련정보)를 하고 있다.

② 미국
마약단속국(DEA), 연방수사국(FBI), 이민귀화국(INS), 국세청(IRS), 연방관세청, 해안경비대, 주경찰, 지방경찰

③ 홍콩
- 세관

④ 영국
- 경찰

⑤ 일본
- 경찰, 세관, 후생성 마약취재관사무소, 해상보안청, 법무성

2. 마약류의 종류

1) 효능에 의한 분류

(1) 각성제
억제제와 반대로 중추신경계의 활동을 강화하는 기능을 하며, 메스암페타민, 코카인 및 일부 살 빼는 약 등이 이에 해당한다.

(2) 억제제

중추신경계의 기능을 저하 또는 억제하고 진정시키는 기능을 하며, 헤로인 등 아편 계열의 마약과 마약으로 분류되지는 않으나 알코올 등도 이에 해당한다.

(3) 환각제

감각이 왜곡되어 환상을 보거나, 극도의 행복감이나 불행의 교차함을 느끼거나, 망상. 불안 등을 유발하며 LSD, 대마초 등이 이에 해당한다.

참고   플래시백(flash back)현상
────────────────────────────────────○

환각제를 사용하지 않고 있는 상태에서 과거 환각상태의 경험이 일시적으로 또는 자연적으로 재현되는 현상으로서, 약물을 중단한 지 일 주일 만에 또는 수년 후에도 나타날 수 있고 지속시간도 수 초에서 수 시간까지 일정하지 않다.

---

2) 마약류의 구체적인 분류

(1) 마약

① 양귀비 계열

앵속(Poppy)	• 양귀비라고 불리우며 열대 및 아열대 기후에서 자라는 양귀비속 일년생 식물로서 동남아지역과 중남미지역에서 주로 재배되며 아편 및 헤로인의 제조원료가 되는 식물이다. • 주요 재배지역은 '황금의 3각지대', '황금의 초승당지대' 및 일부 남미국가 등이다.
아편(Opium)	• 아편이라는 말은 희랍어로 '유액', '액즙'이라는 뜻을 지닌 'Opos'에서 유래되었다. 아편은 모르핀, 코데인, 헤로인 등의 원료가 되는 동시에 그 자체로도 중추신경억제작용이 강한 마약이며 파이프에 의한 흡연이 일반적 사용방법이다. • 양귀비의 열매뿐만 아니라 잎·줄기에도 아편성분이 다량 함유되어 있지만 아편성분이 가장 많이 함유되어 있는 부분은 열매이다. • 아편은 양귀비의 열매가 익기 전에 열매껍질 부분에 상처를 입혀 유출되는 백색 액즙을 채집하여 덩어리로 건조한 것(생아편)과 이를 가공한 것(불순물을 제거하고 분말, 정제로 만드는 일)을 의미한다.

	• 양귀비에서 나오는 액즙은 백색이나 공기에 장시간 노출되어 산화되면 검은색을 띠게 되므로, 통상 생아편 덩어리는 암갈색 또는 검은색을 띠고 생아편을 건조분말로 만들어 흡연용으로 만든 것은 갈색을 지닌다. • 아편은 불에 탈 때 달콤한 향기를 내는데 흡연자는 이 향기를 들이마심으로써 환각효과를 얻게 된다.
모르핀 (Morphine)	• 모르핀은 생아편을 화학적으로 처리(아편에 물과 석회를 혼합한 후 열을 가하여 염화암모늄을 용해)하여 얻어지는 물질로 그 자체로도 마약으로 남용될 수 있으며 코데인 · 헤로인 등의 제조원료로 이용이 가능하다. • '999'라는 숫자 및 호랑이 그림 등이 양각되어 있다. • 모르핀의 주된 약리작용은 진통작용, 효흡억제, 위장관의 연동저하 및 신체적 의존을 일으킬 수 있는 능력을 가지고 있다. 모르핀은 말기질환 환자의 통증완화를 위한 진통목적 의약품으로 사용되고 있으며, 통상 일반인은 모르핀(앰플형태)을 정맥주사하여 남용할 수 있다.
코데인	• 모르핀을 화학적으로 처리하여 얻어지는 물질로 그 자체로도 마약으로 남용될 수 있으며, 동시에 수면을 촉진하고 기침을 완화하며 통증억제 의약품으로 사용된다. • 통상 정맥주사하여 남용할 수 있다.
헤로인 (Heroin)	• 헤로인은 모르핀을 원료로 하여 초산을 화학합성하여 아세틸화한 것으로 디아세틸렌 모르핀(Diacetylen Morphine)이라고도 하며, 헤로인은 독일의 바이엘사에 의해 진통의약품으로 처음 개발되었다. • 헤로인은 냄새가 없고 순백 · 우유 · 암갈색 등의 다양한 색을 띠고 있으며 분말 · 정제 · 덩어리 형태(세탁비누 형태) 등으로 제조되어 밀거래되며 강력한 흥분효과를 얻기 위해 코카인과 혼합하여 정제형태로 만들어진 Speed Ball이 있으며, 헤로인은 모르핀에 초산을 화학처리하여 제조한 것으로 저금품의 경우 초산냄새가 나는 경우가 있다. • 헤로인 중 백색분말 형태로 된 것이 순도가 높고 효과도 뛰어나 고가로 밀거래되며, 물에 쉽게 융해되기 때문에 정맥주사로 주로 사용되고, 그 외 흑갈색 등 색깔이 있는 헤로인은 순도가 낮고 효과가 떨어져 백색헤로인보다 비교적 값싸게 거래되며, 특히 물에 쉽게 용해되지 않아 담배 등에 넣어 흡연하거나 열을 가해 녹인 다음 물에 희석, 정맥주사하여 사용한다. • 헤로인 4mg은 모르핀 10mg과 동등한 진통효과가 있으며, 헤로인의 독성은 모르핀보다 10배 이상 강하고 금단증상도 매우 강하다.

② 코카엽 계열

코카엽 (Coca Leaf)	남미 안데스 산맥에서 재배되고 있으며, 기분전환(흥분)과 피로해소(각성) 효과가 있다.
코카인 (Cocaine)	• 대부분 야생되는 코카관목의 잎사귀 속에 들어 있는 0.06~1.18%의 코카 알칼로이드를 추출해서 만든 것이 코카인이다. • 헤로인과 섞어 스피드볼(Speed Ball) 형태로 사용되기도 하며, 최근에는 반죽형태로 된 프리베이스(Free Base)의 증가가 눈에 띈다. • 코카인은 강력한 중추신경계 흥분제로 각성효과가 있어 운동선수의 약물 복용 여부 검사 시 최우선하는 항목이다. • 코카인 남용자들은 피부 속에 기생충이나 벌레들이 기어다니는 듯한 환촉현상인 'Cokebugs'라는 것을 느껴 피부를 마구 긁어 온몸이 상처투성이가 되어 결국 곪아 궤양성 증상으로 발전하게 된다. • 코카인 사용방법은 정맥주사 · 흡연 · 코로 흡입하지만 코카인은 소량으로도 위협성이 있어 정맥주사보다 미세한 분말로 코로 흡입(일명 코킹 스니핑)하는 것이 보편적이며, 코로 장기간 흡입하는 경우 코 혈관의 강한 수축으로 코에 천공이 생길 수 있다. • 코카인 최대 소비국은 미국이며 주요 생산국은 코카관목이 자생하는 콜롬비아(최대 생산국), 페루, 볼리비아, 에콰도르, 멕시코이다.
크랙	• 코카인에 암모니아 · 베이킹소다 · 물 등을 넣고 가열하여 만든 결정체 형태의 코카인을 '크랙(Crack)'이라 한다. • 흡연이라는 독특한 방법에 의해 남용된다. 크랙은 1980년대 이후 미국에서 남용되고 있으며 유행의 원인은 흡연이라는 간편한 방법과 코카인에 비해 상대적으로 저렴하기 때문이다.

(2) 향정신성의약품

① 각성효과

메스암페타민 (필로폰, 히로뽕)	• 필로폰(Methamphetamine)은 현재 「마약류 관리에 관한 법률 시행령」상에 화학명인 메스암페타민으로 규정하고 있다. • 1919년 일본에서 개발되어 제2차 세계대전 중 독일 병사들이 피로해소를 위해 광범위하게 사용되었다. • 처음에는 '술깨는 약', '피로회복제', '체중조절약' 등을 가장하여 유통 · 복용되는 경우가 많았다. • 우리나라에서는 히로뽕, 백색의 공포, 공포의 백색가루, 악마의 가루라고도 불린다. 태국 등 동남아 등지에서 야바(YABA, Yahbah) 또는 야마(YahMah)로 통칭되고 있다.

	• 투약 시 식욕이 감퇴하고 환시·환청을 경험한다. 편집증이 강해지고 말이 많아진다. • 투약방법은 증류수 등에 섞어 정맥혈관에 주사하는 방법이 가장 많이 사용되며, 음료수에 섞어 음용하거나, 빨대를 이용하여 코로 흡입하거나, 가열해서 파이프를 이용하여 연기를 코로 흡입하기도 한다.(담배로 흡연 X) • 염산에페드린, 클로로포름, 지오닐을 교반·용해하여 여기에 에테르, 아세톤을 첨가하여 고체상태로 생성한다. • 염산에페드린은 전량 수입되며, 나머지는 국내에서 구입이 가능하다. • 제조에는 통상 3~5일이 소요되며 일반적으로 제조기간이 짧을수록 순도가 떨어진다.
야바	• 세계 최대 마약밀매조직인 '쿤사'가 개발한 야바(YABA: 미치게 하는 약)는 태국에서는 '말처럼 힘이 솟고 발기에 좋은 약'이라고 해서 'Horse Medicine'으로 통용되고 있다. • 태국과 일본, 호주 등에서 청소년층과 유흥업종사자, 육체노동자, 회사원들을 중심으로 급속히 확산되고 있다. • 야바는 필로폰에 카페인·코데인 등을 혼합한 캡슐·정제형 필로폰이다. 따라서 순도가 20~30% 정도로 낮지만 메스암페타민의 효과보다 더욱 강력한 각성제로 알려져 있다. • 적갈색, 오렌지색, 흑색, 녹색 등의 여러 가지 색으로 제조된다. • 원재료가 화공약품인 관계로 양귀비의 작황에 좌우되는 헤로인과는 달리 안정적인 밀조가 가능하다.
암페타민	에페드린과 유사한 화학구조를 가지고 있으며 주로 유럽 등지에서 남용이 심하다. 1932년 벤제드린이란 상품으로 코 막힘을 완화하는 흡입제로 판매되었으며, 약리효과는 신체의 중추신경계를 각성시킨다.
펜플루라민, 암페프라몬	• 펜플루라민(Fenfluramine), 암페프라몬(Amfepramone)은 암페타민류 각성제의 일종으로 최근 중국 등지로부터 소규모 행상, 여행객을 통해 국내로 밀반입되어 비만치료제 의약품으로 불법 유통되고 있는 향정신성 의약품이다. • 펜플루라민, 암페프라몬의 주요 약리작용은 중추신경계를 각성, 흥분감을 주며 장기간, 다량 복용 시 식욕을 감퇴시켜 체중을 감량시키고 환각, 우울증, 정신분열증을 유발하며 펠플루라민은 '분기납명편','펜플루라민정', 'F정'으로, 암페프라몬은 '안비납동편' 등의 명칭을 가진 소위 '살 빼는 약'으로 위장되어 수입품 판매점, 한약 판매점, 화장품 대리점, 노점상, 행상 등에서 불법 유통되고 있다.

② 환각효과

LSD	• 1938년 스위스 산도스 제약회사 알버트 호프만 박사가 곡물 곰팡이, 보리 맥각으로부터 우연히 합성한 물질이다. • 무색 · 무취 · 무미하며, 통상 분말로 제조되나 정제 · 캡슐제 · 액체형태로도 밀거래된다. • LSD는 가장 강력한 환각제로 통상 1회 복용량은 100~200마이크로그램(μg)이며 효과는 8~10시간 지속된다. • 동공확대, 혈압상승, 체온저하, 메스꺼움, 빠른 심장박동 등이 나타나고, 시간에 대한 개념이 없어지는 등 환각상태에 빠진다. 일부 남용자들은 플래시백 현상을 일으키기도 한다. • 효과가 강력하기 때문에 미량을 유당 · 각설탕 · 과자 · 빵 등에 첨가시켜 먹거나, 우편 · 종이 등의 표면에 묻혔다가 뜯어서 입에 넣어 씹는 방법으로 사용한다. • LSD는 채취 후 유리용기에 보관하지 말고 반드시 광차단 용기에 보관해야 하는데, 이는 LSD에 자외선(Ultra Violet)을 쬐면 푸른 형광색을 띠게 되고 변질될 염려가 있기 때문이다.
페이오트	페이오트(Peyote)는 미국 텍사스 소재 리오그랜드 계곡 및 멕시코 북부지역에서만 자생하는 선인장을 말한다. 이 선인장의 어린 잎 등을 건조하여 씹거나 또는 물에 넣어 끓여 음용하면 환각작용을 나타낸다.
메스카린	페이오트 선인장 등에서 추출하여 합성한 향정신성의약품으로서 다채로운 시각경험을 일으키는 것이 특징이다.
사일로사이빈	멕시코와 남부 텍사스 지역에서 자생하는 사일로시비 버섯에서 추출한 향정신성의약품이다.
디메틸트립타민, 디에틸트립타민	디메틸트립타민(DMT)은 서인도제도나 일부 남미지역에서 자생하는 피프타데니아 페레그리나(Piptadenia Peregrina) 관목의 열매에서 추출하여 합성한다.

MDMA	• 1949년 독일에서 식욕감퇴제로 개발되었으며, 기분이 좋아지는 약, 포옹마약(Hug Drug)로 불린다. • 메틸렌디옥시메스암페타민(Methylendioxymethamphetamine)은 통상 MDMA, 엑스터시(Ecstasy 또는 XTC)라 불리는 것으로, 환각 및 각성작용을 동시에 나타내기 때문에 경우에 따라 각성제로 분류되기도 한다. • 한국에서는 '도리도리'(도리도리란 이름은 테크노바 등을 중심으로 확산되고 있는 엑스터시가 투약 후 머리를 흔들며 춤을 추면 환각의 도가니에 빠진다는 이유로 붙여졌다. 최근에는 검거된 엑스터시 복용자들 사이에서 캔디라고 불리고 있다)로, 미국에서는 '아담','엑스터시' 또는 '엑스티시'로 불리는데 환각성 암페타민과 같은 특성을 지닌 합성 향정신성마약류이다. • 복용자는 테크노, 라이브, 파티장 등에서 막대사탕을 물고 있거나 물을 자주 마시는 등의 행위를 한다. • 메스암페타민보다 가격이 싸면서 환각작용은 3배나 강한 것으로 알려졌다.
덱스트로 메토르판제제 (러미나)	• 덱스트로메토르판제제는 감기, 만성기관지염, 폐렴 등의 치료제로서 처방전이 있으면 약국에서 구입이 가능하다. • 약리작용면에서 중추신경 억제작용이 있으며, 진해작용이 있어 코데인 대용으로 널리 시판되고 있다. • 일반 용량의 수십배에 달하는 50~100정을 일시에 복용하면 도취감, 다행감, 환각작용을 유발하여 대용마약으로 남용되기도 한다. • 청소년들이 소주에 타서 마시는데 '정글주스'라고도 한다.
프로포폴 (Propofol)	• 페놀계 화합물로서 화학명은 2,6-다이아이소프로필페놀(2,6-diisopropylphenol)이며 흔히 수면마취제라고 불리는 정맥마취제로서 '하얀약','우유주사'라는 별칭이 붙었다. • 수술 시 전신마취의 유도(induction), 유지(maintenance) 또는 인공호흡 중인 중환자의 진정(sedation)을 위해 쓰이고, 수면내시경 등을 할 때에도 사용된다. • 불면증을 없애고, 피로를 해소할 뿐 아니라 불안감이 사라지고 기분이 좋아지는 등 환각을 일으키는 효과도 있어 환각제 대용으로 오남용되는 사례가 있으며, 정신적 의존성 즉 중독증상을 유발하기도 한다. • 미국에서는 2009년 통제물질로 지정됐지만, 한국이 최초 2011년 2월부터 「마약류 관리에 관한 법률」에 따른 향정신성 의약품에 포함시켜 마약류로 지정하였다. • 2009년 팝스타 마이클 잭슨의 사망원인으로 밝혀져 화제가 되기도 했다.

③ 억제효과

펜싸이클리딘 (Phencyclidine)	마취 · 진통효과를 나타내며 과다복용 시 혼수상태에 빠져 경련과 죽음을 초래할 수 있다.
바르비탈염제	• 바르비탈염제(Barbiturates)는 소량 복용 시 긴장 · 불안감을 억제하고 수면유도효과를 지녀 수면진정제 의약품으로 광범위하게 사용되나, 장기간 과다복용 시 판단력 장애, 혈압강하, 호흡억제 등의 부작용을 유발한다. • 알코올 냄새 없이 만취한 모습으로 비틀거리는 경우 바르비탈 남용가능성이 있다.
비(非) 바르비탈염제	바르비탈염제보다 효과가 완만하다.
벤조디아제핀 제제	중추신경계를 억제하여 정신적 긴장감, 불안감을 감소시키고 근육을 이완하여 수면을 유도하는 의약품으로 신경안정제, 항불안제로 사용된다.
날부핀	진통작용과 질항작용을 가지고 있으며, 특히 호흡억제작용제로 사용된다. 일명 '누바인'으로 불린다.
GHB	• 무색 · 무취로서 짠맛이 나는 액체로 소다수 등의 음료에 타서 복용하면 물같은 히로뽕이라는 뜻에서 '물뽕'이라고도 불린다. • 미국이나 유럽 등지에서 성범죄로 악용되어 데이트강간약물(Date Rape Drug)이라고도 불린다. • 근육강화 호르몬 분비효과가 있고 15분 후에 효과가 나타나며 이후 약 3시간 동안 지속된다. 24시간 이내에 인체를 빠져나가기 때문에 사후 추적이 불가능하다. • 백색분말 또는 액체의 형태로서 환각, 수면, 진정의 효과를 야기한다. 경우에 따라 뇌사나 사망에 이르게 할 수 있다.

④ 기타 항정신성의약품

카리소프로돌 (S정)	• S정은 중추신경계에 작용하여 골격근육을 이완시키는 효과가 있다. • 과다사용 시 치명적 인사불성, 혼수쇼크, 호흡저하, 사망에 이르게 된다. • 금단증상으로는 온몸이 뻣뻣해지고 뒤틀리며, 혀 꼬부라진 소리를 하게 된다.

카트(Khat)	• 예멘과 에티오피아에서 자생하는 관목의 일종으로 잎사귀에 환각효과를 유발하는 케치논과 케친성분을 함유하고 있으며 그 효과가 암페타민과 견줄 정도로 강하다. • 수분증발 시 효과가 감소하므로 이를 방지하기 위해 비닐봉지, 바나나 나뭇잎 등으로 감싸서 유통된다.
케타민 (Ketamine)	• 사람 또는 동물용 마취제의 일종으로 중추신경계의 특정부위에 작용하여 탁월한 진통작용을 나타내나 약기운이 사라지면 환각작용을 일으키기도 한다. • LSD보다 강한 환각효과를 나타내며 약 1시간 정도 지속되는데 기억손실, 말투의 어눌감, 신체분리감 등을 야기한다. • 서구지역에서 GHB, 로히프놀 등과 함께 대표적인 데이트강간약물(Date Rape Drug)로 분류되고 있다.
살비아디비노럼 (Salvia Divinorum)	• 멕시코 북부 산악지역에 자생하는 식물로 환각성분이 있다. • 환각효과는 LSD보다 강하면서도 가격이 저렴하고 사용이 편리하며 인터넷과 우편을 이용하여 쉽게 구매할 수 있어 유럽의 청소년층 사이에서 남용이 확산되고 있다.

(3) 대마

① 의의 및 특성

- 대마는 '대마초와 그 수지 및 대마초 또는 그 수지를 원료로 제조된 일제의 제품'을 말하며, 다만 대마의 종자, 뿌리 및 성숙한 대마의 줄기와 그 제품은 제외한다. 따라서 대마종자의 단순소지나 매매는 처벌되지 아니한다.
- 그러나, 대마·대마초종자의 껍질을 흡연 또는 섭취하는 행위, 대마·대마초종자의 껍질을 흡연 또는 섭취의 목적으로 대마·대마초종자 또는 대마 초종자의 껍질을 소지하는 행위, 그정을 알면서 대마초종자·대마초종자의 껍질을 매매 또는 매매의 알선을 하는 행위는 처벌된다.

② 종류

대마초	• 대마초를 만드는 특이한 방법은 없으며 어떤 기계나 화공약품을 혼합하여 가공하지 않고 대마의 잎과 꽃대 윗부분을 건조시켜 담배형태로 만들어서 피는 것(흡연방법)으로 로프 타는 냄새가 난다. • 외국에서는 포르투갈어로 마리화나라고 부르고 있다. 원래는 섬유용이었으나, 현재는 거의 흡연이 목적이다. • 대마의 주 정신작용물질은 THC(Tetra Hydro Canabinol)로서 환각작용을 나타내는데 대마잎에는 보통 1~3.5%의 THC성분이 많고 숫나무보다 암나무에 THC 성분이 많다. • THC성분은 대마잎, 대마꽃, 대마수지, 대마종자 껍질에도 함유되어 있으며 대마의 꽃대부분 및 상부에 있는 작은 잎에 가장 많이 함유되어 있고 대마종자 껍질, 대마의 큰 잎순으로 함유되어 있다.
대마수지 (하시시, Hashish)	• 대마초 잎의 최고 좋은 성숙한 대마의 정상 꽃대부분의 수지성 분비물을 알코올 침출·채취 또는 가마솥에서 고아서 건조 또는 농축한 제품으로 외국에서는 하시시라고 부른다. 대마의 잎과 꽃대부분은 THC성분을 다량 함유하고 있는 대마수지(Cannabis resin)로 덮여 있는데 이 수지를 각종 방법으로 채취한 후 건조·압축시켜 다양한 형태로 제조한 것이 대마수지이다. • 마리화나보다 6~10배 가량 환각효과가 있는 것으로 알려져 있고 그냥 피울 수도 흡입할 수도 있는데, 흡입 시 가장 효과가 크고 마취성이 있어 혼수상태에 빠질 수도 있다.
대마수지오일 (Hashish Oil 또는 Cannabls Oil)	• 대마수지오일은 대마초 또는 하시시를 원료로 증류공정 등 반복적인 과정을 거쳐 추출한 액체를 지칭하며, THC성분이 10~20%에 이르는 고도로 농축된 대마이다. • 기름형으로 된 수지성 분비물에 알코올, 설탕, 꿀, 향료 등을 타서 마시거나 담배 외벽에 발라 피우기도 한다. • 마리화나보다 약 10배 이상이나 다행증효과가 무척 높고 색깔은 암갈색과 유사하다.

3) 유해화학물질

  (1) 의의

  마약류는 아니지만 인체에 유해성이 있어서 사용하면 환각작용을 일으키는 화학물질을 말한다.

(2) 종류

① 톨루엔, 초산에틸, 메틸알코올

② 톨루엔, 초산에틸, 메틸알코올을 함유한 시너·접착제·풍선류 및 도료

③ 부탄가스

(3) 처벌

① 처벌규정(화학물질관리법)
- 환각물질을 섭취 또는 흡입하거나 이러한 목적으로 소지한 자
- 환각물질을 섭취 또는 흡입하고자 하는 자에게 그 사실을 알면서 이를 판매하거나 공여하는 행위

② 구체적 내용
- 19세 미만의 자에게 섭취할 것을 알면서 본드 등을 판매한 자는 청소년보호법 위반이 된다.
- 19세 미만의 자가 본드 등을 섭취한 경우는 화학물질관리법 위반이 된다.
- 환각물질 단순소지자는 처벌되지 않는다.

| 제5절 | 지능범죄 수사 |

1. 지능범죄의 의의 및 수사방법

1) 지능범죄의 의의

(1) 지능적 수단으로 재산상의 이익을 취하려는 범죄를 말한다. 수사실무상의 개념이다.

(2) 사기, 횡령, 배임, 문서의 위·변조, 화폐의 위·변조, 사이버범죄, 공무
원범죄, 화이트칼라 범죄 등이 대표적인 지능범죄이다.

2) 지능범죄의 특징

구분	일반범(강력범)	지능범
종류	살인, 강도, 강간, 방화	사기, 횡령, 배임, 문서·화폐 등의 위·변조, 사이버 범죄, 공무원 범죄, 화이트칼라 범죄
범행의 현출성	피해가 뚜렷하다.	범행이 잠재적이다.
계획성	우발적인 범행이 많다.	합법을 가장하여 계획적·조직적으로 은밀히 이루어진다.
사회·경제정세와의 관련성	사회·경제정세와 관련이 적다.	사회·경제정세와 밀접한 관련이 있다.
적용법령범위	적용법령의 범위가 좁다.	적용법령의 범위가 넓다.
범인의 신분	대부분이 서민층이다.	범인의 지능이 높고 사회적 신분이 높다.
피해규모	피해자가 특정 개인인 경우가 많다.	피해자·피해지역·피해액이 크다.
증거인멸	범죄현장에 물적 증거가 남아 있는 경우가 많다.	계획적으로 증거인멸이 이루어지므로 채증이 어렵다.
수사착수시기	신속한 착수	신중한 착수

2. 사기사건

1) 사기범죄의 의의

(1) 사람을 기망하여 재물의 교부를 받거나 재산상의 이익을 취득하는 경
우에 성립하는 범죄를 말한다. 기망행위 → 기망에 의한 잘못된 의사
결정 → 처분행위 → 편취, 일령의 행위로 이루어진다.

(2) 사기의 수단·방법은 다양하여 그에 따라 여러 가지 수법이 있고 상습
성을 띠는 경우가 많다. 그 수단과 방법은 고정화되는 경향이 있다.

2) 유 형

(1) 형법

- 사기죄(형법 제347조)
- 컴퓨터 등 사용사기(동법 제347조의2)
- 준사기죄(동법 제348조)
- 편의시설부정이용(동법 제348조의2)
- 부당이득죄(동법 제349조)

(2) 특정경제범죄 가중처벌 등에 관한 법률(제3조)

형법상의 사기, 공갈, 동 범죄의 상습범, 업무상의 횡령과 배임의 죄를 범한 자는 그 범죄행위로 인하여 취득하거나 제3자로 하여금 취득하게 한 재물 또는 재산상 이익의 가액이 5억 원 이상인 때에는 다음의 구분에 따라 가중처벌한다(사기미수 등은 적용 안 됨).
- 이득액이 50억 원 이상인 때에는 무기 또는 5년 이상의 징역에 처한다.
- 이득액이 5억 원 이상 50억 원 미만인 때에는 3년 이상의 유기징역에 처한다.

3) 유형별 수사

(1) 보이스피싱

① 전화를 통한 사기를 일컫는 말로 음성(Voice)과 개인정보(Private data), 낚시(Fishing)를 합성한 신조어이다.
② 대부분 통장명의자와 사용자가 다른 소위 대포통장 등을 범죄에 이용한다.
③ 수사기관, 국민건강보험공단, 각종 금융기관 등을 사칭하여 금원을 편취한다.
④ 검거사례에 의하면, 대부분 조선족 등을 동원하여 중국 등지에서 전화를 무작위로 걸어 입금 받은 후 한국 내 은행에서 현금을 인출하고 있다.

스미싱(Smishing)

문자(SMS)와 피싱(Phishing)의 합성어이며, 휴대전화 소액결제 사기수법이다. 무료쿠폰 제공문자 메시지를 받고 문자메시지에 있는 인터넷주소를 클릭하는 순간 휴대폰에 악성코드가 설치되면서 결제에 필요한 승인번호가 사기범에게 전송되고 소액결제가 이루어지는 수법이다.

(2) 물품거래를 빙자한 편취사기

① 거래 전후 피의자 자산상태의 추이 파악
② 범행 당시의 영업상황
③ 피해상품의 대금지급방법
④ 매입상품의 처분방법
⑤ 처분에서 취한 금원의 사용 용도
⑥ 영업관계장부 및 경리관계장부의 압수

(3) 무전취식 · 무전숙박 · 무임승차 시

① 피의자와 피해자와의 관계
② 피의자의 자산상태: 피의자가 진술하는 범위 내에서 조사할 것이 아니라 객관적인 자료에 의하여 입증할 것
③ 기망행위의 여부
④ 피의자의 상습성
⑤ 피의자의 조사

4) 사기범죄의 수사요령

수사요령	구체적 내용
수사방침 결정	• 수사방침 및 요강의 시달 • 임무의 분담

수사요령	구체적 내용
수법수사	• 동일 수법사건의 검토: 피해통보표의 분석, 공조제보의 활용 • 용의자 색출: 범죄수법원지의 이용, 피의자 사진첩의 활용, 공조제보의 활용
유류품수사	• 감식시설 이용 수거 • 유류품의 출처 수사
장물수사	• 장물수배서에 의한 수배 • 전당포 · 고물상 등 관계업자에 대한 수사
용의자 내사	범죄경력 조회, 알리바이, 피해자와의 관계, 증거품과의 관계
기타 수사	추적수사, 증거수사 등

3. 횡령사건

1) 의의

타인의 재물을 보관하는 자가 그 재물을 횡령하거나 그 반환을 거부함으로써 성립하는 범죄를 말한다. 횡령죄의 주체가 될 수 있는 자는 위탁관계에 의하여 타인의 재물을 보관하는 자이다. 재물은 동산 이외에 부동산도 포함된다. 업무상 횡령에서는 보관하는 것이 업무의 주된 내용이 아니라도 무방하다.

2) 횡령행위별 수사사항

(1) 소비횡령

소비한 일시 · 장소가 범죄사실로 되므로 소비처를 조사하여 자술서 또는 진술조서를 작성한다. 기탁된 금전에 대하여 기탁자가 피의자에게 그 금전의 일시 사용을 인정하는 취지의 약속을 하지 않았는지에 대해 주의하여야 한다.

(2) 반환거부횡령

반환거부횡령이란 물품을 보관하는 자가 물품의 소유자로부터 그 반환을 요구받았음에도 이를 반환치 않고 횡령하는 경우에 해당한다. 즉 반환을 거부함으로써 횡령죄의 기수가 될 수 있다. 이 경우 반환거부의 의사를 명확히 확인하여야 하며, 그 사유가 반환을 거부함으로써 불법영득의 의사가 있는지 등도 살펴야 한다.

(3) 착복횡령

무엇을 착복의 의사발현으로 볼 것인지를 판단하기 곤란하므로 가능한 한 소비·입질·거절·매각 등 증거상 명백한 횡령의 형태를 취하여야 한다.

(4) 매각횡령

매수인을 조사하고 매수금액·전매처 등을 명확히 하는 동시에 피의자가 받은 매각대금의 용도에 대해 증거를 수집하고, 입질횡령도 이에 준하여 수사한다.

(5) 예입횡령

은행에 조회하여 계좌원장을 복사함과 동시에 그 계좌가 피의자의 계좌라는 것을 증거로 확보해 두어야 한다.

4. 배임사건

1) 의의

타인의 사무를 처리하는 자가 그 임무에 위배하는 행위로써 재산상의 이익을 취득하거나 제3자로 하여금 이를 취득하게 하여 본인에게 손해를 가함으로써 성립하는 범죄이다.

2) 수사상의 특징

(1) 배임죄는 잠재성이 강하여 쉽게 노출되지 않는다.
(2) 관계법률의 연구가 필요하다.
(3) 정부·전표에 대한 수사가 반드시 필요하다.

(4) 압수·수색은 신속·정확하게 실시하여 증거를 확보하여야 한다.

3) 배임죄의 수사상 입증을 위한 요점

    (1) 피의자는 타인을 위하여 사무를 처리하는 자일 것

    (2) 피의자가 자기 또는 제3자의 이익을 꾀하였을 것

    (3) 피의자가 임무 위배행위를 했을 것

    (4) 본인에게 재산상 손해 또는 손해발생의 위험을 초래했을 것(실제로 재산상의 손실이 발생해야 하는 것은 아니다)

    (5) 특별배임죄(상법 제622조, 제623조)에 있어서는 피의자가 회사의 임직원 등임을 확인한 수에 비로소 사건수사의 입증사상을 증명하여야 한다. (반드시 회사의 간부일 필요는 없다)

    (6) 배임죄의 성립에서 본인에게 손해를 가할 목적이 있었는지 여부는 관련이 없다.

5. 문서의 위·변조 사건

1) 문서의 의의

    문서라 함은 문자 또는 이를 대신하는 부호에 의한 표시를 담고, 법적으로 중요한 사실을 증명해 줄 수 있고, 작성명의인을 인식시켜 줄 수 있는 물체를 말한다. 광의의 문서에는 문자로 표시된 협의의 문서 외에 도화가 포함된다. 이러한 문서는 첫째, 계속적 기능, 둘째, 증명적 기능, 셋째, 보장적 기능 등 세 가지 요소를 내포하고 있다.[44]

2) 공문서·사문서

    (1) 공무소 또는 공무원이 그 직무에 관하여 작성한 문서를 말한다. 즉, 작성명의인이 공무소 또는 공무원인 문서이다.

    (2) 외국의 공무소 또는 공무원이 작성한 문서는 사문서이고, 작성명의인

---

44 Law Man 형법, 이재철, 윌비스, 2016

이 공무소 또는 공무원인 경우에도 직무상 작성한 것이 아니면 공문서가 아니다.

(3) 허무인·사망자 명의의 사문서를 위조한 경우에도 일반인으로 하여금 당해 명의인의 권한 내에서 작성된 문서라고 믿게 할 수 있는 정도의 형식과 외관을 갖추고 있으면 사문서위조죄가 성립한다(대판 2005. 2. 24., 2002도18 전원합의체).

3) 위조·변조

(1) 위조는 작성권한 없는 자가 타인명의를 모용하여 문서를 작성하는 것, 즉 부진정문서를 장성하는 유형위조를 말한다. 판례는 복사행위도 문서작성의 일종으로 본다. 그러므로 유흥업소에 자신의 허위경력을 기재하여 이력서를 제출하고 선불금을 받고 도주한 경우에는 위조에 해당하지 않는다.

(2) 변조는 권한 없는 자가 이미 진정하게 성립된 타인명의의 문서내용에 그 동일성을 해하지 않을 정도의 변경을 가하는 것을 말한다.

(3) 문서의 위조·변조행위는 행사할 목적이 있어야 한다. 그러므로 재미 삼아 할아버지 명의로 가짜 유언장을 만든 경우는 범죄가 성립하지 않는다.

4) 플라스틱 주민등록증 위·변조 식별방법

(1) 홀로그램 바탕에 21개, 사진에 8개의 크고 작은 태극문양이 있는지 본다.

(2) 홀로그램 큰 태극의 안쪽 테두리에는 '대한민국 KOREA'라는 원형의 미세문자가 있는지 확인한다.

(3) 앞면 주민등록증 명칭을 감별기로 보았을 때 형광색이 나타나는지 본다.

(4) 앞면 사진 위 가운데 부분에 숨겨진 '민'자가 있는지 확인한다.

6. 통화의 위·변조 사건

1) 서설

(1) 통화의 위조·변조의 의의

한국은행 발행 500원 주화의 표면 일부를 깎아내어 일본국의 자동판매기 등에 500엔 주화인 것처럼 사용한 경우 통화변조에 해당되지 않는다(대판 2002. 1. 11. 2000도3950).

(2) 통화위조·변조사건 수사의 어려움

① 일반인의 적은 관심으로 전전 유통되어 은행이나 금융기관에서 발견되는 경우가 많다.
② 행사 및 위조측면의 어려움: 범인의 추적이나 발견현장에서의 소급수사가 곤란하다. 위조에 제공된 기계·원료·재료 및 인적 대상이 광범위하기 때문에 수사가 장기화되는 경우가 많다.

2) 위조은행권의 유형 및 진폐·위폐 구분법

(1) 그림

(2) 인쇄위조권

① 인쇄위조는 정교한 인쇄기술을 이용하여 지폐, 수표 등을 인쇄하여 배포하는 수법으로서 위조상태가 가장 정교하다.
② 인쇄위조수법을 사용할 경우 진본과의 구별이 어려우나, 수사대상을 인쇄업소 등으로 한정할 수 있어 수사방향 설정은 오히려 용이하다.
③ 인쇄상태가 정교하고 미세글자까지 인쇄되어 육안으로는 구분하기가 곤란하므로 은화 등으로 진폐와 구별된다.

(3) 복사위조권

① 주된 위조수법이다.

② 복사상태가 인쇄기로 위조한 것보다 못하나 정교하여 진본과 구별하기 힘들다.

③ 컬러복사기는 전량 수입되고 있고, 현재 경찰청에서 집중관리 중에 있으며, 컬러복사기 중의 일부는 인쇄물에 기기의 고유번호를 비밀리에 인쇄하도록 제작되어 있어 위조에 사용된 기기파악이 용이한 경우도 있다.

④ 각 복사기마다 고유의 전용용지를 사용한다는 특징을 가지고 있다.

(4) 컴퓨터를 이용한 위조권

① 컴퓨터 보급에 따라 근래에는 이를 이용한 지폐위조사범이 증가하고 있으며, 개인이 가정에서 장비를 갖추어 두고 위조할 경우에는 수사가 극히 곤란한 점이 있다.

② 컬러프린터는 컬러복사기 방식보다 선명도가 떨어지고, 점방식으로 인쇄되어 있어서 인쇄상태를 확대해서 보면 점형태의 인쇄입자를 찾아볼 수 있다.

(5) 쪽붙임권(이어 붙인 위조권)

(6) 표리박리(剝離)권

3) 위조지폐 발견 시 주의 사항

(1) 지문채취

① 지구대에서 위폐발견 신고 접수보고를 받은 경우 가장 먼저 지구대 경찰관에게 유류지문이 멸실되지 않도록 주의를 환기시키는 것이다.

② 신고를 접수받는 즉시 여러 사람이 만지거나 복사하거나 팩스기에 넣는 일이 없도록 유의하고 즉시 지문을 채취하여야 한다. 복사 시에는 복사열에 의하여 지문이 상실되어 지문채취가 불가능하기 때문이다.

③ 금융기관으로부터 신고 시에도 뒷면에 고무 결재인을 찍어 지문이 손

상되는 일이 없도록 협조를 구해야 한다.

④ 지폐를 접거나 구기지 말고 장갑을 착용하거나 또는 핀셋으로 비닐봉투에 넣어 밀봉하도록 한다.

⑤ 유류지문 감정을 위해 자료를 송부할 때에는 위폐를 만졌던 사람들의 인적사항을 파악하여 통보해 주어야 한다.

(2) 위조지폐 등의 제작과정 감정의뢰

(3) 수표 뒷면 배서내용 및 필적 수사

4) 통화위조범 수사

(1) 사용도구의 추정

위조에 사용된 도구가 무엇인가 하는 것을 밝혀 내는 것은 수사방향 설정의 기초이다. 정밀감정에는 시일이 많이 소요되므로 수사관들이 정밀감정 전에 현장에서 위조지폐 등을 육안 또는 확대경으로 확인하여 가능한 한 빨리 수사방향을 설정하여야 한다.

(2) 범죄수법에 근거한 수사대상의 축소

(3) 증거물 확보

실무상 자백보다도 위폐제조 기계와 기타 제조행위 중 생산되는 잔류물 등 증거물의 확보에 수사의 초점을 맞추어야 한다.

(4) 평소 관내 컬러복사기 보유업체 등에 대한 점검을 철저히 하고 관련부책을 유지하여 사전에 발생요소를 제거하고 사건발생 시 수사자료로 활용한다.

(5) 비공개수사보다는 관내 예상업소에 수집된 정보를 제공하여 현장에서 검거하는 것이 이상적이다.

5) 1만원권 위조방지 기술

    (1) 홀로그램을 적용하여 은색의 원형 박막이 보는 각도에 따라 한반도 지도, 태극과 액면숫자, 4괘가 번갈아 나타난다.

    (2) 요판잠상 이노새기술을 도입하여 지폐를 기울여 보면 숨어 있는 문자 'WON'이 나타난다.

    (3) 색변환잉크로 인해 보는 각도에 따라 황금색에서 녹색으로 바뀌어 보인다.

    (4) 기타 숨은 은선, 앞뒤판 맞춤, 미세문자, 숨은 그림, 돌출은화, 숨은 막대, 엔드리스 무늬 등이 있다.

7. 공무원범죄 수사

1) 공무원범죄의 의의

    ① 협의의 공무원범죄의 의의
- 공무원의 범죄 중 공무원의 개인적인 위법행위를 제외하고, 직무와 직·간접적으로 관련 있는 범죄를 의미한다.
- 일반적으로 공무원 범죄는 '협의의 공무원범죄'를 의미하며, 통계의 대상이 되는 공무원범죄도 '협의의 공무원범죄'를 대상으로 하고 있다.

    ② 광의의 공무원범죄의 의의
      공무원의 신분을 가진 자가 고의·과실로 저지를 모든 범죄를 의미한다.

2) 공무원범죄의 특성

    ① 공무원이 범죄의 주체가 되는 신분범이며, 직권을 이용하였을 경우 1/2까지 가중하도록하는 규정도 있다.

    ② 소위 화이트칼라범죄의 한 유형으로서 범행방법은 지능적·전문적·계획적인 경우가 대부분이다.

    ③ 범죄는 음성적으로 이루어진다.

    ④ 투서·고발을 당하는 사례도 있다.

⑤ 무조건 범죄를 부인하거나 관례·재량행위임을 주장하는 등 자백을 하지 않는 경향이 있다.

⑥ 일반적으로 죄의식이 희박하다.

3) 공무원범죄의 유형

① 형법
- 특정범죄 가중처벌 등에 관한 법률(성폭행, 선거방해, 피의사실공표 ×)
- 뇌물죄의 가중처벌(제2조)
- 알선수재(제3조)
- 체포·감금·폭행·가혹행위 등의 가중처벌(제4조의2)
- 공무상 비밀누설의 가중처벌(제4조의3)
- 국고 등 손실(제5조)
- 특수직무유기(제15조): 범죄수사의 직무에 종사하는 공무원이 이 법에 규정된 죄를 범한 자를 인지하고 그 직무를 유기한 때에는 1년 이상의 유기징역에 처한다.

  예 수사경찰관이 범죄사실을 인지하고도 수사에 착수하지 않는 경우

4) 통화위조범 수사

① 사용도구의 추정

위조에 사용된 도구가 무엇인가 하는 것을 밝혀 내는 것은 수사방향 설정의 기초이다. 정밀감정에는 시일이 많이 소요되므로 수사관들이 정밀감정 전에 현장에서 위조지폐 등을 육안 또는 확대경으로 확인하여 가능한 한 빨리 수사방향을 설정하여야 한다.

② 범죄수법에 근거한 수사대상의 축소

③ 증거물 확보

실무상 자백보다도 위폐제조 기계와 기타 제조행위 중 생산되는 잔류물 등 증거물의 확보에 수사의 초점을 맞추어야 한다.

④ 평소 관내 컬러복사기 보유업체 등에 대한 점검을 철저히 하고 관련부

책을 유지하여 사전에 발생요소를 제거하고 사건발생 시 수사자료로
활용한다.

⑤ 비공개수사보다는 관내 예상업소에 수집된 정보를 제공하여 현장에서
검거하는 것이 이상적이다.

<table>
<tr><td>제6절</td><td>풍속사범 수사</td></tr>
</table>

1. 도박사범 수사

1) 서설

(1) 의 의

① 도박이란 우연의 승부에 의하여 일정한 재물 등을 승자에게 교부하는
것을 의미한다.
다소의 우연성이 지배하는 한 도박이라 할 수 있는데 돈을 걸고 하는
마작, 장기, 화투, 바둑 등도 도박의 예가 될 수 있다.

② 단순도박죄의 경우에 일시 오락에 불과한 사안은 도박죄로 처벌되지
않으므로 이에 대하여 신중한 판단을 행하여야 한다.
→ 일시 오락에 불과한 점심내기, 커피내기 등의 행위는 불처벌

③ 사기도박의 경우 우연성이 없으므로 도박죄가 아닌 사기죄로 의율하여
야 한다.

④ 판례상 일정한 재물 등을 약속하는 것만으로도 도박죄가 성립한다.

⑤ 단순도박의 경우는 긴급체포의 대상이 아니다.

(2) 유 형

① 형법
- 단순도박죄(제246조 제1항)
- 상습도박죄(제246조 제2항)

- 도박장소등개설죄(제247조): 영리의 목적이 있어야 하나, 현실적으로 재산상의 이익을 얻었는지는 입증할 필요없다.

② 경륜 · 경정법
- 영리목적 도박죄(제24조)

2) 도박범죄 수사의 단서

(1) 잠복 · 미행에 의한 방법

① 제1차 잠복

도박개장이 예상되는 도박꾼의 간부 · 구성원 등의 사무소나 거택을 대상으로 잠복하고 망원렌즈로 촬영하면서 필요에 따라 출입하는 자를 미행하고 범행현장을 확인한다.

② 미행

사무소에서 나오는 사람을 미행함으로써 도박용구 등을 도박장으로 옮겨 개장을 준비하거나 손님을 집합소로 데리고 가거나, 집합소의 손님을 도박장으로 데리고 가는지를 확인한다.

③ 제2차 잠복

집합소에 모인 손님을 도박장으로 안내하는 경우에 다시 집합소에서 잠복을 실시하고 손님이 도박장으로 가는 것을 미행해야 한다.

(2) 탐문에 의한 방법

① 대립하고 있는 파의 도박꾼 구성원, 도박꾼이 출입하는 다방의 종사자 등으로부터 탐문한다.
② 수사협력자를 확보한다.
③ 탐문의 요점은 언제, 어디서, 누가 모여서 도박을 했는가 하는 점이다.

3) 도박사범 조사

(1) 도박자 조사

① 도박의 전과: 도박의 반복 실행 정도, 도박방법, 동일전과 유무 등에 의해 상습도박을 판단한다.

② 도박에 참석한 동기, 일시 및 장소의 특정

③ 도박장에 갔을 때의 상황

④ 도박 시의 상황

⑤ 도박의 방법

⑥ 승부의 상황

⑦ 말(패)의 상황

⑧ 개평의 징수상황

⑨ 도박장의 상황

(2) 도박장소 등 개설자 조사

① 소속단체의 상황(단체 내의 지위와 그 조직의 구성상황)

② 세력권의 상황

③ 개장의 경위(개장계획, 잔돈의 준비, 도박개장장소 교섭, 도구의 준비와 그 소유자, 도객의 유인방법)

④ 개평의 징수상황과 배분상황

⑤ 도금·환전의 상황

⑥ 그 단체의 정례개장일

⑦ 여죄의 추궁

(3) 도박자, 도박장소 등 개설자 조사사항

도박자(도객) 조사사항	도박장소 등 개설자 조사사항
도박전과, 도박에 참석한 동기, 일시·장소 등, 도박장에 갔을 때의 상황, 도박 시의 상황, 도박의 방법, 승부의 상황, 말(패)의 상황, 개평의 징수상황, 도박장의 상황	소속단체의 상황, 세력권의 상황, 개장의 경위, 개평의 징수상황과 배분상황, 도금·환전의 징수상황, 그 단체의 정례개장일, 여죄의 추궁

(4) 도박꾼들의 은어

창고장
'하우스장'이라고 호칭하기도 하며 도박장의 전반적인 일을 주재하는 도박개장자로, 도박장 운영에 필요한 딜러, 총책, 바카스, 상치기, 문방(내방, 외방), 모집책, 꽁지 등을 모집하여 도박을 개장하고 장소제공비를 받아 하부 운영자들에게 일당을 지급한다.

총책
줄도박에서 선을 잡은 사람으로 도박자금을 많이 가지고 있으며, 딜러로부터 패를 받아 놋돈을 놓는 게임의 오너격.

상치기
아도사키 도박에서 총책과 찍새(손님)들 간의 거리가 있어 돈을 주고받는 것이 어려우므로 찍새와 찍새 사이를 오가면서 판돈을 걷어 나눠주고 고리를 받아 하우스장에게 전달하는 사람으로 하루 일당을 하우스장에게 받음.

딜러
'앞방', '밀때기', '일꾼' 등으로 호칭하며, 화투패를 나누어 주는 사람.

모집책
몰이꾼 또는 연락책이라고도 하며 도객을 모으는 역할을 하는 자로, 하우스장이나 문방으로부터 전국 각자에서 도객을 모아 1차 집결지를 알려주는 등 평소 수십 명의 찍새를 데리고 다니는 사람으로 하우스장의 신임하에 일당을 받고 있고, 때로는 총책이나 찍새 역할도 병행함.

문방
경찰단속을 피하기 위해 무전기 등을 휴대하고 수시로 연락하면서 도박장을 물색하고 장소를 선정하기도 하며 당일 사용할 화투, 창문가리개(커튼), 게임용 천 등을 준비하며, 문방장, 내방, 외방으로 나누기도 함.

꽁지
하우스장 보증하에 도박장에서 돈을 빌려주는 역할을 하는 음성고리 사채업자로, 3~5부 이상 심지어 1할 이자를 받고 급전을 빌려주는 사람(도박방조)

전주
노름에 밝은 도객에게 도박자금을 대어 주는 자를 말하며, 꽁지와 전주의 역할을 겸하기도 함.

커피장

일명 '주방', '식모', '바카스', '재떨이'라고 부르기도 하며 하우스장과 함께 움직이고, 도박현장에서 커피, 담배, 간식 등의 물품을 제공하는 심부름을 하는 자로 통상 일당 30만 원 정도를 받음(도박방조).

손님

도객을 호칭하며 지역에 따라 '선수', '찍새'라고 하며 여자 도객을 '보살'이라고도 함.

뒷전

도객이 아닌 자로 도박판에서 도박을 구경하는 자로, 보통 도객 일행의 몰이꾼, 꽁지 등이 도박진행을 구경하면서 승자에게 축하해 주기도 함.

통

통치는 사람이라고도 하며, 화투를 자유자재로 혼합하여 원하는 대로의 끝수를 만들 수 있는 도박기술자.

딱지

일명 '칩', '때기'라고도 하며, 현금대용으로 사용하는 약정된 돈 표.

2. 풍속영업사범 수사

1) 풍속영업의 규제에 관한 법률

(1) 풍속영업 범위

단속법률	단속대상업종
식품위생법	유흥주점영업, 단란주점영업
공중위생관리법	숙박업, 특수목욕장업, 이용업
영화 및 비디오물의 진흥에 관한 법률	비디오감상실업
음악산업진흥에 관한 법률	노래연습장업
게임산업진흥에 관한 법률	게임제공업 및 복합유통게임공업
체육시설의 설치 및 이용에 관한 법률	무도학원업, 무도장업
그 밖에 선량한 풍속을 해하거나 청소년의 건전한 육성을 저해할 우려가 있는 영업으로 대통령령이 정하는 것	

(2) 준수사항

풍속영업을 하는 자(허가나 인가를 받지 아니하거나 등록이나 신고를 하지 아니하고 풍속영업을 하는 자를 포함한다. 이하 "풍속영업자"라 한다) 및 대통령령으로 정하는 종사자는 풍속영업을 하는 장소(이하 "풍속영업소"라 한다)에서 다음의 행위를 하여서는 아니 된다.

① 「성매매알선 등 행위의 처벌에 관한 법률」 제2조제1항제2호에 따른 성매매알선 등 행위
② 음란행위를 하게 하거나 이를 알선 또는 제공하는 행위
③ 음란한 문서·도화(圖畵)·영화·음반·비디오물, 그 밖의 음란한 물건에 대한 다음 각 목의 행위
  • 반포(頒布)·판매·대여하거나 이를 하게 하는 행위
  • 관람·열람하게 하는 행위
  • 반포·판매·대여·관람·열람의 목적으로 진열하거나 보관하는 행위
④ 도박이나 그 밖의 사행(사행)행위를 하게 하는 행위

2) 청소년보호법 위반사범 수사

(1) 청소년

'청소년'이라 함은 만 19세 미만의 말한다. 다만, 만 19세에 도달하는 해의 1월 1일을 맞이한 자를 제외한다.

(2) 청소년 유해업소

① 출입·고용금지업소
② 고용금지업소

(3) 청소년 유해행위 금지

① 청소년고용금지·출입제한
② 청소년유해약물판매금지
③ 청소년유해행위 금지

(4) 청소년유해업소 등의 수사요령 및 착안사항

① 생활정보지, PC통신, 유흥업소 광고전단 등을 분석하여 수사단서 포착
② 무허가 직업소개소, 단속, 가출인 소재수사로 「청소년보호법」 위반사례 적발
③ 업소의 각종 영업관련 장부 수사, 카드조회기 압수, 카드가맹점 거래내역을 확인하여 윤락, 복지요금, 기타 위법행위 등 수사
④ 유흥업소 주변에 차량을 장기 주차, 부녀자를 승차시켜 운행하는 자의 '보도방' 가능성 추적
⑤ 노래방, 카페 등에서 알선한 접대부가 손님인 것처럼 가장할 경우 신원확인 단속
⑥ 청소년으로 하여금 손님을 거리에서 유인하는 행위를 하게 하는 행위. 속칭 '삐끼행위'를 시키는 경우 삐끼업소는 대부분 매상액의 20~30%를 삐끼에게 배당하는 경우가 대부분이므로 이를 구증하여 업주, 지배인 등을 공법으로 입건
⑦ 미성년자(19세 미만)를 고용하여 윤락을 강요하거나 소개비 및 화대를 갈취하는 행위
⑧ 19세 미만의 청소년에 대하여 이성혼숙을 하게 하는 등 풍기를 문란하게 하는 영업행위를 하는 행위
⑨ 「게임산업진흥에 관한 법률」에 따른 게임물 중 「정보통신망 이용촉진 및 정보보호 등에 관한 법률」 제2조 제1항 제1호에 따른 정보통신망을 통하여 실시간으로 제공되는 게임물(이하 "인터넷게임"이라 한다)의 제공자는 회원으로 가입하려는 사람이 16세 미만의 청소년일 경우에는 친권자 등의 동의를 받아야 함
⑩ 인터넷게임의 제공자는 16세 미만의 청소년 회원가입자의 친권자 등에게 해당 청소년과 관련된 제공되는 게임의 특성·등급 등 일정사항을 알려야 함
⑪ 인터넷게임의 제공자는 16세 미만의 청소년에게 오전 0시부터 오전 6시까지 인터넷게임을 제공하여서는 아니 됨

(5) 「청소년보호법」상 청소년유해행위의 금지

제30조(청소년유해행위의 금지)
누구든지 청소년에게 다음 각 호의 어느 하나에 해당하는 행위를 하여서는 아니 된다.
1. 영리를 목적으로 청소년으로 하여금 신체적인 접촉 또는 은밀한 부분의 노출 등 성적 접대행위를 하게 하거나 이러한 행위를 알선·매개하는 행위
2. 영리를 목적으로 청소년으로 하여금 손님과 함께 술을 마시거나 노래 또는 춤 등으로 손님의 유흥을 돋우는 접객행위를 하게 하거나 이러한 행위를 알선·매개하는 행위
3. 영리나 흥행을 목적으로 청소년에게 음란한 행위를 하게 하는 행위
4. 영리나 흥행을 목적으로 청소년의 장애나 기형 등의 모습을 일반인들에게 관람시키는 행위
5. 청소년에게 구걸을 시키거나 청소년을 이용하여 구걸하는 행위
6. 청소년을 학대하는 행위
7. 영리를 목적으로 청소년으로 하여금 거리에서 손님을 유인하는 행위를 하게 하는 행위
8. 청소년을 남녀 혼숙하게 하는 등 풍기를 문란하게 하는 영업행위를 하거나 이를 목적으로 장소를 제공하는 행위
9. 주로 차 종류를 조리·판매하는 업소에서 청소년으로 하여금 영업장을 벗어나 차 종류를 배달하는 행위를 하게 하거나 이를 조장하거나 묵인하는 행위

3) 「성매매알선 등 행위의 처벌에 관한 법률」상 성매매 등의 금지 및 처벌

제4조(금지행위)
누구든지 다음 각 호의 어느 하나에 해당하는 행위를 하여서는 아니 된다.
1. 성매매
2. 성매매알선 등 행위
3. 성매매 목적의 인신매매
4. 성을 파는 행위를 하게 할 목적으로 다른 사람을 고용·모집하거나 성매매가 행하여진다는 사실을 알고 직업을 소개·알선하는 행위
5. 제1호, 제2호 및 제4호의 행위 및 그 행위가 행하여지는 업소에 대한 광고행위

제6조(성매매피해자에 대한 처벌특례와 보호)
① 성매매 피해자의 성매매는 처벌하지 아니한다.
② 검사 또는 사법경찰관은 수사과정에서 피의자 또는 참고인이 성매매피해자에 해당한다고 볼 만한 상당한 이유가 있을 때에는 지체 없이 법정대리인, 친족 또는 변호인에게 통지하고, 신변보호, 수사의 비공개, 친족 또는 지원시설·성매매피해상담소에의 인계 등 그 보호에 필요한 조치를 하여야 한다. 다만, 피의자 또는 참고인의 사생활 보호 등

부득이한 사유가 있는 경우에는 통지하지 아니할 수 있다.

③ 법원 또는 수사기관이 이 법에 규정된 범죄를 신고(고소·고발을 포함한다. 이하 같다)
한 사람 또는 성매매피해자(이하 "신고자등"이라 한다. 이하 같다)를 조사하거나 증인
으로 신문(訊問)하는 경우에는 「특정범죄 신고자 등 보호법」 제7조부터 제13조까지의
규정을 준용한다. 이 경우 「특정범죄 신고자 등 보호법」 제9조와 제13조를 제외하고
는 보복을 당할 우려가 있어야 한다는 요건이 필요하지 아니하다.

제8조(신뢰관계에 있는 사람의 동석)

① 법원은 신고자등을 증인으로 신문할 때에는 직권으로 또는 본인·법정대리인이나 검
사의 신청에 의하여 신뢰관계에 있는 사람을 동석하게 할 수 있다.

② 수사기관은 신고자등을 조사할 때에는 직권으로 또는 본인·법정대리인의 신청에 의
하여 신뢰관계에 있는 사람을 동석하게 할 수 있다.

③ 법원 또는 수사기관은 청소년, 사물을 변별하거나 의사를 결정할 능력이 없거나 미약
한 사람 또는 대통령령으로 정하는 중대한 장애가 있는 사람에 대하여 제1항 및 제2
항에 따른 신청을 받은 경우에는 재판이나 수사에 지장을 줄 우려가 있는 등 특별한
사유가 없으면 신뢰관계에 있는 사람을 동석하게 하여야 한다.

④ 제1항부터 제3항까지의 규정에 따라 신문이나 조사에 동석하는 사람은 진술을 대리하
거나 유도하는 등의 행위로 수사나 재판에 부당한 영향을 끼쳐서는 아니 된다.

제10조(불법원인으로 인한 채권무효)

① 다음 각 호의 어느 하나에 해당하는 사람이 그 행위와 관련하여 성을 파는 행위를 하
였거나 할 사람에게 가지는 채권은 그 계약의 형식이나 명목에 관계없이 무효로 한다.
그 채권을 양도하거나 그 채무를 인수한 경우에도 또한 같다.

　1. 성매매알선 등 행위를 한 사람

　2. 성을 파는 행위를 할 사람을 고용·모집하거나 그 직업을 소개·알선한 사람

　3. 성매매 목적의 인신매매를 한 사람

② 검사 또는 사법경찰관은 제1항의 불법원인과 관련된 것으로 의심되는 채무의 불이행
을 이유로 고소·고발된 사건을 수사할 때에는 금품이나 그 밖의 재산상의 이익 제공
이 성매매의 유인·강요 수단이나 성매매 업소로부터의 이탈방지 수단으로 이용되었
는지를 확인하여 수사에 참작하여야 한다.

③ 검사 또는 사법경찰관은 성을 파는 행위를 한 사람이나 성매매피해자를 조사할 때에는
제1항의 채권이 무효라는 사실과 지원시설 등을 이용할 수 있음을 본인 또는 법정대리
인 등에게 고지하여야 한다.

제21조(벌칙)

① 성매매를 한 사람은 1년 이하의 징역이나 300만 원 이하의 벌금·구류 또는 과료에
처한다.

② 제7조 제3항(신고의무)의 규정을 위반한 사람은 500만 원 이하의 벌금에 처한다.

제25조(몰수 · 추징)

제18조로부터 제20조까지에 규정된 죄를 범한 사람이 그 범죄로 인하여 얻은 금품이나 그 밖의 재산은 몰수하고, 이를 몰수할 수 없는 경우에는 그 가액을 추징한다.

제26조(형의 감면)

이 법에 규정된 죄를 범한 사람이 수사기관에 신고하거나 자수한 경우에는 형을 감경하거나 면제할 수 있다.

제28조(보상금)

① 제18조 제2항 제3호(미성년이나 장애자에 대한 범죄), 같은 조 제3항 제4호(단체 등의 범죄), 같은 조 제4항(업무관계 등에 의한 범죄), 제22조(범죄단체의 가중처벌)의 범죄 및 성매매 목적의 인신매매의 범죄를 수사기관에 신고한 사람에게는 보상금을 지급할 수 있다.

② 제1항의 규정에 의한 보상금의 지급기준 및 범위에 관하여 필요한 사항은 대통령령으로 정한다.

4) 「아동 · 청소년의 성보호에 관한 법률」상의 주요 위반행위 및 조치

홍보영상의 제작 · 배포 · 송출(제6조)	① 여성가족부장관은 아동 · 청소년대상 성범죄의 예방과 계도, 피해자의 치료와 재활 등에 관한 홍보영상을 제작하여 「방송법」 제2조 제23호의 방송편성책임자에게 배포하여야 한다.
아동 · 청소년에 대한 강간 · 강제추행 등 (제7조)	① 폭행 또는 협박으로 아동 · 청소년을 강간한 사람은 무기징역 또는 5년 이상의 유기징역에 처한다. ② 아동 · 청소년에 대하여 폭행이나 협박으로 다음 각 호의 어느 하나에 해당하는 행위를 한 자는 5년 이상의 유기징역에 처한다. 1. 구강 · 항문 등 신체(성기는 제외한다)의 내부에 성기를 넣는 행위 2. 성기 · 항문에 손가락 등 신체(성기는 제외한다)의 일부나 도구를 넣는 행위 ③ 아동 · 청소년에 대하여 「형법」 제298조의 죄를 범한 자는 2년 이상의 유기징역 또는 1천만원 이상 3천만원 이하의 벌금에 처한다. ④ 아동 · 청소년에 대하여 「형법」 제299조의 죄를 범한 자는 제1항부터 제3항까지의 예에 따른다. ⑤ 위계(僞計) 또는 위력으로써 아동 · 청소년을 간음하거나 아동 · 청소년을

	추행한 자는 제1항부터 제3항까지의 예에 따른다. ⑥ 제1항부터 제5항까지의 미수범은 처벌한다.
장애인인 아동 · 청소년에 대한 간음 등(제8조)	① 19세 이상의 사람이 장애 아동 · 청소년(「장애인복지법」 제2조 제1항에 따른 장애인으로서 신체적인 또는 정신적인 장애로 사물을 변별하거나 의사를 결정할 능력이 미약한 13세 이상의 아동 · 청소년을 말한다. 이하 이 조에서 같다)을 간음하거나 장애 아동 · 청소년으로 하여금 다른 사람 을 간음하게 하는 경우에는 3년 이상의 유기징역에 처한다. ② 19세 이상의 사람이 장애 아동 · 청소년을 추행한 경우 또는 장애 아동 · 청소년으로 하여금 다른 사람을 추행하게 하는 경우에는 10년 이하의 징역 또는 1천500만원 이하의 벌금에 처한다.
강간 등 상해 · 치상(제9조)	제7조의 죄를 범한 사람이 다른 사람을 상해하거나 상해에 이르게 한 때에 는 무기징역 또는 7년 이상의 징역에 처한다.
강간 등 살인 · 치사 (제10조)	① 제7조의 죄를 범한 사람이 다른 사람을 살해한 때에는 사형 또는 무기징 역에 처한다. ② 제7조의 죄를 범한 사람이 다른 사람을 사망에 이르게 한 때에는 사형, 무기징역 또는 10년 이상의 징역에 처한다.
아동 · 청소년이용음 란물의 제작 · 배포 등 (제11조)	① 아동 · 청소년이용음란물을 제작 · 수입 또는 수출한 자는 무기징역 또는 5년 이상의 유기징역에 처한다. ② 영리를 목적으로 아동 · 청소년이용음란물을 판매 · 대여 · 배포 · 제공하 거나 이를 목적으로 소지 · 운반하거나 공연히 전시 또는 상영한 자는 10년 이하의 징역에 처한다. ③ 아동 · 청소년이용음란물을 배포 · 제공하거나 공연히 전시 또는 상영한 자는 7년 이하의 징역 또는 5천만원 이하의 벌금에 처한다. ④ 아동 · 청소년이용음란물을 제작할 것이라는 정황을 알면서 아동 · 청소년 을 아동 · 청소년이용음란물의 제작자에게 알선한 자는 3년 이상의 징역 에 처한다. ⑤ 아동 · 청소년이용음란물임을 알면서 이를 소지한 자는 1년 이하의 징역 또는 2천만원 이하의 벌금에 처한다. ⑥ 제1항의 미수범은 처벌한다.
아동 · 청소년 매매행위 (제12조)	① 아동 · 청소년의 성을 사는 행위 또는 아동 · 청소년이용음란물을 제작하 는 행위의 대상이 될 것을 알면서 아동 · 청소년을 매매 또는 국외에 이 송하거나 국외에 거주하는 아동 · 청소년을 국내에 이송한 자는 무기징역 또는 5년 이상의 징역에 처한다. ② 제1항의 미수범은 처벌한다.
아동 · 청소년의	① 아동 · 청소년의 성을 사는 행위를 한 자는 1년 이상 10년 이하의 징역 또는 2천만원 이상 5천만원 이하의 벌금에 처한다.

성을 사는 행위 등(제13조)	② 아동·청소년의 성을 사기 위하여 아동·청소년을 유인하거나 성을 팔도록 권유한 자는 1년 이하의 징역 또는 1천만원 이하의 벌금에 처한다.
아동· 청소년에 대한 강요행위 등 (제14조)	① 다음 각 호의 어느 하나에 해당하는 자는 5년 이상의 유기징역에 처한다. 　1. 폭행이나 협박으로 아동·청소년으로 하여금 아동·청소년의 성을 사는 행위의 상대방이 되게 한 자 　2. 선불금(先佛金), 그 밖의 채무를 이용하는 등의 방법으로 아동·청소년을 곤경에 빠뜨리거나 위계 또는 위력으로 아동·청소년으로 하여금 아동·청소년의 성을 사는 행위의 상대방이 되게 한 자 　3. 업무·고용이나 그 밖의 관계로 자신의 보호 또는 감독을 받는 것을 이용하여 아동·청소년으로 하여금 아동·청소년의 성을 사는 행위의 상대방이 되게 한 자 　4. 영업으로 아동·청소년을 아동·청소년의 성을 사는 행위의 상대방이 되도록 유인·권유한 자 ② 제1항 제1호부터 제3호까지의 죄를 범한 자가 그 대가의 전부 또는 일부를 받거나 이를 요구 또는 약속한 때에는 7년 이상의 유기징역에 처한다. ③ 아동·청소년의 성을 사는 행위의 상대방이 되도록 유인·권유한 자는 7년 이하의 징역 또는 5천만원 이하의 벌금에 처한다. ④ 제1항과 제2항의 미수범은 처벌한다.
알선영업행위 등(제15조)	① 다음 각 호의 어느 하나에 해당하는 자는 7년 이상의 유기징역에 처한다. 　1. 아동·청소년의 성을 사는 행위의 장소를 제공하는 행위를 업으로 하는 자 　2. 아동·청소년의 성을 사는 행위를 알선하거나 정보통신망에서 알선정보를 제공하는 행위를 업으로 하는 자 　3. 제1호 또는 제2호의 범죄에 사용되는 사실을 알면서 자금·토지 또는 건물을 제공한 자 　4. 영업으로 아동·청소년의 성을 사는 행위의 장소를 제공·알선하는 업소에 아동·청소년을 고용하도록 한 자 ② 다음 각 호의 어느 하나에 해당하는 자는 7년 이하의 징역 또는 5천만원 이하의 벌금에 처한다. 　1. 영업으로 아동·청소년의 성을 사는 행위를 하도록 유인·권유 또는 강요한 자 　2. 아동·청소년의 성을 사는 행위의 장소를 제공한 자 　3. 아동·청소년의 성을 사는 행위를 알선하거나 정보통신망에서 알선정보를 제공한 자 　4. 영업으로 제2호 또는 제3호의 행위를 약속한 자

	③ 아동·청소년의 성을 사는 행위를 하도록 유인·권유 또는 강요한 자는 5년 이하의 징역 또는 3천만원 이하의 벌금에 처한다.
피해자 등에 대한 강요행위 (제16조)	폭행이나 협박으로 아동·청소년대상 성범죄의 피해자 또는 「아동복지법」 제3조 제3호에 따른 보호자를 상대로 합의를 강요한 자는 7년 이하의 유기 징역에 처한다.
신고의무자의 성범죄에 대한 가중처벌 (제18조)	제34조 제2항 각 호의 기관·시설 또는 단체의 장과 그 종사자가 자기의 보호·감독 또는 진료를 받는 아동·청소년을 대상으로 성범죄를 범한 경우에는 그 죄에 정한 형의 2분의 1까지 가중처벌한다.
「형법」상 감경 규정에 관한 특례(제19조)	음주 또는 약물로 인한 심신장애 상태에서 아동·청소년대상 성폭력범죄를 범한 때에는 「형법」 제10조 제1항·제2항 및 제11조를 적용하지 아니할 수 있다.

공소시효에 관한 특례 (제20조)	① 아동·청소년대상 성범죄의 공소시효는 「형사소송법」 제252조 제1항에도 불구하고 해당 성범죄로 피해를 당한 아동·청소년이 성년에 달한 날부터 진행한다.
	② 제7조의 죄는 디엔에이(DNA)증거 등 그 죄를 증명할 수 있는 과학적인 증거가 있는 때에는 공소시효가 10년 연장된다.
	③ 13세 미만의 사람 및 신체적인 또는 정신적인 장애가 있는 사람에 대하여 다음 각 호의 죄를 범한 경우에는 제1항과 제2항에도 불구하고 「형사소송법」 제249조부터 제253조까지 및 「군사법원법」 제291조부터 제295조까지에 규정된 공소시효를 적용하지 아니한다.
	  1. 「형법」 제297조(강간), 제298조(강제추행), 제299조(준강간, 준강제추행), 제301조(강간 등 상해·치상) 또는 제301조의2(강간 등 살인·치사)의 죄
	  2. 제9조 및 제10조의 죄
	  3. 「성폭력범죄의 처벌 등에 관한 특례법」 제6조 제2항, 제7조 제2항, 제8조, 제9조의 죄
	④ 다음 각 호의 죄를 범한 경우에는 제1항과 제2항에도 불구하고 「형사소송법」 제249조부터 제253조까지 및 「군사법원법」 제291조부터 제295조까지에 규정된 공소시효를 적용하지 아니한다.
	  1. 「형법」 제301조의2(강간 등 살인·치사)의 죄(강간 등 살인에 한정한다)
	  2. 제10조 제1항의 죄
	  3. 「성폭력범죄의 처벌 등에 관한 특례법」 제9조 제1항의 죄

형벌과 수강명령 등의 병과(제21조)	① 법원은 아동·청소년대상 성범죄를 범한 「소년법」 제2조의 소년에 대하여 형의 선고를 유예하는 경우에는 반드시 보호관찰을 명하여야 한다. ② 법원은 아동·청소년대상 성범죄를 범한 자에 대하여 유죄판결을 선고하는 경우에는 500시간의 범위에서 재범예방에 필요한 수강명령 또는 성폭력 치료프로그램의 이수명령(이하 "이수명령"이라 한다)을 병과(倂科)하여야 한다. 다만, 수강명령 또는 이수명령을 부과할 수 없는 특별한 사정이 있는 경우에는 그러하지 아니하다.
친권상실청구 등(제23조)	① 아동·청소년대상 성범죄 사건을 수사하는 검사는 그 사건의 가해자가 피해아동·청소년의 친권자나 후견인인 경우에 법원에 「민법」 제924조의 친권상실선고 또는 같은 법 제940조의 후견인 변경 결정을 청구하여야 한다. 다만, 친권상실선고 또는 후견인 변경 결정을 하여서는 아니 될 특별한 사정이 있는 경우에는 그러하지 아니하다.
수사 및 재판 절차에서의 배려(제25조)	① 수사기관과 법원 및 소송관계인은 아동·청소년대상 성범죄를 당한 피해자의 나이, 심리 상태 또는 후유장애의 유무 등을 신중하게 고려하여 조사 및 심리·재판 과정에서 피해자의 인격이나 명예가 손상되거나 사적인 비밀이 침해되지 아니하도록 주의하여야 한다. ② 수사기관과 법원은 아동·청소년대상 성범죄의 피해자를 조사하거나 심리·재판할 때 피해자가 편안한 상태에서 진술할 수 있는 환경을 조성하여야 하며, 조사 및 심리·재판 횟수는 필요한 범위에서 최소한으로 하여야 한다.
영상물의 촬영·보존 등(제26조)	① 아동·청소년대상 성범죄 피해자의 진술내용과 조사과정은 비디오녹화기 등 영상물 녹화장치로 촬영·보존하여야 한다. ② 제1항에 따른 영상물 녹화는 피해자 또는 법정대리인이 이를 원하지 아니하는 의사를 표시한 때에는 촬영을 하여서는 아니 된다. 다만, 가해자가 친권자 중 일방인 경우는 그러하지 아니하다. ③ 제1항에 따른 영상물 녹화는 조사의 개시부터 종료까지의 전 과정 및 객관적 정황을 녹화하여야 하고, 녹화가 완료된 때에는 지체 없이 그 원본을 피해자 또는 변호사 앞에서 봉인하고 피해자로 하여금 기명날인 또는 서명하게 하여야 한다. ④ 검사 또는 사법경찰관은 피해자가 제1항의 녹화장소에 도착한 시각, 녹화를 시작하고 마친 시각, 그 밖에 녹화과정의 진행경과를 확인하기 위하여 필요한 사항을 조서 또는 별도의 서면에 기록한 후 수사기록에 편철하여야 한다. ⑤ 검사 또는 사법경찰관은 피해자 또는 법정대리인이 신청하는 경우에는 영상물 촬영과정에서 작성한 조서의 사본을 신청인에게 교부하거나 영상물을 재생하여 시청하게 하여야 한다.

	⑥ 제1항부터 제4항까지의 절차에 따라 촬영한 영상물에 수록된 피해자의 진술은 공판준비기일 또는 공판기일에 피해자 또는 조사과정에 동석하였던 신뢰관계에 있는 자의 진술에 의하여 그 성립의 진정함이 인정된 때에는 증거로 할 수 있다. ⑦ 누구든지 제1항에 따라 촬영한 영상물을 수사 및 재판의 용도 외에 다른 목적으로 사용하여서는 아니 된다.
증거보전의 특례(제27조)	① 아동·청소년대상 성범죄의 피해자, 그 법정대리인 또는 경찰은 피해자가 공판기일에 출석하여 증언하는 것에 현저히 곤란한 사정이 있을 때에는 그 사유를 소명하여 제26조에 따라 촬영된 영상물 또는 그 밖의 다른 증거물에 대하여 해당 성범죄를 수사하는 검사에게 「형사소송법」 제184조 제1항에 따른 증거보전의 청구를 할 것을 요청할 수 있다. ② 제1항의 요청을 받은 검사는 그 요청이 상당한 이유가 있다고 인정하는 때에는 증거보전의 청구를 하여야 한다.
신뢰관계에 있는 사람의 동석(제28조)	① 법원은 아동·청소년대상 성범죄의 피해자를 증인으로 신문하는 경우에 검사, 피해자 또는 법정대리인이 신청하는 경우에는 재판에 지장을 줄 우려가 있는 등 부득이한 경우가 아니면 피해자와 신뢰관계에 있는 사람을 동석하게 하여야 한다. ② 제1항은 수사기관이 제1항의 피해자를 조사하는 경우에 관하여 준용한다. ③ 제1항 및 제2항의 경우 법원과 수사기관은 피해자와 신뢰관계에 있는 사람이 피해자에게 불리하거나 피해자가 원하지 아니하는 경우에는 동석하게 하여서는 아니 된다.
피해아동· 청소년 등에 대한 변호사선임의 특례(제30조)	① 아동·청소년대상 성범죄의 피해자 및 그 법정대리인은 형사절차상 입을 수 있는 피해를 방어하고 법률적 조력을 보장하기 위하여 변호사를 선임할 수 있다. ② 제1항에 따른 변호사에 관하여는 「성폭력범죄의 처벌 등에 관한 특례법」 제27조 제2항부터 제6항까지를 준용한다.
성매매 피해아동· 청소년에 대한 조치 등 (제38조)	① 「성매매알선 등 행위의 처벌에 관한 법률」 제21조제1항에도 불구하고 제13조제1항의 죄의 상대방이 된 아동·청소년에 대하여는 보호를 위하여 처벌하지 아니한다. ② 검사 또는 사법경찰관은 성매매 피해아동·청소년을 발견한 경우 신속하게 사건을 수사한 후 지체 없이 여성가족부장관 및 제47조의2에 따른 성매매 피해아동·청소년 지원센터를 관할하는 특별시장·광역시장·특별자치시장·도지사·특별자치도지사(이하 "시·도지사"라 한다)에게 통지하여야 한다. ③ 여성가족부장관은 제2항에 따른 통지를 받은 경우 해당 성매매 피해아동·청소년에 대하여 다음 각 호의 어느 하나에 해당하는 조치를 하여야

	한다. 〈개정 2020. 5. 19.〉 1. 제45조에 따른 보호시설 또는 제46조에 따른 상담시설과의 연계 2. 제47조의2에 따른 성매매 피해아동·청소년 지원센터에서 제공하는 교육·상담 및 지원 프로그램 등의 참여
등록정보의 공개(제49조)	① 법원은 다음 각 호의 어느 하나에 해당하는 자에 대하여 판결로 제3항의 공개정보를 「성폭력범죄의 처벌 등에 관한 특례법」 제45조 제1항의 등록기간 동안 정보통신망을 이용하여 공개하도록 하는 명령(이하 "공개명령"이라 한다)을 등록대상 사건의 판결과 동시에 선고하여야 한다. 다만, 피고인이 아동·청소년인 경우, 그 밖에 신상정보를 공개하여서는 아니 될 특별한 사정이 있다고 판단하는 경우에는 그러하지 아니하다. 1. 아동·청소년대상 성폭력범죄를 저지른 자 2. 「성폭력범죄의 처벌 등에 관한 특례법」 제2조 제1항 제3호·제4호, 같은 조 제2항(제1항 제3호·제4호에 한정한다), 제3조부터 제15조까지의 범죄를 저지른 자 3. 13세 미만의 아동·청소년을 대상으로 아동·청소년대상 성범죄를 저지른 자로서 13세 미만의 아동·청소년을 대상으로 아동·청소년 대상 성범죄를 다시 범할 위험성이 있다고 인정되는 자 4. 제1호 또는 제2호의 죄를 범하였으나 「형법」 제10조 제1항에 따라 처벌할 수 없는 자로서 제1호 또는 제2호의 죄를 다시 범할 위험성이 있다고 인정되는 자 ② 제1항에 따른 등록정보의 공개기간(「형의 실효 등에 관한 법률」 제7조에 따른 기간을 초과하지 못한다)은 판결이 확정된 때부터 기산한다. 다만, 공개명령을 받은 자(이하 "공개대상자"라 한다)가 실형 또는 치료감호를 선고받은 경우에는 그 형 또는 치료감호의 전부 또는 일부의 집행을 종료하거나 집행이 면제된 때부터 기산한다. ③ 제1항에 따라 공개하도록 제공되는 등록정보(이하 "공개정보"라 한다)는 다음 각 호와 같다. 1. 성명 2. 나이 3. 주소 및 실제거주지(「도로명주소법」 제2조 제5호의 도로명 및 같은 조 제7호의 건물번호까지로 한다) 4. 신체정보(키와 몸무게) 5. 사진 6. 등록대상 성범죄 요지(판결일자, 죄명, 선고형량을 포함한다) 7. 성폭력범죄 전과사실(죄명 및 횟수) 8. 「특정 범죄자에 대한 보호관찰 및 전자장치 부착 등에 관한 법률」에 따른 전자장치 부착 여부

④ 공개정보의 구체적인 형태와 내용에 관하여는 대통령령으로 정한다.

⑤ 공개정보를 정보통신망을 이용하여 열람하고자 하는 자는 실명인증 절차를 거쳐야 한다.

⑥ 실명인증, 공개정보 유출 방지를 위한 기술 및 관리에 관한 구체적인 방법과 절차는 대통령령으로 정한다.

등록정보의 고지(제50조)	① 법원은 공개대상자 중 다음 각 호의 어느 하나에 해당하는 자에 대하여 판결로 제49조에 따른 공개명령 기간 동안 제4항에 따른 고지정보를 제5항에 규정된 사람에 대하여 고지하도록 하는 명령(이하 "고지명령"이라 한다)을 등록대상 성범죄 사건의 판결과 동시에 선고하여야 한다. 다만, 피고인이 아동·청소년인 경우, 그 밖에 신상정보를 고지하여서는 아니될 특별한 사정이 있다고 판단하는 경우에는 그러하지 아니하다. 　1. 아동·청소년대상 성폭력범죄를 저지른 자 　2. 「성폭력범죄의 처벌 등에 관한 특례법」 제2조 제1항 제3호·제4호, 같은 조 제2항(제1항 제3호·제4호에 한정한다), 제3조부터 제15조까지의 범죄를 저지른 자 　3. 제1호 또는 제2호의 죄를 범하였으나 「형법」 제10조 제1항에 따라 처벌할 수 없는 자로서 제1호 또는 제2호의 죄를 다시 범할 위험성이 있다고 인정되는 자 ② 고지명령을 선고받은 자(이하 "고지대상자"라 한다)는 공개명령을 선고받은 자로 본다. ③ 고지명령은 다음 각 호의 기간 내에 하여야 한다. 　1. 집행유예를 선고받은 고지대상자는 신상정보 최초 등록일부터 1개월 이내 　2. 금고 이상의 실형을 선고받은 고지대상자는 출소 후 거주할 지역에 전입한 날부터 1개월 이내 　3. 고지대상자가 다른 지역으로 전출하는 경우에는 변경정보 등록일부터 1개월 이내 ④ 제1항에 따라 고지하여야 하는 고지정보는 다음 각 호와 같다. 　1.7 고지대상자가 이미 거주하고 있거나 전입하는 경우에는 제49조 제3항의 공개정보. 다만, 제49조 제3항 제3호에 따른 주소 및 실제거주지는 상세주소를 포함한다. 　2. 고지대상자가 전출하는 경우에는 제1호의 고지정보와 그 대상자의 전출 정보 ⑤ 제4항의 고지정보는 고지대상자가 거주하는 읍·면·동의 아동·청소년의 친권자 또는 법정대리인이 있는 가구, 「영유아보육법」에 따른 어린이집의 원장, 「유아교육법」에 따른 유치원의 장, 「초·중등교육법」 제2조에 따른 학교의 장, 읍·면사무소와 동 주민자치센터의 장(경계를 같이하

	는 읍·면 또는 동을 포함한다), 「학원의 설립·운영 및 과외교습에 관한 법률」 제2조의2에 따른 학교교과교습학원의 장과 「아동복지법」 제52조 제1항 제8호에 따른 지역아동센터 및 「청소년활동진흥법」 제10조 제1호에 따른 청소년수련시설의 장에게 고지한다.
고지명령의 집행(제51조)	① 고지명령의 집행은 여성가족부장관이 한다. ② 법원은 고지명령의 판결이 확정되면 판결문 등본을 판결이 확정된 날부터 14일 이내에 법무부장관에게 송달하여야 하며, 법무부장관은 제50조 제3항에 따른 기간 내에 고지명령이 집행될 수 있도록 최초등록 및 변경등록 시 고지대상자, 고지기간 및 같은 조 제4항 각 호에 규정된 고지정보를 지체 없이 여성가족부장관에게 송부하여야 한다.
공개명령의 집행(제52조)	① 공개명령은 여성가족부장관이 정보통신망을 이용하여 집행한다. ② 법원은 공개명령의 판결이 확정되면 판결문 등본을 판결이 확정된 날부터 14일 이내에 법무부장관에게 송달하여야 하며, 법무부장관은 제49조 제2항에 따른 공개기간 동안 공개명령이 집행될 수 있도록 최초등록 및 변경등록 시 공개대상자, 공개기간 및 같은 조 제3항 각 호에 규정된 공개정보를 지체 없이 여성가족부장관에게 송부하여야 한다.
계도 및 범죄정보의 공표(제53조)	① 여성가족부장관은 아동·청소년대상 성범죄의 발생추세와 동향, 그 밖에 계도에 필요한 사항을 연 2회 이상 공표하여야 한다. ② 여성가족부장관은 제1항에 따른 성범죄 도향 분석 등을 위하여 성범죄로 유죄판결이 확정된 자에 대한 자료를 관계 행정기관에 요청할 수 있다.
아동·청소년 관련기관 등에의 취업제한 등 (제56조)	① 아동·청소년대상 성범죄 또는 성인대상 성범죄(이하 "성범죄"라 한다)로 형 또는 치료감호를 선고받아 확정된 자(제1조 제5항에 따라 벌금형을 선고받은 자는 제외한다)는 그 형 또는 치료감호의 전부 또는 일부의 집행을 종료하거나 집행이 유예·면제된 날부터 10년 동안 가정을 방문하여 아동·청소년에게 직접교육서비스를 제공하는 업무에 종사할 수 없으며 다음 각 호에 따른 시설·기관 또는 사업장(이하 "아동·청소년 관련기관 등"이라 한다)을 운영하거나 아동·청소년 관련기관 등에 취업 또는 사실상 노무를 제공할 수 없다. 다만, 제10호 및 제14호 경우에는 경비업무에 종사하는 사람, 제12호의 경우에는 「의료법」 제2조의 의료인에 한한다.
포상금 (제59조)	① 여성가족부장관은 제8조 및 제13조부터 제15조까지에 해당하는 범죄를 저지른 사람을 수사기관에 신고한 사람에 대하여는 예산의 범위에서 포상금을 지급할 수 있다. ② 제1항에 따른 포상금의 지급 기준, 방법과 절차 및 구체적인 지급액 등에 필요한 사항은 대통령령으로 정한다.

▌조건만남 사건 적발 시 사건 처리요령

⇨ 「성매매알선 등 행위의 처벌에 관한 법률」 위반 혐의로 입건하고, 조건만남의 상대방
   인 아동·청소년은 형사처벌할 수 없다.

PART 03

부 록

「현장법률365 상담사례집」중 발췌사례 20제

「현장법률365 상담사례집」[45] 중 발췌사례 20제

「현장법률365 상담사례집」은 경찰청에서 현장경찰관이 급박한 상황에서 법률문제를 마주친 경우, 실질적으로 도움이 될 수 있도록 '현장법률365센터'에서 전화와 KICS게시판을 통해 실제 상담을 진행한 사례 및 이와 관련한 판례를 바탕으로 제작된 것으로 경찰행정 및 경찰수사를 학습하는 학생들을 위해 일부 발췌하여 학생들의 학업에 도움을 주고자 부록으로 추가하였다.

1. 외부인의 출입을 금한 아파트 주차장에서 외부인이 일부 입주민의 허락을 받고 들어갔다면 건조물 침입 해당 여부

1) 질의 내용

피의자는 자신의 친구인 A를 방문하기 위하여 입주자대표회의 결정에 의해 외부인의 출입이 금지된 P아파트 지하주차장에 들어갔다. 입주자대표회장인 B는 외부인이 들어온 것으로 건조물침입이라며 경찰에 신고하였고, 피의자는 자신은 입주민인 A의 허락을 받고 들어갔기 때문에 침입이 아니라고 주장한다.

2) 쟁점

외부인의 출입을 금한 아파트 주차장에 외부인이 일부 입주민의 허락을 받고 들어간 경우 건조물침입에 해당하는지의 여부

---

45 경찰청, 「현장법률365 상담사례집」, ㈜범신사, 2023.

3) 관련 조문

형법 319조(주거침입, 퇴거불응)

① 사람의 주거, 관리하는 건조물, 선박이나 항공기 또는 점유하는 방실에 침입한 자는 3년 이하의 징역 또는 500만원 이하의 벌금에 처한다.

4) 검토

입주자대표회의는 구 주택법 또는 공동주택관리법에 따라 구성되는 공동주택의 자치의결기구로서 입주자 등을 대표하여 공동주택의 관리에 관한 주요 사항을 결정할 수 있고 개별 입주자 등은 원활한 공동생활을 유지하기 위하여 공동주택에서의 본질적인 권리가 침해되지 않는 한 입주자대표회의가 결정한 공동주택의 관리에 관한 사항을 따를 의무가 있으며, 공동주택의 관리에 관한 사항에는 '단지안의 주차장 유지 및 운영에 관한 사항'도 포함된다. 따라서, 입주자대표회의가 외부인의 단지 안 주차장에 대한 출입을 금지하는 결정을 하고 그 사실을 외부인에게 통보하였음에도 외부인이 입주자대표회의의 결정에 반하여 그 주차장에 들어갔다면, 출입 당시 관리자로부터 구체적인 제지를 받지 않았다고 하더라도 그 주차장의 관리권자인 입주자대표회의의 의사에 반하여 들어간 것이므로 건조물침입죄가 성립한다.

설령 외부인이 일부 입주자 등의 승낙을 받고 단지 안의 주차장에 들어갔다고 하더라도 개별 입주자 등은 그 주차장에 대한 본질적인 권리가 침해되지 않는 한 입주자대표회의의 단지 안의 주차장 관리에 관한 결정에 따를 의무가 있으므로 건조물침입죄의 성립에 영향이 없다(대법원 2021. 1. 14. 선고 2017도21323 판결 참조).

사안의 경우 비록 피의자가 입주민인 甲의 허락을 받고 들어갔다 하더라도, 입주자대표회의의 결정에 반하여 출입한 것이므로 건조물침입죄를 구성한다.

2. 병원의 강제퇴원 조치에 환자가 불응하는 경우 퇴거불응죄에 해당하는지 의 여부

1) 질의내용

피의자는 질병으로 입원해 있던 p병원에서 간호사들에게 시비를 거는 등 의 행위를 하였고, p병원은 이를 들어 피의자에게 강제퇴원 조치를 취하겠다 고 통보하고 입원실 및 병원으로부터 퇴거를 할 것을 요구하였다. 피의자는 이러한 병원의 요구에 불응하여 소란을 일으키며, 병원에서 퇴거하지 않고 있 다는 이유로 신고되었다.

2) 쟁점

병원의 강제퇴원 조치에 불응하는 피의자의 행위는 과연 퇴거불응죄가 해 당하는지

3) 관련조문

형법 319조(주거침입, 퇴거불응)
① 사람의 주거, 관리하는 건조물, 선박이나 항공기 또는 점유하는 방실에 침입한 자는 3년 이하의 징역 또는 500만원 이하의 벌금에 처한다.
② 전항의 장소에서 퇴거요구를 받고 응하지 아니한 자도 전항의 형과 같다.

의료법 제15조(진료거부 금지 등)
① 의료인 또는 의료기관 개설자는 진료나 조산 요청을 받으려면 정당한 사유 없이 거부하지 못한다.

4) 검토

형법 제319조제2항에 의한 퇴거불응죄가 성립하기 위해서는 문제된 건조 물등의 관리자에 대한 퇴거요구의 정당성이 전제되어야 한다. 즉, 사안의 경우 강제퇴원 조치의 정당성은 퇴거불응죄 성부를 판단함에 있어 선결문제이다.

하급심 판례이긴 하나, 서울중앙지방법원 2009. 1. 14. 선고 2007가합59573

판결은 환자에 대한 퇴원 조치의 적법성을 판단함에 있어 정당한 이유와 유무, 치료의 종료 여부 등을 판단기준으로 제시하며, 그 근거로 의료법 제15조에 따라 의료기관은 치료 종료전에 진료를 거부할 수 없다는 점을 든 바 있다.

이에 비추어, 현장에서는 환자의 치료가 완료되었는지에 관한 담당 의료진의 입장, 퇴원 조치의 원인이 된 피신고자 행위의 심각성, 병원에서 강제퇴원 조치 외 다른 방법 또한 시도하였는지 여부 등을 종합하여 퇴원 조치의 적법성과 정당성을 우선 판단한 뒤, 퇴거불응죄 적용 여부를 결정하심이 바람직하다. 만일 병원의 퇴원요구가 정당하다면, 이에 불응해 소란을 일으키는 행위에 대하여는 퇴거불응죄가 성립할 수 있다고 판단된다(부산지방법원 서부지원 2020. 7. 10. 선고 2020고정32판결 참조).

3. 무인주차장에서 주차비를 결제하지 않기 위하여 정상결제한 차량의 뒤를 따라 나간 경우 그 죄책

1) 질의 내용

피의자는 주차비 무인정산기가 설치된 차량을 주차하였다가 주차비를 결제하지 않기 위하여 주차비를 정상결제한 차량의 뒤에 바짝 붙어 따라 나가는 방식으로 출차하였다.

2) 쟁점

무인주차장에서 정상결제한 차량을 뒤따라 나가 주차비 결제 없이 출차한 경우 편의시설부정이용에 해당하는지

3) 관련조문

형법 제348조의2(편의시설부정이용)
부정한 방법으로 대가를 지급하지 아니하고 자동판매기, 공중전화 기타 유료자동설비를 이용하여 재물 또는 재산상의 이익을 취득한 자는 3년 이하의 징역, 500만원 이하의 벌금, 구류 또는 과료에 처한다.

4) 검토

부정한 방법으로 대가를 지급하지 아니하고 유료자동설비를 이용하여 재물 또는 재산상의 이익을 취득한 경우 편의시설부정이용죄에 해당하는데, 주차비 무인정산기가 설치된 주차장은 대가가 지급되면 일정한 편익이 제공되는 자동기계설비로써 유료자동설비로 볼 여지가 있다(의정부지방법원 2021. 5. 28. 선고 2020고단6083 판결 참조). 무인주차장은 차량이 입구의 번호판 인식기기를 통과하면서 주차비 정산이 시작되고, 출차할 때 출구의 번호판 인식기기를 통하여 주차비 정산을 마치는 것이므로, 주차비 지급의사 없이 주차장 입구의 번호판 인식기기를 통과하였다가 사인과 같은 방법으로 주차비를 지급하지 않고 출차한 것이라면 부정한 방법으로 무인주차장을 이용한 것으로 볼 수 있는 것으로 판단된다(부산지법 2019노864 참조). 따라서 사안의 경우 편의시설부정이용죄로 의율할 수 있을 것이다.

4. 무인점포 내 분실물 보관함에서 타인의 물건을 가져간 경우 그 죄책

1) 질의내용

피의자는 무인 아이스크림 가게 내 손님들의 분실물을 보관해 두는 상자에 있던 불상자 소위의 신용카드를 무단으로 가져갔다.

2) 쟁점

무인점포 내 분실물 보관함에 타인의 물건을 가져간 경우 그 죄책

3) 관련 조문

형법 제329조(절도)
타인의 재물을 절취한 자는 6년 이하의 징역 또는 1천만원 이하의 벌금에 처한다.

형법 제360조(점유이탈물횡령)

① 유실물, 표류물 또는 타인의 점유를 이탈한 재물을 횡령한 자는 1년이하의 징역이나 300만원 이하의 벌금 또는 과료에 처한다.

4) 검토

절도죄와 점유이탈물횡령죄를 가르는 기준은 범행 당시 피해품이 누군가의 점유에 있었다고 볼 수 있는지 여부이다. 사안의 경우, 무인점포이기 때문에 점주의 실제 지배 및 관리가 없다고 보아 점유이탈물횡령죄가 적용된다고 볼 수도 있겠으나 형법상 점유는 점유자가 반드시 직접 소지하거나 항상 감수해야 하는 것은 아니고, 사회통념에 비추어 사실상 지배하는 것으로 인정되면 충분하므로(대법원 2012. 4. 26. 선고 2010도6334 판결), 단순히 점주 등 관리자가 범행 당시 현장에 존재하지 않았다는 사실만으로 점유이탈물횡령죄가 성립한다고 단정할 수 없다.

오히려 사안과 같이 무인점포의 점주가 이미 한 번 피해품을 발견하고, 이를 분실물 보관함에 넣어놓았다면 이는 자신의 지배·관리 피해품을 놓은 것임과 동시에 외부로도 그러한 점주의 의사가 충분히 표시되었다고 봄이 상당할 것이다. 따라서, 피의자가 무인점포 내 분실물 보관함에 있던 물건을 절취해 갔다면, 이는 형법 제360조 점유이탈물횡령죄가 아닌 형법 제329조 절도죄를 구성한다고 봄이 타당하다(인천지방법원 2022. 10. 21. 선고 2022고단4352 판결, 부산지방법원 2022. 5. 12. 선고 2022고단825, 2022초682 판결 등 참조).

5. 성매매할 생각 없이 상대방을 기망하여 그 대금만 지급받은 경우 사기에 해당하는지

1) 질의내용

피의자는 실제로는 A로부터 성매매대금을 지급받더라도 성관계를 할 생각이 전혀 없었음에도 숙박업소에서 A를 만나 성매매대금을 선불로 지급받은 후 A가 화장실에 간 사이 그대로 귀가하였다.

2) 쟁점

성매매대금은 민법상 불법원인급여에 해당하는데, 상대방을 기망하여 불법원인급여에 해당하는 재산상 이익을 취득한 경우에도 사기죄가 성립하는지

3) 관련 조문

형법 제347조(사기)

① 사람을 기망하여 재물의 교부를 받거나 재산상의 이익을 취득한 자는 10년 이하의 징역 또는 2천만원 이하의 벌금에 처한다.

4) 검토

대법원은 민법 제746조에서 규정하고 있는 불법원인급여에 해당하여 급여자가 수익자에 대한 반환청구권을 행사할 수 없다고 하더라도 수익자가 기망행위를 수단으로 하여 급여자로 하여금 불법원인급여에 해당하는 재물을 교부하게 한 경우라면 사기죄가 성립한다는 취지로 판시하면서, 피의자가 피해자를 속여 도박자금에 해당하는 금원을 편취한 경우라도 사기죄는 성립한다는 취지로 판시하였다(대법원 2006. 11. 23. 선고 2006도6795 판결 참조).

위 판례에 비추어 사안의 경우에도 사기죄는 성립할 것이므로 보이며, 동일한 사실관계에 대하여 사기죄로 의율한 하급심 판례도 확인된다(대전지방법원 천안지원 2020. 11. 27. 선고 2020고단2393 판결, 광주지방법원 순천지원 2019. 10. 31. 선고 2018고단2781 판결 등 참조).

> ※ 피해자가 지급한 성매매대금은 불법원인급여에 해당하기 때문에 민사상 부당이득반환 청구의 대상이니 형사상 배상명령 신청의 대상에는 해당하지 않을 것으로 판단된다.

6. 물건을 구매하면서 초과로 지급된 금액을 반환하지 않는 경우 그 죄책

1) 질의 내용

피해자는 피의자의 상품권 가게에서 총 50,000원 상당의 5천원권 X 상품권 10매를 현금 5,000원권 현금 10매를 교부하는 방법으로 구입하고자 하였다. 그러나 피해자가 지급한 현금을 피의자가 받아 즉시 확인하여 보니 그 대금에는 50,000원권 2매가 섞여 있어 실제 피의자가 수령한 금액은 5만원권 2매와 5천원권 8매로 구성된 총 140,000원이었다. 피의자는 이러한 사실을 알고서도 이를 피해자에게 알리지 않은 채 제대로 계산이 완료되었다고 말하고 5천원권 X 상품권 10매를 교부하였다.

2) 쟁점

물건을 구매하면서 초과로 지급된 금액을 반환하지 않는 경우 그 죄책

3) 관련조문

형법 제347조(사기)
① 사람을 기망하여 재물의 교부를 받거나 재산상의 이익을 취득한 자는 10년 이하의 징역 또는 2천만원 이하의 벌금에 처한다.

4) 검토

사기죄의 요건으로서의 기망은 널리 재산상의 거래관계에 있어 서로 지켜야 할 신의와 성실의 의무를 저버리는 모든 적극적 또는 소극적 행위를 의미한다. 이 중 소극적 행위로서의 부작위에 의한 기망은 법률상 고지의무 있는 자가 일정한 사실에 관해 상대방이 착오에 빠져 있음을 알면서도 그 사실을 고지하지 않는 것을 의미하며, 상대방이 그 사실을 알았더라면 당해 법률행위를 하지 않았을 것이 명백한 경우에는 그 사실을 고지할 법률상 의무가 인정된다.

또한, 물건을 구매하고 대금을 지급하는 매수인이 물건을 판매하는 매도인에게 대금을 지급할 때 착오에 빠져 실제 지급해야 할 금액을 초과하는 돈을

교부하는 경우, 매도인이 사실대로 이를 알려주었다면 매수인이 그와 같이 초과하여 교부하지 아니하였을 것이 명백하다.

따라서 매도인이 매매대금을 받기 전 또는 받던 중에 지급되어야 할 금액보다 더 많은 금액이 교부되고 있다는 사실을 알게 되었음에도 그대로 수령하는 경우에도 부작위에 의한 사기죄가 성립한다.

7. 타인이 분실한 지역화폐카드를 습득해 사용한 경우 그 죄책

1) 질의내용

피의자는 노상에 떨어진 지역화폐카드를 습득하였음에도 이를 주인에게 돌려주거나 경찰에 가져다 두는 등 적절한 조치를 하지 아니하였다.

이후 피의자는 다음날 자신이 습득한 지역화폐카드를 점포에 제시하고 물건을 구매하여 소비하였다.

2) 쟁점

타인이 분실한 지역화폐카드를 습득해 사용한 경우 그 죄책

3) 관련 조문

형법 제360조(점유이탈물횡령)

① 유실물, 표류물 또는 타인의 점유를 이탈한 재물을 횡령한 자는 1년 이하의 징역이나 300만원 이하의 벌금 또는 과료에 처한다..

전자금융거래법 제49조(벌칙)

② 다음 각 호의 어느 하나에 해당하는 자는 7년 이하의 징역 또는 5천만원 이하의 벌금에 처한다.

형법 제347조(사기)

① 사람을 기망하여 재물의 교부를 받거나 재산상의 이익을 취득한 자는 10년 이하의 징역 또는 2천만원 이하의 벌금에 처한다.

4) 검토

우선, 노상에서 분실된 타인의 물건을 습득하고선 이에 대하여 주인을 찾아주기 위한 행동을 하지 아니하고 불법영득의사를 실현하는 행위를 행한 경우 점유이탈물횡령죄가 성립할 수 있다. 또한 사안과 같은 지역화폐카드는 여신전문금융업법상 신용카드나 직불카드에는 해당하지 않으나, 전자금융거래법사 접근매체 해당할 수 있으므로, 특별한 사정이 없는 한 이를 사용하는 것은 전자금융거래법 제49조제2항제3호에 따라 분실되거나 도난된 접근매체를 사용한 경우에 해당한다.

이에 더하여 타인의 분실된 지역화폐카드를 사용하는 것임에도 자신이 그 카드의 적법한 주인인 것처럼 행동하여 물건을 구매할 경우 구매할 경우 사기죄 역시 성립한다.

8. 피해자가 인터넷에 올린 기프티콘 이미지를 무단으로 사용한 경우 그 죄책

1) 질의 내용

피의자는 피해자가 판매할 목적으로 인터넷에 게시한 기프티콘 이미지를 피해자로부터 구매하거나 피해자의 허락을 받지 않고, 마치 자신이 정당한 권한자인 것처럼 사용처에 제시하여 동액 상당의 재물을 취득하였다.

2) 쟁점

피해자가 인터넷에 올린 기프티콘 이미지를 무단으로 사용한 경우 절도죄, 컴퓨터등사용사기죄 중 어떠한 죄를 구성하는가?

3) 관련 조문

형법 제329조(절도)
타인의 재물을 절취한 자는 6년 이하의 징역 또는 1천만원 이하의 벌금에 처한다.

형법 제347조2(컴퓨터등 사용사기)

컴퓨터 등 정보처리 장치에 허위의 정보 또는 부정한 명령을 입력하거나 권한 없이 정보를 입력·변경하여 정보처리를 하게 함으로써 재산상의 이익을 취득하거나 제3자로 하여금 취득하게 한 자는 10년 이하의 징역 또는 2천만원 이하의 벌금에 처한다.

4) 검토

피의자가 취득한 것은 기프티콘 이미지에 포함된 바코드 정보이고, 이후 이를 제시함으로써 얻은 재물은 위 정보의 사용 결과에 불과하다고 할 것이므로, 피의자의 이러한 행위가 재물죄인 절도죄에 해당한다고 보기는 어려울 것으로 사료된다(컴퓨터 정보는 절도죄의 객체로서 재물에 해당하지 않는다는 취지의 대법원 2002. 7. 12. 선고 2002도745 판결 참조).

한편 피의자의 행위는 컴퓨터 등 정보처리장치인 바코드 스캐너에 권한 없이 부정한 명령을 입력하여 재산상 이익을 취득한 것이므로 형법 제347조2 컴퓨터 등 사용사기죄에 해당할 수 있다. 실제로 다수의 하급심 판례들이 유사한 사실관계에 대하여 컴퓨터 등 사용사기죄 혐의를 인정한 바 있다(대구지방법원 2021. 12. 7. 선고 2021고정910 판결, 창원지방법원 진주지원 2021. 6. 29. 선고 2020고단1256 판결, 광주지방법원 2022. 4. 7. 선고 2021고정1055 판결 등 참조).

9. 무인편의점에서 진열된 물건을 계산하지 않고 가져간 행위 및 무인편의점에 설치된 키오스크의 전원선을 빼버린 행위의 각 죄책

1) 질의 내용

피의자는 피해자가 운영하는 무인편의점에 들어간 뒤 계산을 하지 않고 점포에 진열된 물건을 그대로 가지고 나갔고, 편의점에 설치된 계산용 키오스크의 전원선도 빼두었다.

2) 쟁점

무인점포에 진열된 물건을 피해자의 점유하에 있는 물건으로 볼 수 있는 지 및 계산용 키오스크 전원선을 빼버린 행위가 재물의 효용을 침해한 행위에 해당하는지의 여부

3) 관련 조문

형법 제329조(절도)

타인의 재물을 절취한 자는 6년 이하의 징역 또는 1천만원 이하의 벌금에 처한다.

형법 제366조(재물손괴등)

타인의 재물, 문서 또는 전자기록등 특수매체기록을 손괴 또는 은닉 기타 방법으로 기 효용을 해한 자는 3년 이하의 징역 또는 700만원 이하의 벌금에 처한다.

4) 검토

절도죄는 타인의 소유이거나 점유하에 있는 재물을 절취하는 경우 성립하는데, 사안의 경우 무인 형태로 운영되는 점포에 진열된 물건은 영업주가 관리의사를 가지고 점포를 주기적으로 방문하거나 CCTV로 관찰하는 등의 방법으로 사실적으로 관리하고 있어 영업주의 점유하에 있는 물건으로 볼 수 있고, 진열된 물건을 정상적으로 계산하지 않고 가져가는 것은 영업주의 의사에 반하여 가져가는 것이므로 절취행위에 해당한다. 따라서 무인점포에 진열된 물건을 계산하지 않고 임의로 가져가는 행위는 절도죄에 해당한다(청주지방법원 2022. 7. 21. 선고 2021고단1897 판결, 광주지방법원 2022. 8. 17. 선고 2022고단2175 판결 등 참조).

한편, 재물손괴는 손괴·은닉·기타 방법으로 타인 소유인 재물의 효용을 해한 경우 성립하며, 일시적으로 그 재물을 이용할 수 없거나 구체적 역할을 할 수 없는 상태로 만드는 경우에도 재물의 효용성을 해한 것으로 볼 수 있다(대법원 2021. 5. 7. 선고 2019도13764 판결 참조). 사안의 경우 키오스크의 전원선을

빼둔 행위는 손괴나 은닉에는 해당하지 아니하나 이에 준하는 정도의 유형력을 행사한 것으로써 '기타방법'에 해당하는 행위로 볼 수 있으며, 영업주가 전원선을 다시 연결하기 전까지는 일시적이지만 키오스크를 그 본래 용도인 대금 결제 용도로 사용할 수 없으므로 효용 침해에도 해당한다고 할 것이다. 따라서 키오스크의 전원선을 빼둔 행위는 재물손괴죄에 해당한다(서울남부지방법원 2018. 11. 9. 선고 2017고정520 판결, 서울북부지방법원 2018. 1. 25. 선고 2017고정508 판결 등 참조).

10. 누수를 발생시킨 아파트 위층 거주자가 아래층 거주자의 요구에 지속적으로 응하지 않는 경우 그 죄책

1) 질의 내용

아파트 3층에서 거주하는 피의자는 피의자가 거주하는 층의 배관이 파손되어 아래층에서 누수가 발생하니 이를 해결하기 위해 출입하게 해달라는 관리실과 2층 거주민의 요청에도 불구하고 어떠한 응답도 하지 않은 채 3개월간 이를 회피하였다. 이로 인하여 2층에 발생한 누수는 더 심각해져 2층 거주민은 큰 재산적 피해를 입었다.

2) 쟁점

누수를 발생시킨 아파트 위층 거주자가 아래층 거주자의 요구에 지속적으로 응하지 않는 경우 그 죄책

3) 관련 조문

형법 제366조(재물손괴등)
타인의 재물, 문서 또는 전자기록 등 특수매체기록을 손괴 또는 은닉 기타 방법으로 기 효용을 해한 자는 3년 이하의 징역 또는 700만원 이하의 벌금에 처한다.

4) 검토

위험 발생을 방지할 의무가 있거나 자기의 행위로 인하여 위험발생의 원인을 야기한 자가 그 위험을 방지하지 아니한 때에는 부작위범으로써 그 발생된 결과에 의하여 처벌된다.

따라서 사안과 같이 위층에서 발생한 문제로 인하여 아래층에서 누수가 발생하고 이에 아래층 거주자 또는 관리사무소로부터 누수사실과 그 해결을 위한 협조요청을 수차례 받았음에도 위층의 입주민이 누수탐지 등을 위한 관리사무소 직원의 출입을 거부하는 등의 방법으로 그 문제해결을 고의적으로 회피하는 경우, 손괴의 고의가 인정되어 재물손괴가 인정될 수 있다(서울북부지방법원 2018. 4. 20. 선고2017고정2214 판결 참조).

11. 거주자의 의사에 반하여 출입문 비밀번호를 변경하는 경우 그 죄책

1) 질의 내용

피의자는 이혼 조정 중이나 아직까지 같은 주거에 살고 있던 자신의 배우자가 집에 들어오지 못하게 해당 주거의 출입문 잠금장치 비밀번호를 변경하였다.

2) 쟁점

거주자의 의사에 반하여 출입문 비밀번호를 변경한 경우 그 죄책

3) 관련 조문

형법 제366조(재물손괴등)
타인의 재물, 문서 또는 전자기록 등 특수매체기록을 손괴 또는 은닉 기타 방법으로 기 효용을 해한 자는 3년 이하의 징역 또는 700만원 이하의 벌금에 처한다.

형법 제323조(권리행사방해)

타인의 점유 또는 권리의 목적이 된 자기의 물건 또는 전자기록등 특수매체기록을 취거, 은닉 또는 손괴하여 타인의 권리행사를 방해한 자는 5년 이하의 징역 또는 700만원 이하의 벌금에 처한다.

4) 검토

형법 제366조에 따라 타인의 재물의 효용을 해하는 행위는 재물손괴죄에 해당할 수 있고, 이때 재물의 효용을 해한다고 함은 사실상으로나 감정상으로 그 재물을 본래의 사용목적에 제공할 수 없게 하는 상태로 만드는 것을 말하며, 일시적으로 그 재물을 이용할 수 없거나 구체적 역할을 할 수 없는 상태로 만드는 것도 포함한다(대법원 2021. 5. 7. 선고 2019도13764 판결 참조). 이러한 정의에 따라 대법원은 피고인이 자동문을 수동으로만 개폐가 가능케 한 경우에도 해당 문의 자동잠금장치로서의 효용을 해한 것으로 보아 재물손괴 혐의 인정한 바 있다(대법원 2016. 11. 25. 선고2016도9219 판결 참조).

사안과 같이 거주자의 의사에 반해 출입문 비밀번호를 변경, 피해자가 출입하지 못하게 하는 행위는 출입문을 원래의 용도대로 사용할 수 없게 하는 행위로서, 상기 판례와 같이 견지에서 출입문의 효용을 해한 행위라고 볼 수 있다. 따라서 그 출입문이 피해자의 소유라면 형법 제366조 재물손괴죄가(서울남부지방법원 2019. 10. 25. 선고2019노579 판결 등 참조), 피의자의 소유라면 형법 제323조 권리행사방해죄가 적용될 수 있을 것이다(서울중앙지방법원 2018. 12. 6. 선고 2018고단4262 판결 등 참조).

12. 민원인이 시청 소속 근로자를 폭행한 경우 공무집행방해에 해당하는지

1) 질의 내용

피의자는 시청에 계약직으로 근무 중인 피해자에게 자신을 쳐다보는 이유가 무엇이냐며 시비를 걸다 피해자를 폭행하였다. 피해자는 1년 동안 청사 안전관리 및 민원인 안내 등을 담당하고 이에 대한 보수를 지급받는 것을 목적으로 근로계약을 체결한 자로, 국민연금에 가입된 자이다.

2) 쟁점

시청 소속 계약직 근로자를 폭행한 경우 공무집행방해에 해당하는지 여부

3) 관련조문

형법 제136조(공무집행방해)

① 직무를 집행하는 공무원에 대하여 폭행 또는 협박한 자는 5년 이하의 징역 또는 1천만원 이하의 벌금에 처한다.

형법 제314조(업무방해)

① 제313조의 방법 또는 위력으로써 사람의 업무를 방해한 자는 5년 이하의 징역 또는 1천500만원 이하의 벌금에 처한다.

4) 검토

공무원으로 임용된 적이 없고, 공무원 연금이 아니라 국민연금에 가입된 근로자는 법령에 근거하여 국가 등의 사무에 종사하는 형법상 공무원이라고 보기 어렵다(대법원 2015. 5. 29. 선고 2015도3430 판결 참조).

사안의 경우 피해자는 근로계약에 근거한 기간제 근로자로 법령에 근거에 기하여 국가 등의 사무에 종사하는 형법상 공무원에 해당하지 않기 때문에 공무집행방해죄로 의율할 수 없다. 다만, 이 경우 위력을 행사하여 공무원 아닌 자의 업무를 방해한 경우에 해당하므로, 형법 제314조의 업무방해죄가 성립할 수 있다.

13. 타인 명의 운전면허증을 촬영한 사진을 제시한 경우 공문서부정행사에 해당하는지

1) 질의 내용

피의자는 운전 중 신호를 위반하여 교통경찰관에게 적발되었는데, 운전면허증 제시를 요구하는 경찰관에게 A명의 운전면허증이 촬영된 사진을 스

마트폰 화면을 통해 제시하였다.

2) 쟁점

타인 명의 운전면허증을 촬영한 사진을 제시한 경우 운전면허증의 특정된 용법에 의한 사용으로 공문서부정행사에 해당하는지 여부

3) 관련 조문

형법 제230조(공문서 등의 부정행사)
공무원 또는 공무소의 문서 또는 도화를 부정행사한 자는 2년 이하의 징역이나 금고 또는 500만원 이하의 벌금에 처한다.

4) 검토

공문서부정행사는 사용권한자와 용도가 특정된 공문서를 사용권한 없는 자가 그 공문서의 특정된 용법대로 부정사용한 경우 성립한다. 따라서 운전면허증의 경우에도 운전면허증의 특정된 용법에 사용한 경우에 한하여 공문서부정행사가 성립한다고 할 것이다.

대법원은 운전면허증의 발급 취지, 운전면허증의 서식, 재질, 규격이 법정되어 있는 점, 도로교통법에서 운전자에게 경찰공무원의 운전면허증 제시요구에 응할 의무를 규정한 취지 등에 비추어 운전 중 경찰공무원의 운전면허증 제시 요구를 받은 경우 운전면허증의 특정된 용법에 따른 행사는 운전면허증 자체를 제시하는 것이라고 판시하면서, 운전면허증 자체가 아닌 운전면허증을 촬영한 사진을 제시하는 것은 공문서부정행사로 볼 수 없다는 취지로 판시하였다(대법원 2018도2560). 따라서 사안의 경우 공문서부정행사에 해당하지 않을 것이다.

14. 피해자 얼굴에 '개'를 합성한 영상이 피해자에 대한 모욕에 해당하는지

1) 질의 내용

피의자는 영상을 업로드하는 사람이다. 피의자가 업로드한 영상은 피해자와 관련된 내용이었는데, 피해자의 얼굴을 가리기 위해 개의 얼굴을 피해자의 얼굴 부위에 합성하였다. 피해자는 이에 격분하여 모욕감을 느꼈다며 모욕죄로 피의자를 고소하였다.

2) 쟁점

동물의 얼굴을 사람 얼굴 부위에 합성한 경우 모욕에 해당하는지 여부

3) 관련 조문

형법 제311조(모욕)
공연히 사람을 모욕한 자는 1년 이하의 징역이나 금고 또는 200만원 이하의 벌금에 처한다.

4) 검토

모욕죄에서 말하는 모욕이란 사실을 적시하지 아니하고 사람의 사회적 평가를 저하시킬 만한 추상적 판단이나 경멸적 감정을 표현하는 것을 의미한다. 따라서 어떠한 표현이 상대방의 인격적 가치에 대한 사회적 평가를 저하시킬 만한 것이 아니라면 설령 그 표현이 다소 무례한 방법으로 표시되었다 하더라도 이를 두고 모욕죄의 구성요건에 해당한다고 볼 수 없다.

대법원은 영상의 전체적인 내용을 살펴볼 때 피해자의 얼굴을 가리는 용도로 동물 그림을 사용하면서 피해자에 대한 부정적인 감정을 다소 해학적으로 표현하려 한 것에 불과하다고 볼 여지가 상당하므로, 해당 영상이 피해자를 불쾌하게 할 수 있는 표현이지만 객관적으로 피해자의 인격적 가치에 대한 사회적 평가를 저하시킬 만한 모욕적 표현을 한 경우라도 단정하기 어렵다고 판시하고 있다(대법원 2023. 2. 2. 선고 2022도4719 판결 참조).

따라서 다른 특별한 사정이 없는 이상 단순히 동물의 얼굴을 사람 얼굴 부위에 합성했다는 사실 자체만으로는 모욕에 해당한다고 보기는 어렵다.

15. 인터넷 게시판에 타인인 것처럼 허위 내용이 글을 게시한 경우 그 죄책

1) 질의 내용

피의자는 피해자와 사귀다가 헤어지게 되자 성매매 관련 인터넷 사이트 게시판에 피해자의 성명 및 SNS 아이디, 연락처 등을 기재하고 성매매 상대방을 구한다는 취지의 게시글을 작성하였다.

2) 쟁점

인터넷 게시판에 타인인 것처럼 허위 내용의 글을 게시한 경우 그 죄책

3) 관련 조문

전기통신기본법 제47조(벌칙)
② 자기 또는 타인에게 이익을 주거나 타인에게 손해를 가할 목적으로 전기통신설비에 의하여 공연히 허위의 통신을 한 자는 3년 이하의 징역 또는 3천만원 이하의 벌금에 처한다.

정보통신망 이용촉진 및 정보보호 등에 관한 법률 제70조(벌칙)
② 사람을 비방할 목적으로 정보통신망을 통하여 공공연하게 거짓의 사실을 드러내어 다른 사람의 명예를 훼손한 자는 7년 이하의 징역, 10년 이하의 자격정지 또는 5천만원 이하의 벌금에 처한다.

4) 검토

사안의 경우 피의자의 행위는 사귀다가 헤어진 피해자에게 앙심을 품고 피해자에게 손해를 가할 목적으로 사실과 다른 내용의 온라인 게시물을 작성

하여 허위 내용의 통신을 한 것이므로 전기통신기본법 위반에 해당할 여지가 있을 것으로 판단된다(전주지방법원 군산지원 2018. 5. 16. 선고 2018고정124 판결 참조).

또한 피의자가 피해자가 실제로는 성매매를 하는 여성이 아님에도 성매매를 하는 여성인 것처럼 허위사실을 기재한 온라인 게시물을 작성함으로써 피해자의 명예를 훼손하는 행위를 한 것이므로 정보통신망법 위반에도 해당할 것으로 보인다(전주지방법원 군산지원 2018. 5. 16. 선고 2018고정124 판결 참조).

16. 다수의 피의자 중 1인만 폭행하고 나머지는 이를 지켜보거나 촬영한 경우 공동폭행에 해당하는지

1) 질의 내용

피의자 A는 피해자와 함께 있는 단체 메신저 방에서 모욕적인 언사를 들은 이후 피해자에게 보복하기 위하여 자신의 동생인 피의자 B, C와 함께 피해자를 찾아갔다. 피의자는 A는 피의자 B, C에게 휴대전화로 촬영하도록 지시하고 피해자를 수회 구타하였다.

2) 쟁점

다수의 피의자 중 1인만이 실제로 피해자를 폭행하고 나머지는 지켜보거나 촬영만 한 경우에도 폭력행위처벌법에 따른 공동폭행에 해당하는지 여부

3) 관련 조문

폭력행위 등 처벌에 관한 법률 제2조(폭행 등)
② 2명 이상이 공동하여 다음 각 호의 죄를 범한 사람은 「형법」 각 해당 조항에서 정한 형의 2분의 1까지 가중한다.
　1. 「형법」 제260조제1항(폭행), 제283조제1항(협박), 제319조(주거침입, 퇴거불응) 또는 제366조(재물손괴 등)의 죄

4) 검토

폭력행위처벌법 제2조제2항제1호의 2명 이상이 공동하여 폭행의 죄를 범한 때라고 함은 그 수인사이에 공범관계가 존재하고, 수인이 동일 장소에서 동일 기회에 상호 다른 자의 범행을 인식하고 이를 이용하여 폭행의 범행을 한 경우임을 요하므로, 폭행 실행범과의 공모사실이 인정되더라도 그와 공동하여 범행에 가담하였거나 범행장소에 있었다고 인정되지 아니하는 경우에는 공동하여 죄를 범한 때에 해당하지 않는다(대법원 1990. 10. 30. 선고 90도2022 판결 참조).

사안의 경우 피의자 A만 실제 폭행의 실행행위를 하였고, 피의자 B, C는 이를 인식하고 이용하여 피해자에 대한 폭행의 실행행위에 가담한 것이 아니라, 다지 카메라로 촬영을 하였을 뿐이므로 폭처법상 공동폭행에 해당하지 않는다.

17. 목줄을 채우지 않은 채 산책 중이던 반려견이 행인을 물어 상해를 입힌 경우 그 죄책

1) 질의 내용

피의자는 4세 푸들인 자신의 반려견에 목줄을 채우지 않은 채 산책시키는 등 관리 의무를 소홀히 하여 해당 반려견이 행인을 물어 약 2주간의 치료를 요하는 상해를 입히게 하였다.

2) 쟁점

목줄을 채우지 않은 채 산책 중이었던 반려견이 행인을 물어 상해를 입힌 경우 그 죄책

3) 관련 조문

동물보호법 제2조(정의)
이 법에서 사용하는 용어의 뜻은 다음과 같다.

8. "등록대상동물"이란 동물의 보호, 유실·유기(遺棄) 방지, 질병의 관리, 공중위생상의 위해 방지 등을 위하여 등록이 필요하다고 인정하여 대통령령으로 정하는 동물을 말한다.

동물보호법 시행령 제4조(등록대상동물의 범위)

법 제2조제8호에서 "대통령령으로 정하는 동물"이란 다음 각 호의 어느 하나에 해당하는 월령(月齡) 2개월 이상인 개를 말한다.

1. 「주택법」 제2조제1호에 따른 주택 및 같은 조 제4호에 따른 준주택에서 기르는 개
2. 제1호에 따른 주택 및 준주택 외의 장소에서 반려(伴侶) 목적으로 기르는 개

동물보호법 제97조(벌칙)

② 다음 각 호의 어느 하나에 해당하는 자는 2년 이하의 징역 또는 2천만원 이하의 벌금에 처한다.

4. 제16조제1항 또는 같은 조 제2항제1호를 위반하여 사람의 신체를 상해에 이르게 한 자

동물보호법 제16조(등록대상동물의 관리 등)

② 등록대상동물의 소유자등은 등록대상동물을 동반하고 외출할 때에는 다음 각 호의 사항을 준수하여야 한다.

1. 농림축산식품부령으로 정하는 기준에 맞는 목줄 착용 등 사람 또는 동물에 대한 위해를 예방하기 위한 안전조치를 할 것

동물보호법 시행규칙 제11조(안전조치)

법 제16조제2항제1호에 따른 "농림축산식품부령으로 정하는 기준"이란 다음 각 호의 기준을 말한다.

1. 길이가 2미터 이하인 목줄 또는 가슴줄을 하거나 이동장치(등록대상동물이 탈출할 수 없도록 잠금장치를 갖춘 것을 말한다)를 사용할 것. 다

만, 소유자등이 월령 3개월 미만인 등록대상동물을 직접 안아서 외출하는 경우에는 목줄, 가슴줄 또는 이동장치를 하지 않을 수 있다.

4) 검토

동물보호법 제16조 제2항은 소유자등이 등록대상동물과 외출할 때 목줄 등 안전조치를 취해야 한다고 정하고 있고, 소유자등이 이를 위반하여 사람의 신체를 상해에 이르게 했을 때에는 동법 제97조제2항에 따라 처벌될 수 있다. 한편, 집에서 키우는 반려견은 견종과 상관없이 동법 제2조와 시행령 제4조에 따라 등록대상동물에 해당한다. 따라서 반려견의 소유자가 자신의 반려견에 목줄을 채우지 않아 타인을 상해케 하였다면 동물보호법 제97조제1항을 적용하면 된다. 한편, 똑같은 반려견에 의한 상해 사례라고 하더라도 위 조항들에서 정한 주의의무가 아닌 다른 내용의 관리의무를 소홀히 한 경우라면 형법상 과실치상죄의 적용 대상이다.

18. 피해자의 나체 영상을 유포하겠다고 협박하여 돈을 요구한 경우 그 죄책

1) 질의 내용

피해자는 불상자와 인터넷 메신저를 주고받다가 그 불상자가 서로의 나체 영상을 공유하자고 함에 따라 자신의 나체를 영상 촬영하여 메신저로 송부하였다. 그러자 불상자는 신고자에게 돌연 500만원을 요구하면서 돈을 송금하지 않으면 신고자의 나체 영상을 유포하겠다고 협박하였다.

2) 쟁점

소위 몸캠피싱과 같은 위 사안에서 적용 가능한 형사 법조 및 하나의 행위가 두 개 이상의 구성요건을 충족하는 경우 각 죄의 경합관계

3) 관련 조문

성폭력범죄의 처벌 등에 관한 특례법 제14조의3(촬영물 등을 이용한 협박·강요)
① 성적 욕망 또는 수치심을 유발할 수 있는 촬영물 또는 복제물(복제물의 복제물을 포함한다)을 이용하여 사람을 협박한 자는 1년 이상의 유기징역에 처한다.

형법 제350조(공갈)
① 사람을 공갈하여 재물의 교부를 받거나 재산상의 이익을 취득한 자는 10년 이하의 징역 또는 2천만원 이하의 벌금에 처한다.

형법 제352조(미수범)
제347조 내지 제348조의2, 제350조, 제350조의2와 제351조의 미수범은 처벌한다.

4) 검토

사안과 같은 소위 몸캠 피싱 행위는 성적 욕망 또는 수치심을 유발할 수 있는 나체 영상 등 촬영물을 이용하여 사람을 협박·강요하는 행위를 포함하기 때문에 2020년 신설된 성폭력처벌법 제14조의3 제1항의 구성요건에 해당한다.

한편, 타인을 협박하여 재물 또는 재산상 이익을 취득하는 행위는 형법 제360조 공갈죄의 구성요건에도 해당하는데, 이때 피해자가 실제로 피의자에게 돈을 지급하지 않았다면 형법 제352조, 제350조에 따라 공갈미수죄에 해당할 것이다.

사안은 하나의 행위가 두 개의 범죄 구성요건을 충족시키는 경우로서, 양죄는 상상적 경합관계(형법 제40조)에 있다고 봄이 상당하다(인천지방법원 부천지원 2021. 5. 21. 선고 2021고합 69 판결, 의정부지방법원 2022. 7. 6. 선고 2022고합67 판결 등 참조).

19. 범행을 저지른 자가 형사미성년자임이 명백한 경우, 현행범체포 할 수 있는지

1) 질의 내용

피의자는 가게 주인인 피해자의 관심이 소홀한 틈을 타 피해자의 가게에 있던 물건을 절취하였다. 피해자는 이를 목격하고 그 즉시 경찰에 신고하였다. 피의자의 신원은 정확히 알 수 없으나 외관상 아직 초등학교 진학하지 않은 미취학 아동으로 보였고, 부모님에게 연락이 가는 것을 두려워하며 현장을 벗어나고자 하였다.

2) 쟁점

범행을 저지른 자가 형사미성년자임이 명백한 경우, 현행범체포 할 수 있는지

3) 관련 조문

형사소송법 제212조(현행범인의 체포)
현행범인은 누구든지 영장없이 체포할 수 있다.

형사소송법 제211조(현행범인과 준현행범인)
① 범죄를 실행하고 있거나 실행하고 난 직후의 사람을 현행범인이라 한다.
② 다음 각 호의 어느 하나에 해당하는 사람은 현행범인으로 본다.
   1. 범인으로 불리며 추적되고 있을 때
   2. 장물이나 범죄에 사용되었다고 인정하기에 충분한 흉기나 그 밖의 물건을 소지하고 있을 때
   3. 신체나 의복류에 증거가 될 만한 뚜렷한 흔적이 있을 때
   4. 누구냐고 묻자 도망하려고 할 때

4) 검토

현행범인은 누구든지 영장 없이 체포할 수 있는데, 판례에서는 현행범인으로 체포하기 위하여는 행위의 가벌성, 범죄의 현행성, 시간적 접착성, 범죄의 명백성 이외에 체포의 필요성 즉 도망 또는 증거인멸의 염려가 있어야 하고, 이러한 요건을 갖추지 못한 현행범인 체포는 법적 근거에 의하지 아니한 영장 없는 체포로서 위법한 체포에 해당한다고 보고 있다(대법원 1999. 1. 26. 선고98도3029 판결 등 참조). 여기서 현행범인 체포의 요건을 갖추었는지는 체포 당시 상황을 기초로 판단하여야 하고, 체포 당시 상황으로 보아도 요건 충족 여부에 관한 검사나 사법경찰관 등의 판단이 경험칙에 비추어 현저히 합리성을 잃은 경우에는 그 체포는 위법하다고 보아야 한다(대법원 2022. 6. 11. 선고2005도5701 판결 등 참조).

사안의 경우 피의자가 미취학아동으로 보이기에 적어도 형사미성년자에 해당함은 명백해 보이며, 그렇기에 행위의 가벌성이 인정될 수 없다. 따라서 이 경우에는 비록 체포의 필요성이 인정된다 하더라도 체포를 하지 않는 것이 타당하다.

20. 피의자가 임의제출한 물건을 그 소유자가 돌려달라고 하는 경우 그 절차

1) 질의 내용

피의자는 피해자의 관심이 소홀한 틈을 타 피해자 소유의 지갑을 절취하였다. 같은 날 피의자는 위 사건 신고를 받고 주변을 탐문하던 경찰관에게 검거되었고, 당시 들고 있던 절도 피해품을 경찰관에게 임의제출 하였다. 한편 피해자는 같은 날 피의자를 검거한 지구대로부터 그 사실을 듣고, 곧바로 해당 사건 접수관서에 찾아와 피해품을 지금 돌려달라고 요청하였다.

2) 쟁점

피의자가 형사소송법 제218조에 따라 임의제출한 물건을 그 소유자가 돌려달라고 하는 경우 형사소송법에서 정한 환부, 가환부 절차를 거쳐야 하는지 여부

3) 관련 조문

형사소송법 제218조(영장에 의하지 아니한 압수)
검사, 사법경찰관은 피의자 기타인의 유류한 물건이나 소유자, 소지자 또는 보관자가 임의로 제출한 물건을 영장없이 압수할 수 있다.

형사소송법 제218조의2(압수물의 환부, 가환부)
① 검사는 사본을 확보한 경우 등 압수를 계속할 필요가 없다고 인정되는 압수물 및 증거에 사용할 압수물에 대하여 공소제기 전이라도 소유자, 소지자, 보관자 또는 제출인의 청구가 있는 때에는 환부 또는 가환부하여야 한다.
④ 사법경찰관의 환부 또는 가환부 처분에 관하여는 제1항부터 제3항까지의 규정을 준용한다. 이 경우 사법경찰관은 검사의 지휘를 받아야 한다.

형사소송법 제134조(압수장물의 피해자환부)
압수한 장물은 피해자에게 환부할 이유가 명백한 때에는 피고사건의 종결 전이라도 결정으로 피해자에게 환부할 수 있다.

4) 검토

형사소송법 제218조 임의제출은 영장에 의하지 아니한 압수의 한 유형으로, 임의제출이 완료된 물건은 압수물에 해당한다. 따라서 임의제출을 가환부에도 동법 제218조의2가 적용되고, 동조 제4항에 따라 사법경찰관은 검사의 지휘를 받아 임의제출물을 가환부해야 한다.

사안과 같이 임의제출물인 장물의 소유자이자 절도 사건의 피해자가 임의제출물을 돌려달라 하는 경우, 수사기관은 형사소송법 제134조, 제219조(준용규정)에 따라 피해자에게 환부할 이유가 명백한 때 피해자에게 임의제출물을 환부할 수 있으나, 그 경우에도 압수물 환부에 관한 절차를 따라야 하므로 검사의 지휘 없이 곧바로 물건을 돌려줄 수는 없다.

저자 소개

김균태

동국대학교 경찰행정학과 졸업
연세대학교 행정대학원 행정학 석사
동국대학교 경찰행정학과 일반대학원 경찰학 박사
경찰청 총경퇴직
전) 중앙경찰학교 외래교수(경찰작용법강의)
　　중원대학교(대학원) 교수(범죄심리학강의)
　　서울디지털 문화예술대학 외래교수(현대사회와 법)
　　서울호서예술실용전문학교 경찰행정학과 학부장
　　서울현대전문학교 경찰행정학과 전임교수
현) ㈜듀델코리아 특수본부장(이사)

이은영

동국대학교 법학박사
가천대학교 경찰행정학과 지도교수
전) 중앙경찰학교 외래교수
현) 연성대학교 경찰경호보안과 전임교구
　　용인대학교 경찰행정학과 겸임교수
　　부산 동의대학교 경찰행정학과 겸임교수

개 정 판
실무중심 경찰수사론

초판발행	2020년 7월 30일
개정판발행	2024년 3월 15일
지은이	김균태·이은영
펴낸이	안종만·안상준
편 집	양수정
기획/마케팅	박세기
표지디자인	이영경
제 작	고철민·조영환

펴낸곳   (주) **박영사**
            서울특별시 금천구 가산디지털2로 53, 210호(가산동, 한라시그마밸리)
            등록   1959. 3. 11. 제300-1959-1호(倫)

전 화	02)733-6771
f a x	02)736-4818
e-mail	pys@pybook.co.kr
homepage	www.pybook.co.kr
ISBN	979-11-303-1991-9 93350

정 가   25,000원